澳門大學
UNIVERSIDADE DE MACAU
UNIVERSITY OF MACAU

本书由澳门大学资助出版

刘向校书考论

邓骏捷◎著

人民出版社

序　言

在中国学术文化史上，刘向、刘歆是一对不容易说清，也难以说尽的父子。

他们是西汉后期的博学大家，在经学、史学、诸子学以及文献学、天文律历等方面都曾作出过重要的贡献。尤其是刘向于成帝时率领群儒典校汉朝“中秘”藏书，对先秦至西汉的典籍进行了大规模的整理，并在校书实践中初步建构了编纂、版本、校勘、目录、辨伪等学科的基础框架，在古代图书流传史和古文献学史上均具有划时代的意义。

此外，刘向在校定诸书后撰写的众多“书录”（后来汇成《别录》一书），以及刘歆上奏哀帝的《七略》（主体保存于《汉书·艺文志》），开启了后世“辨章学术，考镜源流”的宝贵传统；又区分天下学术，诠论各派得失，建立起一套新的学术体系和话语方式，不同程度地影响了东汉乃至整个古代中国学术的发展方向，意义殊为深远。

刘向校书活动取得巨大成就，且产生深远影响，学者历来推崇备至，研究成果层出不穷。尚嫌不足的是，由于传统观念，也限于特定的时代条件，已有的成果往往集中在具体典籍考证的范围，较少结合西汉图书整理的传统对校书工作进行整体通盘的思考。由于文献不足，各种史料又时相抵牾，所以刘氏校书过程中的若干史实至今仍然蒙昧不清，导致诸多见解不免粗疏、因循，甚至误读或过度阐释。另一方面，过往学者忽视校书活动中隐含的政治因素，以及对于向、歆父子意欲一统百家学术的理念缺乏贴合历史情境的深入考虑，遂使某些重要问题及其意义隐而不彰。

有鉴于此，本书在前人成果的基础之上，力图有所拓展，将刘向校书活动置于战国以来图书流传和学术发展的历史背景，以及西汉后期特定的政治环境下进行考察。首先，详细考析刘向的学术修养、政治思想和各种著述，以及校书活动的具体背景和政治动机，为下一步的论述提供可靠的文献和理论基础。其次，全面清查校书活动所经历的复杂曲折过程、校书工作中的操作流程和具体方法，尽量还原刘向校书的真实面貌。继而，深入讨论校书工作对于建构古文献学的意义、校书成果对于古代图书流传的作用，以阐明刘向校书在古文献学史上的价值和地位。最后，从《七略》对先秦西汉学术的总结的角度展开论述，着重分析校书工作所反映的学术理念。

本书的写作遵循以下原则：（1）充分利用第一手的原始材料，广泛参考相关研究著作（书后附有《刘向研究论著目录》，详列近代以来各类相关的图书、论文），严格遵守现代学术规范。（2）特别着重使用“二重证据法”，充分利用20世纪以来的出土简帛文献，推求刘向校书工作的若干细节，以及其对文献流传所产生的作用。同时，通过传世文献的查考和出土文献的对比，对刘向校书活动在古文献学史上的价值和地位进行细致的分析和恰当的评价。（3）发掘、开拓有关的文献史料，精细研考校书工作的成果（以《别录》、《七略》为主），重新还原刘向校书活动在学术文化史上的真相，并尽可能阐释其意义。（4）注重考虑刘向、刘歆的学术理念和政治倾向，为校书活动的研究增添新的视角。全书既注重传世文献和出土文献的考证，又强调学术分析和理论阐发，更加注意学术活动与政治权力关系的解构，力图使此次史无前例的古籍整理活动，得到准确和深刻的揭示。

需要略作说明的是：《别录》、《七略》是研究刘向校书活动的基本文献，由于两书早佚，仅存有限的佚文，而且同一条材料往往需要从不同角度加以解读。因此，为了保证行文论述的完整可读，有时难免会出现重复征引的情况。此外，为了节省篇幅和避免烦琐，本书引用古人著作，仅在首次出现时详列出版资料和页码，其后则只举书名、篇名（或卷数）。以上两点，敬请读者见谅鉴。

与向、歆父子“相处”10年，虽甘苦自知，却也乐此不疲。几经易稿，未必差强人意；但抛砖引玉，“献芹”讨教，以期得以长进，则万幸之至。

目　录

第一章　刘向的政治人生与学术实践 …………………………（1）

第一节　刘向的家族政治活动与个人政治表现 ………………（3）

一、楚元王家族的盛衰起落 ………………………………（3）

二、刘向俯仰浮沉的一生 …………………………………（8）

第二节　刘向与楚元王家族的学术文化传统 ………………（13）

一、崇尚经学的历史传统 …………………………………（15）

二、学术追求的多元取向 …………………………………（19）

三、以学辅主的政治色彩 …………………………………（23）

第三节　刘向的忧患意识与学术实践 ………………………（26）

一、宗室观念对刘向的影响 ………………………………（27）

二、刘向侈言灾异的实质 …………………………………（31）

三、刘向的“以著述当谏书” ……………………………（36）

第二章　刘向著作考述 ………………………………………（41）

第一节　经部之属 …………………………………………（42）

一、《汉书·艺文志》所载《五行传记》等三种 …………（42）

二、后人辑存经说两种（附：《刘向谶》） ………………（43）

三、后人误题经注、经说四种 ……………………………（44）

第二节　史部之属 …………………………………………（46）

一、《列女传》等传世史籍四种 …………………………（46）

二、《别录》 …………………………………………………………（51）
三、续《史记》等二种（附：后人误题一种） ………………（76）
第三节 子部之属 ………………………………………………（77）
一、《汉书·艺文志》所载《新序》等四种（附：
《百家》）…………………………………………………………（77）
二、《五纪论》、《五纪说》 ………………………………………（85）
第四节 集部之属 ………………………………………………（85）
一、刘向集 ………………………………………………………（85）
二、赋、文、诗 …………………………………………………（86）

第三章 刘向领校群书综论（上） ……………………………（88）
第一节 背景与动机 ……………………………………………（88）
一、先秦时期文献的产生与积累 ………………………………（89）
二、秦至汉末典籍的聚散与增加 ………………………………（94）
三、汉朝的求书、藏书与校书传统 ……………………………（99）
四、汉成帝的个人因素与政治考虑 ……………………………（107）
第二节 过程、阶段与地点 ……………………………………（115）
一、三次奉诏校书的过程 ………………………………………（116）
二、《七略》上奏的时间…………………………………………（118）
三、王莽时期的校书活动 ………………………………………（126）
四、两个校书阶段的性质对比 …………………………………（131）
五、天禄、石渠、温室 …………………………………………（133）

第四章 刘向领校群书综论（下） ……………………………（137）
第一节 规模与分工 ……………………………………………（137）
一、空前规模的文献考查与古籍整理 …………………………（138）
二、合理统筹与细密分工 ………………………………………（142）
第二节 流程与方法 ……………………………………………（155）
一、图书搜集与来源分辨 ………………………………………（156）
二、以中书为底本参校众书 ……………………………………（161）
三、定著篇章与书分内外 ………………………………………（164）

四、校雠文字与确定书名 …………………………………… (176)
五、撰作书录与缮写上奏 …………………………………… (195)

第五章　刘向校书与古代图书的编纂流传 ………………………… (229)
第一节　刘向校本的整理模式 …………………………………… (229)
一、校定传本 ………………………………………………… (230)
二、新编别本 ………………………………………………… (237)
三、勒成新书 ………………………………………………… (242)
第二节　刘向校书与古书形态及流传方式的变化 ………………… (248)
一、古书形态及流传特点的成因 ……………………………… (248)
二、刘向校本与古书定本的流传 ……………………………… (252)

第六章　刘向校书对古文献学的建构与影响 …………………… (257)
第一节　古文献学框架的初步建立 ……………………………… (258)
一、版本学与校勘学 ………………………………………… (259)
二、目录学与辨伪学 ………………………………………… (269)
第二节　类分图书与学术总结 ………………………………… (283)
一、《七略》的部次群书 ………………………………………… (285)
二、《七略》六经次第新议 ……………………………………… (301)
三、刘向校书与先秦西汉学术的总结 …………………………… (317)
第三节　刘向校书对古文献学发展的深远影响 ………………… (347)
一、校书活动的创举意义与示范作用 ………………………… (348)
二、目录学发展的启示作用与先导意义 ……………………… (349)

附录　刘向研究论著目录 ………………………………………… (355)
一、刘向著作 ………………………………………………… (355)
二、研究著作 ………………………………………………… (358)
三、研究论文 ………………………………………………… (359)
四、专书章节 ………………………………………………… (400)

后　记 ……………………………………………………………… (414)

第一章　刘向的政治人生与学术实践

刘向生于西汉昭帝元凤二年（前79），卒于成帝绥和元年（前8）三四月间，享年72岁①；为楚元王刘交玄孙，休侯刘富曾孙，宗正刘辟彊孙，阳城侯刘德次子。② 刘向“为人简易无威仪，廉靖乐道，不交接世俗，专积思

---

① 刘向的生卒年异说甚多，所见者至少有5种，分别为：①生于昭帝元凤元年（前80），卒于成帝元延四年（前9）；②生于昭帝元凤二年（前79），卒于成帝绥和三年（前8）；③生于昭帝元凤三年（前78），卒于成帝绥和二年（前7）；④生于昭帝元凤四年（前77），卒于哀帝建平元年（前6）；⑤生于昭帝元凤二年（前79），卒于成帝绥和元年（前8）。钱穆《刘向歆父子年谱》（收入《两汉经学今古文平议》，（台北）东大图书公司1971年版，第1—2页；第52—55页）持第⑤说，亦最为可信。韩碧琴《刘向学述·第一章　刘向之生平暨其著述·第一节　刘向生卒考》（［台北］《师大国文研究所集刊》第29期，1985年，第4—9页）、李解民《刘氏校书考略》（载《揖芬集——张政烺先生九十华诞纪念文集》，社会科学文献出版社2002年版，第645—654页）、见氏著《刘向评传（附刘歆）·附录3　刘向生卒年考异》（南京大学出版社2005年版，第484—511页）皆从之，且考证详细入微，毋庸再论。

② 刘向生平事迹主要见载于《汉书·楚元王传》，传中除首尾简略叙楚元王和其三世子孙，以及刘歆仕王莽以前事迹外，其余九成篇幅全以刘向为叙述对象。《汉书·楚元王传》叙楚元王至刘德事迹的文字，杨树达《汉书所据史料考》以为“盖亦向、歆父子之文。文出《续补史记》，或本之《自序》”（见氏著《积微居小学金石论丛》（增订本），科学出版社1955年版，第293页）。徐兴无则谓“《楚元王传》中的一些材料，可能出于楚王国的史记，或为刘氏家族所传，或为刘向歆父子校秘书时所见。可以想见，《史记》中的《楚元王世家》记楚国史事之所以简略，大概是因为太史公未见楚国的史记。所以，《楚元王传》不仅是一篇带有家族史性质的文字，而且有楚王国国史的依据”（徐兴无《刘向评传（附刘歆）》，南京大学出版社2005年版，第22页）。此说有一定的道理，值得重视。然今本《史记·楚元王世家》叙楚元王刘交至楚节王刘纯，散乱失次，又叙及宣帝地节年间事，故崔适谓“此篇残缺多矣”（见氏著《史记探源》，中华书局1986年版，第159页）。今考传末太史公曰有“使楚王戊毋刑申公，遵其言，赵任防与先生，岂有篡杀之谋，为天下僇哉”之语，但传中只言“戊与吴王合谋反，其相

于经术，昼诵书传，夜观星宿，或不寐达旦”②；于经学、史学、文学、文献学、天文律历等皆有极深的造诣，著述博杂宏丰，洵为西汉一代博学鸿儒。班固曾高度推崇其学术成就，以为“自孔子后，缀文之士众矣，唯孟轲、孙况、董仲舒、司马迁、刘向、扬雄。此数公者，皆博物洽闻，通达古今，其言有补于世。传曰‘圣人不出，其间必有命世者焉’，岂近是乎？刘氏《洪范论》发明《大传》，著天人之应；《七略》剖判艺文，总百家之绪；《三统历谱》考步日月五星之度。有意其推本之也。呜乎！向言山陵之戒，于今察之，哀哉！指明梓柱以推废兴，昭矣！岂非直谅多闻，古之益友与”③。刘向曾言“博学多识与凡殊”④，可见他深明“博见强志”的重要性。刘向在生之时已有博学之名，连成帝也称“校尉（刘向）帝师傅，耆旧洽闻，亲事先帝，历见三世得失”⑤，便是明证。东汉以后，刘向的博学广为学者文人所称颂，王充《论衡·超奇篇》云：“夫通览者，世间比有；著文者，历世希然。近世刘子政父子、杨子云、桓君山，其犹文、武、周公并出一时也。”⑥ 葛洪更谓“刘向博学则究微极妙，经深涉远；思理则清澄真伪，研核有无”⑦。唐宋以后更成典故，如黄庭坚《和东坡送仲天贶王元直六言韵》中便有“博学似刘子政，清诗如孟浩然”之句。

在西汉学术文化史上，能够占一席之地的刘氏宗室，可谓屈指可数。武帝时有河间献王刘德、淮南王刘安，武帝以后，当推刘向、刘歆父子。刘向幼承家学，研习经子史籍，精于辞赋；著《洪范五行传论》，发明天人之际；屡上奏议、封事，欲挽西汉皇朝于将倾；以著述当谏书，奏《列女

张尚、太傅赵夷吾谏，不听。戊则杀尚、夷吾，起兵与吴西攻梁，破棘壁”，而无一语及申公，足见司马迁原文已散失不全，而好事者又加以增入。此外，《汉书·成帝纪》、《礼乐志》、《郊祀志》、《五行志》、《艺文志》、《傅常郑甘陈段传·陈汤》、《萧望之传》等都有关于刘向的记述。钱穆《刘向歆父子年谱》、韩碧琴《刘向学述·第一章　刘向之生平暨其著述》、徐兴无《刘向评传（附刘歆）》对刘向生平事迹考证甚为详细，可资参考。

② 班固撰，颜师古注：《汉书·楚元王传》，中华书局1962年版，第1963页。

③ 《汉书·楚元王传》。

④ 《文选·张平子〈西京赋〉》李注引刘向“七言”，见萧统编、李善注《文选》，上海古籍出版社1986年版，第48页。

⑤ 应劭撰，王利器校注：《风俗通义校注》，中华书局1981年版，第97页。

⑥ 王充撰，王晖校释：《论衡校释（附刘盼遂集解）》，中华书局1990年版，第606页。

⑦ 葛洪撰，王明校释：《抱朴子内篇校释》（增订本），中华书局1985年版，第16页。

传》、《新序》、《说苑》，以化庸主。刘向非章句小儒，欲以道术匡扶西汉皇朝，故其学术活动往往与政治表现密不可分。然而，刘向在中国学术史上最伟大的成就，莫过于成帝时率领群儒典校“中秘”图籍，对汉朝所藏的先秦至西汉图书进行大规模的整理工作，并在具体校书实践中建构了编纂、版本、校勘、目录、辨伪等学科的基础框架，于中国古代图书流传史和古文献学史上均有划时代的意义；所撰《别录》，开启后世与学术史紧密结合的“辨章学术，考镜源流”的文献学传统，影响深远。刘向能够在学术上取得如此辉煌的成就并非偶然，而是有着深刻的家族及个人政治文化因素。

第一节　刘向的家族政治活动与个人政治表现

楚元王家族由刘交至刘向、刘歆父子，都与西汉各种政治活动息息相关，在风云变幻的政治斗争中经历了一次又一次的兴衰荣辱，是众多同姓藩王中甚为特殊的一系。刘向身为宗室，自有别于其他民间学者的家族政治背景，一生仕途几度起落，周旋于宦官和外戚之间，人生命运及政治表现深受家族政治因素的影响，同时又是整个家族政治史的重要构成部分。

一、楚元王家族的盛衰起落

汉高祖刘邦起于沛县，诛灭暴秦，力克西楚霸王项羽，一统天下，开创西汉皇朝。在楚汉之争期间，刘邦为争取同盟力量和笼络各地拥兵将领，曾先后分封若干人为王。刘邦登位后，正式定封爵，序为二等，分封了楚王韩信等7个异姓王，百余名功臣被封为侯。不久之后，异姓王相继发生叛乱，刘邦在诛灭异姓王的同时，分封了9个刘氏子弟为同姓王，用以屏藩汉室，并立下“非刘氏而王者，天下共击之”的誓言[①]，楚元王刘交便是9个同姓王之一。据《汉书·楚元王传》所载，“楚元王交字游，高祖同父少弟也”。灭秦后先被封为文信君，“与卢绾常侍上，出入卧内，传言语诸内事隐谋”，与刘邦的关系甚为密切。高祖六年（前201）十二月，刘邦会诸侯于陈，拘

① 司马迁撰，裴骃集解，司马贞索隐，张守节正义：《史记·吕太后本纪》，中华书局1959年版，第400页。

楚王韩信，分其地为荆、楚二国，封“交为楚王，王薛郡、东海、彭城三十六县”。刘交在朝时曾参与内廷隐秘之谋，外出则封为占地3郡36县的藩王，“爰都彭城，以强淮西，为汉宗藩”[①]，地位之特殊可想而知。刘交封王后多次入朝觐见和随高祖出游[②]，对刘邦影响较大，因此《汉书·诸侯王表》首列楚元王，以示尊崇。楚元王对汉朝的影响可谓终其一生，甚至文帝在即位前亦宣称：“寡人不佞，不足以称，愿请楚王计宜者，寡人弗敢当。”[③] 由此可见，在继承汉朝大统的问题上，楚元王的意见具有不可忽视的重要性。文帝登位后，便立刻将“吕氏所夺齐、楚之地皆归之”，用以拉拢楚元王。

楚元王薨于文帝二年（前178），葬于彭城[④]。因太子辟非先卒，汉文帝以当时已为宗正的次子上邳侯郢客嗣，是为楚夷王。由于“文帝尊宠元王，子生，爵比皇子”，及至“景帝即位，以亲亲封元王宠子五人：礼为平陆侯、富为休侯、岁为沈犹侯、埶为宛朐侯、调为棘乐侯”，可见楚元王家族在汉主心中地位的尊贵。但盛极一时的楚元王家族，亦难逃“月盈则亏”的事物发展规律，后世经历两次重大的政治叛乱，家族几尽灭亡。

西汉之时，诸侯辖地非常广大，“大者跨州兼郡，连城数十”，而且王国的“宫室百官同制京师”[⑤]，中央政府虽派有太傅、丞相加以节制，但各诸侯国实际上已经形成了地方割据势力。此种势力的存在不仅大大削弱了汉朝的力量，更必然会造成严重的纷争，由刘交开创的楚国不可避免地卷入中央政权与地方势力对抗角力的旋涡之中。楚夷王在立后“四年薨，子戊嗣”。楚王戊为人“淫暴”，又不礼中大夫穆生、白生、申公等儒生，穆生

---

① 《史记·太史公自序》。

② 参见《汉书·高帝纪》“九年春三月”、“九年冬十月”、“十年冬十月”的记载。

③ 《汉书·文帝纪》。

④ 最早记载楚元王墓的是《北征记》，其谓“（彭邑）城西有二十里有山，山阴有楚元王冢”（《后汉书·郡国志》注）。北魏郦道元《水经注》云：“获水又东迳同孝山北，山阴有楚元王冢，上圆下方，累石为之，高十余丈，广百步许，径十余坟，悉结石也。”《文选》卷三六载有南朝宋傅亮《为宋公修楚元王墓教》，郦道元所记或为重修之墓。现代考古调查表明，楚元王墓位于今徐州市西部的铜山县大彭镇，距市区约10公里的楚王山北麓，建在楚王山北侧与主峰相连的一座小山峰顶部。在墓的北侧，有两座高大的封土墓，在东侧约1，000米处，另有一座封土墓，应为楚元王刘交的后妃、太子辟非及功臣的墓葬。

⑤ 《汉书·诸侯王表》。

遂“谢病”而去。景帝三年（前154），楚王戊入京朝见天子，御史大夫晁错以其“为薄太后服私奸”为由，请求诛杀，景帝下诏赦免，但削去楚国的东海郡、薛郡。其后，景帝又以不同的罪名先后削去赵王遂的常山郡、胶西王卬的6个县，展开了在晁错策动下的削藩之举。与景帝早有心病的吴王濞见汉朝不断下令削地，不久就要轮到吴国，于是串联楚、赵、胶西、胶东、淄川、济南六国公开叛乱。楚王戊不听申公、白生以及休侯刘富的劝谏，“与吴通谋”；“削书到，遂应吴王反”，又杀害进谏的楚相张尚、太傅赵夷吾，率兵西向，楚元王子宛朐侯刘埶亦参与其事。汉朝派大将周亚夫领兵平乱，大败吴、楚联军于昌邑，楚王戊自杀身亡。此为楚元王家族第一次公然背叛中央政府，而以刘戊兵败身死、刘埶除籍为民告终。不过，景帝为了保存刘氏宗室，加上深念旧恩，再次“立宗正平陆侯礼为楚王，奉元王后，是为文王”。这也是楚元王家族发展中的第一个转捩点。楚元王第四子休侯刘富因不与楚王戊合谋叛乱而出走，投奔汉朝，楚元王家族从此分为中央任官和地方封王两支。

楚文王传子安王道，安王传子襄王注，襄王传子节王纯，节王传子延寿。在宣帝即位后，楚王延寿“以为广陵王胥武帝子，天下有变必得立，阴欲附辅助之，故为其后母弟赵何齐取广陵王女为妻”。又与何齐谋曰：“我与广陵王相结，天下不安，发兵助之，使广陵王立，何齐尚公主，列侯可得也。”并使何齐奉书广陵王曰：“愿长耳目，毋后人有天下。”但遭何齐父长年上书告发，“事下有司，考验辞服，延寿自杀。立三十二年，国除。”此为楚元王家族第二次背叛中央政府，宣帝唯有废除楚国的封号，地方封王一支基本上覆没①。这是楚元王家族发展中的第二个转捩点。楚元王家族由

① 1980年以来，考古学界先后发掘了徐州附近的卧牛山西汉末代楚王刘纡陵墓、龟山第六代楚襄王刘注夫妇陵墓、东洞山楚王王后陵墓、北洞山西汉楚王陵墓、驮篮山西汉楚王夫妇陵墓、狮子山西汉楚王陵墓；调查了楚元王刘交陵墓群、南洞山楚王夫妇陵墓和桓山楚王后陵墓等。对于历代楚王陵墓的排葬规律、形制结构的演变、随葬品组合有了较为全面的了解。其中狮子山楚王墓的墓主被推定在第二代楚王刘郢客或第三代楚王刘戊，该墓虽然早年被盗，但内墓道中三个耳室和外墓道的陪葬墓幸未遭盗掘。主墓室内楚王入葬的玉棺、金缕玉衣虽遭扰乱，但除金缕外基本得以保存，同时墓内出土大量的玉器、金银器、铜器、印章、封泥和17万枚半两钱，另外还有兵马俑陪葬坑4座，充分显示出楚国特殊的政治地位和雄厚的经济实力。有关徐州楚王墓的情况，详见李银德《徐州西汉楚王陵墓考古的发现与收获》，载《大汉楚王——徐州西汉楚王陵墓文物辑萃》，中国社会科学出版社2005年版，第15—21页。

显赫一时的藩王世家降而为阶下之囚，世事不可不谓无常；然而楚元王家族命不该绝，刘富承担起了绵延家族发展的大任。

当初，楚王戊不听刘富的劝谏，更扬言“季父不吾与，我起，先取季父矣”。刘富惧怕受到牵连，“乃与母太夫人奔京师”。后来刘戊谋反，刘富等皆坐免侯，削属籍。由于窦太后“闻其数谏戊，乃更封为红侯”，又因“太夫人与窦太后有亲，惩山东之寇，求留京师，诏许之”，刘富及其子辟疆等四人遂得以俱仕于汉朝。刘富在楚王戊谋反时出奔京师，向朝廷表明与刘戊决非为一党，取得景帝的信任，再加上太夫人与窦太后的关系，刘富一脉才得以保存下来。在经历了险死还生的政治特变后，刘富及其子孙从受封藩王变为备受帝主猜嫌的宗室，政治地位发生了巨大的变化。另一方面，历经多次藩王作乱，武帝以后，刘氏宗亲已经很难成为汉朝天子的近侍重臣，出朝为官也不能典守三河（河内、河东、河南）重地，诸侯王国之人一般也不得留仕于朝，汉朝对诸侯王甚至刘氏宗室防范得甚为严厉。为求能使家族赓续下去，刘富深知除对朝廷必须时刻表现出竭尽忠诚的态度之外，更需注意处事谨慎、兢兢业业、韬光养晦，以求存身避祸[①]。刘富之子刘辟疆及孙刘德就是基于这种政治态度和处事策略，才得以逐步重新建立家族的地位。

武帝之时，刘辟疆“以宗室子随二千石论议，冠诸宗室。清静少欲，常以书自娱，不肯仕”。昭帝即位，有人向大将军霍光进言：“宜纳宗室。”霍光“乃择宗室可用者。辟疆子德待诏丞相府，年三十余，欲用之”。他人又进言其父刘辟疆尚在，亦为先帝宠臣。霍光“遂拜辟疆为光禄大夫，守长乐尉，时年已八十矣。徙为宗正，数月卒”。据《汉书·楚元王传》的简略记载可知：刘辟疆虽然才智过人，为宗室之冠，但并无洋洋得意，反而谨言慎行，在政治上未有多大作为。

刘辟疆之子刘德，字路叔，“修黄老术，有智略。少时数言事，召见甘泉宫，武帝谓之‘千里驹’。昭帝初，为宗正丞，杂治刘泽诏狱”。因为其父刘德为宗正，得以徙大鸿胪丞，又迁太中大夫，后复为宗正。刘德“常

---

① 徐复观曾指出：“刘向的家世，一面是宗室懿亲，得到封王封侯及仕进上的优厚凭藉。同时，因两次叛逆的打击，也常在避远祸，居安思危之中。”见氏著《两汉思想史（卷三）·刘向新序说苑的研究》，（台北）学生书局1979年版，第52页。此说甚有启发，值得重视。

持《老子》知足之计。妻死，大将军光欲以女妻之，德不敢取，畏盛满也”。盖长公主孙谭遮德自言，刘德“数责以公主起居无状，侍御史以为光望不受女，承指劾德诽谤诏狱，免为庶人，屏居山田”。霍光得知甚为后悔，“复白召德守青州刺史。岁余，复为宗正，与立宣帝，以定策赐爵关内侯。地节中，以亲亲行谨封为阳城侯。子安民为郎中右曹，宗家以德得官宿卫者二十余人。”甘露三年（前51），匈奴单于来朝，标志着汉朝的中兴伟业已经完成。宣帝“思肱股之美，乃图画其人于麒麟阁”，“明著中兴辅佐，凡十一人，皆有传”，刘德位列第八①。刘德是楚元王家族的中兴人物，他以过人的才智和韬略，深受武帝的赞赏和昭帝的重用；后来又参与霍光册立汉宣帝行动，以宗正的身份“至曾孙家（宣帝为武帝太子刘据之子）尚冠里，洗沐赐御衣”，并由太仆迎回宗正府②。宣帝即位之后，刘德官爵日隆，政治地位渐见重要，大有恢复当年楚元王显赫之势的态势。

但是毕竟时移世易了，昭、宣两朝之时，朝政大权实际上已经落入以霍光为首的外戚集团手里，刘德对此明若洞烛；加上楚王延寿的密谋被人揭发，导致自杀国除，为他带来无可避免的猜疑。因此，刘德唯有一方面继续父祖韬光养晦的政治态度，以老子“知足不辱”之计作为求存之道，既对外戚作有限度的合作，又有意制衡其势力。他不受霍光之女，除了“畏盛满”之外，也包含着不愿意与外戚集团结盟的因素。随后“责公主起居无状”实源于“公主为丁外人求封等事”③，则牵制外戚的态度更为明显。另一方面，为了抗衡外戚的势力，刘德大量起用宗室，宗族因他得官宿卫者竟多达20余人。此外，他为人又“宽厚，好施生，每行京兆尹事，多所平反罪人。家产过百万，则以振昆弟宾客食饮”，务求博取宗室族人的支持。刘德为保有家族的生存空间和刘汉的统治地位煞费思量，难怪他对次子刘向“铸伪黄金”这种莽撞行为甚是气愤，乃至“上书讼罪”，用心良苦又岂旁人所知。刘德薨后，“大鸿胪奏德讼子之罪，失大臣礼，不宜赐谥置嗣”，实非知人。唯宣帝能体会其行事用心，故制曰：“赐谥缪侯，

① 见《汉书·李广苏建传》。

② 见《汉书·霍光金日磾传》。

③ 王先谦《汉书补注·楚元王传》引周寿昌《汉书注补正》，中华书局影印虚受堂本，1983年版，第953页。

为置嗣。”

楚元王家族在西汉一朝举足轻重，先是位极人臣，中经两次叛乱，最后连封国亦被废除。刘富一系自入居京师以后，迫于政治现实，竭尽忠诚的为臣态度和韬光养晦的行事准则，一直奉行不怠；也正因如此，才能在风云变幻的斗争中屹立不倒，反而官爵日隆。这种家族特性对刘向影响深切，在其身上很容易发现这些渊源因素所起的作用。刘向于仕途虽不得意，三上三落，但一生时刻不忘为汉朝的大一统和长治久安出谋献策，尤其在与宦官、外戚的斗争中，极力维持刘氏的统治权威。然而，刘向少子刘歆却参与王莽篡汉之事，又与王莽联姻，更出任新朝国师，位极人臣。不过，刘歆及其子最后也因参与反新复汉的合谋，结果先后被害和自杀。历史可谓有情又无情，可悲又可叹。

二、刘向俯仰浮沉的一生

刘向一生仕途浮沉起落，大致可以划分为宣帝、元帝和成帝三个阶段。

刘向之所以能够参与西汉中后期的政治活动，主要得力于父亲刘德的荫庇及特殊的家族背景。刘向，字子政，本名更生，“年十二，以父德任为辇郎。既冠，以行修饬擢为谏大夫”，曾因“献赋颂凡数十篇”，被宣帝置于左右。后来因献家藏淮南《枕中鸿宝苑秘书》，“言黄金可成”，结果“费甚多，方不验”，吏劾“铸伪黄金，系当死”。若非兄长“安民上书，入国户半”，为之赎罪，宣帝“亦奇其材，得逾冬减死论”，刘向恐怕难逃一死，可见家族力量在危急之际起了至为关键的作用。随后刘向受诏习《穀梁》，在石渠阁论经中表现出色，得以“复拜为郎中给事黄门，迁散骑、谏大夫、给事中”。刘向官复原职，又加拔擢，被宣帝引以为亲信，可惜石渠阁会议后第二年，即黄龙元年（前49）十二月，宣帝便驾崩于未央宫。此一阶段，刘向正是少年得志，中间虽有起伏，但是凭藉家族学术修养的熏陶和政治势力的荫庇，逐步走向政治权力的核心。

元帝即位后，刘向进入仕途上的一个新阶段。宣帝临终前下诏令外戚侍中、乐陵侯史高，太子太傅萧望之，太子少傅周堪共同辅政，又提升史高为车骑将军，萧望之为前将军、光禄勋，周堪为光禄大夫，同时令三人并领尚书事。元帝初即位时，宦官弘恭为中书令，石显为中书仆射。“弘恭、石显久典枢机，明习文法，亦与车骑将军高为表里，论议常独持故事，不从望之等。”[①] 由于宣帝曾命“刘向、王褒、萧望之、周堪之徒，以文章儒学保训东宫以下”[②]。为抗衡弘恭、石显等人，萧望之、周堪推荐刘向“宗室忠直，明经有行，擢为散骑、宗正给事中”。“宗室”与“明经”终使刘向得以踏进政治权力的核心，并开始参与萧望之、周堪、张猛和外戚许嘉、史高，中书宦官弘恭、石显的斗争。苦于“外戚许、史在位放纵，而中书宦官弘恭、石显弄权”，四人便欲合谋罢退之，萧望之“以为中书政本，宜以贤明之选，自武帝游宴后庭，故用宦者，非国旧制，又违古不近刑人之义，白欲更置士人”，但是“未白而语泄”，反遭许、史及恭、显所谮诉，结果萧望之被免官，周堪、刘向等下狱，免为庶人。

初元二年（前47）春天发生地震，元帝下诏赐萧望之爵关内侯，奉朝请；秋，又征周堪、刘向，欲以为谏大夫，意在复用三人。但遭弘恭、石显等人阻挠，元帝只得改拜周堪、刘向为中郎。是年冬天又发生地震，“时恭、显、许、史子弟侍中诸曹，皆侧目于望之等”，刘向惧怕外戚、宦官藉此攻讦，遂先下手为强，“使其外亲上变事”。封事中以季布、兒宽、董仲舒为例，力陈“有过之臣，无负国家，有益天下”，亟言萧望之等人可用，并指地震等灾异实因恭、显而起，又在书中大声疾呼：“臣愚以为宜退恭、显以章蔽善之罚，进望之等以通贤者之路。如此，太平之门开，灾异之原塞矣。”这是刘向对朝廷奸佞当道、忠良被黜的不满，也是他以灾异言政之始。书奏之后，恭、显竟诬告刘向“为臣不忠，幸不伏诛，复蒙恩征用，不悔前过，而教令人言变事，诬罔不道”，坐免为庶人。萧望之子萧伋上书要求平反其父被免为庶人之事，也遭到宦官的迫害，萧望之自杀明志。元帝心甚悼恨，其后擢周堪为光禄勋，堪弟子张猛为光禄大夫给事中，大见信任。“恭、显惮之，数谮毁”，双方的斗争日趋白热化。

此时，刘向再上封事进谏，直指因为外戚、宦官的弄权，导致内廷与外朝都出现了严重的矛盾。廷上已是“朝臣舛午，胶戾乖剌，更相谗愬，转

① 《汉书·萧望之传》。

② 《后汉书·班彪列传》李贤注云：“宣帝使王褒、刘向、张子侨等之太子宫，娱侍太子朝夕读诵，萧望之为太傅，周堪为少傅。”见范晔撰，李贤等注《后汉书》，中华书局1965年版，第1328页。

相是非。传授增加，文书纷纠，前后错缪，毁誉混乱。所以营惑耳目，感移心意，不可胜载。分曹为党，往往群朋，将同心以陷正臣”；更令人心寒的是“佞邪与贤臣并在交戟之内，合党共谋，违善依恶，歙歙訿訿，数设危险之言，欲以倾移主上”，汉朝统治已经到了混乱不堪的局面。这种局面之所以形成主要是由于谗邪并进，而究其原因是：“上多疑心，既已用贤人而行善政，如或谮之，则贤人退而善政还。夫执狐疑之心者，来谗贼之口；持不断之意者，开群枉之门。谗邪进则众贤退，群枉盛则正士消。”这里不仅针对外戚和宦官，更指向纵容放任他们的天子。当此倾危之际，刘向以为唯有“放远佞邪之党，坏散险诐之聚，杜闭群枉之门，广开众正之路，决断狐疑，分别犹豫，使是非炳然可知”。如此一来，才可使“百异消灭，而众祥并至，太平之基，万世之利”。可是，朋党操控朝政已非一日之事，“乘权借势之人，子弟鳞集于朝，羽翼阴附者众”。堂堂一国之君的元帝“牵制文义，优柔不断”，实在已经无力控制局面，本意重用周堪、张猛等正直儒士，“又患众口之浸润，无所取信”，只有“左迁堪为河东太守，猛槐里令”，将他们外放地方为官。

然而，元帝念念不忘忠贞之士，机会终于来了。永光四年（前40）夏天，“孝宣庙阙灾，其晦，日有蚀之”。于是元帝召诸前言日变在周堪、张猛者责问，石显等人皆稽首谢罪。元帝复拜周堪“为光禄大夫，秩中二千石，领尚书事。张猛复为太中大夫给事中”。但是“显干尚书事，尚书五人，皆其党也。堪希得见，常因显白事，事决显口。会堪疾瘖，不能言而卒”。石显等人的弄权，惹得朝臣群起攻之，纷纷上书元帝予以揭发，“后太中大夫张猛、魏郡太守京房、御史中丞陈咸、待诏贾捐之皆尝奏封事，或召见，言显短”。但是“元帝被疾，不亲政事，方隆好于音乐，以显久典事，中人无外党，精专可信任，遂委以政。事无小大，因显白决”，群臣遂为石显等一一迫害致死，“房、捐之弃市，猛自杀于公车，咸抵罪，髡为城旦。及郑令苏建得显私书奏之，后以它事论死”。[1] 自从周堪、张猛于永光四年（前40）死后，刘向亦被废置不用。在痛苦无奈、百感交集之下，刘向运起如椽大笔，著《疾谗》、《擿要》、《救危》及《世颂》八篇，物伤其

① 《汉书·佞幸传》。

类，依兴古事，悼己及同类之不幸。[①]

此一阶段，刘向经历了人生的第二次起落。在波谲云诡的政治斗争之中，刘向明确地认识到外戚和宦官势力对汉朝统治所带来的危害，更震撼心灵的是刘向深刻地感受到汉朝盛极而衰的悄然变化。于是针对外戚和宦官而进行的不懈战斗以及维护汉朝的统治权威，成为了刘向此后人生的主要指导思想和行事方向。另一方面，在仕途失意之时，刘向以著述明志，找到了学术与治术之间的互换平衡，为日后校书著述之业奠定了思想基础。

竟宁元年（前33）六月成帝即位，一朝天子一朝臣，刘向得以复用，并由“更生”改名“向”[②]，“以故九卿召拜为中郎，使领护三辅都水。数奏封事，迁光禄大夫”，进入了仕途上的第三个阶段。其时朝廷的实际掌权者是成帝元舅阳平侯大将军王凤，王氏兄弟因元后王政君之故，凤、谭、崇、商、立、根、逢时七人皆封为列侯。“王氏子弟皆卿、大夫、侍中、诸曹，分势据官满朝廷”，成帝“谦让无所颛”[③]，刘向又一次面对外戚贵盛专权的局面。成帝尊刘向为帝师，甚为敬重，封官清要，时加保护。面对王氏的专权，刘向并没有怯于元帝时的遭遇而有所退缩，反因强烈意识到汉朝衰败命运的来临，而更加奋进勇猛。在以奏议、封事、诏问言政之外，刘向又多了著述一途，他在奉诏领校中秘之书时，“集合上古以来历春秋六国至秦汉符瑞灾异之记，推迹行事，连传祸福，著其占验，比类相从，各有条目，凡十一篇，号曰《洪范五行传论》”，矛头直指威胁刘汉皇朝统治的外戚——王氏兄弟。成帝虽心知刘向忠精，“然终不能夺王氏权”，从此埋下日后王莽篡汉的祸根。

在外戚专权之际，内宫的混乱亦为汉室带来极大的隐忧。由于成帝宠爱

---

① 刘向在被废之时，除了埋首著述，用以明志外，在朝政上唯一的表现是在竟宁元年（前33）以“故宗正”的名义向元帝上疏，为擅自矫制发兵击杀匈奴郅支单于的甘延寿、陈汤求封之事辩护，并得到元帝采纳，详见《汉书·傅常郑甘陈段传》。

② 刘向，字子政，陈一梅认为“向”字本义是朝北开的窗户，后引申为向背之向，“北向”与“南面”正像臣君之位。刘向的改名与字极有可能取自《论语·为政》的“为政以德，譬如北辰，居其所而众星共之”一句，其喻义是表达对成帝剪灭奸恶、重新起用自己这一“德政”的感激，同时也昭示自己要像众星拱北辰一样尊事成帝、捍卫王室的决心。详见陈一梅《刘向更名的原因和用意》，《华夏文化》2005年4期。

③ 《汉书·元后传》。

“赵、卫之属”，使内宫“逾礼制”、“弥奢淫”，引致了“上无继嗣，政由王氏出”的严重后果。刘向于是“采取《诗》、《书》所载贤妃贞妇，兴国显家可法则，及孽嬖乱亡者，序次为《列女传》，凡八篇，以戒天子。及采传记行事，著《新序》、《说苑》凡五十篇上奏”。成帝对于刘向的进谏虽然“嘉其言，常嗟叹之”，却不能用。但是刘向并未因此气馁，“数上疏言得失，陈法戒。书数十上，以助观览，补遗阙”，其中最能体现刘向忧患意识的是《极谏用外戚封事》。

封事历数春秋战国以迄秦汉，“大臣操权柄，持国政，未有不为害者”的历史事例，进一步指出“历上古至秦汉，外戚僭贵未有如王氏者也”。如此势必形成“事势不两大，王氏与刘氏亦且不并立，如下有泰山之安，则上有累卵之危”，若想转危为安则宜“援近宗室，亲而纳信，黜远外戚，毋授以政，皆罢令就弟”，“厚安外戚，全其宗族。”只有这样才能“王氏永存，保其爵禄，刘氏长安，不失社稷，所以褒睦外内之姓，子子孙孙无疆之计也”。封事既从刘汉安危立论，又为成帝提供了处理王氏的手段和善后方案，思虑周密详审①。书奏以后，成帝召见刘向，“叹息悲伤其意，谓曰：‘君且休矣，吾将思之。’”成帝深为刘向的苦心所感动，不过此时王氏已成尾大不掉的局面，成帝也只能以刘向为中垒校尉作罢。刘向每次觐见成帝，必定“数言公族者国之枝叶，枝叶落则本根无所庇荫；方今同姓疏远，母党专政，禄去公室，权在外家，非所以强汉宗、卑私门、保守社稷、安固后嗣也”。刘向的不断攻击终于引起了王氏的反弹，成帝虽然数次欲用刘向为九卿，“辄不为王氏居位者及丞相御史所持”，始终未获重用。就连刘向复出时引荐给成帝的刘歆，也因此而仕途受阻。据《汉书·楚元王传》所载，刘歆“少以通《诗》、《书》能属文召见成帝，待诏宦者署，为黄门郎”。《汉书·元后传》对此有更详细的记载，“左右常荐光禄大夫刘向少子歆通达有异材。上召见歆，诵读诗赋，甚悦之，欲以为中常侍，召取衣冠。临当拜，左右皆曰：‘未晓大将军。’上曰：‘此小事，何须关大将军？’左右叩

① 后人对《极谏用外戚封事》评价极高，如清人浦起龙云：“宗臣忠悃，义形于色，是时论王氏者多矣，未有精严峻整如此篇者。”转引自吴孟复、蒋立甫主编《古文辞类纂评注》，安徽教育出版社1995年版，第448页。

头争之。上于是语凤，凤以为不可，乃止。”由此可见，成帝本欲重用刘歆，但因王凤阻挠而未成。从王氏对刘向父子的处处防范压迫，说明了刘向与王氏斗争的激烈程度。

西汉皇朝统治力量的急速下降，加紧逼使刘向思考如何维持汉朝的长治久安、传之万世的“无疆之计”。在《谏营昌陵疏》中刘向分析三代以来“德弥厚者葬弥薄，知愈深者葬愈微。无德寡知，其葬愈厚，丘陇弥高，宫庙甚丽，发掘必速”的历代教训，力谏成帝以修德为本，节俭为用，强调此为“圣帝明王贤君智士远览独虑无疆之计”。因为“世之长短，以德为效，故常战栗，不敢讳亡”的思想确实无时无刻不回旋在刘向的心头，也许他已经意识到汉朝距离灭亡不远了，故清人吴汝纶云：“有危亡之惧，发兴无端，不专为起陵立意，故沸郁湛至，悲愤苍凉。”刘向晚年因天象异变，多次上书成帝，坦言汉朝正处于危亡之际。在去世之前，刘向仍念念不忘刘汉的前途，借“犍为郡于水滨得古盘十六枚”一事，向成帝进言：“宜兴辟雍，设庠序，陈礼乐，隆雅颂之声，盛揖攘之容，以风化天下。”[①] 这是刘向最后一次为西汉皇朝出谋划策，希望以礼乐教化来为汉朝求“无穷之计”。可惜历史的发展不以个人意愿为转移，刘向的人生已经走到尽头，西汉皇朝也很快为莽新所取代，班固于《汉书·楚元王传》特别点出，刘向“卒后十三岁而王氏代汉”，用意是十分明显的。

此一阶段，刘向虽因成帝的登位而复出政坛，但是碍于外戚王氏已经全面控制政局，所以在政治上难有较大的作为。不过，刘向没有因此灰心丧志，更没有动摇对汉朝的忠诚，一如既往地为汉朝的大统殚尽思虑。刘向一方面继续以灾异现象警示成帝，为削弱外戚势力提供理论依据和历史借鉴；另一方面以《列女传》、《新序》、《说苑》等大量著述当做谏书，希望成帝能够吸取历史的经验，重振大汉雄风。由此可见，刘向对汉朝的忧心真可谓死而后已。

第二节 刘向与楚元王家族的学术文化传统

西汉学术从纵向发展的角度来看，大体经历了三个阶段：第一阶段是由

① 《汉书·礼乐志》。

汉初至景帝之时，特点是经书复出，经学初建，黄老主导，诸子式微。第二阶段是由武帝至昭、宣之时，特点是儒术独尊，今文经学兴盛，融会诸子，辞赋大昌。第三阶段是由元帝至哀、平之时，特点是经学分化，今古文经学对立，阴阳灾异之说流行，谶纬始兴。从横向构成的角度来看，大体分成了三类学术集团：以中央政府为主的皇朝学术中心，以诸侯藩王为主的地方学术中心，以各地私学为主的民间学术中心。武帝以前，梁国文学、淮南道家、河间儒学等地方学术中心一直与皇朝学术分庭抗礼，武帝时期逐步被取缔，实现了皇朝学术的大一统。民间学术对于汉初的经学复兴，古文经学的传授，诸子学的流播等，都起着重要的作用，与皇朝学术互动互补，源源不绝地为其输送新鲜养分和杰出人才。

在纷繁复杂的西汉学术发展中，自始至终晃动着一支家族的身影，吸引着人们的目光，那就是由刘交所开创的楚元王家族。南宋黄震《黄氏日抄》曾云："（刘交）以好学礼贤开国，故戊虽以叛诛，而辟彊、德、向皆世济其美，汉之宗英，于斯为盛。"楚元王家族的学术文化传统从刘交崇儒传《诗》始，后因其孙刘戊应吴王濞反而成"七国之乱"，兵败自杀，略受打击；幸有四子刘富拒绝合谋叛乱而投奔汉廷，经刘富、刘辟彊、刘德三代艰苦经营，不仅赓续了刘交一脉，更承继发展了家族的学术文化传统。到刘向奉诏习《穀梁春秋》、领校中秘群书，撰成《别录》，总结先秦西汉学术；刘歆参与校书，编成《七略》，倡立古文经学，为王莽新朝国师，父子二人对西汉的政治、学术以至古代学术文化产生无可估量的影响。综观整个西汉学术大势，对比梁国文学、淮南道家、河间儒学等学术中心，楚元王家族的学术文化传统更具自身特色、历史价值和深远影响。同时，与其他盛极中绝或无以为继的藩王学术相较而言，楚元王家族的学术文化传统代代相传，历久不断，对汉代政治、学术的影响深刻巨大，堪称西汉学术文化第一世家，值得深入探讨。① 通过对楚元王家族学术文化传统的分析，显然有助于理解刘向、刘歆父子的家学渊源以及西汉学术的构成演进。

---

① 鲁迅曾于《汉文学史纲要》中指出："汉高祖虽不喜儒，文景二帝，亦好刑名黄老，而当时诸侯王中，则颇有倾心养士，致意于文术者。楚、吴、梁、淮南、河间五王，其尤著者也。"（见氏著《鲁迅全集》第九卷，人民文学出版社 1995 年版，第 395 页）并首论楚元王刘交，惜受体例所限，未有全面论及整个楚元王家族的学术文化传统。

一、崇尚经学的历史传统

汉高祖刘邦出身草莽，文化教养低下，起事之初对儒生甚为鄙视，然而刘交却是同辈兄弟中最有文化修养的一人，家族的学术文化传统亦由其所开创。《汉书·楚元王传》云："（刘交）好书，多才艺。少时尝与鲁穆生、白生、申公俱受《诗》于浮丘伯。伯者，孙卿门人也。"据陆德明《经典释文·叙录》等相关文献所载，孔子授《诗》子夏，六传而至荀卿，荀卿授《诗》浮丘伯，为《鲁诗》之祖[①]，可见楚元王家族的《诗》学是传承自战国后期儒学大师荀子的。"元王好《诗》，诸子皆读《诗》，申公始为《诗》传，号《鲁诗》。元王亦次之《诗》传，号曰《元王诗》，世或有之"。楚元王不仅受《诗》于浮丘伯，且能次之《诗》传[②]，又与申公同开《鲁诗》一脉[③]，谊在君臣师友之间，关系极为密切，是汉初《诗》学的重要人物。刘交学《诗》传《诗》，并在被封为楚元王后，以穆生、白生、申公为中大夫，韦孟为傅，聚集了一批儒学之士，形成汉初最早的儒学中心。文帝之

---

① 陆德明：《经典释文》，中华书局影印通志堂本1983年版，第9页。

② 关于楚元王"《诗》传"的问题，南宋王应麟《诗考后序》据刘向论《诗》分析，认为《元王诗》为《鲁诗》，清代陈乔枞《三家诗遗说考》、王先谦《诗三家义集疏》、姚振宗《汉书艺文志拾补》同；但清人王引之《经义述闻》谓"向所述者，乃《韩诗》"，而陈奂《诗毛氏传疏》谓"刘子政习《鲁诗》，兼习《韩诗》"。全祖望则谓"（刘）向之学极博，其说《诗》，考之《儒林传》，不言所师。在三家中，未敢定其为何诗也"（《经史答问》卷三）。近又有学者提出刘向所习者为《元王诗》，并认为1977年安徽省阜阳市双古堆汉墓出土的汉简《诗经》与《元王诗》有较为密切的联系（参见马荣江《"元王诗"考索》，《东南文化》2009年第6期）。如此众说纷纭的原因，首先在于他们过分迷信汉人重家法师法之说，需知汉儒问学多师、兼取今古文、不守师法者并不鲜见。其次在于他们不明刘向博学，兼习今古文经学，精通齐、鲁、韩、毛四家《诗》，著作中述《诗》与四家《诗》有同有异（详见吴正岚《论刘向诗经学之家法》，《福州大学学报》2000年第2期）。其三在于他们未解刘向著作多为上奏汉帝之用，以著述当谏书，非儒生解经之作，不必专守一家。更为重要的是，以刘向之述《诗》来推论《元王诗》的性质，既不能得刘向《诗》学的本旨，又忽视西汉早期《诗》学的复杂性，是难得历史真相的。余嘉锡曾对刘向《诗》学有详细考说，见氏著《四库提要辨证·新序》，（香港）中华书局1974年版，第544—554页。王先谦《汉书补注》指出《元王诗》不见著录于《汉志》，"当是次而未成。王史传疑云'或有'，以示未见之意"，固然有一定的道理，但对于探讨《元王诗》的性质，意义不大。值得指出的是，由于刘交与申公关系密切，《元王诗》应与《鲁诗》相近，但当中必有差异，否则无需"次之《诗》传"。至于阜阳汉简《诗经》与《元王诗》的关系，也因《元王诗》的散佚无存而难得确证。

③ 参见林耀潾《西汉三家诗学研究·第三章 西汉三家诗学的渊源与传承·第一节 西汉鲁诗学的渊源与传承》，（台北）文津出版社1996年版，第49—72页。

时，“闻申公为《诗》最精，以为博士”；后来楚王戊胥靡申公，申公归鲁，退居家教，武帝爱好儒术，用申公弟子赵绾、王臧议立古明堂，又征申公为太中大夫。由此可见，无论在楚元王的生前身后，其儒学集团皆对汉朝中央政府的文化政策产生了积极的影响。[①] 难怪韦孟在刘戊叛乱时，作诗讽谏，称颂刘交“矜矜元王，恭俭静一”，“享国渐世，垂烈于后”[②]。楚元王是西汉初年首倡儒学的诸侯，故有“儒林之首”之称[③]，其地位之高，影响之大，在西汉初年经学史上只有河间献王堪与之相提并论。

河间献王刘德为景帝第三子，“修学好古，实事求是。从民得善书，必为好写与之，留其真，加金帛赐以招之。繇是四方道术之人不远千里，或有先祖旧书，多奉以奏献王者，故得书多，与汉朝等。……献王所得书皆古文先秦旧书，《周官》、《尚书》、《礼》、《礼记》、《孟子》、《老子》之属，皆经传说记，七十子之徒所论。其学举六艺，立《毛氏诗》、《左氏春秋》博士。修礼乐，被服儒术，造次必于儒者。”[④] 刘德雅好儒术，搜求儒书，征用儒士，立《毛诗》、《左氏春秋》博士；与毛生等共采周宫及诸子言乐事者，作《乐记》；采礼乐古事，增辑至五百余篇；又有《河间周制》18 篇、《对上下三雍宫》三篇等。[⑤] 山东诸儒多从其游，形成了继楚元王后的另一个儒学中心，对于古文经学的传授以及武帝时期儒学发展确有值得重视的贡献。但刘德的崇儒传经毕竟已属景、武之世，经书的大量复出，儒学的民间传播早成风气，汉朝文化政策由黄老之治走向儒家经学的方向也渐渐显现，刘德只能算是顺应大势，远不及高祖、文帝时楚元王草创汉朝儒学之功。更为重要的是，刘德对儒学的喜爱，只属个人行为，未有形成家族的学术传

---

① 高祖十二年（前 195），刘邦以太牢祀孔子，“申公以弟子从师入见高祖于鲁南宫”（见《史记·儒林列传》、《汉书·儒林传》）。因此劳干认为：“刘邦是历史上第一个以太牢祀孔子的人。这对于中国政治方面的影响至为重大，除楚元王交以外，没有人可以使刘邦这样做的。”见氏著《从儒家地位看汉代政治》，《中华文化复兴月刊》10 卷 2 期。

② 《汉书·韦贤传》。

③ 朱彝尊《经义考》卷一〇〇《汉楚王（交）诗传》引刘城语，见《经义考》，中华书局 1998 年版，第 545 页。

④ 《汉书·景十三王传》。

⑤ 关于河间献王刘德所传撰的经传，清人戴震《河间献王传经考》有所述考，见《戴震文集》，中华书局 1980 年版，第 1—3 页。

统，其子孙对后世经学毫无贡献可言。反之楚元王则不同，在个人好儒传《诗》之余，更令诸子皆读《诗》，又于“高后时，浮丘伯在长安，元王遣子郢客与申公俱卒业”。如此一来，就使经学修养成为家族的学术文化传统。值得注意的是，因楚王戊叛乱而投奔汉廷的刘富一脉继承了家族的经学传统，刘富为元王第四子，当然属于“皆读《诗》”之列，其子刘辟彊不但“好读《诗》”，而且“能属文”，“常以书自娱”，尊经崇儒好学的传统一直延绵至刘向、刘歆而不绝。楚元王家族的学术文化传统未因政治上的巨变而中断，而是与整个西汉相始终，这是汉朝任何一系藩王都不能企及的。

自武帝罢黜百家，表彰儒学，立五经博士之后，儒家经学占据了汉朝学术的主导地位。刘向在家学熏陶之下，早对经学深有认识。西汉经学主要是今文经学的天下，其中又以齐学和鲁学为主。刘向所习的基本上是今文经学，如《诗》应以《鲁诗》为主，《春秋》则以《穀梁》为主，两者均为家学。楚元王家族世习《鲁诗》已见上文，与《穀梁春秋》同样渊源非浅。楚元王礼待穆生、白生、申公，以为中大夫，申公又传《穀梁春秋》[①]，元王子孙当亦世习之。正因如此，宣帝时欲立《穀梁春秋》，刘向在“铸伪黄金”狱后，“以故谏大夫通达待诏，受《穀梁》”[②]。甘露元年（前53），宣帝“召五经名儒太子太傅萧望之等大议殿中，平《公羊》、《穀梁》同异，各以经处是非。时《公羊》博士严彭祖、侍郎申挽、伊推、宋显，《穀梁》议郎尹更始、待诏刘向、周庆、丁姓并论”。刘向以待诏身份位列《穀梁》学派五名代表之内，议三十余事，“望之等十一人各以经谊对，多从《穀梁》。由是《穀梁》之学大盛。”甘露三年（前51）三月，宣帝于石渠阁“诏诸儒讲《五经》同异，太子太傅萧望之等平奏其议，上亲称制临决焉。乃立梁丘《易》、大小夏侯《尚书》、《穀梁春秋》博士”[③]。据《汉书·楚元王传》所载，刘向曾“讲论五经于石渠”[④]，则刘向因精于《穀梁春秋》

---

① 《汉书·儒林传》谓“瑕丘江公受《穀梁春秋》及《诗》于鲁申公，传子至孙为博士”，可证申公曾传《穀梁春秋》。

② 《汉书·儒林传》。

③ 《汉书·宣帝纪》。

④ 《礼记正义》卷二二《礼运正义》、《左传正义》卷五九尚存刘向议论一条，吉光片羽，弥足珍贵。详参徐兴无《刘向评传（附刘歆）》，南京大学出版社2005年版，第81—82页。

而前后两次参与宣帝主持的经学会议，且表现甚为宣帝赏识。

《鲁诗》、《穀梁春秋》皆属鲁学，可见刘向的经学基础为家传之今文经学中的鲁学。虽然如此，刘向却非抱残守缺之徒，面对今文经学另一主要学派齐学，以及日渐崛起的古文经学，展露出兼及齐鲁之学、包融今古文的治学态度。以治《春秋》为例，最能说明其治学精神和学术修养。刘向本治《穀梁》，但《公羊注疏序》引郑玄《六艺论》谓“治《公羊》者，胡毋生、董仲舒。董仲舒弟子嬴公，嬴公弟子眭孟，眭孟弟子严彭祖及颜安乐，安乐弟子阴丰、刘向、王彦”[①]，则刘向又兼治齐学中的《公羊春秋》。自宣、元以后，由董仲舒“春秋公羊学”所发扬的天人感应之说，糅合阴阳五行学说的“阴阳灾异说”大倡。《汉书·五行志》云：“董仲舒治《公羊春秋》，始推阴阳，为儒者宗。”刘向亦是“阴阳灾异说”的大家，多次以“灾异谴告”上书言政，又著有《洪范五行传论》11篇，《汉书·五行志》所收的主要是董仲舒、京房、刘向、刘歆等人关于春秋至汉代阴阳灾异的文字，可见刘向在西汉阴阳灾异学说中的地位。

《公羊》、《穀梁》虽分属齐学和鲁学，但同为今文经学，《公羊》更是西汉经学中的“显学”，同时习之尚不足为奇。然而刘向于两传外更习《左氏》，桓谭《新论》曰：“刘子政、子骏、子骏兄弟子伯玉，俱是通人。尤重《左氏》，教授子孙，下至妇女，无不读诵。”[②]《汉书·楚元王传》亦记载刘歆数以《左氏》难刘向，刘向虽“不能非间也，然犹自持其《穀梁》义”。与刘歆欲树一家之学不同，刘向无意标榜古文经学，其治《左传》在于融会贯通，在奏记著述中多用《左传》[③]，主要是因为《左传》详于记事，便于引史说理。刘向兼通今古文，比较两派得失，融会贯通，择善而用。与此同时，刘向又治《易》[④]、编《礼》[⑤]，博通五经，实开东汉以后兼习今古

① 阮元校刻：《十三经注疏》，中华书局1980年版，第2190页。

② 唐人马总《意林》引《新论》，见王天海校注《意林校注》，贵州教育出版社1998年版，第209页。《新论》此条佚文尚见《北堂书抄》卷九八、《太平御览》卷六一六，文字较略。另，《论衡·案书篇》亦云：“刘子政玩弄《左氏》，童仆妻子皆呻吟之。”

③ 章太炎《刘子政左氏说》详述刘向著述中用《左氏》之文字，见《国粹学报》1908年第4卷第3—7期。

④ 《汉书·楚元王传》。

⑤ 郑玄：《三礼目录》。

文、遍治群经的风气之先。

刘歆少以通《诗》、《书》能属文，成帝召为黄门郎。随父校书，编撰《七略》；又精通《易》学[①]，阴阳灾异之说。又于校书中秘时得见古文《春秋左氏传》，大好之，“以为左丘明好恶与圣人同，亲见夫子，而公羊、穀梁在七十子后，传闻之与亲见之，其详略不同。”于是上奏哀帝，“欲建立《左氏春秋》及《毛诗》、《逸礼》、《古文尚书》皆列于学官。”[②] 因五经博士不肯置对，遂有移书让太常博士之举，掀开今古文经学公开斗争的序幕。其后依附王莽，参与议定汉家郊庙之礼，治明堂、辟雍等；又广征民间精通“逸《礼》、古《书》、《毛诗》、《周官》、《尔雅》、天文、图谶、钟律、月令、兵法、《史篇》文字”[③] 等的古文经学儒生，奏立《毛诗》、逸《礼》、古文《尚书》、《左氏春秋》以及《周礼》博士，为古文经学开宗立派。最终助王莽篡汉立新，贵为国师，封嘉新公，实践以古文经学治国的理想。刘歆将楚元王一系的经学传统推至前所未有的高峰，为中国经学史带来长达两千年的深远影响。

刘向、刘歆父子的治学道路，深受家族传统的影响，逐步出色地完成了西汉后期以今文经学为主融会诸子百家，推动了古文经学派的显著发展。

二、学术追求的多元取向

基于主客观多方面的现实需要，楚元王家族在积极崇尚经学传承的同时又有着多元的学术取向，表现出涉猎较广的治学倾向。作为汉朝统治者的刘氏一族形成于沛县，深受楚地文化的沾溉，其中尤以辞赋的爱好和黄老之学的追求最值得注意。刘邦好楚歌、喜楚舞，汉初分封的同姓诸侯王中就不乏雅好辞赋者。刘交以楚人封楚，史称“多材艺”，善文辞当属才艺之一。吴王濞于文、景之时招致“天下之娱游子弟枚乘、邹阳、严夫子之徒”，日夕

① 刘向、刘歆同为西汉《易》学大家，有关刘向、刘歆的《易》学成就，详参张涛《略论刘向刘歆的易学思想与成就》，《文献》1998 年第 2 期；张涛《秦汉易学思想研究》中“刘向的易学思想”、“刘歆在易学上的贡献”等内容（中华书局 2005 年版，第 146—155 页；第 159—169 页）；以及郑万耕《刘向、刘歆父子的易说》，《周易研究》2004 年第 2 期。

② 《汉书·楚元王传》。

③ 《汉书·王莽传》。

作辞献赋；其后谋反，枚乘、邹阳上书劝谏，吴王不纳，皆投梁孝王武。刘武于“七国之乱”中，拒吴、楚有功，又最为大国，卤簿拟天子，于是广筑苑囿，招延四方文士豪杰，山东游士莫不至。在“忘忧之馆，集诸游士，各使为赋”①，参加梁园唱和的文人枚乘、邹阳、司马相如、羊胜、路乔如、公孙诡、韩安国等，皆善于创作辞赋，“天下文学之盛，当时盖未有如梁者也”②，形成颇具影响的文学群体。梁孝王虽好辞赋，却不善为赋，死后文学之士星散，部分如司马相如等则被武帝招为汉廷文学侍从。

文、景之时，对于辞赋的热衷还只局限在各地诸侯王之间，景帝本人就“不好辞赋”。武、宣以后，由于武帝少好文学，即位以后，大征贤良方正文学之士，对于文学事业热心推动。同时，大赋铺陈事物的写作手法迎合礼赞汉朝强盛的需要，辞赋遂成为润色鸿业的重要工具，一时之间赋家赋作充塞朝廷。班固《两都赋序》云：“至于武宣之世，乃崇礼官，考文章，内设金马石渠之署，外兴乐府协律之事，以兴废继绝，润色鸿业。”司马相如、东方朔、枚皋、庄忌、朱买臣等以辞赋进身仕途，辞赋由此大盛。已在帝都的刘富一系，自然深受此风的感染，刘富之子刘辟彊就“能属文”，《汉书·艺文志》（以下简称《汉志》）中的《诗赋略》著录有“宗正刘辟彊赋八篇”，表明楚元王家族在文化修养上，经学传统未断，而文学传统又生焉。宣帝亦好辞赋，还说过“辞赋大者与古诗同义，小者辩丽可喜”③ 之语，又“循武帝故事，招选名儒俊材置左右”。刘辟彊之子刘德身历武、昭、宣三朝，能为辞赋是必不可缺的修养，“公卿大臣御史大夫兒宽、太常孔臧、太中大夫董仲舒、宗正刘德、太子太傅萧望之等，时时有作”④，《汉志·诗赋略》著录有“阳成侯刘德赋九篇”，相信所献之赋便在其列。可惜刘辟彊、刘德的赋作已佚，无从详论。不过，据《汉志·诗赋略》的分类，刘辟彊赋次陆贾赋之属，刘德赋次屈原赋之属，两人赋作的风格自当有别。

西汉初期实行与民休息的政策，黄老道家之学是政治上的主导思想。所谓黄老道家主要指清静无为，外加刑名法术。文帝即“好道家之学”，景帝

① 葛洪撰，周天游校注：《西京杂记》，三秦出版社 2006 年版，第 178 页。

② 鲁迅：《汉文学史纲要》，见《鲁迅全集》第九卷，人民文学出版社 1995 年版，第 396 页。

③ 《汉书·王褒传》。

④ 《文选·班孟坚〈两都赋序〉》。

时，“窦太后好黄帝、老子言，帝及太子、诸窦不得不读《黄帝》、《老子》，以尊其术。”① 当年刘富因太夫人与窦太后有亲，求留京师，才得以仕于朝，楚元王家族对黄老道家之学的研习相信必始于此时。武帝以后，虽然儒家经学的政治地位迅速上升，然而深谙“君人南面之术”的黄老之学在政治斗争中仍有很高的实用价值。刘辟彊为人“清静少欲”，而刘德“修黄老术，有智略”，又“常持《老子》知足之计”，与霍光等外戚周旋，显然都是受到黄老道家学说的熏陶。

在武帝时期的诸侯之中，同样雅好辞赋、熟习黄老道术的，还有淮南王安。刘安为人好读书，喜鼓琴，又好黄老道家，喜神仙之术，“招致宾客方术之士数千人，作为《内书》二十一篇，《外书》甚众。又有《中篇》八卷，言神仙黄白之术，亦二十余万言。”② 刘安招集宾客所编撰的《淮南王书》，刘向校书之时，分为《淮南内》21 篇、《淮南外》33 篇（《汉志·诸子略》），《中篇》、《外书》久佚，今存《淮南子》为刘向校定的《内书》。《淮南子》本名《鸿烈》，取意广大、光明，刘安意谓此书论说博奥深宏，出于诸子百家之上，可为汉朝治国法典，实以道家思想为主而杂以孔、墨、申、韩之说，是汉初黄老思想的继续，故东汉高诱《淮南子叙》称“其旨近《老子》，淡泊无为，蹈虚守静，出入经道”③。刘安又好辞赋，精通“楚辞”，曾到长安为武帝上《离骚传》，又献《颂德》及《长安都国颂》，《汉志·诗赋略》著录有“淮南王赋八十二篇”、“淮南王群臣赋四十四篇”。刘安周围所聚集的齐、鲁方士和文学之徒，形成了一个道家学术和辞赋创作的群体。④ 但由于刘安在武帝元狩元年（前 122）谋反不成自杀，盛极一时的淮南学术中心从此烟消云散，对西汉后期的学术发展已经无足轻重了。反观楚元王一系，自昭、宣至元、成以后，刘向、刘歆父子继承并发扬家族的学

---

① 《史记·外戚世家》。

② 《汉书·淮南衡山济北王传》。

③ 刘文典：《淮南鸿烈集解》，见《刘文典全集》第 1 册，安徽大学出版社、云南大学出版社 1999 年版，第 2 页。

④ 刘安学术群体的主要人物为苏飞、李尚、左吴、田由、雷被、毛被、伍被、晋昌等“淮南八公”，以及大山、小山之徒。另外，刘安曾招致明《易》者九人，作《淮南道训》两篇，号九师说（见《汉志·六艺略》），此九人亦必为其学术群体的成员。

术文化传统，逐渐步向学术舞台，最终成为领导西汉学术发展的风流人物。

刘向幼承庭训，在经学、诸子、辞赋以及天文律历等方面均有深湛的学养，他禀承家族兼容并蓄的学术传统，治学如海纳百川，不囿于门户之见，融会贯通，自成一家。刘向早年因受武帝时期学术气氛以及家学传统的影响，雅好辞赋和黄老之学，“以通达能属文辞”，与王褒、张子侨等“献赋颂凡数十篇”而受宣帝喜爱。今存《古文苑》的《请雨华山赋》、《文选》李注引的《雅琴赋》均为骚体，风格典雅，很有可能是刘向早年的作品。至于是否属于上献宣帝诸赋之列，文献不足，犹未可知，不过刘向“以文章显”[①] 则是可以肯定的。刘向一生所作的辞赋数量甚多，《汉志·诗赋略》著录有“刘向赋三十三篇”[②]。元帝之时，刘向曾参与萧望之、周堪、张猛和外戚许、史，中书宦官弘恭、石显的斗争，萧望之、周堪先后自杀，刘向亦被废置不用，“乃著《疾谗》、《擿要》、《救危》及《世颂》，凡八篇”，依兴古事，悼己及同类之不幸，属于感怀之作。《汉书·楚元王传》等录有刘向的奏议、封事，诸如《条灾异封事》、《谏营昌陵疏》、《极谏用外戚封事》等，王充曾高度评价刘向的奏议，《论衡·超奇篇》云：“刘向切议，以知为本，笔墨之文，将而送之，岂徒雕文饰辞，苟为华叶之言哉!”清人浦起龙则云：“（《条灾异封事》）援古形今，节节暗生，重重驳换，有反有正，有博征，有的证，本根湛深，气味醇茂，是为西汉后来之雄。”[③] 此外，今存的《杖铭》、《熏炉铭》、《诫子歆书》等，都说明刘向精于文辞。“文章宗匠”[④] 之赞，诚非过誉。

刘向早年著有《说老子》4篇[⑤]，又喜神仙之术，献家藏淮南《枕中鸿宝苑秘书》。刘向的治学历程与西汉中后期学术发展同步而进，先是承汉初

① 《汉书·公孙弘卜式兒宽传》。

② 今所知的刘向赋作有《请雨华山赋》、《雅琴赋》、《围棊赋》、《芳松枕赋》、《合赋》、《麒麟角杖赋》、《行过江上弋雁赋》、《行弋赋》、《弋雌得雄赋》。详见费振刚等《全汉赋校注》，广东教育出版社2005年版，第204—210页；邓骏捷整理《两汉全书》第9册《刘向》，山东大学出版社2009年版，第5651—5652页。

③ 转引自吴孟复、蒋立甫主编《古文辞类纂评注》，安徽教育出版社1995年版，第435页。

④ 《汉书评林》引林希元语。

⑤ 《汉志·诸子略》著录，徐复观认为“系向三十岁前后所作”（《两汉思想史（卷三）·刘向新序说苑的研究》，（台北）学生书局1979年版，第53页）。

黄老道家以及武帝好文之遗风，主治《老子》和辞赋。昭、宣以后，随着经学的兴盛而转治今文经学，尤其是以《穀梁》学者的身份参与石渠阁论经，刘向已经走到汉朝学术发展的前端。刘向常“夜观星宿，或不寐达旦”，穷究天人之变，“总六历，列是非”，作《五纪论》、《五纪说》。刘向不为今古文经学所困，融会六艺诸子，表现出博取百家所长的胸襟，也正因如此才能在日后奉成帝诏校书的过程中，出色地完成先秦至西汉群籍的整理工作，撰写出中国古文献学和学术史上的巨著《别录》，其中《孙卿书录》、《战国策书录》等体现了刘向超凡的学术识见和文学修养。

刘歆更是“六艺传记，诸子、诗赋、数术、方技，无所不究”，其《三统历谱》“考步日月五星之度”，“以说《春秋》，推法密要”[①]；其《钟历书》考定钟律，恢复古代乐律。尤其是在刘向校书的基础上编成《七略》，“剖判艺文，总百家之绪”，与《别录》共同建立一套全书有“总序”、大类有“大序”、小类有“小序”、每书有“提要”的叙列百家之学、剖析学术源流的庞大体系，从而确立了一套以儒家经典文本和阐释致用的经学为中心包罗百家的学术体系，成为了中国古代目录学著作的典范，并形成一个无所不包的文化通观。刘歆亦善作赋，有《遂初赋》、《甘泉宫赋》、《灯赋》等[②]；所撰《移让太常博士书》无所依傍而条理明晰，峻洁有力而义正详明，不仅是经学发展史上的重要文献，也是千古文学名篇，故此《文心雕龙·檄移》称其“辞刚而义辨，文移之首”[③]。

楚元王家族在学术上表现出以经学为主而又追求多元的风格，尤长于诸子之学及辞赋之作。这种兼容并蓄的学术风格的形成带有顺时而变的特征，因此楚元王家族的总体学术倾向基本上与西汉学术变迁相呼应，从一个方面反映了西汉学术文化的演变趋势，并且逐步引领学术发展的主流方向。

三、以学辅主的政治色彩

西汉学术与政治的关系极为密切，尤其是武帝独尊儒术以后，许多社会

---

① 《汉书·律历表》。

② 详见费振刚等《全汉赋校注》，广东教育出版社 2005 年版，第 316—329 页。

③ 刘勰撰，黄叔琳注、李详补注，杨明照校注拾遗：《增订文心雕龙校注》，上海古籍出版社 2000 年版，第 282 页。

政治制度，诸如选官制度、行政制度、法律制度、经济政策、民族政策、救灾措施等无不与“以经治国”有所关联。至于封禅、宗庙、郊祀、学官、律历等文化政策的争论与实施，更与儒家经学的自身内容以及其在西汉的发展密切相关。自武帝立五经博士以后，博士官的任用由过往“通古今”改为“作经师”，大量经学博士的涌现对汉朝的政策产生了巨大影响，通经致用成为了儒生政治实践的指导思想，于是出现了所谓以《春秋》决狱、以《洪范》察时变、以《诗》为谏书、以《禹贡》治河等以经治国的突出事例。元、成以后，西汉皇朝江河日下，儒生“每有灾异，辄傅经术，言得失”①，灾异谴告之说蜂起，成为了借经论政的主要方式。最终，王莽以符命之说篡取汉朝天下，以古文经学治国，整个西汉以至新朝的政治兴衰笼罩着一层厚厚的经学阴影，儒生则担当起重要的历史角色。

楚元王家族既拥有悠久的经学传统，又精于黄老之学，且以造辞作赋为汉主所喜爱，这种文化上的修养与其家族政治活动互为表里，以学辅主成为了家族学术的一大表征。楚元王位尊之时尊经传《诗》，以其儒学集团为汉朝文化政策服务，巩固汉初刘氏政权的统治地位。刘辟彊因能属文，“以宗室子随二千石论议，冠诸宗室”，深得武帝赞赏。霍光当政，欲笼络刘氏宗室，遂拜其为光禄大夫，守长乐卫尉，徙为宗正。刘辟彊以其才德，受武帝、霍光青睐，对于保存因楚王戊谋反而惨遭重创的楚元王家族政治力量作出了重要的贡献。

昭帝初，霍光以刘德待诏丞相府，为宗正丞，后徙大鸿胪丞，迁太中大夫，复为宗正。刘德又参与霍光册立宣帝的行动，亲迎宣帝至宗正府。宣帝即位以后，刘德赐爵关内侯，封阳城侯，图形麒麟阁，官爵日隆。然而，面对大权在握的霍光外戚集团，加上楚王延寿密谋被人揭发，导致自杀国除，刘德无可避免地受到猜疑。刘德唯有“常持《老子》知足之计”，既对外戚作有限度合作，又制衡外戚的发展态势，并大量起用宗室，平反罪人。刘德于外戚得势之时，守黄老“清静无为”、“知足不辱”以求自保，博取宗室族人支持，抗衡外戚势力，力图缓减汉朝内部的政治矛盾。

刘向历仕宣、元、成三朝，几经起落，一生充满忧患意识。与其父刘德

① 《汉书·隽疏于薛平彭传》。

不同，对于宦官和外戚的专权，刘向往往主动出击，手段主要是利用阴阳灾异说，包括借助奏议、封事以及有关著述等。刘向以阴阳灾异说论政，始见于与外戚许、史及中书宦官弘恭、石显斗争时的《使人上变事书》和《条灾异封事》；其后于校书之时，又撰成《洪范五行传论》。《洪范五行传论》是刘向多年来以阴阳灾异说言政的总结，今虽已散佚，不过由于班固所撰的《汉书·五行志》是"揽仲舒，别向、歆，传载眭孟、夏侯胜、京房、谷永、李寻之徒所陈行事，讫于王莽，举十二世，以傅《春秋》，著于篇"的，所以保存了大量刘向阴阳灾异学说的内容。刘向一再以阴阳灾异这种特殊的方式来警示君主，既有时代风气的原因，更多地表现出其对现实政治的急切焦虑和对汉朝命运的高度关注。

刘向又有《列女传》、《新序》、《说苑》之奏。由于成帝宠爱"赵、卫之属"，内宫"逾礼制"、"弥奢淫"，引致"上无继嗣，政由王氏出"的严重后果，于是刘向序次《列女传》上奏。刘向曾明言此书"以著祸福荣辱之效，是非得失之分"①，目的在于借书中所述妇女的各种品德和表现，规谏成帝，以达到维持礼制、巩固汉朝大统的根本目的。《新序》、《说苑》则是刘向"采传记行事"，分类编排的历史故事集。以《说苑》为例，各卷的编排从君臣之道，到道德修养、选贤与能，再到灾异祥瑞、出使交战，以及辨物文质，井然有序，表现了刘向的整体治国理念。《列女传》、《新序》、《说苑》三书是刘向以其渊博的学识，择取史事，综合古今成败兴废之理，分类编撰而成，其作用是为成帝提供削弱外戚、宦官势力，维持汉朝统治权威的理论依据和历史借鉴，充分体现了楚元王家族以学辅主的学术传统。

与刘向的"廉靖乐道"相比，刘歆显得"湛靖有谋"，热衷宫闱政治。两人所走的依然是以学辅主的家族传统之路，不过刘歆所辅之主却由汉帝最终变为篡汉立新的王莽。哀帝即位后，大司空何武奏言应尊古礼而毁武帝庙，时为中垒校尉的刘歆和太仆王舜等以为武帝武功卓著，造福中原，其庙不宜毁，哀帝从之②。初试锋芒后，刘歆遂求立《左氏春秋》及《毛诗》、

---

① 徐坚等纂：《初学记》，见《唐代四大类书（第三卷）》影印清光绪孔广陶刻本，清华大学出版社2003年版，第1830页。

② 见《汉书·韦贤传》。

《逸礼》、《古文尚书》于学官，但因《移让太常博士书》引起巨大震撼，离京外放遂成为刘歆的唯一出路。初涉政坛，无论得意还是受挫，都充分显示出刘歆以学论政的思想特点。平帝以后，王莽掌政，刘歆复出为右曹太中大夫，迁中垒校尉，后任羲和、少阿，封红休侯，负责“典文章”，担任王莽政治活动的学术顾问。又先后参与封王莽“安汉”、“宰衡”之号，加九锡之礼；平帝迎娶王莽之女，奏立明堂、辟雍，征天下能古文之士，制定钟律，奏立《毛诗》、《逸礼》、古文《尚书》、《左氏春秋》以及《周礼》博士，议定王莽服母丧礼仪等等。并在东郡翟义起义时，拜扬武将军，领兵守宛。

莽新初立，刘歆位列四辅之一，封为国师、嘉新公，主持广立学官，校定古文等学术活动；又议立九庙，营造“嘉量”等度量衡标准器具，制定“五均赊贷”之法、“六筦之令”等经济政策，协助新朝各项政治、经济、文化制度的建设工作。王莽赏识刘歆的博学，刘歆欲藉王莽的势力来实现自己的学术抱负和政治野心，竭尽所学为王莽所用。就个人学术取向和修养对皇朝的政治、经济、文化所产生的直接影响而言，刘歆实为西汉儒生之冠。当然应该指出的是，刘歆自身的悲剧结局，也源于这种高涨炽烈的以学干政思想，无情的极权政治旋涡最终必然吞噬其制造者和参与者，王莽和刘歆就是一对极好的例子。楚元王家族由于身为宗室，久任宗正，形成了以学辅主的强烈政治色彩，深深介入西汉中后期的政治纷争，从而形成学政结合的特点，发挥出前所未有的惊人影响力。

第三节　刘向的忧患意识与学术实践

刘向不仅因其为汉代文化史上的博学大家，更因其对西汉皇朝的拳拳忠义而备受后人推崇。南宋高似孙谓刘向“炯炯丹心，在汉社稷”[①]。明人张溥《汉魏六朝百三家集·刘子政集题辞》云：“（刘向）忠爱憯怛，义兼《诗》、《书》。”[②] 清人凌扬藻则云：“（刘向）孤忠自许，志不得行，而其精

① 高似孙：《子略》，朴社 1933 年版，第 94 页。
② 殷孟伦注：《汉魏六朝百三家集题辞注》，人民文学出版社 1960 年版，第 20 页。

诚，更可贯金石矣!”[①] 元、成以后，西汉国势日渐下滑，统治大权旁落在宦官和外戚手里，耳闻目睹武、宣强盛的刘向无法接受汉朝逐步走向衰败的事实，因此他热衷参与政治活动，为复兴汉朝倾尽全力。在和宦官、外戚的一次又一次的斗争中，险死还生，加上天子软弱寡断、昏聩好乐、信用奸佞，使得刘向内心十分矛盾复杂。然而，由于宗室观念的关系，刘向对于维护汉朝刘氏大统显得毫无退让的余地，始终一如既往地为汉朝谋“无疆之计”。在刘向宏丰博杂的奏议、封事和著述里充满着忧患意识，折射出其焦虑不安的内心世界。

一、宗室观念对刘向的影响

刘向忧患意识的形成首先源于他身为汉朝宗室的先天血缘关系以及家族的特定政治地位。西汉宗室对于汉朝中央政府的态度大致可以分为两类，一类是为谋取个人利益而对中央政府采取不合作态度，甚至不惜公开背叛。如文、景之时，引发“七国之乱”的吴、楚、赵、胶西、胶东、淄川、济南诸王，响应叛乱的齐王、济北王，以及淮南厉王长；武帝时的淮南王安、衡山王赐；昭帝时的燕王旦、中山哀王子长、齐孝王孙泽等诸侯、宗室，都属于此类。另一类是极力拥护中央政府，唯汉朝马首是瞻，如在“七国之乱”中支持中央政府的梁孝王刘勇、休侯刘富等。楚元王诸子孙中楚王戊、宛朐侯刘埶、楚王延寿等先后叛乱败亡，而刘富一系自投奔中央以后，久在帝都，刘辟彊、刘德深受重用。刘辟彊、刘德在昭、宣两朝的官爵不断飙升，使家族与汉朝结成荣辱与共的关系，而这种关系纽带和楚元王家族成员久任“宗正”一职至为关键。《汉书·百官公卿表》云:“宗正，秦官，掌亲属，有丞。”“宗正”主管皇族和外戚事务，作用是“以序九族”[②]。《后汉书·百官志》本注曰:“掌序录王国嫡庶之次，及诸宗室亲属远近，郡国岁因计上宗室名籍。”对于“宗正”的职能说明较为具体，西汉时期的情况与其大体一致。“宗正”既掌皇帝宗亲事务，故受任此职者皆为皇族。《通典》卷二五谓“(宗正) 两汉皆以皇族为之，不以他族”[③]，因此其称职与否直接关

---

① 凌扬藻:《蠡勺编》，见《续修四库全书》第1155册，上海古籍出版社1995年版，第299页。

② 《汉书·高帝纪》。

③ 杜佑:《通典》，中华书局1988年版，第703页。

系到皇室的声誉和朝廷的兴衰。

据《汉书·楚元王传》、《汉书·百官公卿表》所载，楚元王家族曾先后有7人担任过“宗正”一职，他们分别为：刘郢客、刘礼、刘辟彊、刘德、刘向、刘庆忌、刘岑。自楚元王以下，几乎每代均有人任职“宗正”，刘郢客、刘礼更皆于“宗正”任上继楚王嗣，在宗室里可谓绝无仅有，所以班固称其“奕世宗正”①。宣帝时，霍光鉴于汉初吕氏覆灭的教训，意欲拉拢宗室，拜刘辟彊“为光禄大夫，守长乐卫尉”，“徙为宗正”，其子刘德则“待诏丞相府”，后来又为“宗正丞，杂治刘泽诏狱”。“宗正丞”是“宗正”的属官，当时刘辟彊“年已八十”，实际上是刘德代表他行使“宗正”的权力。刘德后来参与霍光册立汉宣帝的行动，以“宗正”身份将当时尚在民间的刘询迎回宗正府②。刘向曾于宣帝时“娱侍太子朝夕读诵”，元帝初元元年（前48）继祖、父续任“宗正”③，深感责任重大，因而恪尽职守，竭其所能，从此宗室观念成为了刘向心灵世界的主要底色。

维护汉朝大统是宗室应尽的义务，加上“宗正”负责主管皇族和外戚事务，所以刘向在与外戚许嘉、史高和中书宦官弘恭、石显的政治角力时，一再上书言政，言词悲愤，其中《条灾异封事》开卷即曰：

> 臣前幸得以骨肉备九卿，奉法不谨，乃复蒙恩。窃见灾异并起，天地失常，征表为国。欲终不言，念忠臣虽在甽亩，犹不忘君，惓惓之义也。况重以骨肉之亲，又加以旧恩未报乎！欲竭愚诚，又恐越职，然惟二恩未报，忠臣之义，一杼愚意，退就农亩，死无所恨。

“骨肉之亲”和“忠臣之义”是刘向冒死直谏的精神力量的源泉，同时也是忧患意识的萌生之处。刘向虽然“倾吐肝胆，诚恳悱恻”④，但遭弘恭、石显诬蔑，元帝又软弱昏聩，终被废十余年，当然也不再担任“宗正”之职了。对于汉室的安危，刘向有着因宗室关系而衍生出的敏锐感触和无限忧

① 《汉书·叙传》。
② 见《汉书·霍光金日磾传》。
③ 《汉书·百官公卿表》云：“孝元初元元年，散骑谏大夫刘更生为宗正，二年免。”
④ 刘熙：《艺概》，上海古籍出版社1978年版，第14页。

患，故后人以屈原与之相提并论。张溥在《汉魏六朝百三家集·刘子政集题辞》中云：“夫屈原放废，始作《离骚》，子政疾谗，八篇乃显，同姓忠精，感慨相类。……太史公《屈原传》云：‘原死后，楚日以削，竟为秦灭。’孟坚亦云：‘子政卒后十三岁，王氏代汉。’此两人系社稷轻重为何如哉。”刘向确曾自比屈原，他在编辑屈原、宋玉、贾谊、王褒等人的作品而成《楚辞》后，将自己模仿《离骚》所作的《九叹》附于其后，在《思古》一篇中借屈原自喻：

> 道修远其难迁兮，伤余心之不能已。背三五之典刑兮，绝《洪范》之辟纪。播规矩以背度兮，错权衡而任意。操绳墨而放弃兮，倾容幸而侍侧。甘棠枯于丰草兮，藜棘树于中庭。西施斥于北宫兮，仳倠倚于弥楹。乌获戚而骖乘兮，燕公操于马圉。蒯聩登于清府兮，咎繇弃而在野。盖见兹以永叹兮，欲登阶而狐疑。乘白水而高骛兮，因徙弛而长词。叹曰：倘佯垆阪，沼水深兮。容与汉渚，涕淫淫兮。钟牙已死，谁为声兮。纤阿不御，焉舒情兮。曾哀凄欷，心离离兮。还顾高丘，泣如洒兮。①

王逸谓刘向“追念屈原忠信之节，故作《九叹》。叹者，伤也，息也。言屈原放在山泽，犹伤念君，叹息无已”②。屈原，楚之同姓，“为三闾大夫。三闾之职，掌王族三姓，曰昭、屈、景”③ 的身份，与刘向身为汉朝宗室，出任“宗正”的出身并无二致。屈原“正道直行，竭忠尽智以事其君，谗人间之”，“信而见疑，忠而被谤”④ 的遭遇，与刘向力抗宦官、外戚，最后落得下狱被废的收场何其相似，难怪刘向会将屈原引为异代知音。《思古》悲黑白之颠倒，贤愚之不分，与刘向上元帝的《条灾异封事》如出一辙，与其说这是刘向伤悼屈原，倒不如说是对政治现实的哀鸣。

成帝即位，石显等伏法，刘向得到复用。当时外廷有王凤兄弟“倚太

---

① 洪兴祖：《楚辞补注》，中华书局1983年版，第307—308页。
② 《楚辞章句·九叹序》。
③ 《楚辞章句·离骚经序》。
④ 《史记·屈原贾生列传》。

后，专国权”，内宫有“赵、卫之属起微贱，逾礼制”，再加上“上无继嗣”、“灾异寖甚”。汉朝江河日下，刘向忧心忡忡，因与陈汤曰：“灾异如此，而外家日盛，其渐必危刘氏。吾幸得同姓末属，絫世蒙汉厚恩，身为宗室遗老，历事三主。上以我先帝旧臣，每进见常加优礼，吾而不言，孰当言者?”由此可见，对于“宗室遗老”的身份，刘向未敢稍有或忘，更是时刻溢于言表。由于王氏擅政，“大将军秉事用权，五侯骄奢僭盛，并作威福，击断自恣，行污而寄治，身私而托公，依东宫之尊，假甥舅之亲，以为威重”，汉朝已成“累卵之危”；所以刘向建议成帝“发明诏，吐德音，援近宗室，亲而纳信，黜远外戚，毋授以政，皆罢令就弟，以则效先帝之所行，厚安外戚，全其宗族，诚东宫之意，外家之福也。王氏永存，保其爵禄，刘氏长安，不失社稷”①。这是刘向从现实政治层面为刘汉政权所谋的“褒睦外内之姓，子子孙孙无疆之计”。成帝晚年，“犍为郡于水滨得古盘十六枚”，刘向藉此向成帝进言：“宜兴辟雍，设庠序，陈礼乐，隆雅颂之声，盛揖攘之容，以风化天下。”② 这是刘向从礼乐教化层面为刘汉政权所谋的“无疆之计”，可惜却是刘向最后一次为西汉皇朝出谋划策了。

在与宦官和外戚的周旋中体现了刘向对汉朝竭尽忠诚、鞠躬尽瘁的态度，而在多次重要政治事件中，他同样坚定不移地站在汉朝的立场，表现出极力维持刘汉大统的强固观念。由于时代风气使然，刘向喜以灾异言政，甚至说过“王者必通三统，明天命所授者博，非独一姓”这样的话；但是成帝时齐人甘忠可伪造《天官历》、《包元太平经》十二卷，言“汉家逢天地之大终，当更受命于天，天帝使真人赤精子，下教我此道”。刘向即上奏甘忠可“假鬼神罔上惑众，下狱治服”③，尚未断案甘忠可已经死于狱中。由此可见，只要涉及刘氏统治的合法性时，刘向必定毫不含糊地对异见者施以最猛烈的打击。

刘向维持汉朝统治权威的另一种重要手段，就是尽力保持西汉初期制度不变，因此刘向甚为反对元、成时期郊祀制度的改革活动。成帝“初罢甘

① 《汉书·楚元王传》。

② 《汉书·礼乐志》。

③ 《汉书·眭两夏侯京翼李传》。

泉泰畤作南郊日，大风坏甘泉竹宫，折拔畤中树木十围以上百余”，刘向即对成帝说：“家人尚不欲绝种祠，况于国之神宝旧畤！且甘泉、汾阴及雍五畤始立，皆有神祇感应，然后营之，非苟而已也。……及汉宗庙之礼，不得擅议，皆祖宗之君与贤臣所共定。古今异制，经无明文，至尊至重，难以疑说正也。”[①] 刘向的反应之所以如此强烈，主要是因为恐怕郊祀制度的改革会动摇刘氏统治的神圣性，更为现实的意义则是希望通过维持宗室在地方上的权威，来对抗日益膨胀的外戚势力。由于外戚、宦官过度干政，引发政局动荡，加上社会灾难层出不穷，刘向深深担忧汉朝的国势国运将趋于衰败，强烈的忧患意识和深重的责任感在内心不断膨胀，使他别无选择地历经坎坷的一生。

二、刘向侈言灾异的实质

秦汉阴阳灾异学说源自先秦的阴阳五行学说和天人合一思想，经秦始皇、汉武帝的大力推动，使其与现实政治的关系更形密切，并成为了汉代政治和思想的重要内涵。[②] 董仲舒是汉代始推阴阳、为儒者宗的《春秋》公羊学大师，在继承发展先秦至西汉前期思想的基础上，提出了一套以“天人感应”为基本内容的理论体系，将汉代阴阳灾异学说推至一个全新的境界。[③] 董仲舒总结《春秋》所记的灾异现象，认为“《春秋》之中，视前世已行之事，以观天人相与之际，甚可畏也。国家将有失道之败，而天乃先出灾害以谴告之，不知自省，又出怪异以警惧之，尚不知变，而伤败乃至。以此见天心之仁爱人君而欲止其乱也。自非大亡道之世者，天尽欲扶持而全安之，事在强勉而已矣”[④]。这里灾异谴诫成为了天心对君主仁爱的体现，君主奢侈过度、滥用刑罚、赋役繁重、任人不当、后宫不肃、违礼乱制、穷兵黩武等都将导致灾异现象的出现。董仲舒所谈的灾异现象主要有山崩、地

① 《汉书·郊祀志》。

② 顾颉刚曾指出：“汉代人的思想的骨干，是阴阳五行。无论在宗教上，在政治上，在学术上，没有不用这套方式的。”见氏著《秦汉的方士与儒生》，上海古籍出版社 1998 年版，第 1 页。

③ 关于董仲舒的阴阳灾异思想，参考庞天佑《秦汉历史哲学思想研究》，中国社会科学出版社 2002 年版，第 47—51 页。

④ 《汉书·董仲舒传》。

裂、星陨、日月蚀、灾荒等，而引发灾变的主要原因则集中在“阴气盛”、“阴迫阳”、“阴失节”、“阴为阳”、“极阴生阳”等。董仲舒透过阴阳五行，将天人关系具体化，强调天人感应的作用，通过阐发《春秋》阴阳灾异来达到谴告君主的目的，使作为大一统的皇帝在意志和行为上，不能不有所畏忌。

西汉后期统治集团从上而下的骄奢淫逸，内部矛盾日趋激化，导致政治黑暗，思想上又甚为沉闷，加之昭、元、成三朝异象频生，学者文人继承和发展了董仲舒的思想，把阴阳灾异视为对君主施政违背天道的谴诫，阴阳灾异之说成为了广泛流传的社会思潮。《汉书·眭两夏侯京翼李传赞》云：“汉兴，推阴阳言灾异者，孝武时有董仲舒、夏侯始昌，昭、宣则眭孟、夏侯胜，元、成则京房、翼奉、刘向、谷永，哀、平则李寻、田终术。此其纳说时君著明者也。”这些学者文人或直接上书西汉统治者以陈其说，或著书立说以发明其意。《汉书·楚元王传》中载刘向五次上书天子，即有四次直接以阴阳灾异言政。他在《条灾异封事》中以东周灾异为由，指出春秋“二百四十二年之间，日食三十六，地震五，山陵崩阤二，彗星三见，夜常星不见，夜中星陨如雨一，火灾十四。长狄入三国，五石陨坠，六鹢退飞，多麋，有蜮、蜚，鸜鹆来巢者，皆一见。昼冥晦。雨木冰。李梅冬实。七月霜降，草木不死。八月杀菽。大雨雹。雨雪雷霆失序相乘。水、旱、饥、蝝、螽、螟蜂午并起。当是时，祸乱辄应，弑君三十六，亡国五十二，诸侯奔走，不得保其社稷者，不可胜数也”。在确立阴阳灾异的预示作用之后，刘向认为“由此观之，和气致祥，乖气致异；祥多者其国安，异众者其国危，天地之常经，古今之通义也”。最后指出“贤不肖浑殽，白黑不分，邪正杂糅，忠谗并进”的政治现实，希望元帝“放远佞邪之党，坏散险诐之聚，杜闭群枉之门，广开众正之门”。由此可见，刘向侈言阴阳灾异的实质是借助上天的威权来表达自己的政治见解，抨击时政，促使元帝改弦更张，弃用中书令宦官石显等奸佞之徒，革除弊政。

成帝即位以后，阳平侯王凤为大将军秉政，兄弟七人皆封为列侯，“一姓乘朱轮华毂者二十三人，青紫貂蝉充盈幄内，鱼鳞左右。”刘向身为宗室，对汉王朝自有一份远超于一般异姓大臣的忠贞，忧患意识随着汉朝国势衰竭而越转浓烈。他再次借天下灾异丛生上书抨击，认为是“外戚贵盛”，

“凤兄弟用事之咎”，毫无忌讳地揭露当时外戚王氏专权的现实，劝谏元帝警惕外戚对皇权的侵夺，危害汉朝大统。他在奉诏领校中五经秘书之时，以《尚书·洪范》中“箕子为武王陈五行阴阳休咎之应”为发端，“集合上古以来历春秋六国至秦汉符瑞灾异之记，推迹行事，连传祸福，著其占验，比类相从，各有条目，凡十一篇，号曰《洪范五行传论》。”《洪范五行传论》是刘向希望通过学术实践活动来为成帝提供统治借鉴的重要举措，《汉书·五行志》保存下来的材料有150多条，列举上起西周幽王二年（前780），下至成帝元延元年（前21）的各类灾异事件[①]，将灾异与君主行为联系起来。其中论灾异与后妃及外戚关系等约有31条，论灾异与君主失势、国家败亡关系等约39条。在这些以春秋至西汉灾异事件附会人君政治活动的言论中，可以发现刘向的关注焦点始终是汉朝统治的兴衰。

如《汉书·五行志》云：“永光四年六月甲戌，孝宣杜陵园东阙南方灾。”刘向“以为先是上复征用周堪为光禄勋，及堪弟子张猛为大中大夫，石显等复谮毁之，皆出外迁。是岁，上复征堪领尚书，猛给事中，石显等终欲害之。园陵小于朝廷，阙在司马门中，内臣石显之象也。孝宣，亲而贵；阙，法令所从出也。天戒若曰，去法令，内臣亲而贵者必为国害。后堪希得进见，因显言事，事决显口。堪病不能言。显诬告张猛，自杀于公交车。成帝即位，显卒伏辜”。又如《汉书·五行志》云：“宣帝黄龙元年，未央殿辂軨中雌鸡化为雄，毛衣变化而不鸣，不将，无距。”京房《易传》曰：“鸡知时，知时者当死。”刘向则“以为房失鸡占。鸡者，小畜，主司时，起居人，小臣执事为政之象也。言小臣将秉君威，以害正事，犹石显也。竟宁元年，石显伏辜，此其效也”。结合元帝时刘向与弘恭、石显的斗争，便可看到刘向对于灾异示警作用的说明，矛头实指向威胁汉朝统治的宦官势力。由此可见，刘向阴阳灾异学说的本质是针对现实政治，其利用灾异之说来抨击宦官、外戚专权的用心，还是十分明显的。

对于成帝时把持大权的王氏外戚势力，刘向更是高度警惕，甚至已经隐约感觉到刘汉王朝行将被王氏取而代之。《汉书·五行志》云：“元帝初元

---

① 从今存史传所记来看，最早将《春秋》灾异悉数计算排列者，应以刘向为首。参见［日本］池田秀三《刘向の学问と思想》，《东方学报》第50集，京都大学人文科学研究所1978年版，第125页。

四年，皇后曾祖父济南东平陵王伯墓门梓柱卒生枝叶，上出屋。刘向以为王氏贵盛将代汉家之象也。”刘向对此事极为敏感，他在上奏成帝时曾指出：“孝宣帝即位，今王氏先祖坟墓在济南者，其梓柱生枝叶，扶疏上出屋，根臿地中，虽立石起柳，无以过此之明也。事势不两大，王氏与刘氏亦且不并立，如下有泰山之安，则上有累卵之危。陛下为人子孙，守持宗庙，而令国祚移于外亲，降为皁隶，纵不为身，奈宗庙何！”后来王莽篡位代汉，即自说之曰：“初元四年，莽生之岁也，当汉九世火德之厄，而有此祥兴于高祖考之门。门为开通，梓犹子也，言王氏当有贤子开通祖统，起于柱石大臣之位，受命而王之符也。”此事甚至成为了王莽班示天下的《符命》42篇中的内容，《符命》内所谓的“德祥五事”，便包括了“高祖考王伯墓门梓柱生枝叶”①。后世史家曾以此说明刘向阴阳灾异学说的准确性，其实正好反映了刘向对于当时刘汉皇朝与外戚王氏的力量消长以及汉朝命运的深切洞识，故此明末清初的王夫之遂有“刘向忧王氏之势盛而移汉，见之远，虑之切，向死而汉亡，所系亦大矣哉”② 之叹。

元延元年（前13）七月辛未，“有星孛于东井，践五诸侯，出河戍北率行轩辕、太微，后日六度有余，晨出东方。十三日夕见西方，犯次妃、长秋、斗、填，蠭炎再贯紫宫中。大火当后，达天河，除于妃后之域。南逝度犯大角、摄提，至天市而按节徐行，炎入市，中旬而后西去，五十六日与仓龙俱伏”，刘向以为“三代之亡，摄提易方；秦、项之灭，星孛大角”③，因此他迫不及待地上奏成帝，虽获召见，可惜“终不能用”。到了元延三年（前10）正月丙寅，“蜀郡岷山崩，雍江，江水逆流，三日乃通”，刘向“以为周时岐山崩，三川竭，而幽王亡。岐山者，周所兴也。汉家本起于蜀汉，今所起之地山崩川竭，星孛又及摄提、大角，从参至辰，殆必亡”④，至此刘向对汉朝存亡的忧虑已达到无以复加的地步。不过他的灾异观和眭孟、京房、谷永等人的“易姓受命”论有所不同。后者认为汉朝国运已尽，“汉帝宜推差天下，求索贤人，禅以帝位，而退自封百里，如殷、周二王

① 《汉书·王莽传》。

② 王夫之：《读通鉴论》，中华书局1975年版，第102页。

③ 《汉书·五行志》。

④ 《汉书·五行志》。

后，以承顺天命。”[1] 刘向则仍然坚定地认为灾异现象只是上天对汉朝君主的谴告，无论灾异现象如何严重，只要成帝能够修德行仁、重振朝纲、裁抑外戚、肃整后宫、杜绝奢侈，汉朝还有复兴的希望，所以他一再强调：

> 天垂象以视下，将欲人君防恶远非，慎卑省微，以自全安也。如人君有贤明之材，畏天威命，若高宗谋祖己，成王泣《金縢》，改过修正，立信布德，存亡继绝，修废举逸，下学而上达，裁什一之税，复三日之役，节用俭服，以惠百姓，则诸侯怀德，士民归仁，灾消而福兴矣。[2]
>
> 高宗、成王亦有雊雉拔木之变，能思其故，故高宗有百年之福，成王有复风之报。[3]
>
> 《易》曰："天垂象，见吉凶，圣人则之。"昔者高宗、成王感于雊雉、暴风之变，修身自改而享丰昌之福也。[4]
>
> 公族者国之枝叶，枝叶落则本根无所庇荫；方今同姓疏远，母党专政，禄去公室，权在外家，非所以强汉宗，卑私门，保守社稷，安固后嗣也。[5]

宋人叶适云：“刘向为王氏考灾异，著《五行传》，归于切劘当世，而学者以是而格正王事。”成帝对于刘向的忠爱至忱、痛切至诚、忧国至计显然心知肚明，也意会到其实“为王凤兄弟起此论”。然而，外胁于王氏威权，内受制于皇太后王政君，又迷惑于赵飞燕姊妹，大臣更时时藉灾异现象互相攻击[6]，成帝是既忧且惧，进退失据，对刘向之奏唯有“叹息悲伤其意”，“常嗟叹之”。侈言灾异之举深刻地反映了刘向沉重的忧患意识以及维

---

① 《汉书·眭两夏侯京翼李传》。

② 《汉书·五行志》。

③ 《汉书·楚元王传》载刘向《论星孛山崩疏》。

④ 刘向：《说苑》卷一八《辨物》，见《两汉全书》第9册《刘向》，山东大学出版社2009年版，第5597页。

⑤ 《汉书·楚元王传》。

⑥ 成帝晚年，朝中各派的政治斗争渐趋激烈，且多以灾异之事作为攻击对方的借口，绥和二年（前7）更发生了因为出现“荧惑守心”而逼使丞相翟方进自杀的事件。其背后实是王莽借助李寻伪造天文现象，发动对政敌翟方进的攻击。参见黄一农《汉成帝与丞相翟方进死亡之谜》，见氏著《社会天文学史十讲》，复旦大学出版社2004年版，第1—21页。

护刘汉大统的不懈努力。在以阴阳灾异言政的同时，刘向又推衍五行相生之运，建立汉为尧后火德的新五德终始理论，希望从天道运转的角度来证明汉朝为正统皇朝。[①] 但是，无论刘向如何穷究天人，仍然无法改变汉朝的最终命运，这无疑是历史对以个人学术实践来为政治服务的所谓“通经致用”的一大讽刺。

三、刘向的“以著述当谏书”

成帝以刘向为三朝元老，多识旧闻，对其颇为尊重，时加垂问；因此刘向亦时时有奏，除了《汉书·楚元王传》所载的奏议、封事以及《洪范五行传论》之外，更有《列女传》、《新序》、《说苑》等著述。清人谭献《复堂日记》卷六云：“舟中阅《新序》，以著述当谏书，皆与《封事》相发，董生所谓陈古以刺今。”如上所述，《洪范五行传论》是刘向晚年藉注经以阴阳灾异言政的集大成之作，目的在于针对王氏，警醒成帝，重振西汉乾坤，实有为之作，非一般装神弄鬼者可比。至于《列女传》、《新序》、《说苑》皆可与奏议、封事等相互发明，更是“以著述当谏书”的典范。

《列女传》之作起于成帝宠爱“赵、卫之属”，使内宫“逾礼制”、“弥奢淫”，并引致“上无继嗣，政由王氏出”的危急局面。刘向“以为王教由内及外，自近者始，故采取《诗》、《书》所载贤妃贞妇，兴国显家可法则，及孽嬖乱亡者，序次为《列女传》，凡八篇，以戒天子”。因此《列女传》塑造了许多“仁而有礼”、“贤而有德”的女性形象，藉书中所述妇女的各种品德和表现来达到规谏成帝，维持礼制，巩固汉朝大统的根本目的。《列女传》中的正面人物基本符合儒家道德规范，体现了劝谏成帝肃整内宫的思想。刘向认为“自古圣王必正妃匹，妃匹正则兴，不正则乱。夏之兴也以涂山，亡也以末喜；殷之兴也以有㜪，亡也以妲己；周之兴也以大姒，亡也以褒姒”[②]，所以《列女传》首列《母仪传》，列举三代以来贤德后妃和

---

① 刘向的新五德终始理论后来被刘歆加以改造，成为王莽代汉的舆论工具之一。有关刘向、刘歆的新五德终始理论，详参杨权《新五德理论与两汉政治——“尧后火德”说考论·第三章　新五德终始理论的产生与“尧后火德”说的成型》，中华书局2006年版，第124—161页。

② 刘向：《列女传》卷之三《仁智传·魏曲沃负》，见《两汉全书》第9册《刘向》，山东大学出版社2009年版，第5089页。

妇人，着重说明国家兴亡与后妃善恶有着直接的关系。书中特别强调“三纲”、“三从”的理论，并在《母仪传·邹孟轲母》中以孟母之口道出“妇人无擅制之义，而有三从之道”，要求妇女接受并遵行一夫多妻制，进而“能为君子和好众妾”①，又称颂晋赵衰妻“身虽尊贵，不妒偏房”②，楚庄樊姬“靡有嫉妒，荐进美人，与己同处”③。如果联系成帝时赵飞燕姊妹“贵倾后宫”，“专宠十余年”，攻讦许皇后、班婕妤，逼使成帝杀害许美人、曹宫人等妃嫔为其所生的王子等的暴行④，则可明白刘向并非单纯的道德说教，而是别有深意。

此外，《列女传》通过晋文齐姜、周南之妻、齐相御妻、齐管妾婧等事例，肯定妇人“匡夫”的作用，明确提出“贤人之所以成者，其道博矣，非特师傅、朋友相与切磋也，妃匹亦居多”⑤。由此可见，刘向强调“妇人以色亲，以德固”⑥，而对美于色、薄于德的女子则深恶痛绝。末喜、妲己虽色美而致国亡，钟离春、宿瘤女虽貌丑而使国治，妇人之于国家的关键不在色而在德。这都明显是针对成帝好微行、迷恋美色、后宫奢淫而作出的讽谕，可惜成帝依然无动于衷，刘向的“谏书”未能起到理想的作用，成帝也只有落得“湛于酒色，赵氏乱内，外家擅朝”的历史评价。“成帝之无道也，足以亡国”⑦，后世以为西汉之亡，实亡于成帝，可谓卓识。

《新序》、《说苑》则是刘向“采传记行事”，然后分类编排撰写而成的历史故事集。⑧ 两书择取史事，综合古今成败兴废之理，为成帝提供统治理论的依据和历史借鉴，表现了刘向的整体治国理念。《说苑》首列《君道》，以三代及秦汉君主的事例来说明为君之道、存亡之理，有不少影射、比附

---

① 《母仪传·汤妃有㜪》。

② 《贤明传·晋赵衰妻》。

③ 《贤明传·楚庄樊姬》。

④ 见《汉书·外戚传》。

⑤ 《贤明传·齐相御妻》。

⑥ 《贤明传·周宣姜后》。

⑦ 王夫之：《读通鉴论》卷五。

⑧ 《说苑》二十卷分别为：君道、臣术、建本、立节、贵德、复恩、政理、尊贤、正谏、敬慎、善说、奉使、权谋、至公、指武、谈丛、杂言、辨物、修文、反质。《新序》由于散佚严重，前五卷已不知名，故后人姑以“杂事”记之，后五卷分别为：刺奢、节士、义勇、善谋上、善谋下。《说苑书录》有“分别次序，除去与《新序》复重”之语，相信《新序》原书的体例与《说苑》相仿，均是分类名篇的。

元、成两朝政事的内容，如藉武王故事来警告大臣专权的祸害：

> 孔子曰："夏道不亡，商德不作；商德不亡，周德不作；周德不亡，《春秋》不作。《春秋》作而后君子知周道亡也。"故上下相亏也，犹水火之相灭也。人君不可不察而大盛其臣下，此私门盛而公家毁也。人君不察焉，则国家危殆矣。管子曰："权不两错，政不二门。"故曰："胫大于股者难以步，指大于臂者难以把。"本小末大，不能相使也。①

导致"私门盛而公家毁"的原因，主要是君主"失御臣之术"，以至"大臣操权柄，持国政"，而问题的关键则在于君主本身的失道，"尊君卑臣者，以势使之也。夫势失则权倾，故天子失道，则诸侯尊矣；诸侯失政，则大夫起矣；大夫失官，则庶人兴矣。由是观之，上不失而下得者，未尝有也。"如此反复陈说，当是有的放矢，言外之意明显不过。刘向在《君道》中多次强调拔擢贤士、知人善任的重要性，明主必须"慎于择士，务于求贤"，更不能"以非贤为贤，以非善为善，以非忠为忠，以非信为信"，对比《极谏用外戚封事》中指王氏"筦执枢机，朋党比周，称誉者登进，忤恨者诛伤"的政治现实，以成帝的"精于《诗》、《书》，观古文"，"博览古今"，自是心领神会。成帝虽有"容受直辞"的美誉，但往往知而不行，所以刘向指出"明主者有三惧：一曰处尊位而恐不闻其过，二曰得意而恐骄，三曰闻天下之至言而恐不能行"。如果没有对成帝的深切了解、对现实政治的卓越认识以及对汉朝前途的无限忧虑，刘向的"陈古以刺今"是断断不会如此剀切精准又意味深远的。

《说苑》每卷之首，时有叙述该卷主旨的文字，部分不见于其他古籍，相信是出自刘向手笔，《说苑·臣术》卷首一段文字，正好作为理解刘向对于人臣之道的看法。刘向先列出人臣所应当遵守的准则："人臣之术，顺从而复命，无所敢专，义不苟合，位不苟尊，必有益于国，必有补于君，故其身尊而子孙保之。故人臣之行有六正六邪，行六正则荣，犯六邪则辱。夫荣辱者，祸福之门也。"然后分述"圣臣"、"良臣"、"忠臣"、"智臣"、"贞

---

① 《说苑·君道》。

臣”、“直臣”6种“正臣”，以及“具臣”、“谀臣”、“奸臣”、“谗臣”、“贼臣”、“亡国之臣”6种“邪臣”，他们各有不同的行事方式，“贤臣处六正之道，不行六邪之术，故上安而下治，生则见乐，死则见思，此人臣之术也”。其后33章所写的都是历史人物有关人臣的行事和评论，足见是为成帝用人提供参考的。《说苑》其他各卷从道德修养、选贤与能，到灾异祥瑞、出使交战，再到辨物文质，表达了刘向的社会政治思想。《新序》则从孝悌一直说到智谋，主要侧重于对儒家孝悌仁义礼智信等基本观念的阐发。《新序》、《说苑》之奏的作用，显然是为成帝统治提供历史借鉴，称其为“谏书”颇能切中刘向的为文用心。

刘向进则有奏议、封事、《洪范五行传论》、《列女传》、《新序》、《说苑》等，退则有《疾谗》、《擿要》、《救危》等，一生大部分著述，都可以与其政治活动互相印证。在整理中秘藏书时，每种书完成之后，刘向便“条其篇目，撮其指意，录而奏之”，现存的书录中亦有不少是为汉朝提供政治借鉴的内容。如在《战国策书录》中，刘向认为造成春秋之后纷乱攻伐的局面是由于“众贤辅国者既没，而礼义衰矣”，而“君德浅薄”之故，这和《谏营昌陵疏》所强调的“德弥厚者葬弥薄，知愈深者葬愈微。无德寡知，其葬愈厚，丘陇弥高，宫庙甚丽，发掘必速”的思想是一致的，都以“有德”与否来说明王朝的盛衰，主张“德治”才是长治久安的“无疆之计”。同时，又指出战国时纵横家策士“皆高才秀士，度时君之所能行，出奇策异智，转危为安，运亡为存，亦可喜，皆可观”，则是在提醒雅好儒术的成帝要多加留意策士的权谋之术，以应付现实政治斗争的需要。

在《管子书录》中，刘向指出“管子既相，以区区之齐在海滨，通货积财，富国强兵，与俗同好丑，故其书称曰：‘仓廪实而知礼节，衣食足而知荣辱，上服度则六亲固。’‘四维不张，国乃灭亡。’下令犹流水之原，令顺人心，故论卑而易行。俗所欲，因予之；俗所否，因去之，其为政也，善因祸为福，转败为功，贵轻重，慎权衡。”① 于此，刘向借《管子》之言说

① 刘向、刘歆撰，姚振宗辑录，邓骏捷校补：《七略别录佚文　七略佚文》，上海古籍出版社2008年版，第51页。以下凡引用较为完整的刘向书录，即据此本；若引用其他书录或《别录》、《七略》的佚文，则注明所据的原始文献。

明为君者应与人民的利益保持一致，只有如此才能“善因祸为福，转败为功”。这无疑是针对武帝以后汉朝的穷奢极侈进一步激化统治者与人民之间的深刻矛盾，并因而引发各地暴乱的一剂药方。对于《申子》，刘向特别指出“申子学号曰刑名。刑名者，循名以责实，其尊君卑臣，崇上抑下，合于六经也”，则是希望成帝能够学习法家“尊君卑臣，崇上抑下”的统治方术。

成帝喜爱蹴鞠，以参加蹴鞠比赛为乐，群臣恐其劳体伤身，刘向于是作弹棋奏献。《西京杂记》卷二云：“成帝好蹴踘，群臣以蹴踘为劳体，非至尊所宜。帝曰：‘朕好之，可择似而不劳者奏之。’家君（刘向）作弹棋以献。帝大悦，赐青羔裘、紫丝履，服以朝觐。”① 刘向又藉校书之机，大谈蹴鞠的意义，《太平御览》卷七五四引《别录》曰：“蹴鞠者，传言黄帝所作，或曰起战国时，记黄帝。蹴鞠，兵势也，所以练武士，知有才也。今军事无事，得使蹴鞠。”② 《文选·何平叔〈景福殿赋〉》李注引《七略》曰：“蹋鞠，其法律多微意，皆因嬉戏以讲练士，至今军士羽林无事，使得蹋鞠。”又曰：“王者宫中，必左城而右平。城，犹国也，言有国当治之也。蹴鞠亦有治国之象，左城而右平。”刘向强调蹴鞠在军事上有演练士卒的作用，并反映为治国之象，希望成帝明白蹴鞠非徒为玩乐，而实有益于治道。中秘图书的整理归根结底是为汉朝的统治提供借鉴，刘向是时刻不忘向成帝进谏的。

刘向一生与宦官、外戚不断激烈的战斗，上奏元、成二帝的诸次奏议、封事和《洪范五行传论》、《列女传》、《新序》、《说苑》等诸书都是有力的武器。这些著作带有极强的现实政治目的性，透露出浓烈的忧患意识，是理解刘向学术实践与政治人生间关系的重要钥匙。

---

① 此条佚文又见《太平御览》卷六九四引《西京杂记》。《世说新语·巧艺》刘孝标注引傅玄《弹棋赋叙》云：“汉成帝好蹴踘，刘向以谓劳人体，竭人力，非至尊所宜御。乃因其体作弹棋。今观其道，蹴踘道也。”《太平广记》卷二二八引《小说》云：“汉成帝好蹵鞠，群臣以蹵鞠劳体，非尊者所宜。帝曰：‘朕好之，可择似而不劳者奏之。’刘向奏弹棋以献，上悦。赐之青羔裘、紫丝履，服以朝觐。”三处所言，文字略异，其事则一。余嘉锡或疑其本之于《别录》、《七略》，详氏著《四库提要辨证·西京杂记》，（香港）中华书局1974年版，第1013页。

② 李昉等纂：《太平御览》，中华书局影印宋本，1960年，第3349页。

第二章　刘向著作考述

刘向一生著作宏丰，兼及六艺、诸子、诗赋、数术诸略，史志多有记载，如《汉志》著录刘向之作，《六艺略》“《尚书》家类”有《五行传记》11卷，《诸子略》“儒家类”有《新序》、《说苑》、《世说》、《列女传颂图》共67篇，“道家类”有《说老子》4篇，《诗赋略》有赋33篇。《隋书·经籍志》[1]又著录有《刘向谶》1卷、《列士传》2卷、《列仙传》2卷、《世本》2卷、《七略别录》20卷、《刘向集》6卷。此外，题名刘向者尚有《五经通义》、《五经要义》、《孝子传》等，后人又辑存其散篇成《周易刘氏义》、《春秋穀梁传说》等。然而，西汉末年距今垂两千载，书逢十数厄，刘向著作散佚颇多，后世好事之徒又多伪作，以致鱼龙混集。如《世说》、《说老子》等已不见只字片言，《五行传记》、《别录》等只存部分佚文，今传本《新序》、《说苑》、《列女传》亦非完貌，部分作品如《五经通义》、《五经要义》、《刘向谶》、《列仙传》等又或真或伪。前人时贤对刘向著作虽多有钩沉，但鲜有全面考订之作。以下结合史籍记载、传世作品、出土文献以及诸家辑佚和考证的成果，略依后世四部之次，对刘向的可知著作（包括存世、残篇、亡佚、误题等）作一统考，以见刘向著述之全貌。

---

① 以下简称《隋志》。

第一节　经部之属

一、《汉书·艺文志》所载《五行传记》等三种

1.《五行传记》（《洪范五行传论》、《尚书洪范五行传论》）

《汉书·楚元王传》记载，成帝“诏（刘）向领校中五经秘书。向见《尚书·洪范》，箕子为武王陈五行阴阳休咎之应。向乃集合上古以来历春秋六国至秦汉符瑞灾异之记，推迹行事，连传祸福，著其占验，比类相从，各有条目，凡十一篇，号曰《洪范五行传论》，奏之”。又《汉志·六艺略》“《尚书》家”著录有“刘向《五行传记》十一卷”。《洪范五行传论》当为原有书名，而《五行传记》则为著录时的改题。刘向亲著《洪范五行传论》从无异议，《汉书·五行志》就是模仿《洪范五行传论》，再集以董仲舒、眭孟、夏侯胜、京房、刘歆等人之辞而成的。《隋志》著录有“《尚书洪范五行传论》十一卷，汉光禄大夫刘向注”[①]。《旧唐书·经籍志》亦著录“《尚书洪范五行传》十一卷，刘向撰”[②]，《新唐书·艺文志》著录作“刘向《尚书洪范五行传论》十一卷”[③]。《艺文类聚》、《太平御览》引用凡30余节，可见其书至唐代、宋初尚存，或亡于南宋以后。清代有王谟辑《汉魏遗书钞》2卷本[④]、陈寿祺辑《左海全集》3卷本[⑤]、黄奭辑《黄氏逸书考》1卷本[⑥]等，其中陈辑本全录《汉书·五行志》，又附以史书、古书注本、《开元占经》及唐宋类书等所引《洪范五行传论》文字，最为完善。

2.《稽疑》

班固在《汉志·六艺略》“凡《书》九家，四百一十二篇”下自注：“入刘向《稽疑》一篇。”颜注曰：“此凡言入者，谓《七略》之外班氏新

① 魏征、令狐德棻：《隋书》，中华书局1973年版，第913页。

② 刘昫等：《旧唐书》，中华书局1975年版，第1969页。

③ 欧阳修、宋祁：《新唐书》，中华书局1975年版，第1427页。

④ 王谟辑：《汉魏遗书钞》，载《续修四库全书》第1199册，上海古籍出版社1995年版，第488—509页。

⑤ 陈寿祺：《左海全集》，清嘉庆道光间刻本。

⑥ 黄奭辑：《黄氏逸书考》，载《续修四库全书》第1209册，上海古籍出版社1995年版，第400—424页。

入之也。其云出者与此同。”然则刘向《稽疑》之作，班固尚见，不知亡于何时。此外，《稽疑》入于何书亦不可知，谢谦以为是“今古文《尚书》异文考证”[①]，其说可参。

3.《琴颂》

《汉志·六艺略》云：“凡《乐》六家，百六十五篇。”班固自注：“出淮南、刘向等《琴颂》七篇。”然则刘向有《琴颂》，班固言合淮南等人才共7篇，刘向或只占1篇。今《文选》李注、《初学记》引有刘向《雅琴赋》（详见下文），是否即《琴颂》，亦未可知。

二、后人辑存经说两种（附：《刘向谶》）

1.《周易刘氏义》（《刘向刘歆易注》、《易刘氏义》）

刘向、刘歆父子“始皆治《易》”，为汉代《易》学名家，《汉志》载有刘向中秘校《易》的情况。刘向虽没有专门的解《易》之作，然于奏议、著述中多引用《周易》经传。黄奭《黄氏逸书考》辑出《经典释文》中所引刘向、刘歆《易》说数节，并于《汉书·楚元王传》、《汉书·五行志》中采刘向《易》说30余节附后，题为《刘向刘歆易注（附汉书本传引易、五行志易义）》。王仁俊所辑《玉函山房辑佚书续编》本为18节[②]，题为《周易刘氏义》，除数节采自《列女传》、《说苑》外，其余均同黄辑。黄辑本将《汉书·五行志》中无论是否明称刘向说者皆辑入，未加区别，似有不当[③]。两汉文献未有刘向亲著《易》说的记载，故此以上只属辑集本无其书的“辑录”之作，未可谓之“辑佚”，因为不存在原书亡佚的问题。然而，刘向著作大多散佚，后人据史书、总集、唐宋类书以及古书注本辑出刘向自撰的文字，吉光片羽，弥足珍贵，是研究刘向之直接和可靠的材料。

2.《春秋穀梁传说》（《春秋穀梁刘更生义》）

宣帝时，刘向受诏习《穀梁春秋》，后又讲论五经于石渠，史书虽未载其有解《穀梁》之作，但是《晋书·五行志》曾引刘向《春秋说》，则说

① 谢谦：《刘向著述考略》，《许昌师专学报》1989年第4期。

② 王仁俊辑：《玉函山房辑佚书续编》，载《续修四库全书》第1206册，上海古籍出版社1995年版，第12—14页。

③ 孙启治、陈建华编：《古佚书辑本目录（附考证）》，中华书局1997年版，第5页。

明唐代或以前已出现辑录刘向有关《春秋》传说的言论之书。清人马国翰《玉函山房辑佚书》据《春秋穀梁传注疏》、《宋书·天文志》引刘向《春秋说》共16节辑成《春秋穀梁传说》[①]。清人王仁俊《玉函山房辑佚书续编》从《说苑》增补二节辑为《春秋穀梁刘更生义》。

附:《刘向谶》

《刘向谶》一卷,《隋志》经部著录,今已不存。《宋书·符瑞志》引《刘向谶》云:"上五尽寄致太平,草付合成集群英。"[②]《汉书》不言刘向作"谶",《汉志》亦不著录谶纬之书,真伪更不可知。姚振宗以为:"《隋志》言谶纬诸书有《五行传》,疑即中垒书[③],谶讳家趋时又改题为《刘向谶》欤?"[④] 其说可参。

三、后人误题经注、经说四种

传世古籍中伪作甚多,故此张之洞《輶轩语·语学弟二》谓"一分真伪,而古书去其半"[⑤]。伪书中既有因古籍流传过程混乱而无心误题之书,更多是出于私心作伪者。今将已定为后人误题的刘向经书注说特列一项,以防鱼目混珠。

1.《乐记》

《汉志·六艺略》谓"刘向校书,得《乐记》二十三篇"。然则刘向只校《乐记》,厘定为一种23篇的本子,未尝著《乐记》。今《礼记·乐记》只存11篇之文,孔颖达《礼记正义》所引《别录》则全载23篇篇目,马国翰《玉函山房辑佚书》据《别录》重排篇目,以复刘向本之旧貌,又于今本外另辑佚文一节,丁晏《(礼)佚记》亦辑数节[⑥];然而皆为刘向所校《乐记》之原文,非刘向所著文字。倒是孔颖达所引之23篇篇目为《别录》佚文无疑,故此诸家《别录》辑本多有录之,不可不辨。

---

① 马国翰辑:《玉函山房辑佚书》第2册,(台北)文海出版社1967年版,第1189—1191页。

② 沈约:《宋书》,中华书局1974年版,第786页。

③《洪范五行传论》。

④ 姚振宗:《汉书艺文志拾补》,见《二十五史补编》第2册,中华书局1955年版,第1465页。

⑤ 张之洞:《书目答问二种》,三联书店1998年版,第310页。

⑥ 孙启治、陈建华编:《古佚书辑本目录(附考证)》,中华书局1997年版,第53页。

2.《孟子刘向注》

王仁俊据汲古阁本《文选·嵇叔夜〈琴赋〉》李注引刘向《孟子注》一节辑入《玉函山房辑佚书续编》，并云："汲古阁《文选注》引作刘向，宋本六臣注本作刘熙。马氏遂以'向'字为讹，然余萧客《古经钩沉》亦列刘向，疑事毋质，姑录之。"其实，除汲古阁本外，《文选》各种版本均为刘熙《孟子注》，王氏实据汲古阁本误辑①。刘向不注《孟子》，此为后人误题之赝品。

3.《五经通义》

《隋志》经部《论语》类著录"《五经通义》八卷"，注云"梁九卷"，不题撰人。旧新《唐志》始题刘向撰，未详何据。诸书所引佚文皆未称撰人，《说郛》载有17节，亦不题撰人。其中《太平御览》卷五六五载《五经通义》一节，内引《孝经援神契》说，朱彝尊《经义考》云："刘向、曹褒俱撰《五经通义》，群书所引大都皆向之说，惟《太平御览》引此一条，窃有可疑。……度刘向时，《援神契》未行于世，至褒撰《礼》，多杂以《五经》谶记之文，然则此盖褒十二篇中语也。"然则诸书所引《五经通义》究竟为何人之书尚难定断。清代有马国翰《玉函山房辑佚书》、王谟《汉魏遗书钞》、洪颐煊《经典集林》②、宋翔凤《浮谿精舍丛书》③、黄奭《黄氏逸书考》等多家辑本，编次互异，文句详略不一，皆据《唐书·艺文志》题刘向撰。刘向博通五经，唯《汉书·楚元王传》、《汉志》等史书，皆不言刘向撰《五经通义》，而且五经通论之类的著作多出于东汉，如许慎《五经通义》、《五经异义》，故此刘师培力言今辑《五经通义》本非刘向所撰④，应可信从。

4.《五经要义》

《五经要义》的情况与《五经通义》极为相似，《隋志》经部《论语》

① 孙启治、陈建华编：《古佚书辑本目录（附考证）》，中华书局1997年版，第73页。

② 洪颐煊辑：《经典集林》，载《续修四库全书》第1200册，上海古籍出版社1995年版，第387—390页。

③ 宋翔凤编：《浮谿精舍丛书》，清道光咸丰间刻本。

④ 刘师培：《刘向撰〈五经通义〉〈五经要义〉〈五经杂义〉辨》，《国粹学报》第6卷8期，1910年。

类著录有“《五经要义》五卷”，注云“梁十七卷，雷氏撰”。旧新《唐志》并载5卷，题刘向撰，而无雷氏之书。清人姚振宗《隋书经籍志考证》以为5卷本为刘向撰，17卷本为雷氏撰，但未言何据[①]。诸书所引《五经要义》多不称撰人，《说郛》辑本亦不题撰人，雷氏更不知为何人。清代有马国翰《玉函山房辑佚书》、洪颐煊《经典集林》、王谟《汉魏遗书钞》、宋翔凤《浮谿精舍丛书》、黄奭《黄氏逸书考》等多家辑本，编次互异，文句详略不一，或题雷氏，或题刘向，亦有不题撰人者。《汉书·楚元王传》、《汉志》等史书，皆不言刘向撰《五经要义》，《隋志》亦只言雷氏所撰，故此刘师培《刘向撰〈五经通义〉〈五经要义〉〈五经杂义〉辨》谓今辑《五经要义》本非刘向所撰，亦可信从。

第二节　史部之属

一、《列女传》等传世史籍四种

1.《列女传》

《汉书·楚元王传》载刘向“睹俗弥奢淫，而赵、卫之属起微贱，逾礼制。向以为王教由内及外，自近者始。故采取《诗》、《书》所载贤妃贞妇，兴国显家可法则，及孽嬖乱亡者，序次为《列女传》，凡八篇，以戒天子”。班固在《汉志·诸子略》“刘向所序六十七篇”下自注“《新序》、《说苑》、《世说》、《列女传颂图》也”。刘向撰著《列女传颂图》于史早有明证，且《列女传》至迟在东汉前期已经流传到西北边陲之地。1901年英国考古学家斯坦因于敦煌西北的汉塞烽隧遗址中掘得700余枚竹简，其中有一枚简文为“■□郡公列女传书（■为残缺符号，□为不可释之字）”[②]。由于出土该简的第28号烽隧处于敦煌郡中部都尉驻守区域，斯坦因共在该烽隧遗址烽台南面坡下灰堆中掘得70多枚竹简，其中有纪年汉简两枚，明确可知均为东汉明帝永平十八年（75）。[③] 因此，写有“列女传书”的竹简，很可能是东

① 姚振宗：《隋书经籍志考证》，见《二十五史补编》第4册，中华书局1955年版，第5186页。
② 甘肃文物考古研究所编：《敦煌汉简》，中华书局1991年版，第305页。
③ 参见林梅村、李均明编《疏勒河流域出土汉简》，文物出版社1984年版，第24、83、85页。

卷九九、《艺文类聚》卷五五同引此条，亦作“刘向《七略》”。由此可见，两书所引或出自裴注，而非《别录》原书。此外，《初学记》卷七引刘向《七略》曰：“公孙龙持白马之论以度关。”揆其内容，所引当为《公孙龙子书录》，属于《别录》的内容，严可均《全汉文》将其隶于刘向名下，姚振宗亦收入《七略别录佚文》，合理可信。类似的例子还有很多，如《文选》中的《别赋》、《公燕》、《宣德皇后令》、《奏记诣蒋公》、《与杨德祖书》、《解嘲》诸篇，李注所引《七略》者，经过考校查核，实皆《别录》之文。由此可见，唐人引用《别录》之时，既受到《隋志》的影响，又将《七略别录》省称作《七略》。

《七录》也是《七略别录》的省称，《〈史记·殷本纪〉集解》引刘向《别录》曰：“九主者，有法君、专君、授君、劳君、等君、寄君、破君、国君、三岁社君，凡九品，图画其形。”司马贞《索隐》却云：“刘向所称九主，载之《七录》，名称甚奇，不知所凭据耳。”姚振宗曾指“《七录》殆《七略别录》之省文，非指阮氏《七录》”①。其说可从，《七录》当是撷取《七略别录》的首尾二字而成。《〈史记·封禅书〉索隐》亦引刘向《七录》云：“（《王制》）文帝所造书，有《本制》、《兵制》、《服制》篇。”不过，此称仅见上引《史记索隐》二例，《史记索隐》于《老子韩非列传》、《万石张叔列传》、《货殖列传》等篇亦称《别录》，说明了《七略别录》省称作《七录》是一种特例，并不常见。

至于称“刘向《别传》”者，如《北堂书钞》卷九九之文，《〈史记·孟子荀卿列传〉集解》则作“刘向《别录》”；《北堂书钞》卷一三五之文，《太平御览》卷七一一、七一二皆作“刘向《别录》”；《艺文类聚》卷八二之文，《太平御览》卷九八〇则作“刘向《别录》”。由此可见，《别传》也是《别录》的异称，而且此称使用较多，如《太平御览》卷二九七、卷三八五、卷六〇六、卷六〇九、卷六一八、卷七一〇、卷七一七、卷九七九皆引“刘向《别传》”之文。此外，上引《初学记》卷二五所载“刘向《七略别录》”之文，《太平御览》卷七一〇则作“刘向《七略别传》”。章太炎在《七略别录佚文征序》中曾就此分析道：“《御览》引刘氏书，或云‘刘

① 《七略别录佚文》。

尚在真伪之间[①]。今据古人“信以传信，疑以传疑”的精神，暂且存疑，以俟日后再作考订。

3.《孝子传》

刘向撰《孝子传》，史无明文，亦不见著录。《文苑英华》卷五〇二所载许南容、李令琛的《策》文并称“刘向修孝子之图”[②]，敦煌遗书句道兴本《搜神记》、《法苑珠林》、《太平御览》亦称引作刘向《孝子传（图）》，《玉海·艺文》也引许南容策言刘向有此书。由此可见，唐宋以来皆有刘向撰《孝子传》之说。《日本国见在书目录》杂传家著录有《孝子传图》1卷，未署撰人，姚振宗《汉书艺文志拾补》以为“诸家《孝子传》不言有图，此独有图，与《列女传》相类也”，即认为属刘向所作。清代有茆泮林《十种古逸书》[③]、黄奭《黄氏逸书考》、王仁俊《玉函山房辑佚书续编》三家辑本，各家从《绎史》、《太平御览》、《法苑珠林》中辑出四节。由于所据之书不同，文字出入较大，是否刘向遗文，尚未可知。

4.《列仙传》

《隋志》史部杂传类小序云：“汉时，阮仓作《列仙图》，刘向典校经籍，始作《列仙》、《列士》、《列女》之传，皆因其志尚，率尔而作，不在正史。”并著录《列士传赞》3卷，注云“刘向撰，鬷续，孙绰赞”；又有《列仙传赞》2卷，注云“刘向撰，晋郭元祖赞”。《旧唐书·经籍志》著录有“刘向《列仙传赞》二卷”，《新唐书·艺文志》亦著录“刘向《列仙传》二卷”。晋代葛洪最早言及刘向撰《列仙传》，其于《神仙传序》云：“昔秦大夫阮仓所记有数百人，刘向所撰又七十一人。”[④]《抱朴子内篇·论仙》又云：“（刘向）所撰《列仙传》，仙人七十有余。”其后《世说新语》刘孝标注、郦道元《水经注》均从之，《颜氏家训·书证》云：“《列仙传》刘向所造，而《赞》云七十四人出佛经。……皆由后人所羼及，非本

---

① 今人多以《列士传》为刘向所撰，参见熊明《刘向〈列女〉、〈列士〉、〈孝子〉三传考论》，《锦州师范学院学报》2003年第3期。

② 李昉等编：《文苑英华》第3册，中华书局2003年版，第2579页。

③ 茆泮林：《十种古逸书》，《丛书集成初编》本，中华书局1985年版，第1—2页。

④ 葛洪撰，胡守为校释：《神仙传校释》，中华书局2010年版，第1页。

文也。”[①]

由于史无明文，《汉志》亦不著录，且内容颇多可疑之处，故此南宋陈振孙《直斋书录解题》以为“似非（刘）向本书，西汉人文章不尔也”[②]。黄伯思《东观余论》进一步认为是东汉人所作，胡应麟继其说，《少室山房笔丛》卷三二《四部正讹下》云：“《汉书·艺文志》刘向所叙六十七篇，止《新序》、《说苑》、《列女传》而无此书，《七略》刘歆所定，果向有此书，班氏决弗遗，盖伪撰也。当是六朝间人因向传列女，又好神仙家言，遂伪撰托之。”[③]《四库全书总目》指其是“魏晋间方士为之，托名于向”。余嘉锡则指其成书年代大致应在东汉明帝以后顺帝以前[④]。但是，鲁迅却认为现存汉人小说皆伪托，“惟此外有刘向的《列仙传》是真的”[⑤]。目前学界大多倾向《列仙传》非刘向所撰，并作过一些补充论述[⑥]，但也有坚持为刘向之书者[⑦]。最近又有学者通过对《楚辞》王逸注、《汉书》古注和《文选》古注引用《列仙传》的情况进行考辨，指出某种《仙传》是东汉末年（约165—204）的产物，而《仙传》在曹魏时期已经形成基本定型的本子，三国时魏人鬷弘很可能是《仙传》的续作者，所以间接证明，汉末“古本”存在的可能性很大。[⑧] 此说具有一定的说服力，可惜仍然未能完全说明刘向与《列仙传》的关系。

可以补充的是，晋人王嘉《拾遗记》卷六云：“刘向于成帝之末，校书天禄阁，专精覃思。夜有老人，着黑衣，植青藜之杖，登阁而进，见向暗中独坐诵书。老人乃吹杖端，烟然，因以照向，开辟已前。向因受《五行洪

① 王利器：《颜氏家训集解（增补本）》，中华书局1993年版，第484页。

② 陈振孙：《直斋书录题解》，上海古籍出版社1987年版，第345页。

③ 胡应麟：《少室山房笔丛》，上海书店出版社2001年版，第318页。

④ 余嘉锡：《四库提要辨证·列仙传》，（香港）中华书局1974年版，第1196—1205页。

⑤ 鲁迅：《中国小说的历史变迁》，见《鲁迅全集》第九卷，人民文学出版社1995年版，第305页。

⑥ 参见王青《汉朝本土宗教与神话》，（台北）洪叶文化事业有限公司1998年版，第169—252页。王青后又撰文指出，前人所见东汉中期以前的《列仙传》较之今本有较大的不同，而今本《列仙传》的基本定型最早不能早于顺帝永和五年（140年），至迟可在西晋太安二年（303年）。而在以后的传播中，此书在某些条目上还屡有增饰。详参氏著《〈列仙传〉成书年代考》，《滨州学院学报》2005年第1期。

⑦ 参见李剑国《唐前志怪小说史》，南开大学出版社1984年版，第187—198页。

⑧ 参见陈洪《〈列仙传〉成书时代考》，《文献》2007年第1期。

范》之文，恐辞说繁广忘之，乃裂裳绅，以记其言。至曙而去，向请问姓名。云：'我太一之精，天帝闻金卯之子有博学者，下而教焉。'乃出怀中竹牒，有天文地图之书，'余略授子焉'。向子歆，从向授其术，向亦不悟此人焉。"[①] 据《晋书·艺术传》所载，"王嘉，字子年，陇西安阳人也。轻举止，丑形貌，外若不足，而聪睿内明。滑稽好语笑，不食五谷，不衣美丽，清虚服气，不与世人交游。隐于东阳谷，凿崖穴居，弟子受业者数百人，亦皆穴处。石季龙之末，弃其徒众，至长安，潜隐于终南山，结庵庐而止。"苻坚屡次征召，王嘉不为所动，终被后秦姚苌所杀。王嘉所"著《拾遗录》十卷，其记事多诡怪"[②]，后散佚不全，经南朝梁人萧绮"搜刊幽秘，捃采残落"，整理删定，成今传本《拾遗记》。王嘉为东晋时方士，意欲张扬道术，故此《拾遗记》"多涉祯祥之书，博采神仙之事"[③]。由此可见，魏晋之时，刘向及其著作已经被方士神仙化，所以有人托名刘向而为《列仙传》，亦是情理中事。由于学界对《列仙传》一书的真伪暂未有定论，故亦列入存疑一类。

《列仙传》包括全本、节本在内的版本众多，其中以明正统《道藏》本最为通行，书后附有《赞》一篇，亦不知何人所作。此外，清代有王照圆《列仙传校正》、钱熙祚校正的《守山阁丛书》本，以及胡珽校讹、董金鉴补校的《琳琅秘室丛书》本等多家校本。

二、《别录》

《汉志》云："光禄大夫刘向校经传、诸子、诗赋，步兵校尉任宏校兵书，太史令尹咸校数术，侍医李柱国校方技。每一书已，向辄条其篇目，撮其指意，录而奏之。"班固所称"条其篇目"、"撮其指意"的"书录"（或称"叙录"、"叙奏"等），是连同本书一起上奏成帝的（关于书录的体制和特点，详见第四章）。今存较为完整的书录如《战国策书录》、《晏子书录》、《孙卿书录》、《管子书录》、《列子书录》以及刘歆《上山海经表》

---

① 王嘉撰，齐治平校注：《拾遗记》，中华书局1981年版，第153页。

② 房玄龄等：《晋书》，中华书局1974年版，第2496—2497页。

③ 萧绮：《拾遗记序》。

等，皆附于原书的宋明旧本而行，应是保留了刘向校本的遗制。梁阮孝绪《七录序》云："昔刘向校书，辄为一录，论其指归，辨其讹谬，随竟奏上，皆载在本书，时又别集众录，谓之《别录》。即今之《别录》是也。"[①] 序文清楚地说明当时上奏的书录后来汇集成书，名为《别录》，于梁时尤在，为阮氏所亲见。《隋志》著录有"刘向撰《七略别录》二十卷"，由此可知，《别录》是一部拥有20卷之多的完整作品。

由于《别录》已经散佚，所以对于此书的许多具体情况，历来众说纷纭。第一个问题就是书名。首先，此书何以命名为《别录》。其次，《七录序》称作《别录》，但是《隋志》却著录为《七略别录》。此外，某些载有《别录》佚文的古书注本、唐宋类书，或作《七略》，又或作《别传》，甚至《七略别传》、《七录》等。众多的书名称谓，究竟何者为是，彼此之间又存在什么关系，显然需要深入查考。

《七录序》中的"时又别集众录，谓之《别录》"，应是用来解释《别录》一书之名的。阮氏所说虽然不差，不过仅是就字面而言，所以仍有进一步探究的空间。东汉蔡邕《独断》云："凡群臣上书于天子者有四名：一曰章，二曰奏，三曰表，四曰驳议。"又云："表者不需头，上言'臣某言'，下言'臣某诚惶诚恐，顿首顿首，死罪死罪'，左方下坿曰'某官臣某甲上'。"又云："汉承秦法，群臣上书皆言'昧死言'，王莽盗位，慕古法去'昧死'，曰'稽首'。"[②] 今存刘向书录开篇多有"护左都水使者光禄大夫臣向言"，文末又有"臣向昧死上"[③]、"臣向昧死上言"[④]、"臣向昧死"[⑤]，加上刘歆《上山海经表》，皆可说明书录属于"表"一类的上行文书。对于文书进行副录，秦汉时有专门的称谓，叫做"别书"。湖北省云梦县睡虎地秦简《语书》云："廿年四月丙戌朔丁亥，南郡守腾谓县、道啬夫……以令、丞闻。以次传；别书江陵布，以邮行。"整理小组注云："这一句是说本文书另录一份，在江陵公布。"其说甚是。别书，犹今之抄送

① 释道宣辑：《广弘明集》，《四部丛刊》影印明汪道昆本，商务印书馆1919年版，第9页。

② 董治安主编：《两汉全书》第24册，山东大学出版社2009年版，第13869页。

③《晏子书录》、《列子书录》。

④《孙卿书录》。

⑤《说苑书录》。

件。汉简亦屡见“别书”之名，如《居延新简——甲渠候官》有“七月癸亥，宗正丹、郡司空、大司马丞书从事下当用者，以道次传，别书相报，不报者重追之，书到言”之文。又有：“五月戊辰，丞相光下小府、大鸿胪、京兆尹、定□相承书从事下当用者。京兆尹以□次传，别书相报，不报者重追之，书到言。”“道次”之“道”乃指邮路，“以道次传”指按邮路路段逐次传递。别书作为抄送件当为一式多份，故可同时在不同的邮路路段运行。[①] 由此推想，刘向书录在上奏之后，很可能被副录一份（或多份），后来有人将这些副录的书录汇集起来，并根据它们属于“别书”的性质，命名为《别录》。因此，《别录》之名，可能就是书录别书的简称。

《别录》书名本来如此，但是《隋志》却著录为《七略别录》，旧新《唐志》同之。姚振宗在《七略别录佚文叙》中曾提出：“（《别录》）殆子骏奏进《七略》之时勒成之，其曰《七略别录》者，谓《七略》之外，有此一录，当时似未尝奏御者也。”章太炎的观点截然不同，《訄书·征七略第五十七》以为“此非二书（按，指《别录》、《七略》），盖除去叙录奏上之文，即专称《七略》耳”[②]。谭戒甫则推测：“《七略别录》本是两书，其二十卷，或是晋、隋间人把《七略》七卷附在《别录》之前，故称《七略别录》。……我疑心二十卷减去七卷，余十三卷，或是《别录》隋本如是。前说《别录》内容分成六部，计每部得占二卷，尚余一卷，正就是后世的发凡起例一类东西。”[③] 然而，姚名达明确指出：“《隋志》乃以‘七略’二字加于‘别录’之上，盖与称《太史公书》为《史记》，同属习俗流传之讹，不得据以为辩也。《礼记正义》、《仪礼疏》、《诗大雅疏》、《尚书疏》、《周礼疏》、《史记集解》、《史记索隐》、《两汉书注》，诸书并引‘刘向别录’，绝不加‘七略’于其上。”[④] 从唐以前人的称引情况来看，姚说甚确[⑤]。而且，《隋志》同时分别著录《七略别录》20卷、《七略》7卷，更

① 参见李均明、刘军《简牍文书学》，广西教育出版社1999年版，第169—170页。

② 章太炎撰，徐复注：《訄书详注》，上海古籍出版社2000年版，第816页。

③ 谭戒甫：《怎样研究目录学？》，商务印书馆1937年版，第1—2页。

④ 姚名达：《中国目录学史》，上海古籍出版社2002年版，第38—39页。

⑤ 吕绍虞也认为“《别录》的名称，原来就是《别录》，而不是《七略别录》”。详参氏著《中国目录学史稿》，安徽教育出版社1984年版，第21—22页。

加说明了《别录》、《七略》确为两部不同的著作。需要指出的是，《别录》、《七略》两书在魏晋之时已经开始混称误用，如《三国志·蜀书·许麋孙简伊秦传》裴注云："刘向《七略》曰：'孔子三见哀公，作三朝记七篇，今在《大戴礼》。'臣松之案：《中经部》有《孔子三朝》八卷，一卷目录，余者所谓七篇。"① 此条当出自刘向所撰《孔子三朝》的书录，由于被刘歆撷入《七略》之内，后人没有严加区别，所以既称刘向又云《七略》。因此，《隋志》加"七略"二字于"别录"之前，很可能一如姚名达所言，是受到当时两书混称误用之习的影响。

唐代以后，《别录》时有称作《七略别录》，又或省称《七略》、《七录》，甚至称作《别传》、《七略别传》②。如唐代虞世南《北堂书钞》引《别录》凡9次，卷一〇〇、卷一〇四、卷一〇九、卷一三三、卷一五七引作"刘向《别录》"，卷九九一引作"刘向《七略》"、一引作"刘向《别传》"，卷一三五引作"刘向《别传》"。又如《艺文类聚》引《别录》凡8次，卷五、卷九、卷四三、卷四四、卷六七引作"刘向《别录》"，卷五五引作"刘向《七略》"，卷八〇、卷八二引作"刘向《别传》"。又如徐坚《初学记》引《别录》凡4次，卷四、卷二一引作"刘向《别录》"，卷二五引作"刘向《七略别录》"，卷七引作"刘向《七略》"。由此可见，当时《别录》是一般的通称，《七略别录》是异称，而《七略》则是《七略别录》的省称。③

值得指出的是，《初学记》卷二五引刘向《七略别录》曰："臣向与黄门侍郎歆所校《列女传》。"说明了《七略别录》之名已经开始为人所使用，这可能是受到《隋志》的影响。而称"刘向《七略》"者，最早见于上引《三国志·蜀书·许麋孙简伊秦传》裴注，唐前文献仅此一见，《北堂书钞》

---

① 陈寿撰，裴松之注：《三国志》，中华书局1959年版，第974页。

② 以下所论，多有参考李解民《〈别录〉异称考》（《文史》第39辑，中华书局1994年）一文，然而个别结论或有不同，特此说明。

③ 李解民《〈别录〉异称考》认为"正史《经籍志》或《艺文志》专门著录书目，讲究书名的规范、完整，与平常称引只图简洁、方便而惯用省称有所不同。因此，《隋志》著录的《七略别录》应视为全称或原名"。此说欠妥。以《七略别录》为全称尚可，若以其为原名，则明显无视唐以前人皆称《别录》的事实。

向《别传》'，或云'《七略别传》'。今观诸子叙录，皆撮举爵里事状，其体与《老韩》、《孟荀》、《儒林》诸传相类，而挽近为学案者往往效之，兼得传称，有以也。"[①] 因此，李解民认为《别传》（《七略别传》）作为《别录》（《七略别录》）的异称，从一个方面反映了刘向书录往往包含有类似传记的内容特点，应该说有一定的道理。

第二个问题是《别录》的成书时间和编者。《别录》于何时又为何人所编，史无明文，历来都有不同的意见，尤为集中在《别录》和《七略》成书先后的问题上。有些学者认为《七略》成书先于《别录》，余嘉锡谓"疑《七略》既成，时人始就群书钞取其录，附入歆书，以省两读，但必在王莽未败，书未散失以前，其主名则不可考矣"[②]。程千帆也以为"《七略》之成，当在《别录》之先"[③]。钟肇鹏则认为："《别录》是在刘歆上奏《七略》之后，仿《七略》编成，它的编辑分类的体例一遵《七略》，故又称《七略别录》，并非把各书录钞出，附于《七略》之后。"[④] 另一派学者则认为《别录》成书先于《七略》，章太炎《訄书·征七略》云："《别录》先成，《七略》后述。"姚名达亦指出："《七略》较简，故名略；《别录》较详，故名录。先有《别录》而后有《七略》，《七略》乃摘取《别录》以为书，故《别录》详而《七略》略也。"[⑤] 吕绍虞认为："《七略》的名称，是在《别录》成书以后才出现的。《七略》成书，当在《别录》以后。"[⑥] 张涤华更主张《别录》成于刘向之手，最后勒定或许就在刘向所卒的绥和元年。[⑦] 此外，柏耀新、洪湛侯也主张《七略》成书在《别录》之后[⑧]。以往的研究提出了不少值得参考的意见，但是仍然存在很大差异。仔细斟酌各

---

① 章太炎：《七略别录佚文征》，见《章太炎全集》第1册，上海人民出版社1982年版，第359页。

② 余嘉锡：《目录要籍提要》，《国立北平图书馆馆刊》第4卷第2号，1932年。

③ 程千帆：《〈别录〉〈七略〉〈汉志〉源流异同考》，见氏著《闲堂文薮》，齐鲁书社1984年版，第213页。

④ 钟肇鹏：《七略别录考》，见氏著《求是斋丛稿》，巴蜀书社2001年版，第118页。

⑤ 姚名达：《中国目录学史》，上海古籍出版社2002年版，第39页。

⑥ 吕绍虞：《中国目录学史稿》，安徽教育出版社1984年版，第23页。

⑦ 张涤华：《〈别录〉考索》，见氏著《张涤华目录校勘学论稿》，（台北）学海出版社公司2004年版，第35页。

⑧ 柏耀新：《关于〈别录〉的编次和〈别录〉与〈七略〉成书的先后》，《四川图书馆》1978年第11期；洪湛侯：《中国文献学要籍解题》，杭州大学出版社1997年版，第2—3页。

说，证以有关的材料，可以发现《别录》的成书应该存在一个复杂的过程，不能简单地划定一个具体的时间。

据《汉书》所载，刘向卒后刘歆接替他主持校书工作，其中必然包括校理群籍和撰写书录。刘歆《上山海经表》（即《山海经书录》）末称“侍中奉车都尉、光禄大夫臣秀领校秘书言：校秘书太常属臣望所校《山海经》凡三十二篇，今定为十八篇”。此外，《山海经》卷九《海外东经》、卷一三《海内东经》篇末又有“建平元年四月丙戌，待诏太常属臣望校治，侍中光禄勋臣龚、侍中奉车都尉光禄大夫臣秀领主省”之文。据《汉书·楚元王传》所载，“（刘）歆以建平元年改名秀，字颖叔云。”综上说明，刘歆《上山海经表》的撰写时间为建平元年（前6）四月左右。过往学者多以为此时刘歆尚未上奏《七略》，实则非是，《七略》之奏当在绥和二年（前7）秋冬之间，至迟不会超过建平元年春季（详见下章）。因此，刘歆校订《山海经》以及撰作《上山海经表》，皆在上奏《七略》之后。

更为重要的证据是，今见《别录》收有刘歆所撰的《太玄书录》[1]。哀帝之时，刘歆因为争立《左氏春秋》、《毛诗》、《逸礼》、《古文尚书》等古文经于学官，并“移书让太常博士”，引起群儒怨恨，大司空师丹“奏歆改乱旧章，非毁先帝所立”，刘歆恐惧，求出为五原太守。其后，“徙守五原，后复转在涿郡，历三郡守。数年，以病免官，起家复为安定属国都尉。”哀帝于元寿二年（前1）卒，王莽重新掌政，册立平帝。由于王莽“少与歆俱为黄门郎，重之，白太后。太后留歆为右曹太中大夫，迁中垒校尉、羲和、京兆尹，使治明堂辟雍，封红休侯。典儒林史卜之官，考定律历，著《三统历谱》”[2]。刘歆在王莽主政期间（平帝至莽新），再次担任校书之职，其规模之大不下于刘向校书之时，更有不少学者参与其事，扬雄便是其中重要一员（详见下章）。

隋人萧该《汉书音义》引刘向《别录》曰：“扬雄经目有《玄首》、《玄冲》、《玄错》、《玄测》、《玄舒》、《玄莹》、《玄数》、《玄文》、《玄挩》、

① 关于《别录》收有刘歆所撰《太玄书录》一事，李解民曾有所考证，结论近同，不过详略有异。参见氏著《〈别录〉成书年代新探》，载《尽心集——张政烺先生八十庆寿论文集》，中国社会科学出版社1996年版，第305—306页。

② 《汉书·楚元王传》。

《玄图》、《玄告》、《玄问》，合十二篇。"① 然而《汉书·扬雄传》云："（《太玄》）有《首》、《冲》、《错》、《测》、《摛》、《莹》、《数》、《文》、《掜》、《图》、《告》十一篇，皆以解剥《玄》体，离散其文，章句尚不存焉。"《别录》较《汉书·扬雄传》所载多出《玄问》一篇，又《玄摛》作《玄舒》，因此姚振宗认为《别录》"所记《太玄》篇目，亦与定本不同，似据其初创之时言之"②。不过，据《汉书·扬雄传》所载，"哀帝时丁、傅、董贤用事，诸附离之者或起家至二千石。时雄方草《太玄》，有以自守，泊如也。"由此可见，《太玄》草定于哀帝时，刘向卒于成帝绥和元年三四月间，绝对不可能得见扬雄于哀帝时草定的《太玄》。《汉书·扬雄传》云："（扬雄）家素贫，耆酒，人希至其门。时有好事者载酒肴从游学，而巨鹿侯芭常从雄居，受其《太玄》、《法言》焉。刘歆亦尝观之，谓雄曰：'空自苦！今学者有禄利，然向不能明《易》，又如《玄》何？吾恐后人用覆酱瓿也。'"据此，刘歆肯定见过《太玄》，而且更为《太玄》撰有书录之类的文字，之后被编入《别录》，所以今见《别录》之内才会有关于《太玄》篇目的记载。

《汉志·诸子略》云："扬雄所序三十八篇。《太玄》十九，《法言》十三，《乐》四，《箴》二。"扬雄所作《太玄》全文应包括玄经、玄说、章句三个部分，《别录》所记玄说较《汉书·扬雄传》多《玄问》1篇，与桓谭《新论》所言之本（即经3篇、传12篇）篇数相合③。《汉志》称"《太玄》十九"，同于《别录》所引，包括玄经3篇、玄说12篇、章句4篇，应为最完整的本子。《汉书·扬雄传》所载与今本相同，即玄经3篇、玄说11篇、无章句。④由于《汉书·扬雄传》是班固据扬雄《自序》所撰的⑤，而《汉志》所增

① 萧该撰，臧庸辑：《汉书音义》，见《两汉书订补文献汇编》第1册，北京图书馆出版社2004年版，第450页。

② 《七略别录佚文》。

③ 桓谭撰，朱谦之校辑：《新辑本桓谭新论》，中华书局2009年版，第40—41页。

④ 参见王青《扬雄评传》，南京大学出版社2000年版，第125页。又，《太玄章句》亦为扬雄自作，《四库全书总目》谓"阮孝绪称：《太玄经》九卷，雄自作章句。《隋志》亦载：雄《太玄经章句》九卷。疑《汉志》所云十九篇，乃合其章句言之"。今已散佚不存。

⑤ 《汉书·扬雄传》赞曰："雄之《自序》云尔。"颜注云："自《法言》目之前，皆是雄本《自序》之文也。"故此清人章学诚《答甄秀才论修志第一书》云："班史仍《史记·自序》而为《司马迁传》，仍扬雄《自序》而为《扬雄列传》。"见章学诚撰、叶瑛校注《文史通义校注》，中华书局1994年版，第820页。

扬雄之作，则是据刘歆以《七略》为基础的新撰“书目”（详见下章），因此两者之间存在差异是可以理解的。既然《汉志》著录《太玄》的篇数与《别录》一致，彼此的渊源关系自不待言，如此，则为刘歆撰有《太玄书录》添一佐证。

若再加上另外3条与扬雄有关的《别录》、《七略》佚文，这一问题似乎更为清楚：

1. 扬信字子乌，雄第二子。幼而聪慧，雄笇《玄经》，不会，子乌令作九数而得之。雄又拟《易》“羝羊触藩”，弥日不就。子乌曰：“丈人何不云‘荷戟入榛’？”①

2. 《子云家牒》言以甘露元年生也。②

3. 扬雄卒，弟子侯芭负土作坟，号曰玄冢。③

第1条佚文中的《别传》盖即《别录》。《法言·问神》有云“育而不苗者，吾家之童乌乎？九龄而与我《玄》文”④，两处所言应为一事。姚振宗《七略别录佚文》云：“时雄撰《太玄》尚未成，童乌或已死，《别录》附记及之欤？”扬雄于元延二、三年（前11—前12）除为郎，给事黄门时，刘向已近七十岁，两人不可能有太多的交往；相反，刘歆与扬雄曾同为黄门郎，关系密切，所以《别录》此条佚文当出自刘歆所撰的《太玄书录》。所谓“《别录》附记”，实为“汇入《别录》”，一如《上山海经表》之见于《别录》。

第2、3条佚文应皆取自《子云家牒》。《艺文类聚》卷四〇、《太平御览》卷五五八引《扬雄家牒》曰：“子云以天凤五年卒，葬安陵阪上，所厚沛郡桓君山，平陵如子礼，弟子巨鹿侯芭，共为治丧，诸公遣世子、朝臣、

① 《太平御览》卷三八五引刘向《别传》。

② 《文选·任彦升〈王文宪集序〉》李注引《七略》。

③ 《文选·任彦升〈刘先生夫人墓志〉》李注引《七略》。《太平御览》卷五五八引《七略》作：扬雄死，弟子共为起冢，号曰扬冢。

④ 汪荣宝：《法言义疏》，中华书局1987年版，第166页。

郎吏行事者会送。桓君山为敛赙，起祠茔。侯芭负土作坟，号曰玄冢。”①扬雄卒于天凤五年（18），侯芭为之起坟，守丧三年（参见《汉书·扬雄传》），为刘歆所亲见，故引《家牒》以为《太玄书录》，汇入《别录》，后人省称为《七略》。

综上数条佚文，可以发现它们既有一书（《太玄》）的篇目，又有撰人（扬雄）的传记（生年及卒后情况的记载），更有著书时的事迹（童乌与《玄》文），揆之今存书录的体例，一一与之相符，可知刘歆确曾撰有《太玄书录》，并被编入《别录》之内。

《别录》收有刘歆所撰《太玄书录》的确认，不仅再次证明了《别录》最终成书晚于《七略》，而且不会早于莽新地皇元年（20）之前。这是《别录》成书的上限。

至于《别录》成书的下限，以目前所见文献而论，《别录》至迟在东汉郑玄《三礼目录》中已被大量引用。《三礼目录》今佚，唐人贾公彦《仪礼疏》、孔颖达《礼记正义》内多载有《三礼目录》比较、讨论《别录》中多篇书录有关篇目、类别的内容。郑玄生于汉顺帝永建二年（217），卒于汉献帝建安五年（200），主要活动于桓、灵之时。此外，另一位时代相近的学者应劭（约168—205），在其所撰《风俗通》中有专门诠释《别录》中常用术语“雠校”、“杀青”的内容（详见下文）。由此可见，《别录》在东汉晚期已经广泛流传，为学者所熟习。其实，东汉中期的马融（79—166）已经谈及《别录》，贾公彦《序周礼废兴》云：“马融《传》云：‘至孝成皇帝，达才通人刘向、子歆，校理秘书，始得列序，著于《录》、《略》’”。孙诒让谓“贾所引马《传》，盖即《周礼传序》之佚文”②，其说可信。其中所言的“录”、“略”，对应于前面的刘向、刘歆，显然是指《别录》、《七略》。马融得见《别录》，绝非偶然。据《后汉书·马融列传》所载，马融自东汉安帝永初“四年（110），拜为校书郎中，诣东观，典校秘书。……忤邓氏，滞于东观，十年不得调”。《别录》和《七略》都是东观所藏的图籍文献，马融在东观校书十年，自然能够亲见《别录》一书。马

① 欧阳询等纂：《艺文类聚》，见《唐代四大类书（第二卷）》影印南宋绍兴刻本，清华大学出版社2003年版，第1039页。

② 孙诒让：《周礼正义》，中华书局1987年版，第4—5页。

融之言，一方面证实了东汉中期汉安帝之时已经确有《别录》之书，并非东汉晚期才突然出现的。另一方面，可能由于当时《别录》深藏禁中，故此只有典校秘书者才能亲眼目睹，所以不易被一般人所见而加以称引。大约到了东汉晚期方从宫禁流播出去，逐渐为更多的人传习援用。[①]

在马融之前，又有贾逵提到《别录》。孔颖达《〈尚书·尧典〉正义》在比勘当时流行的两个本子《尚书》的百篇目录和书序时，云："其百篇次第于序，孔、郑不同。孔以《汤誓》在《夏社》前，于百篇为第二十六；郑以为在《臣扈》后，第二十九。……不同者孔依壁内篇次及序为文，郑依贾氏所奏《别录》为次。"李解民指出："贾氏"即贾逵，"所奏《别录》"，即所谓"刘向《别录》"。整句话是说：郑玄注本的篇目依从贾逵所进奏的刘向《别录》。并且进一步推断："贾逵向朝廷进奏了《别录》，即《隋志》著录的《七略别录》二十卷。"[②] 李氏根据孔颖达之言，结合贾逵自和帝年间入朝，历章帝，至和帝永平十三年（101）去世，在宫中校理秘书、训释经传长达 20 多年的人生经历（参见《后汉书·郑范陈贾张列传》），提出《别录》的编者为贾逵之说，令人耳目一新。然而，贾逵"所奏《别录》"是否能够等同《别录》为贾逵所编呢？

首先，自东汉晚期至孔颖达（574—648）之时，《别录》已经广泛流传了三四百年，从未有学者直接或间接提及《别录》为贾逵所编。而且，孔颖达之言只是一种追记，远不同于贾公彦的直接引述马融《周礼传序》。因此，这个出于数百年后的孤证，可以说并不可靠。

其次，诚如李氏所说，"贾逵进奏《别录》，在当时看来并不令人注目，因为单篇书录尚存，将'载在本书'的众书之录汇为一集，只不过便于翻检阅览而已。"这样的一部著作，显然没有必要"进奏"皇帝。但是，如果贾逵奏进的只是有别于孔安国本的《别录》本《古文尚书》，则更为合情合理。

另一方面，据《后汉书·郑范陈贾张列传》所载，"（贾逵）父徽，从

① 参见李解民《〈别录〉成书年代新探》，载《尽心集——张政烺先生八十庆寿论文集》，中国社会科学出版社 1996 年版，第 310—311 页。

② 李解民：《〈别录〉成书年代新探》，载《尽心集——张政烺先生八十庆寿论文集》，中国社会科学出版社 1996 年版，第 309—310 页。

刘歆受《左氏春秋》，兼习《国语》、《周官》，又受《古文尚书》于涂恽，学《毛诗》于谢曼卿，作《左氏条例》二十一篇。逵悉传父业，弱冠能诵《左氏传》及《五经》本文，以《大夏侯尚书》教授，虽为古学，兼通五家《穀梁》之说。……逵数为帝言《古文尚书》与经传《尔雅》诂训相应，诏令撰《欧阳、大小夏侯尚书、古文》同异。逵集为三卷，帝善之。复令撰《齐》、《鲁》、《韩诗》与《毛氏》异同。并作《周官解故》。……八年，乃诏诸儒各选高才生，受《左氏》、《穀梁春秋》、《古文尚书》、《毛诗》，由是四经遂行于世。”由此可见，贾逵精通今古文《尚书》，并曾先后教授《大夏侯尚书》及《古文尚书》，且受章帝之诏校考今古文《尚书》的异同。因此，可以推知，孔颖达所谓“贾氏所奏《别录》为次”，应该是指贾逵奏进《别录》本《古文尚书》的篇目，而非贾逵所编的《别录》。

那么是否意味着贾逵之时，《别录》尚未成书呢？事实恐怕未必如此。从上文对《别录》命名的分析，可以得到一些启发。刘向在校定一书之后，便会连同所撰书录一同上奏成帝，与此同时，必然副录一份（或多份）书录以备用，即所谓的“别书”。副录下来的书录开始时可能还没有汇编起来，但是随着校书工作的不断推进，副录的书录势必增加至相当的数量。众多的书录不可能分散保存，对它们进行简单的编辑显然是情理之事。《汉志》云刘歆“总群书而奏其《七略》”。这里的“群书”当然是指由刘向主持校定的六略之书。然而，从《七略》的具体撰作来看，刘歆的主要依据还是众多的书录，所以《七录序》谓“歆遂总括群篇，奏其《七略》”，“群篇”应该理解为各篇书录。由此不难推想，《别录》的第一次汇集当在刘歆上奏《七略》之前，目的是为撰作《七略》提供准备材料。不过，由于只属材料汇编，可能还没有具体的书名。

其后，刘歆上奏《七略》，又继续校定《山海经》等书，刘歆所撰的书录依例同样会被副录，并汇入此前已经编定的书录汇编之内。然而，历史的发展却因刘歆争立古文经、出守五原而出现了重大的转折，校书之事暂告结束，无人再会从事“别录”的编辑工作。直至平帝之时，刘歆在王莽的支持下，再次开展大规模的校书活动。刘歆大体上沿袭刘向的工作模式，包括广求图书，并进行整理校订；又搜集扬雄等人的著作，并为其撰写书录，汇入以《七略》为基础的新撰“书目”（详见下章）。与此同时，“别录”的汇编工作也重新启动，因此今见《别录》遂有《太玄书录》等内容。刘歆于地皇四年（23）自杀，王莽亦于同年败亡，“别录”的编辑工作至此彻底终结。由此可见，《别录》的成书存在一个不断积累汇入的过程，所以《七录序》所指的“时又别集众录”的“时”应泛指“当时”，即刘向、刘歆校定新本、撰写书录之后，且应作“时段”的观念来理解，而不是说具体的某个时间。

东汉立国之后，因为“别录”深藏中秘之内，所以外界知之者甚少，只有班固、贾逵等校书中秘的学者才有机会得以寓目，并加以利用。至于此书正式被命名为《别录》应该在东汉初中期，恐怕还在班固、贾逵之后，这也是《汉书》没有直接提及《别录》之名的主要原因之一。另一方面，从《别录》的命名是根据其“别书”的性质而来，说明了命名者可能属于一般中秘校书之官，具体人名已不可考。

第三个问题是《别录》的体例。《别录》是汇集刘向、刘歆所撰各篇书录而成的，其体例编排如何，是关系到《别录》一书性质的重要问题。首先，《别录》是否一如《七略》于六略前有《辑略》，姚振宗、章太炎、余嘉锡、钟肇鹏、吕绍虞等学者对于《辑略》内容虽然持不同的意见，但都一致认为《别录》是以《辑略》冠首的。然而，《七录序》只说“时又别集众录”，并无明言《别录》有《辑略》，且东汉至唐代的典籍、古书注本以及唐宋类书亦未提及《别录·辑略》。故此，姚名达提出“《别录》不必有《辑略》”。对于姚振宗《七略别录佚文》中断为《辑略》的文字，姚名达认为刘向“每书‘叙录’中固有此种叙述学术之语句”①，姚说甚是，惜未详加考说，今试细述之。

《别录》中不可能有《辑略》，从上述《别录》的成书过程来看是显而易见的。刘向在校书活动还未结束便已离开人世，只存《别录》的雏型——各篇书录，而《辑略》理应是《别录》一书的“总序”，在校书工作尚未完成、《别录》尚未成书之前，刘向是不可能为《别录》撰写《辑略》的。其实，《汉志》颜注早为人们透露了这个信息，只是过去一直没有引起注意而已。《汉志》的六略大序和各家小序删取自《七略·辑略》，这

---

① 姚名达:《中国目录学史》，上海古籍出版社 2002 年版，第 36 页。

是公认的事实，若《七略·辑略》又是删减自《别录·辑略》的话，那么《汉志》的各大小序应该保留有《别录·辑略》的内容。颜师古在为《汉志》作注时，于各种图籍下遍引《别录》为注，唯独于各大小序中却未见有引用《别录》只字片言①。这种现象唯一的合理解释是：颜师古所见的《别录》，根本没有《辑略》。

清代有严可均、马国翰、姚振宗、章太炎等多家《别录》辑本，各有善处，其中以姚振宗的《七略别录佚文》最为完备（详见下文），《辑略》部分的佚文也最多，一共35条另附录1条。佚文大致可分为两类，一为叙述学术源流的文字，一为有关“校雠”的文字，以下分别略作考析。先看叙述学术源流的佚文，在31条佚文之中有29条全出自荀悦的《汉纪·孝成皇帝纪》。② 从“刘向典校经传，考集异同，云《易》始自鲁商瞿子，受于孔子”，直至“皆典籍苑囿，有采于异同者也”③，这段文字涉及《易》、《书》、《诗》、《礼》、《乐》、《春秋》、《论语》的流传和西汉早期不同家派的情况，以及关于小学、诸子各家的内容，它和《汉书·儒林传》、《经典释文·叙录》大体相同。

姚振宗认为“《别录》中《辑略》之文，荀氏节取为《纪》，班氏取以为《儒林传》，陆氏取以为《叙录》，各有所取，亦各有详略”④。姚氏判断荀悦是“节取为《纪》”而非刘向原文是正确的，问题在于是否三书皆取自《别录》？其实，《汉书·儒林传》一如《汉志》，皆是删减自《别录》和《七略》的。《汉纪》则诚如荀悦自言是“钞撰《汉书》，略举其要”⑤，而非来自《别录》的，这一点只要略为了解《汉纪》的写作背景即可明白。

① 《汉书·司马迁传》颜注引刘向《别录》云：“名家者流出于礼官。古者名位不同，礼亦异数。孔子曰‘必也正名乎’。”此段文字虽见于《汉志·诸子略》“名家类”小序，但属孤证。而且，很可能跟《列子书录》中有与“道家类”小序文字相近的情况一样（详见第六章），原本属于某种名家之书的书录内容。

② 章太炎《七略别录佚文征》中的《辑略》只有3条佚文，全是有关“校雠”的文字，较姚辑本的35条大为减省，省去的主要是姚氏辑自荀悦《汉纪》所引“刘向云”的叙述学术源流的文字，见《章太炎文集》第一册，上海人民出版社1982年版，第359—380页。

③ 荀悦：《汉纪》，《两汉纪》上册，中华书局2002年版，第434—436页。

④ 《七略别录佚文叙》。

⑤ 《汉纪序》。

《汉纪》是荀悦于建安三年（198）奉献帝诏开始撰写的，两年后即建安五年（200）完成。当时献帝刚被曹操挟持至许昌，东汉洛阳皇室的图籍在董卓之乱中散失殆尽，荀悦在书籍缺乏的情况下，用如此短促的时间写成《汉纪》，其间能否看到《别录》已是一个问题，就算看到也应该没有足够的时间去参考《别录》[①]。此外，《汉纪》之文较《汉书》简略，也可作为《汉纪》删取《汉书》的佐证。总之，《汉纪》这一段文字不足以证明《别录》中有《辑略》，说其就是《辑略》佚文更是凿空之论。

另外2条不出自《汉纪》的佚文分别是：

> 1.《易》有“救氏”之注。
>
> 2.《鲁论语》二十篇，皆孔子弟子记诸善言也。太子太傅夏侯胜、前将军萧望之、丞相韦贤及子玄成等传之。《齐论语》二十二篇，其二十篇中章句颇多于《鲁论》，琅邪王卿及胶东庸生、昌邑中尉王吉，皆以教之，故有《鲁论》，有《齐论》。鲁恭王时，尝欲以孔子宅为宫，坏，得古文《论语》。《齐论》有《问玉》、《知道》，多于《鲁论》二篇。《古论》亦无此二篇，分《尧曰》下章“子张问”以为一篇，有两《子张》，凡二十一篇，篇次不与齐、鲁《论》同。

第1条佚文出自《〈史记·淮南衡山列传〉索隐》引“刘向《别录》云”，《汉书补注》引清人钱大昭云“‘救’乃‘段’之讹”。《汉志·六艺略》“《易》家类”著录有《京氏段嘉》20篇，可见此条即《京氏段嘉》的书录佚文，而不是《辑略》的内容。第2条出自何晏《论语集解序》篇首称“汉中垒校尉刘向言”，此段文字与《汉志·六艺略》“《论语》家类”小序略异，在叙述经本传人之时似不及小序之详明有序，而小序却省去三家章篇异同多寡的内容。参考《汉志》对齐、鲁、古《论》的著录来看[②]，可知其

① 荀悦在编写《汉纪》时除了参考《汉书》之外，也大量参考其叔荀爽的《汉语》。详参陈启云《荀悦与中古儒学》，辽宁大学出版社2000年版，第170—178页。

② 《汉志》著录：“《论语古》二十一篇。（出孔子壁中，两《子张》）”颜注引如淳曰：“分《尧曰》篇后子张问‘何如可以从政’已下为篇，名曰《从政》。”又著录：“《齐》二十二篇。（多《问王》、《知道》）”颜注引如淳曰：“《问王》、《知道》，皆篇名也。”又著录：“《鲁》二十篇，《传》十九篇。”

是综合多篇《论语》传本的书录而成，并非《辑略》的原文。

再看有关“校雠”的佚文，共有 4 条佚文、1 条附录：

1. 雠校，一人读书，校其上下，得谬误为校。

2. 雠校者，一人持本，一人读书，若怨家相对，故曰雠也。

3. 雠校中经。

4. 杀青者，直治竹作简书之耳。新竹有汗，善朽蠹，凡作简者，皆于火上炙干之。陈、楚间谓之汗，汗者，去其汗也。

附录：《后汉书·吴佑传》注云：杀青者，以火炙简令汗，去青易书，复不蠹，谓之杀青，亦谓之汗简。义见刘向《别录》。

在 4 条佚文中第 1、2 条是关于“校雠”一词的，第 4 条是关于“杀青”一词的。关于“杀青”一词的佚文分别见于《文选·刘孝标〈重答刘秣陵沼书〉》李注、《北堂书钞》卷一〇四。查李注为“《风俗通》曰：刘向《别录》，杀青者，直治青竹作简书之耳”。《北堂书钞》同之。由此可知，实为应劭《风俗通》解释“杀青”的文字而非《别录》原文①。另外，两条关于“校雠”一词分别见于《文选·左太冲〈魏都赋〉》李注、《太平御览》卷六一八，其实亦为《风俗通》佚文②。不过，相近之文见于南宋姚宽《西溪丛语》所引刘向《别录》，因此不应轻易否定它们与《别录》的关系（详见下文）。虽然如此，若说它们就是《辑略》之文，也是没有任何证据的。至于出自顾野王《玉篇·言部》、释慧琳《大藏音义》卷七七的第 3 条佚文，以及附录《后汉书·吴佑传》注述说刘向《别录》关于“杀青”之义，则更不足以证明《别录》中有《辑略》。

通过对姚辑本《别录·辑略》佚文的考察，可以总结三点：一是部分佚文是节取自《别录》（包括各篇书录），以及它书来自《别录》的文字而非《别录》原文；二是部分佚文根本与《别录》无关；三是一些佚文虽然

---

① 参见陈梦家《汉简缀述》，中华书局 1980 年版，第 295 页。

② 钱穆《刘向刘歆父子年谱》、余嘉锡《书册制度补考》已曾辨之，闻思更有详细考说，参见氏著《〈风俗通义〉佚文甄别》，《古籍整理与研究》1991 年第 6 期。

有助于后人了解《别录》的内容，但是不能以此证明《别录》有《辑略》。

综上可知，各家辑本中所谓《别录·辑略》的佚文，原为刘向为各书（尤其是经传）所撰书录中的文字，实不另外别为一略。由于刘歆编《七略》时刺取各篇书录中带有通论性质的文字，组合为《七略·辑略》（当然不排除其中有刘歆自撰的文字），班固又“删其要”为《汉志》各大小序，故此后人遂误以为《别录》也有《辑略》。

其次，《别录》是否一部编排有序的书，这也是过往学界争论的一个焦点。姚振宗《七略别录佚文》将今存各篇书录以及众多佚文按照《七略》的次第编排，说明了他认为《别录》的体例原与《七略》是一致的。吕绍虞、钟肇鹏、柏耀新也以为《别录》是一部有组织的分类目录著作，潘猛补则据《汉志·诗赋略》没有小序的事实，指出《别录》可能只有六略的大类划分，而没有二级类的细分。[①] 与此对立的观点以姚名达为代表，他提出《别录》“并未分类，至《七略》始分类编目”[②]。孟宪恒更指“就其所从事书目工作的动机论，两人截然不同，一个是无意识的，一个是有意识的”。因为《别录》“只处于整个奉敕校书中获取一项副产品的从属地位”，“还算不上是一种正规、标准的目录”[③]。此观点一出，随即遭到反驳，陈东认为刘向、刘歆编制书目有着共同的动机，并列举了三点理由说明《别录》是一部有组织的分类目录[④]。

由于《别录》早佚，后人仅可依靠《七录序》的“时又别集众录”一语，以及《七略》来推测其体例，所以观点彼此不一。其实，这个问题并不复杂，《隋志》著录《七略别录》20卷，如此一部卷数众多的著作，如果没有一定的编排次序，显然是不可能的。而且，就算《别录》的最初编定时间稍前于《七略》，但从刘向校书的分工模式以及《七略》的严密体例来看，《别录》也不会是一堆散乱的书录。如上所述，刘歆撰作《七略》主要是依据汇集起来的书录，因此《别录》不仅有一定的编排次序，甚至很

---

① 潘猛补：《刘向〈别录〉体例考辨》，《四川图书馆学报》1984年第2期。

② 姚名达：《中国目录学史》，上海古籍出版社2002年版，第39页。

③ 孟宪恒：《刘向、刘歆书目工作动机异同辨》，《图书馆学研究》1985年第5期。

④ 陈东：《也谈刘向、刘歆书目工作的动机——兼与孟宪恒同志商榷》，《图书馆学研究》1987年第2期。

可能就是《七略》的蓝本。即，刘歆先将众多书录分类汇编，然后进行删汰，再而刺取书录中叙述学术源流的文字，增补改写成《辑略》，这恐怕也是刘歆能够在短短的一年多内迅速完成《七略》撰作的主要原因。

第四个问题是《别录》的散佚和辑集以及佚文的辨伪。《隋志》、旧新《唐志》皆著录有《七略别录》20卷，此后则不见于各家公私书目，因此《别录》的散佚至迟当在元代以前。清人章学诚《校雠通义自序》云："刘氏所谓《七略》、《别录》之书，久已失传，《唐志》尚存，《宋志》已逸，嗣是不复见矣。"① 章太炎亦谓"南宋至今，奏录既不可睹"②。姚振宗《七略别录佚文叙》则云："《别录》自《唐·艺文》著录之后，后史无传焉。虽亦见于《通志·艺文略》、焦氏《经籍志》，皆虚列其目，非实有其书。盖亡于唐末五代之乱，宋初人已不及见矣。"钟肇鹏更指出：自梁、陈以来，《别录》流传不广，"开元时中秘还有此书"，不过"司马贞、刘知几等名儒均未见其书，安史之乱以后，就已经散亡"③。张涤华则分别从"《崇文总目》每类有序，每书有释，纯用刘向的成规，显然可见《总目》的作者王尧臣等是看到《别录》的"；"宋初类书，像《太平御览》之类，多引《别录》，引文有与宋代流传的古书很不相同的，可见它是直接引自《别录》，不是由辗转稗贩而来"；"宋刊本《晏子》、《荀子》、《列子》卷首各有书录一篇，前列篇目，后叙指意，完全保存了刘向奏上的旧式，大约即从《别录》录出。元刊本用此种格式的已经极为罕见（只有《山海经》如此），明刊本更是从未发现（如《管子》、《邓析子》等书就只保存了叙录，并无篇目）"等三个方面；以及"南宋的学者绝没有征引《别录》"的旁证。综合得出"《别录》亡于靖康，确有最大可能"的结论④。

以上诸家之说，以张涤华之论最为详赡，应可信从。附带一说，柏耀新曾经提出"《隋志》著录的《七略别录》已不是汉时刘向的《别录》，而是梁、或梁以后人依刘歆《七略》，或整理原刘向的《别录》而成，或因《别

① 章学诚撰，王重民通解：《校雠通义通解》，上海古籍出版社2009年版，第1页。

② 《訄书·征七略》。

③ 参见钟肇鹏《求是斋丛稿·七略别录考》，巴蜀书社2001年版，第119—121页。

④ 参见张涤华《张涤华目录校勘学论稿·〈别录〉考索》，（台北）学海出版社2004年版，第53—55页。

录》已佚，故整理散见各书的叙录而成”[①]。此说纯系臆测，欠缺任何可靠证据，难于采信。

清代辑佚古书之风大炽，鉴于《别录》的重要价值，先后出现了至少9家辑本，分别是洪颐煊《经典集林》本、顾观光《武陵山人遗稿》本[②]、严可均《全汉文》本[③]、马国翰《玉函山房辑佚书》本、陶濬宣《稷山馆辑补书》本[④]、王仁俊《玉函山房辑佚书续编》本、张选青《受经堂丛书》本[⑤]、姚振宗《师石山房丛书》本[⑥]、章太炎《七略别录佚文征》，诸本各有善处，严辑本、马辑本、姚辑本流传较广，其中以姚本最佳。姚辑本的价值首先体现在佚文的数量上。以《别录》而言，马辑本为90条（其中还杂有《七略》佚文），严辑本为150条，姚辑本则有叙录8篇、佚文156条、附录20条，共达184条，居诸家辑本之冠。其次，前人重辑佚文而轻体例，姚振宗则两者兼之，力图恢复《别录》的体例。姚辑本将诸书所引《别录》之文，连同刘向《战国策》、《晏子》、《孙卿子》、《管子》、《列子》、《邓析子》等书的书录及《上山海经表》共8篇，依《汉志》的类别和著录顺序，整齐排比，应是最完整和最接近《别录》原本体例的辑本。第三，姚振宗在《别录》辑本前撰有《叙》，对《别录》的成书、体例、价值和影响，诸家辑本的得失短长，以至佚文的真伪都作了详细的考证。又于需要说明的佚文下，以按语加以辨识，皆有较高的学术价值。[⑦]

然而，姚辑本也并非全无可议之处，如《别录》中有《辑略》，则恐非

① 柏耀新：《〈七略别录〉质疑》，《江苏图书馆工作》1980年第3期。

② 此书有抄本藏于北京中国国家图书馆，李解民曾经录出刊布并加以论析，详见氏著《顾观光的〈七略〉、〈别录〉辑本》，《社会科学战线》1992年第2期。

③ 严可均校辑：《全汉文》卷三六至卷三七，见《全上古三代秦汉三国六朝文》第1册，中华书局1987年版，第331—339页。

④ 此书有抄本藏于上海图书馆。

⑤ 姚振宗曾于《七略别录佚文叙》中提及此书，惜今未见。

⑥ 此书的稿本、抄本、排印本至少有四种：1. 复旦大学所藏姚氏稿本，收入《续修四库全书》第916册；2.（台湾）“国家图书馆”所藏清宣统三年（1911）清钞蓝格底稿本；3. 浙江图书馆1929年铅印本；4.《师石山房丛书》，开明书店1936年本。各本之间既存在文字差异，也有佚文、按语多寡等问题，其中稿本为姚振宗亲定，实各本之源，错讹也较少。

⑦ 参见王承略《试论姚振宗的〈别录〉〈七略〉辑本》，《古籍研究》1995年第1期。

原貌（详见上文）。其次，由于姚辑本是据严辑本和马辑本进行重辑的，对于严、马二本已经辑出的佚文均不注明出处，使用起来多有不便。第三，与诸本比勘，还有一些漏辑的佚文，如顾辑本引宋人吴淑撰注《事类赋注》卷三〇："刘向《别录》曰：邹衍言黄帝土德，有蝼蛄如牛。"① 此外，王仁俊辑本引马总《意林》卷一："《范蠡》二篇。计然者，葵丘濮上人，姓辛，名文子，其先晋国公子也。"王仁俊谓"《意林》引书首必约引《别录》，此条亦疑是《别录》文"，其说当是。

需要特别指出的是，最近学者在清人的基础之上，又续有新的发现。熊良智指出在日本所藏的《唐钞本文选集注汇存》卷七三曹子建《求通亲表》中有《钞》曰："刘向《别录》云：文子，老子弟子。鲁哀、定时人，姓辛，名计然，著《文子》书。"② 此条《别录》佚文不见于李善注。《钞》即公孙罗的《文选钞》，此书不见于中国古代书目，但为《日本国见在书目录》所著录。据旧新《唐书·儒学传》中曹宪传所附的李善、公孙罗传记来看，公孙罗是李善同时稍后的人。③ 此条佚文的发现，不仅从一个侧面说明上述《意林》卷一之文，与《别录》确有密切的关系，而且也为《文子》一书的研究提供了新的材料④，甚为可贵。

此外，王连龙又从唐宋人文集中新辑得《别录》佚文两条⑤，一是南宋人姚宽《西溪丛语》卷上称引刘向《别录》："雠校书，一人持本，一人读，对若怨家，故曰雠书。"⑥ 此条佚文已见于上文述及的《文选·左太冲〈魏都赋〉》李注、《太平御览》卷六一八所载《风俗通》佚文，从姚宽所引来看，其虽不必出于《别录·辑略》，但为《别录》佚文还是应该可以肯定的。另一是北宋郭茂倩《乐府诗集》卷六八《杂曲歌辞八》引唐人沈建《乐府广题》所称刘向《别录》云："昔有丽人善雅歌，后因以名曲。"⑦ 虽

① 吴淑：《事类赋注》，中华书局1989年版，第579页。
② 《唐钞本文选集注汇存》第2册，上海古籍出版社2000年版，第349页。
③ 参见周勋初《唐钞本文选集注汇存·前言》，上海古籍出版社2000年版，第6—7页。
④ 详参熊良智《文子作者考论》，《文史》2009年第3辑。
⑤ 王连龙：《刘向〈别录〉佚文辑补》，《图书馆理论与实践》2009年第11期。
⑥ 姚宽、陆游：《西溪丛语　家世旧闻》，中华书局1993年版，第40页。
⑦ 郭茂倩：《乐府诗集》，中华书局1998年版，第976页。

然与其相近的佚文已见于《艺文类聚》卷四三[①]、《文选·成公子安〈啸赋〉》李注[②]、《事类赋注》卷一一[③]，不过此条佚文仍有校补旧文之用，尤其是后句，为过往所未见，较有价值。

附带一说，《道藏》所收宋人谢守灏《混元圣纪》卷三引刘歆《七略》曰："刘向雠校中《老子》书二篇，太史书一篇、臣向书二篇，凡中外书五篇一百四十二章，除复重三篇六十二章，定著二篇八十一章。上经第一，三十七章；下经第二，四十四章。"张舜徽以为是刘向书录遗文[④]，当亦有理。

在辑集《别录》佚文的同时，还存在辨伪的问题。今本《子华子》、《关尹子》、《於陵子》三书前皆有刘向书录一篇，严可均谓前二篇"疑皆宋人依托"，后一篇为"明人作"[⑤]。姚振宗《七略别录佚文叙》亦云："《关尹子》、《子华子》、《於陵子》叙各一篇，后人伪托。《关尹子》见《七略》道家，《子华子》、《於陵子》，《七略》并无其书，何有于叙，前人论定久矣，今并不取。"后之学者无不信之，诸家辑本亦皆不录，毋庸再议。又，《太平御览》卷六七二录有今本《列仙传》所无的刘向《列仙传序》，其中所记刘向史事混乱错讹，也属伪作无疑。

此外，南宋乾道元年（1165）黄三八郎刻本《韩非子》前有《韩非子序》，不题撰人。严可均《全汉文》改题为《韩非子书录》，注曰："宋本不著名，疑是刘向作。"姚振宗亦辑入《七略别录佚文》，并有按语云："此似节去其前数行言校雠、复重、定著、杀青、缮写等事，而但录其叙，与马总《意林》引文相校，大同小异，知叙文亦颇有删节。"然而，王先慎却从书录体例的角度加以否定，他认为该序"全钞《史记》列传，不得为序"[⑥]。其后余嘉锡起而反驳，《目录学发微卷二·目录书体制二　叙录》云："《韩

① 《艺文类聚》卷四三引刘向别录曰："有丽人歌赋，汉兴以来，善雅歌者，鲁人虞公，发声清哀，盖动梁尘。"

② 《文选·成公子安〈啸赋〉》李注引刘向《别录》曰："有人歌赋楚。汉兴以来，善雅歌者鲁人虞公，发声清哀，远动梁尘，其世学者莫能及。"

③ 《事类赋注》卷一一引刘向《别录》曰："汉兴以来，善歌者鲁人虞公，发声清哀，盖远动梁尘，受学者莫能及也。"

④ 张舜徽：《汉书艺文志通释》，见《张舜徽集·广校雠略　汉书艺文志通释》，华中师范大学出版社 2004 年版，第 286—287 页。

⑤ 《全汉文》卷三七。

⑥ 王先慎：《韩非子集解》，中华书局 1998 年版，第 16 页。

非子书录》全用本传，无所增删，惟削去所录《说难》一篇耳。此即后人纂集或校刻古人书，附录本传及碑志之法也。王先慎不能晓此，……不知古人之序，正是如此，不如后人好发空论也。”[①] 余氏之说影响较大，学者多从之。[②] 但也不是没有反对的声音，周勋初就从书录的格局以及撰作目的两个方面进行辨析，指出《韩非子序》“和刘向的其他一些书录的格局差别太大”，“与刘向当年的写作目的相去太远”[③]。最近，武秀成取《韩非子序》与《史记·老子韩非列传》、《资治通鉴·秦纪一》对读，发现该序在文字剪裁润色上曾参照过《通鉴》，所以当为宋人所撰[④]。武氏考证入微，可以信从。宋本序文之后有一行题记，曰：“乾道改元中元日黄三八郎印”，因此该序或许就是黄三八郎增入刻印的。

至于《列子书录》的真伪，则是学界争论激烈的一个问题。东晋张湛《列子》注本前有刘向《列子书录》（也称《列子叙录》），清代以前未有人提出过怀疑，直到清康熙年间的姚际恒才认为不是刘向所作，此后马叙伦、顾实、吕思勉、陈旦等续有所论[⑤]。他们的证据主要有二：一是《列子书录》云：“列子者，郑人也，与郑缪公同时。”姚际恒认为列子应为郑繻公时人，所以断言“（刘）向博极群书，不应有郑缪公之谬，此可证其为非向作也”[⑥]。对此，南宋叶大庆《考古质疑》、林希逸《列子口义》、王应麟《汉书艺文志考证》早已指出属于传写之误，日人武义内雄《列子冤词》亦谓“因一字之误，而疑《序》之全体，颇不合理”。而且，唐初成玄英在为《庄子·逍遥游》作疏时，曾云：“姓列名御寇，郑人也。与郑繻公同时，

① 余嘉锡：《余嘉锡说文献学》，上海古籍出版社 2001 年版，第 42 页。

② 如罗孟祯以为王先慎“不得为序”之语，“说明他不懂得《叙录》体例”，见氏著《中国古代目录学简编》，重庆出版社 1983 年版，第 25 页。锺肇鹏则称《韩非子序》为残篇，见氏著《求是斋丛稿·七略别录考》，巴蜀书社 2001 年版，第 105 页。

③ 周勋初：《〈韩非〉的编者——刘向》，见氏著《〈韩非子〉札记》，江苏人民出版社 1980 年版，第 17—18 页。

④ 参见武秀成《刘向〈韩非子书录〉辨伪》，载《岁久弥光——杨明照教授九十华诞庆典暨中国古典文献学国际学术研讨会论文集》，巴蜀书社 2000 年版，第 268—276 页。

⑤ 诸家之说，详见杨伯峻《列子集释》附录三《辨伪文字辑略》，中华书局 1979 年版，第 287—323 页。

⑥ 姚际恒：《古今伪书通考》，朴社 1933 年版，第 54 页。

师于壶丘子林，著书八卷。”[①] 此当来自《列子书录》，可见当时尚未讹误，所以此条证据显然不能成立。

二是《列子书录》云：“《力命》篇，一推分命；《杨子》之篇，唯贵放逸。二义乖背，不似一家之书。”陈旦《〈列子·杨朱篇〉伪书新证》以为“向叙乃伪造《列子》者假托以见重，而又故设此迷离恍惚之辞，以乱人目，由今考证，《力命》、《杨朱》两篇，同出一源，其蜕化袭取之迹，固班班可考也”。其实，刘向“不似一家之书”一语，是指《力命》和《杨朱》二篇，与《列子》全书意旨乖背，非为一家之书，属于书录中考辨伪篇的文字（详见第六章），所以此条证据亦不成立。此外，持伪作论者对于书录中有关《史记》不立列子传、《列子》归于道家，以及汉初《列子》流传情况之文的质疑，亦多出于臆断，并无确证。[②]

《列子书录》属伪作之说，主要是源于对今本《列子》一书的怀疑。自高似孙、黄震、宋濂、姚际恒，以至陈三立、梁启超、章太炎、马叙伦、顾实、吕思勉、陈文波等人提出《列子》是伪书之后，杨伯峻[③]、张永言[④]、刘禾[⑤]等从汉语史的发展，季羡林[⑥]、陈连庆[⑦]等从《列子》与佛经的关系，以及谭家健[⑧]从故事来源等方面，分别进行了考辨，言之凿凿，学界大多从之[⑨]，且续有新作[⑩]。然而，反对者亦不乏人，岑仲勉[⑪]、许抗生[⑫]、萧登

① 郭象注，成玄英疏：《南华真经注疏》，中华书局1998年版，第8页。

② 详参马达《〈列子〉真伪考辨》，北京出版社2000年版，第8—19页。

③ 杨伯峻：《从汉语史的角度鉴定中国古籍写作年代的一个实例——〈列子〉著述年代考》，载《列子集释》，中华书局2007年版，第323—348页。

④ 张永言：《从词汇史看〈列子〉的撰写时代——为祝贺季羡林先生八十华诞作》，载氏著《语文学论集（增补本）》，语文出版社1999年版，第360—392页。

⑤ 刘禾：《从语言的运用上看〈列子〉是伪书的补证》，《东北师大学报》1980年3期。

⑥ 季羡林：《“列子”与佛典——对于“列子”成书时代和著者的一个推测》，载氏著《中印文化关系史论丛》，人民出版社1957年版，第75—86页。

⑦ 陈连庆：《列子与佛经的因袭关系》，《社会科学战线》1981年第1期。

⑧ 谭家健：《〈列子〉故事渊源考略》，《社会科学战线》2000年第3期。

⑨ 刘文英主编：《中国哲学史史料学》，高等教育出版社2002年版，第140页。

⑩ 程水金、冯一鸣：《〈列子〉考辨述评与〈列子〉伪书新证》，《中国哲学史》2007年第2期。

⑪ 岑仲勉：《列子非晋人伪作》，载氏著《两周文史论丛》，商务印书馆1958年版，第313—333页。

⑫ 许抗生：《〈列子〉考辨》，《道家文化研究》第一辑，三联书店1992年版，第344—358页。

福[1]、严灵峰[2]、刘建国[3]、马达、王利锁[4]等皆有专文专书，真伪之争，可谓相持不下。总之，从目前《列子》一书的真伪尚未定谳，书录伪作之说仍嫌证据不足的情况下，还是不应轻易否定《列子书录》。

此外，《邓析书录》也曾遭到过怀疑，明本《邓析子》前有书录1篇，不题撰人。严可均《全汉文》改题为《邓析书录》，注曰："此叙，《意林》、《荀子》杨倞注、高似孙《子略》皆作刘向。或据《书录解题》改属刘歆，检《书录解题》，无此说。"姚振宗亦辑入《七略别录佚文》。其实，以为《邓析书录》出于刘歆之手的始作俑者，应是北宋初年撰修《崇文总目》的王尧臣等人。《崇文总目》云："邓析子，战国时人。《汉志》二篇。初，析著书四篇，刘歆有目有一篇，凡五。歆复校为二篇。"[5] 言下之意，《邓析书录》当为刘歆所撰。《四库全书总目》亦云："（邓）析，郑人。《列子·力命》篇曰：'邓析操两可之说，设无穷之词。子产执政，作《竹刑》，郑国用之。数难子产之治，子产屈之。子产执而戮之，俄而诛之。'刘歆奏上其书（案，高似孙《子略》误以此奏为刘向，今据《书录解题》改正），则曰：'于《春秋左氏传·昭公二十年》而子产卒，子太叔嗣为政。定公八年，太叔卒，驷颛嗣为政。明年乃杀邓析，而用其《竹刑》。'然则《列子》为误矣。其书《汉志》作二篇，今本仍分《无厚》、《转辞》二篇而并为一卷。"

查《直斋书录解题》云："郑人邓析。《左氏传》郑驷歂嗣子太叔为政，杀邓析，而用其《竹刑》，即此人也。《列子》、《荀子》以为子产所杀，颜师古辨之矣。"由此可见，解题之文实无一语言及刘向、刘歆，严氏所说无误。《四库全书总目》很可能是受了《崇文总目》的影响，遂有此说。

对此，余嘉锡曾予以辨析，《四库提要辨证·邓析子》云："余始读《崇文总目》之说，疑其既不言何所本，亦不见于他书，乃考刘向奏云：

① 萧登福：《列子发微》，（台北）文史哲出版社1990年版。

② 严灵峰：《列子辩诬及其中心思想》，（台北）文史哲出版社1994年版。

③ 刘建国：《先秦伪书辨正》，陕西人民出版社2004年版，第250—264页。

④ 王利锁：《〈庄子〉、〈列子〉重出寓言故事辩议》，《河南社会科学》2007年第1期。

⑤ 王尧臣等撰，钱东垣等辑释：《崇文总目》，见《中国历代书目丛刊》（第一辑）上册，现代出版社1987年版，第85页。

‘中《邓析书》四篇、臣叙书一篇，凡中外书五篇，以相校，除复重为一篇。’乃知《总目》所言，全出于此。《汉志》、《邓析》只二篇，而向云中书四篇者，中秘所藏，合之臣叙书虽共有五篇，而其中有三篇为复重之本，除去复重，则仍止二篇也。（向奏除复重为一篇，一字当做二，乃后来刻本之误，《崇文目》可证也。）《崇文目》乃云邓析著书四篇，是不解除复重为何等语矣。臣叙书者，叙乃人名，犹是臣向书、臣参书也。刘向、杜参。而《崇文目》云刘歆有目一篇，以臣为歆自称，以叙为书序，逐指为目录，殆几于不通文义，荒谬至此，则其误认刘向为刘歆，固不足怪。所谓歆复校为二篇者，何足置信。而严氏乃为调停之说，以为歆书而冠以向奏①，是仍不免为《崇文目》所误也。”② 余氏之论有理有据，可以信从。因此谓《邓析书录》出于刘歆之手，显然是没有确凿证据的。

学界还有一种看法，就是认为《邓析书录》乃后人所伪造。孙次舟《邓析子伪书考》说：“《邓析子叙录》通篇剽窃伪《列子·力命篇》，与《左氏》定九年传文以成，揆诸刘向他叙录，颇相乖刺，此其一。汉成帝时，刘向奉命校书，群书叙录多出向手，今所存者，若《管子》、《晏子》、《荀子》、《战国策》诸书《叙录》并有‘护左都水使者光禄大夫臣向言’一语居首，即《山海经》刘歆序，伪《列子》刘向序，亦并首标作序者之名。今《邓析子叙录》不标作者之名，与刘氏他叙歧异，此其二。《邓析子叙录》曰：‘其论无厚者言之异同，与公孙龙同类。’今按《邓析书》绝无与公孙龙有相同之处，此其三。故予颇疑《邓析子叙录》非汉人之旧也。”③此说是在判定今本《邓析子》为伪书的基础上立论，然而却难以令人信服。

首先，《邓析书录》只是引用《左传·定公九年》来对《列子》、《荀子》、《吕氏春秋》等古书所记的邓析生平事迹进行考辨订误，属于书录的撰作特色之一（详见第四章），不能以此认为书录“剽窃”《左传》。其次，

---

① 严可均《铁桥漫稿》卷五《邓析子叙》云：“《崇文总目》言刘歆校为二篇。今本二篇，即刘歆所分，而前有刘向奏，称除复重为一篇者，盖歆书冠以向奏，唐本相承如此也。或言此奏当为歆作，知不然者，《意林》及杨惊注《荀子》皆云向，不云歆也。”见《续修四库全书》第 1489 册，上海古籍出版社 1995 年版，第 9 页。

② 余嘉锡：《四库提要辨证》，（香港）中华书局 1974 年版，第 605—606 页。

③ 罗根泽编著：《古史辨》第 6 册，上海古籍出版社 1982 年版，第 215 页。

今见《邓析书录》是残篇，篇首脱去“护左都水使者光禄大夫臣向言”一语，不足为奇。其三，《汉志·诸子略》同著录《邓析》2篇、《公孙龙子》14篇于“名家类”下，与书录所论正同。而且，今本《邓析·无厚》云：“异同之不可别，是非之不可定，白黑之不可分，清浊之不可理，久矣。”由此可知，在“异同”、“是非”等问题上，邓析是强调“分”与“别”的，此与公孙龙“白马非马”、“离坚白”之论，确有相通之处。此外，东汉马融曾谓“嫠栎铫㦘，晳龙之惠也”①，可知汉人也是时常将邓析和公孙龙合而论之的。② 综上所述，《邓析书录》非属伪作，明矣。

最后，附带说明若干《别录》佚文的真伪问题。有关“校雠”、“杀青”之文，已见上论，与其近似的还有一条。严可均从《〈文选·魏都赋〉注》辑得“周宣王太史作大篆也”一条，然查李善注，发现前有“汉书音义曰”四字，可知应为《汉书音义》佚文③。不过，《汉志·六艺略》在《史籀》15篇下，班固自注曰：“周宣王太史作大篆十五篇，建武时亡六篇矣。”由于班固自注基本采自《七略》，所以其亦为刘向、刘歆遗文也。

三、续《史记》等二种（附：后人误题一种）

1.《史通·外篇·史官建置》云：“司马迁既殁，后之续《史记》者，若褚先生、刘向、冯商、扬雄之徒。”④ 由此可见，刘向曾有《史记》续篇之作，《史记·匈奴列传》末段，《索隐》注曰：“《汉书》云：‘明年，且鞮死，长子狐鹿姑单于立’。张晏云：‘自狐鹿姑单于已下，皆刘向、褚先生所录，班彪又撰而次之，所以《汉书·匈奴传》有上下两卷。’”据此可知，《汉书·匈奴传》中有刘向续《史记》之文。此外，今本《新序》、《说苑》中有若干记述武帝以后史事的内容，部分为《汉书》所袭用⑤。至

---

① 《文选·马季长〈长笛赋〉》。

② 有关《邓析子书录》的真伪问题，董英哲、刘长青《〈邓析书录〉作者考辨》（《西北大学学报》1996年第2期）有详细考证。此上所论，多有参考此文，谨此说明。

③ 参见闻思《〈风俗通义〉佚文甄别》，《古籍整理与研究》1991年第6期。

④ 刘知几撰，浦起龙通释：《史通》，上海古籍出版社2008年版，第218页。

⑤ 详参王利器《〈汉书〉材料来源考》，见氏著《晓传书斋文史论集》，（香港）香港中文大学出版社1989年版，第113—146页。

于是否属于《史记》续作，则尤未可知。

2.《汉书·地理志》云："汉承百王之末。国土变改，民人迁徙，成帝时刘向略言其地分，丞相张禹使属颍川朱赣条其风俗，犹未宣究，故辑而论之。终其本末著于篇。"《隋志》史部地理类小序云："武帝时，计书既上太史，郡国地志，固亦在焉。而史迁所记，但述河渠而已。其后刘向略言地域，丞相张禹使属朱贡条记风俗，班固因之作《地理志》。"由此可见，刘向曾经撰有关于各地分域之书，后为《汉书》所采。

附:《世本》(后人误题)

《隋书·经籍志》史部谱系类著录有《世本》2卷，注云"刘向撰"；又有《世本》4卷，注云"宋衷撰"。《汉志·六艺略》著录："《世本》十五篇。古史官记黄帝以来讫春秋时诸侯大夫。"《〈史记集解序〉索隐》引刘向云："古史官明于古事者之所记也。录黄帝以来帝王诸侯及卿大夫系谥名号，凡十五篇。"《史记索隐》所引当为刘向《世本书录》佚文，由此可知，《世本》只属刘向校书之时编定，《隋志》可能因此而误题。此外，南宋王应麟曾谓"司马迁已采《世本》，恐非向撰。"① 所言甚是，可以信从，因此宋衷只能是《世本》之注者。至于章宗源《隋书经籍志考证》云："刘向之撰，当是注文，宋衷撰四卷，亦注也。"② 姚振宗《隋书经籍志考证》已驳斥之，今不具论。

第三节　子部之属

一、《汉书·艺文志》所载《新序》等四种（附:《百家》）

《汉志·诸子略》"儒家类"著录："刘向所序六十七篇。《新序》、《说苑》、《世说》、《列女传颂图》也。""道家类"著录："刘向《说老子》四篇。"又，"小说家类"著录《百家》139卷，亦有论者以为属于刘向之作。《新序》、《说苑》有今传本，而《世说》、《百家》则已佚。以下试对此四种书

① 王应麟:《玉海》第2册，江苏古籍出版社、上海书店影印光绪九年浙江书局本，1987年版，第943页。

② 章宗源:《隋书经籍志考证》，见《二十五史补编》第4册，中华书局1955年版，第4998页。

略作考说，《列女传》已见上文，此不赘述。

在此，有一个问题必须先作说明。《汉志》各略著录众书的方式，往往是先列书名，再举篇卷数，或加著者姓名于书名之前。唯有《诸子略》“儒家类”著录：“刘向所序六十七篇。《新序》、《说苑》、《世说》、《列女传颂图》也。”又著录：“扬雄所序三十八篇。《太玄》十九，《法言》十三，《乐》四，《箴》二。”在著者之后、总篇数之前有“序”字，又以小注方式说明所包含的四种图书的书名。此种著录方式在《汉志》中属于特例。罗根泽据此指出“刘向所序”，“明此为刘向就旧书所重新编次，与他书为某人撰著者异”[①]。徐复观则谓：“‘刘向所序’的所序，指的是刘向把自己几种著作，以篇为单位，编（序）在一起而言。与‘扬雄所序三十八篇’的意思相同。乃今人竟据此认为《新序》《说苑》仅刘向所‘编辑’的，而以‘曰撰曰著者非’；且在今日几成定论。然则扬雄所序三十八篇中，据班固注‘《太玄》十九，《法言》十三，《乐》四，《箴》二’，《太玄》、《法言》，也是编辑而不是撰著的吗?”[②] 徐氏的分析有理有据，可以信从，不过仍有可以补充纠正之处。

第一，把“所序”理解为“将几种编辑著作在一起”，应是正确的，但说是刘向自己所为，则恐非是。因为按此推说，扬雄亦曾自编《太玄》、《法言》、《乐》、《箴》，然而《乐》、《箴》不属子书，何以扬雄会自编此四种书？所以编者显然不可能是著者本人，而是另有其人——这个人当属刘歆无疑。

第二，班固于《诸子略》“儒家类”中谓“入扬雄一家三十八篇”，罗根泽据此指斥“班固不明‘所序’之意，误以为即刘向所著，由是将扬雄所著38篇，亦冠以‘所序’二字”。其实“刘向六十七篇”、“扬雄三十八篇”，皆为刘歆“所序（编）”。区别在于：前者是上奏《七略》之前所编，见著于《七略》；后者则是刘歆于莽新时所编，收入其以《七略》为基础的新撰“书目”（《汉志》中班固共“入三家五十篇”，扬雄即为其中一家，

---

① 罗根泽：《诸子考索·“新序”“说苑”“列女传”不作始于刘向考》，人民出版社1958年版，第541页。

② 徐复观：《两汉思想史（卷三）·刘向新序说苑的研究》，（台北）学生书局1979年版，第62页。

详见下章）。

1.《新序》

《汉书·楚元王传》载刘向“睹俗弥奢淫，而赵、卫之属起微贱，逾礼制。向以为王教由内及外，自近者始。故采取《诗》、《书》所载贤妃贞妇，兴国显家可法则，及孽嬖乱亡者，序次为《列女传》，凡八篇，以戒天子。及采传记行事，著《新序》、《说苑》凡五十篇”。今南宋刻本《新序》前有“阳朔元年（前24）二月癸卯，护左都水使者光禄大夫臣刘向上”，想是北宋曾巩整理《新序》时遗下的。其后晁公武《郡斋读书志》、王应麟《汉书艺文志考证》等都有相同的记录，可见必有所据，后世学者多以此为准。然而，马总《意林》卷三云：“《新序》三十卷，河平四年（前25），都水使者、谏议大夫刘向上言。”马总所处年代远较曾巩为早，理应较为可靠，但言“谏议大夫”却有误，不知何者为是。不过，两者仅差一年，分别不大。

此外，钱穆据《汉书·成帝纪》载“永始元年（前16）六月丙寅，立皇后赵氏”，结合上引《楚元王传》之文，推断《新序》、《说苑》成书于永始元年[①]。不过，《汉书》仅指刘向在“赵、卫之属起微贱，逾礼制”（师古注曰：赵皇后、昭仪、卫婕妤也。）一段时间内上奏《列女传》以及《新序》、《说苑》，且亦未言赵氏立为皇后之事。因此，《新序》之作的时间，不应推翻明确的文献记载，而另立毫无凭证的新说。

《隋志》子部儒家类著录：“《新序》三十卷。录一卷，刘向撰。”此与《意林》所记相同，此后旧新《唐志》亦皆著录为“三十卷”，可见《新序》原为30卷。今据《太平御览》所引《新序》，可知30卷本于北宋初太平兴国时尚在，之后就散佚不全了。《崇文总目》著录《新序》10卷，并云：“汉刘向撰，成帝时典校秘书，因采战国秦汉间事为三十卷上之，其二十卷今亡。”后来虽经曾巩整理校订[②]，不过“隋唐之世尚为全书，今可见

① 钱穆：《两汉经学今古文平议·刘向歆父子年谱》，（台北）东大图书公司1971年版，第39页。

② 晁公武云：“（《新序》）世传本多亡阙，皇朝曾子固在馆中，日校正其讹误而缀缉其放逸，久之，《新序》始复生。”见晁公武撰、孙猛校证《郡斋读书志校证》上册，上海古籍出版社1990年版，第435页。

者十篇而已"①。10篇分别是：杂事第一、杂事第二、杂事第三、杂事第四、杂事第五、刺奢第六、节士第七、义勇第八、善谋第九、善谋第十。南宋时的《郡斋读书志》、《直斋书录解题》亦云"《新序》十卷"，今见宋、明诸本皆源自曾巩的校本②。由于今本《新序》散失偏多，清人卢文弨《群书拾补》、严可均《全汉书》曾辑其佚文，得50余条。近人赵善诒《新序疏证》、张国铨《新序校注》、赵仲邑《新序详注》等续有新辑，其中赵辑较全，共有60条。③

《晋书·陆机传》曾记陆喜云："刘向省《新语》而作《新序》，桓谭咏《新序》而作《新论》。余不自量，感子云之《法言》而作《言道》，睹贾子之美才而作《访论》，观子政《洪范》而作《古今历》，鉴蒋子通《万机》而作《审机》，读《幽通》、《思玄》、《四愁》而作《娱宾》、《九思》，真所谓忍愧者也。"细揣文意，这里的"省"应是受到启发的意思，而非删减、抄并。而司马贞《〈史记·商君列传〉索隐》谓"《新序》是刘歆所撰"，则系误记。唐宋及清，刘知几、叶大庆、黄震、沈钦韩等许多学者都指出《新序》的内容与史传的记载有所不同，或以为《新序》系刘向据旧本订正。而直接否认刘向撰《新序》的则是罗根泽，他据《说苑书录》有"除去与《新序》复重者"，从而推定"《新序》亦当时已成之书。已有定名，非刘向所撰著"④。此说影响甚大，学者多有从之。

今传本《新序》已非原帙，《杂事》五卷尤为混乱，但是较之相关的传世文献，差异文字亦多，当属刘向重写的结果；而且《新序》卷四有"臣向愚以《洪范》推之"，可见其中加插了不少刘向亲撰的内容。另一方面，《新序》是经过刘向"以类相从"，"条别篇目"重新编排而成的，体现了刘向"以义法别择之，使之合于六经之义"⑤的用意。至于《说苑书录》之言，应该理解为刘向删去《说苑》中与他之前所著《新序》相同的内容。

---

① 曾巩：《新序目录序》，见《曾巩集》上册，中华书局1984年版，第176页。

② 有关《新序》的版本，详参李致忠《宋版书叙录·〈新序〉》，书目文献出版社1994年版，第323—329页；郝继东：《刘向〈新序〉版本述略》，《古籍整理研究学刊》2006年第2期。

③ 参见姚娟《〈新序〉〈说苑〉文献研究综述》，《阜阳师范学院学报》2008年第2期。

④ 罗根泽：《诸子考察·"新序""说苑""列女传"不作始于刘向考》，人民出版社1958年版，第540—541页。

⑤ 余嘉锡：《四库提要辨证·新序》，（香港）中华书局1974年版，第547页。

这只能说明《新序》成书于《说苑》之前，而不能得出《新序》于刘向以前已经成书的结论。

总之，《新序》的撰写方式及全书体例，大体与《列女传》相同，所以将它的著作性质也定为“编撰”，应是更为合适的。

2.《说苑》

《说苑》的成书情况和《列女传》、《新序》相似，不同的是《说苑书录》的部分内容被保存下来，其中有关于《说苑》成书的记载。《说苑书录》云：

> 护左都水使者光禄大夫臣向言：所校中书《说苑杂事》及臣向书，民间书，诬校雠。其事类众多，章句相溷，或上下谬乱，难分别次序。除去与《新序》复重者，其余者浅薄不中义理，别集以为《百家》。后[①]令以类相从，一一条别篇目，更以造新事十万言以上，凡二十篇七百八十四章，号曰《新苑》，皆可观，臣向昧死。

由此观之，《说苑》的成书过程可谓十分清楚，大致可分为三个阶段：第一步是刘向取中书旧藏《说苑杂事》进行校定整理的工作；第二步是重新分类编排，删去与《新序》重复以及浅薄不合义理的篇章；第三步是再撰写新事10万言。经过刘向的整理、重编、删定和补充，《说苑杂事》从此焕然一新，已非旧时可比，故另名为《新苑》，上奏成帝以作“谏书”之用。

在此，有两个问题需要说明，一是《说苑》的书名，二是《说苑》的成书时间。关于第一个问题，《说苑》之名，自《汉书·楚元王传》、《汉志》始，历代公私目录著作一直沿用至今，但据《说苑书录》却作《新苑》。因此，后人有种种推测，孙诒让《札迻》指出：“‘新事’当做‘新书’，凡向所奏书，校定可缮写者为‘新书’。”[②] 姚振宗云：“《说苑》疑《新说苑》脱‘说’字，犹重编《国语》称《新国语》也”[③]。向宗鲁则谓

---

① 孙诒让《札迻》、姚振宗《七略别录佚文》皆指“后”当为“复”之讹，其说可从。

② 孙诒让：《札迻》，中华书局1989年版，第251页。

③ 《七略别录佚文》。

“《说苑》也者，《说苑新书》之简称也”[①]。徐复观不同意以上的说法，他认为“以陆贾之《新语》，贾谊之《新书》，及刘氏成书在先的《新序》推之，可能刘向本命名为新苑；至班氏写《刘向传》时，改称或误称为说苑，而新苑之名，反因之泯没”[②]。姚氏从刘向校书义例立言，徐氏从刘向著作命名方式推论，皆有一定道理。而班固《汉书》取《说苑》，弃《新苑》（或《新说苑》）之名，则可能是根据《七略》的。

关于第二个问题，宋本《说苑》前有“鸿嘉四年（前17）三月己亥，护左都水使者光禄大夫臣刘向上”，亦应是曾巩整理《说苑》时遗下的。其后《郡斋读书志》、《汉书艺文志考证》皆有此说，后世学者多从之。严灵峰则据《意林》中“《说苑》列于《新序》之前”，提出“《说苑》不应在鸿嘉时奏上”之说。[③]《汉书·楚元王传》、《汉志》、旧新《唐志》等目录著作，历来皆先《新序》后《说苑》，这一新说仅以属于类书的《意林》立论，并不足信。至于钱穆以为《说苑》成书于永始元年之误，已见上文，此不赘述。

今传本《说苑》部分篇卷前保留有总论性文字，明示各卷思想立场，大多出自刘向手笔。此外，《说苑》与传世文献中相关记载的文字多有不同，实源于刘向的改写，即所谓“更以造新事十万言以上”。而且，《说苑》编排有序，体现了刘向的整体治国理念。因此，不能如罗根泽《“新序”“说苑”“列女传”不作始于刘向考》所言把《说苑》的性质，等同于《战国策》之类的刘向所编校之先秦典籍，而应确定为刘向“编撰”之作。

《隋志》著录：《说苑》20卷，旧新《唐志》同之。20卷本在编《崇文总目》之时，已经散佚，故《崇文总目》云“今存者五篇，余皆亡”。其后曾巩“从士大夫间得之者十有三篇，与旧为十有八篇，正其脱谬，疑者阙之，而叙其篇目”[④]。此处“十有三篇”、“十有八篇”，显系误记，当从《郡斋读书志》所记“得十五篇于士大夫家，与崇文旧书五篇，合为二十

---

① 向宗鲁：《说苑校证·叙例》，中华书局1987年版，第1页。

② 徐复观：《两汉思想史（卷三）·刘向新序说苑的研究》，（台北）学生书局1979年版，第65—66页。

③ 严灵峰：《无求备斋学术新著》，（台北）商务印书馆1987年版，第363页。

④ 曾巩：《说苑目录序》。

篇”。曾巩校本是今传本《说苑》之祖，20 卷分别为：君道、臣术、建本、立节、贵德、复恩、政理、尊贤、正谏、敬慎、善说、奉使、权谋、至公、指武、谈丛、杂言、辨物、修文、反质。

据《郡斋读书志》所载，晁公武见到的《说苑》缺第二十卷（即今本《反质》），晁氏以为曾巩是“析十九卷《修文》上下篇”。李德刍承其说，谓：“馆中《说苑》二十卷，而阙《反质》一卷。曾巩乃分《修文》为上下，以足二十卷，后高丽进一卷，遂足。”[①] 今敦煌写本有《反质》残卷，起自“秦始皇既兼天下”一节，止于卷末，内容与今本相同，仅文字小异[②]。由此可证，今传本《说苑》与《隋书·经籍志》著录 20 卷本大致相同。

北宋《说苑》的版本有 11 行本、18 行本、22 行本等，南宋有咸淳本（九行本），元代有大德十年（1306）云谦刻本（11 行本）[③]、大德陈仁子刻本（10 行本），明清以来版本众多。[④] 至于《说苑》的佚文，清人卢文弨《群书拾补》、严可均《全汉文》曾有辑本，得 20 余条。近人赵善诒《说苑疏证》、向宗鲁《说苑校证》、左松超《说苑集证》等续有新辑，其中左辑较全，共有 60 余条。[⑤]

3.《世说》

《世说》仅见于《汉志》，早佚，内容已不可知。余嘉锡曾谓：“刘向《世说》虽亡，疑其体例亦如《新序》、《说苑》，上述春秋，下纪秦汉。（刘）义庆即用其体，托始汉初，以与向书相续，故即用向之例，名曰《世说新书》，以别于向之《世说》。其《隋志》以下，但题《世说》，省文耳。”[⑥] 余氏之说，合理可信。然而，清人王先谦《汉书补注》云：“《世

---

① 陆游：《渭南文集》卷二七《跋说苑》，见《陆游集》，中华书局 1976 年版，第 2240 页。

② 近日学者又在敦煌遗书中发现了《说苑·辨物》篇的残卷，详参王继如《伯 2872 号考证——敦煌文献新发现〈说苑〉残卷》，《敦煌研究》2007 年第 3 期。

③ 近有学者指出云谦刻本是北宋本十一行本的翻刻本，详参程翔《元大德七年云谦刻本〈校正刘向说苑〉考略》，《文学遗产》2009 年第 5 期。

④ 有关《说苑》的版本，详参谢明仁《刘向〈说苑〉研究·第一章〈说苑〉之成书·第九节〈说苑〉版本及馆藏考——附日本、台湾研究《说苑》之简况》、《第十节　〈说苑〉版本的补充说明》，兰州大学出版社 2000 年版，第 36—75 页。

⑤ 参见姚娟《〈新序〉.〈说苑〉文献研究综述》，《阜阳师范学院学报》2008 年第 2 期。

⑥ 余嘉锡：《四库提要辨证·世说新语》，（香港）中华书局 1974 年版，第 1015 页。

说》不详，本传有《世颂》，疑即其书。”顾实承之，云：“《疾谗》、《摘要》、《救危》、《世颂》，盖皆《世说》中篇目，即《世说》也。”[1]

向宗鲁则指出：“《汉志》载子政所序有《说苑》，又有《世说》。予谓《世说》即《说苑》，原注《说苑》二字，浅人加之。”[2] 其主要证据是：《太平御览》卷三五引《世说》所载汤时大旱7年故事，见诸《说苑·君道》；《北堂书钞》卷一四一引《世本》雍门伏故事，见诸《说苑·立节》（清人张澍以为是《世说》之讹）。这两个故事均不见于刘义庆的《世说新语》，当系刘向《世说》的遗文。[3] 向氏之论可谓瑕瑜互见，他对于《世说》遗文的判定，有一定的道理，但却不能以此指证《说苑》即《世说》。原因有二：一是《汉志》明言《说苑》、《世说》为二书，刘歆、班固不应有误。二是《说苑》与《新序》也有相近的内容，且按《汉志》的著录顺序，《世说》的成书当在《新序》、《说苑》之后。因此，《世说》中有与《说苑》相近的内容，实不足为奇，所以两书不应混为一谈。

4.《说老子》

《汉志·诸子略》“道家类”著录：“刘向《说老子》四篇。”今不存，学者多认为是刘向早年之作。《说苑·敬慎》、《反质》中有关于老子的记载，《列女传》中有关于老莱子的记载（《贤明传·楚老莱妻》），它们与《说老子》的关系，待考。

附：《百家》

《说苑书录》云：“除去与《新序》复重者，其余者浅薄不中义理，别集以为《百家》。”姚振宗《七略别录佚文》以为“此言别集以为‘百家’者，《汉·艺文志》小说家《百家》百三十九卷是。”此说当是。然而，亦有学者直指《百家》为刘向所撰[4]；不过，据《说苑书录》所载，《百家》应是一部汇编性质的作品。另一方面，按《汉志·诸子略》的体例，九流中每家之末都著录有“某家言”之书（或称“杂”之书），当系刘向将校书所余的某家材料汇编而成的（详见第四章）；《百家》著录于《诸子略》

---

① 顾实：《汉书艺文志讲疏》，上海古籍出版社1987年版，第109页。

② 向宗鲁：《说苑校证·叙例》，中华书局1987年版，第1页。

③ 详参王守亮《刘向〈世说〉考论》，《东岳论丛》2009年第4期。

④ 朱一玄等编著：《中国古代小说总目提要》，人民文学出版社2005年版，第10页。

最末，应是刘向校定众多子书后的残余材料；被勒成一书，由于杂而不纯，难以归类，故名“百家”。总之，《百家》的性质与《新序》、《说苑》不同，只能说是刘向所编，非其所著也。

二、《五纪论》、《五纪说》

《汉书·律历志》：“至孝成世，刘向总六历，列是非，作《五纪论》。向子歆究其微眇，作《三统历》及《谱》以说春秋，推法密要，故述焉。”文今不存，严可均《全汉文》从《宋书·天文志》辑出《五纪论》、《五纪说》两篇，盖即其中的内容。

第四节　集部之属

一、刘向集

西汉尚无“别集”之制，《隋志》云：“别集之名，盖汉东京之所创也。”汉人别集多由六朝人编纂[①]，《隋志》著录有“汉谏议大夫《刘向集》六卷”，可见六朝时已有人为刘向辑录“别集”。旧新《唐志》亦著录有“《刘向集》五卷”，《玉海·艺文》引《中兴书目》载五卷，云：“集者云晋八卷，隋本五卷，今所存十八篇。”《直斋书录解题》亦有“《刘中垒集》五卷”，并云：“前四卷，《封事》并见《汉书》，《九叹》见《楚辞》，末《请雨华山赋》见《古文苑》。”可惜明代以前的《刘向集》，今皆不存。

明清人为刘向编纂“别集”的有四家，分别是：张溥《汉魏六朝百三名家集》、叶绍泰《增订汉魏六朝别解》、明抄本《刘中垒集》（今藏上海图书馆）、严可均《全汉文》卷三五至卷三九[②]。《汉魏六朝百三名家集》录有赋、疏、议、对、颂、铭等文，凡22篇，末为《洪范五行传》。严可均据《汉书》、《文选》以及唐宋类书采摭，较《汉魏六朝百三名家集》多出《雅琴赋》、《围棋赋》、《奏劾甘忠可》、《管子书录》、《韩非子书录》、《邓析书

① 参见饶宗颐《中国文学在目录学上的地位》，见氏著《文辙——文学史论集》上册，（台北）学生书局1991年版，第56页。

② 孙启治、陈建华编：《古佚书辑本目录（附考证）》，中华书局1997年版，第263—264页。

录》(《汉魏六朝百三名家集》入刘歆)、《说苑书录》、《五纪说》、《五纪论》，又有《别录》佚文140余条（不包括书录)、《新序》佚文50余条、《说苑》佚文20余条，《孙卿书录》、《熏炉铭》亦稍详。然《汉魏六朝百三名家集》中有《谏成帝》，为严本所无；《上於陵子》系伪作，严本不取。

值得一提的是，刘向的作品过往只编有别集，或各种散佚著作的辑本，而未有全面汇录的全集之编。最近出版的《两汉全书》第9册《刘向》，汇集了今见的刘向所有著作及佚文，是历史上第一次对刘向作品的全面清理，颇有价值。不过仍然存在个别遗漏，有待进一步补充。

二、赋、文、诗

1.《赋》33篇

《汉书·楚元王传》记载刘向曾与王褒、张子侨等向宣帝献赋颂凡数十篇，《汉志·诗赋略》有“刘向《赋》三十三篇”。从《白氏六帖》卷四、《太平御览》卷七〇七所引，得知有《芳松枕赋》；从《太平御览》卷七一七所引，得知有《合赋》；从《北堂书钞》卷一三三、《太平御览》卷七一〇所引，得知有《麒麟角杖赋》；从《太平御览》卷八三二所引，得知有《行过江上弋雁赋》、《行弋赋》、《弋雌得雄赋》。由此可见，刘向赋作甚丰，惜今皆不存。今所见者：《古文苑》卷一一收有《请雨华山赋》残篇，《文选·左太冲〈蜀都赋〉》、张平子《归田赋》、傅长虞《赠何劭王济》、嵇叔夜《琴赋》、谢灵运《七里濑》、《古诗一十九首》、张景阳《七命》李注及《初学记》卷一六引有《雅琴赋赋》佚文，《文选·韦弘嗣〈博弈论〉》李注引有《围棊赋》佚文（《艺文类聚》卷七四作马融《围棋赋》)。

2.《疾谗》、《擿要》、《救危》、《世颂》8篇

《汉书·楚元王传》言刘向悼周堪、张猛等人，“乃著《疾谗》、《擿要》、《救危》及《世颂》，凡八篇，依兴古事，悼己及同类也”，文今不存。唯《汉书·高帝纪》赞引刘向颂曰：“汉家本系，出自唐帝。降及于周，在秦作刘。涉魏而东，是为丰公。”严可均《全汉文》疑为《世颂》8篇之遗文，盖是也。

3.《九叹》9篇

见于《楚辞》，是今存刘向辞赋之作的唯一全篇。

4．奏议

刘向一生仕途起起落落，在参政过程中，屡上奏议言政，《汉书》载者凡10篇，分别是见于《楚元王传》的《使人上变事书》、《条灾异封事》、《极谏用外戚封事》、《谏营昌陵疏》、《论星孛山崩疏》，见于《傅常郑甘陈段传》的《理甘延寿陈汤疏》，见于《眭两夏侯京翼李传》的《奏劾甘可忠》，见于《郊祀志》的《神宝旧畤议》，见于《礼乐志》的《说成帝定礼乐》，见于《五行志》的《日食对》。此外，《风俗通》卷二《正失》载有刘向对成帝问，《汉魏六朝百三名家集》中有《谏成帝》（未详出处）。

5．铭2篇

《艺文类聚》卷七〇、《北堂书钞》卷一三五、《初学记》卷二五、《文选·何平叔〈景福殿赋〉》李注引有《熏炉铭》佚文。《艺文类聚》卷六九引有《杖铭》佚文（《太平御览》卷七一〇作崔瑗，《太平御览》卷九七四作冯衍）。

6．《诫子歆书》1篇

《初学记》卷一二，《艺文类聚》卷二三，《太平御览》卷二二一、卷四五九、卷五四三收有《诫子歆书》1篇，大体相同，个别文字略有差异。

7．论2篇

王充《论衡·本性》、荀悦《申鉴·杂言下》载有性情之论，《汉书·董仲舒传》赞载有董仲舒之论。

8．诗

《文选·张平子〈西京赋〉》、谢惠莲《雪赋》、张平子《思玄赋》、颜延年《秋胡诗》、张景阳《杂诗十首》、嵇叔夜《赠秀才入军》李注引有“七言”佚文。此外，逯钦立《先秦汉魏晋南北朝诗》卷二《刘向》收入《文选·诸葛孔明〈出师表〉》李注所引刘歆“七言诗”，案云：“以韵断之，是亦向作，《选注》误作刘歆耳。”又收入《文选·王仲宣〈赠士孙文始〉》李注所引刘歆《七略》，案云：“《七略》乃‘七言’之误。又‘向’字，胡刻李注本作‘歆’，今从六臣作‘向’。”[①] 其说可参。

---

① 逯钦立辑校：《先秦汉魏晋南北朝诗》上册，中华书局1983年版，第115页。

第三章　刘向领校群书综论（上）

刘向自河平三年（前26）奉诏，直至去世前，校书工作前后持续了20年。稍后刘歆续继父职，约于建平元年（前6）上奏《七略》，并因争立古文经而被逼离开长安，校书工作暂告一个断落。平帝初年，王莽当政，刘歆复出后又有“典文章”之举，直到莽新地皇四年（23）刘歆自杀为止。发轫于刘向、继起于刘歆的校书活动，时间跨度近50年，历经成帝、哀帝、平帝、莽新4朝，可谓史无前例。历代学者无不高度推崇刘向校书在中国古文献学史上的开拓之功和学术意义，如清人章学诚《校雠通义自序》云：“校雠之义，盖自刘向父子，部次条别，将以辨章学术，考镜源流。”然而，毕竟是两千年前的古人古事，因为文献不足，史料又时相抵牾，所以无论是校书的背景、动机，还是整个过程中的若干具体事实，都多有蒙昧不清之处，使得其应有的价值与意义隐而不彰，有必要进行彻底清理阐明，从而加深对刘向、刘歆校书工作的准确认识，将有关研究工作再向前推进一步。

第一节　背景与动机

西汉成帝河平三年（前26），刘向奉诏进行中国历史上第一次由官方主持的大规模典籍整理工作，此一工作的提出并非偶然，而是有着深刻的历史原因和现实的政治需要。中国早在先秦时期已经涌现较多的文献，其中以六经为主的商、周典籍早在春秋末年已然有了稳定的传本，并为贵族子弟所熟习，尤其是经孔子及其弟子的整理和传习，使经书的流传更为广泛。战国以来，诸子百家纷纷著书立说，各诸侯国史籍的数量也十分庞大。但是经历秦始皇焚书和秦末的大动乱，先秦文献遭受到严重的破坏。自西汉惠帝“除挟书律”，“《诗》、《书》往往间出”[①]；武帝独尊儒术以后，经学的不同家派均撰作有各类传说著作；昭、宣、元、成几朝经学内部的纷争渐渐显现，经学的分化促使经传、经说的不断增加。同时，文帝、武帝和成帝的多次求书活动，使汉朝中秘所藏的图籍空前繁富又亟待整理。另一方面，由于元、成二朝对郊庙礼制改革的论争，以及成帝朝灾异屡降，迫使成帝亟须理论的依据和历史的借鉴，加上成帝个人对典籍经书的喜爱，也更加自觉地效法前朝以求书、校书来寻求解决现实政治问题。刘向适逢其时，以特殊的身份承担起历史交托给他的使命。

一、先秦时期文献的产生与积累

中国古文献始于何时，目前尚难确知。据有关文献所载，在夏朝时已经有了一些初期的文字资料，如《逸周书·文传解》所引的《夏箴》，《左传》、《墨子》所引的《夏书》，《礼记·礼运》载孔子所得的《夏时》，都为此提供了线索。《吕氏春秋·先识览·先识》称夏桀暴乱，“夏太史令终古，出其图法，执而泣之”[②]，说明夏代已有“图法”之类的文献。《史记·夏本纪》更明确记载夏禹时作有乐曲《箫韶》、启时作有《甘誓》、太康时作有《五子之歌》、中康时作有《胤征》等，虽不可尽信，但也值得注意。不过上面提到的一些文献，内容多已不可具考。现存今文《尚书》中的《虞书》、《夏书》是后人据古代传闻和史料加以追记的，其中保留了一定的上古历史资料，但不能完全视为夏朝或夏朝以前的文献。另一方面，据当代考古资料，仰韶文化、大汶口文化中的陶器符号和文字，良渚文化、龙山文化的刻写文字，都表明在新石器时代晚期已经出现了文

① 《史记·太史公自序》。
② 陈奇猷：《吕氏春秋新校释》，上海古籍出版社2002年版，第955页。

字①；结合二里头文化遗址中出土的以猪、牛、羊的肩胛制成的卜骨②，夏朝拥有多种多样的文献是不足为奇的。

从古籍所载和考古发掘所得的实物来看，殷商时期的文献大致可以分为三类：一是史官记载商王言行之作，《尚书·多士》记周公言“惟殷先人有典有册，殷革夏命”。伪孔传云：“言汝所亲知，殷先世有册书典籍。”说明殷人先祖有记载“殷革夏命”的典籍文献。同时，在商代甲骨文中已有“史”、“御史”、“大史”，还有“乍册（作册）”，王国维以为“作册”就是“内史”，说明商代设有不少史官，史官的职责盖“专以藏书、读书、作书为事”③。《史记·殷本纪》所列的商书便有二十多篇，今本《尚书·商书》所收的《盘庚》、《高宗肜日》、《西伯戡黎》、《微子》，虽属后人整理，亦保留了一些商代古史的成分。

二是甲骨刻辞，可以分为“卜辞”和“非卜辞”两类。卜辞主要指商王利用龟甲兽骨来问疑占卜时所刻写的文字，完整的卜辞包括“前辞”（占卜日期和卜者名字）、“贞辞”（卜问的内容）、“兆辞”（卜问的结果）、“占辞”（对卜问结果的判断）、“验辞”（卜问是否应验）五个部分。除了商王问疑的“王卜辞”外，还有贵族问疑的“非王卜辞”。卜辞保存了商王朝政治、经济、军事、文化、宗教、礼制、田猎等方面的珍贵史料。非卜辞是指包括干支表，记载贡纳和贮取龟甲以及历史事件的甲骨刻辞，出土数量较少，但对了解甲骨的藏储、使用等方面有较大的价值。这些刻辞甲骨随商朝灭亡而长埋殷墟，直至19世纪末才为人所识，经过20世纪以来不断的考古发掘、收集整理，已经出土的甲骨共约16万片、总字数约100万字（不相

---

① 在古代有多种关于汉字产生的传说，其中以“仓颉造字”最为流行。《荀子·解蔽》云：“好书者众矣，而仓颉独传。”见王先谦《荀子集解》，中华书局1988年版，第401页。《吕氏春秋·审分览·君守》：“奚仲作车，苍颉作书，后稷作稼，皋陶作刑，昆吾作陶，夏鲧作城，此六人者，所作当矣。”此处的“书”，指的就是文字。东汉许慎对“仓颉造字”有更详细的描述，《说文解字·序》云：“黄帝之史仓颉，见鸟兽蹄迒之迹，知分理可相别异也，初造书契。”“仓颉之初作书，盖依类象形，故谓之文，其后形声相益，即谓之字。”见许慎《说文解字》，中华书局1963年版，第314页。“仓颉造字”虽出于传说，不可尽信，但足以说明古人对于汉字产生原因所作的一些思考。

② 《史记·龟策列传》云：“略闻夏、殷欲卜者，乃取蓍龟。”《汉志·数术略》著录有《夏龟》二十六卷，今虽已佚，但相信与夏代占卜之术有一定的关系，由此可知夏代已有关于占卜的文献。

③ 王国维：《〈观堂集林〉卷六·释史》，见《王国维遗书》第1册，上海书店出版社1983年版，第283页。

同的文字约有4，000多个），是目前所见商王室所藏最丰富的原始文献。[①]

三是上古以来的典籍，如《左传·昭公十二年》中提到的《三坟》、《五典》、《八索》、《九丘》[②]，以及相传出自远古的《河图》、《洛书》等。这些古籍的年代难以断定，内容亦不可尽知，但见载于先秦文献，姑附于此。另外，《周礼·春官宗伯》云："大卜掌三《易》之法，一曰《连山》，二曰《归藏》，三曰《周易》。"杜预《春秋左传集解》云："《连山》，伏羲；《归藏》，黄帝。"贾公彦疏则云："夏曰《连山》，殷曰《归藏》。"无论上述两种说法孰是，都说明《连山》、《归藏》是商代或商代以前的文献。[③]

武王伐纣克商，建立了周王朝。周人崇尚礼乐教化，相传周公制礼作乐。周代的800多年间是中国文化高度发展的时期，出现了大批流传后世的典籍。从典籍的产生、流传、整理和传授的情况来看，整个周代大致可以分为三个阶段：第一个阶段包括西周、春秋前期和中期。周朝的王官典籍基本上产生和编定于此时，如《周易》古经是西周王朝所用的筮书之一，产生于西周初年或以前；《尚书》中的今文20篇（上文所说的《虞书》、《夏书》、《商书》部分，除伪古文部分）亦大都写定于此时；《诗经》是一部收集西周至春秋中叶500多年间诗歌的总集，早在春秋时期陆续被选编成集之际，已于上层社会广泛流传、为人熟知。此外，还有周天子和诸侯各自保存的政典和史书性质的书籍，周天子赐封诸侯的文告，以及诸侯之间的盟书等。西周时已建立起早期的史官制度，《周礼》记载周朝设置有"太史"、"小史"、"内史"、"外史"、"御史"等史官，《尚书》中也可看到一些史官的活动，如《洛诰》的"王命作册逸祝册，惟告周公其后"，"王命周公后，

---

① 有关甲骨刻辞的出土发掘、收集整理、分期断代、内容考释以及与商代文化关系等，详参王宇信、杨升南主编《甲骨学一百年》，社会科学文献出版社1999年版。

② 伪孔安国《尚书序》云："伏羲、神农、黄帝之书，谓之《三坟》，言大道也；少昊、颛顼、高辛、唐、虞之书，谓之《五典》，言常道也。""八卦之说，谓之《八索》，求其义也；九州岛之志，谓之《九丘》。""《三坟》、《五典》、《八索》、《九丘》，即谓上世帝王之遗书也。"孔安国实未见此数种书，《汉志》亦未著录。姚名达以为"既有数字，必非书名而为类名"（《中国目录学史》，上海古籍出版社2002年版，第22页），其说可参。

③ 1993年3月湖北省江陵县王家台秦墓中出土了《归藏》，称为王家台秦简《归藏》，说明了《归藏》确有其书。详参荆州地区博物馆《江陵王家台15号秦墓》，《文物》1995年第1期；连劭名《江陵王家台秦简与〈归藏〉》，《江汉考古》1996年第4期；王明钦《试论〈归藏〉的几个问题》，载古方等编《一剑集》，中国妇女出版社1996年版，第101—112页。

作册逸诰”；《顾命》的“丁卯，命作册度”，“太史秉书，由宾阶隮，御王册命”等。各诸侯国亦制作和保存有大量史籍，《墨子·明鬼下》所提及的周、燕、宋、齐等的“百国《春秋》”，《孟子·离娄下》云：“晋之《乘》，楚之《梼杌》，鲁之《春秋》，一也。其事则齐桓、晋文，其文则史。”所指的就是各诸侯国记载本国史事的纪年体史籍。西晋太康二年（281），一说咸宁五年（279）或太康元年（280），在汲冢出土的《竹书纪年》，叙述了夏、商、西周和春秋战国的历史，是一部魏国的纪年体史籍。《国语》则是后人根据周朝王室和各诸侯国史料，经过整理加工汇编而成的国别史著作。

1977年在陕西省岐山县凤雏村发现的17，000余片甲骨，2004年在岐山县周公庙遗址附近发现的700余片甲骨（其中属第一次发现的“周公”字样共出现了5次），说明了西周初期继续保持使用甲骨来占卜和刻写文字的习俗。另一方面，汉代以来续有出土的周代青铜器中有不少的铭文，内容大多有关祀典、策命、赏赐、征伐、记功、法律、契约等，如著名的“大盂鼎”、“大克鼎”、“虢季子白盘”、“毛公鼎”等。这些“国之重器”上面的铭文记载了诸侯国的重要历史事件，属于王族和贵族的纪念性文字作品。1965年至1966年于山西省侯马市秦村附近出土的5，000余件玉片盟书，虽是春秋晚期至战国早期晋国卿大夫之间订盟誓约的言辞，不过已足证明诸侯盟书早在春秋时期或以前已经出现。此时期典籍传授的特点即所谓“学在王官”，传习和使用典籍集中在周王室、诸侯官员和贵族子弟阶层，典籍的掌握在某种意义上成为了权力的象征。

第二个阶段是春秋后期，由于周王室的衰落，诸侯互相兼并，于是出现“天子失官，学在四夷”① 的情况，典籍渐散于民间，甚至偏远地区，促使了学术文化下移，为私家著述的出现提供了客观条件。老子的《老子》，孙武的《孙子兵法》等就是在此种环境下产生，开启了战国诸子著书争鸣的风气。民间学术的兴起，出现了私家讲学的风气，从而积极推动了典籍的流传。孔子就研习并传授过《周易》和《尚书》，《易传》虽不为孔子自作，但保留了孔子对《易经》的部分见解。孔子又推重《诗》教，对《诗经》进行过编订和整理，亦可能整理、编订过《仪礼》和《乐经》，并且根据鲁

① 《左传·昭公十四年》。

国史书撰成《春秋》。[①] 孔子对六经的整理、编订、传授推动了战国儒家学派对它们的重视和研习，最终导致《易》、《书》、《诗》、《礼》、《春秋》等典籍在西汉被普遍尊崇的特殊地位。同时，孔子在整理六经的过程中，广搜博采，取舍校订，编成定本，在古籍整理工作上作出了卓越的贡献。因此，清人段玉裁《经义杂记序》云："校书何放，放自孔子。"[②] 俞樾《札迻序》云："校雠之法出于孔氏。"章炳麟亦云："孔子录《诗》有四始，《雅》、《颂》各得其所，删《尚书》为百篇而首《尧典》，亦善校者已。"[③] 皆充分肯定孔子在古籍整理上的首创之功。

第三个阶段是战国时期，各诸侯国间兼并日益严重，列国之间的竞争渐趋激化，执政者对于身负治国之才的游士十分重视，进一步加速了民间学术的发展。诸子百家学说蜂起，游说国君、聚众讲学和著书立说成为了战国时期的重要文化特征之一。《汉志·诸子略》将先秦诸子归纳为"九流十家"，儒家学派的主要著作有《子思》、《曾子》、《孟子》、《荀子》等，道家学派的主要著作有《鬻子》、《管子》、《庄子》、《列子》等，阴阳家学派的主要著作有《邹子》等，法家学派的主要著作有《李子》、《商君》、《申子》、《韩非子》等，名家学派的主要著作有《公孙龙子》、《惠子》等，墨家学派的主要著作有《墨子》等，纵横家学派的主要著作有《苏子》、《张子》等，杂家学派的主要著作有《尉缭子》、《尸子》等，农家学派的主要著作有《神农》等，小说家学派的主要著作有《伊尹说》、《师旷》等；《兵书略》、《数术略》、《方技略》也著录了不少战国时期的著作。此外，近年简帛佚籍的不断出土，说明战国时期各种子、史著作的数量远较《汉志》所记载的为多。[④]

---

① 关于孔子整理六经的情况，详参董治安《漫论孔子与"六经"》，见氏著《先秦文献与先秦文学》，齐鲁书社 1994 年版，第 202—226 页。

② 段玉裁：《经韵楼集》，见《续修四库全书》第 1435 册，上海古籍出版社 1995 年版，第 72 页。

③ 章炳麟：《国故论衡》，上海古籍出版社 2003 年版，第 68 页。

④ 战国时期各种子、史著作的数量多于《汉志》著录的问题，余嘉锡《古书通例·卷一 案著录第一·诸史经籍志皆不著录之书》曾据传世文献考证出《汉志》未有著录的先秦西汉之书多种（见氏著《余嘉锡说文献学》，上海古籍出版社 2001 年版，第 169—172 页）。近年简帛文献的大量出土证明了余氏的判断，然而余氏所考之书绝大部分不见于目前已知的出土简帛，此则更能说明战国时期各种著作的数量远较《汉志》所记载的为多。关于出土文献的情况，详参骈宇骞、段书安编著《二十世纪出土简帛综述》，文物出版社 2006 年版；李零《简帛古书与学术源流》，三联书店 2004 年版。

先秦诸子著作有的是先师自著，有的是后学编辑先师的作品，有的兼而包括先师和后学的作品。此外，诸子著作中还有一类是后学编辑先师言行、或对先师著作加以注释阐发的专书，前者如孔子门人辑集“孔子应答弟子、时人及弟子相语言，而接闻于夫子之语”① 而成的《论语》。后者如七十子后学为礼书所作的“记”，为《易经》所作的“十翼”（《易传》），阐发《春秋》大义的《公羊传》和《穀梁传》，以及《墨子》中的《经说》，《韩非子》的《解老》、《喻老》等。诸子著作的成书过程和编辑情况较为复杂，一般是以单篇（或多篇）形式传流，部分则被编辑成书。数量丰富、形态复杂的先秦典籍是刘向领校群书的重要对象，也为刘向校书提供了前提条件和实践经验。

二、秦至汉末典籍的聚散与增加

先秦典籍文献在不断产生积累的同时亦遭到破坏和废弃，尤其是春秋战国时期，各诸侯国互相兼并，灭国去史之事时有发生，而影响至巨者莫过于秦始皇的焚书之举。秦始皇三十四年（前 214），淳于越与周青臣在咸阳宫廷堂上就分封王子功臣进行了激烈的争论，提出“事不师古而能长久者，非所闻也”。丞相李斯则谓“今诸生不师今而学古，以非当世，惑乱黔首”；又认为“古者天下散乱，莫之能一，是以诸侯并作，语皆道古以害今，饰虚言以乱实，人善其所私学，以非上之所建立。今皇帝并有天下，别黑白而定一尊。私学而相非法教，人闻令下，则各以其学议之，入则心非，出则巷议，夸主以为名，贯取以为高，率群下以造谤”。建议禁毁私学，并奏“臣请史官非秦记皆烧之。非博士官所职，天下敢有藏《诗》、《书》、百家语者，悉诣守、尉杂烧之。有敢偶语《诗》、《书》者弃市。以古非今者族。吏见知不举者与同罪。令下三十日不烧，黥为城旦。所不去者，医药、卜筮、种树之书。若欲有学法令，以吏为师。制曰：‘可’”②。李斯之议本于《韩非子·显学》中“兼听杂学缪行同异之辞，安得无乱”的法家思想，明

① 《汉志·六艺略》。
② 《史记·秦始皇本纪》。

显是针对战国时私学兴盛，“诸子之言纷然殽乱”[1] 的情况。更为重要的是私学“相非法教”，“非上之所建立”，对人主的统治威权带来了不可忽视的威胁。因此“以吏为师”、“以法为教”的禁毁私学之议成为了李斯奉献给秦始皇的重要文化一统政策，而“焚书”则是“灭学”政策的重要手段和有效保障。

秦始皇平定天下以后，在军事上结束战国时期的纷乱局面，在政治上实行废封建行郡县，以及“书同文、车同轨”，划一度量衡等，都是为了统一国家的管治体制。据此，文化一统政策的出现符合秦始皇对秦皇朝政治制度的总体设想，问题只是何时提出和如何执行。焚书灭学之举，从理论依据来说，是儒家复古思想与法家一统思想之间尖锐矛盾的表现；从钳制思想的角度来说，是以行政法令的手段来消灭异见者赖以存在的土壤；从政策制定方面来说，是秦皇朝以法家学说为基础所建立的专制政治的重要构成部分[2]。

秦始皇“设挟书之法，行是古之罪”[3] 的粗暴行政命令使先秦典籍遭到严重的破坏，是古代图书流传史上的“五厄”之首。不过，从实际情况来看，秦始皇焚书的结果并非如唐人所谓的“先王坟籍，扫地皆尽”[4]。因为就官方藏书而言，虽然诸侯国史因“独藏周室”几乎全部被焚[5]，但是秦丞相、御史、博士官所藏图书，包括秦国国史的秦记，《诗》、《书》以及诸子百家语实则并未尽在焚毁之列。特别是数量繁多的民间私藏图书可以说还不乏见，如孔子八世孙孔鲋闻秦焚书令，即藏书以待人求[6]，这就是后来汉初“《诗》、《书》往往间出”的主要原因。因此，南宋郑樵《通志·校雠略》

① 《汉志》。

② 秦国及秦朝的统治者曾有意识地对东方六国文化进行整合，第一次是吕不韦主持编纂《吕氏春秋》，力图将六国思想文化的精华冶于一炉，以此作为未来统一帝国的理论基础，但没有付诸实行。秦始皇则在统一六国后，建立法家专制政治文化，拒绝吸纳六国思想文化，尤其是齐、鲁思想文化的精华。详参孟祥才《论秦文化对东方六国文化的两次整合》，《烟台大学学报》2005 年第 4 期。

③ 刘歆：《移让太常博士书》。

④ 《隋书·牛弘传》。

⑤ 《史记·六国年表》。

⑥ 《资治通鉴》卷七云：“魏人陈余谓孔鲋曰：‘秦将灭先王之籍，而子为书籍之主，其危哉！’子鱼曰：‘吾为无用之学，知吾者惟吾友。秦非吾友，吾何危哉！吾将藏之以待其求，求至，无患矣。’”胡三省注：“孔鲋，孔子八世孙，字子鱼。”见司马光编著、胡三省注《资治通鉴》，中华书局 1956 年版，第 244 页。

的“秦不绝儒学”①，元人马端临《文献通考·经籍考》的“秦焚书未全毁”② 诸说，还是有一定道理的。在秦始皇焚书后，又有项羽的焚书。项羽在鸿门宴（前206）之后，“引兵西屠咸阳，杀秦降王子婴，烧秦宫室，火三月不灭，收其货宝妇女而东”③。项王一炬，“唐、虞三代之法制，古先圣之微言，乃始荡为灰烬”④。至此，秦皇朝的藏书基本上被毁灭了。

高祖五年（前202），刘邦建汉称帝之后，对内忙于建立朝仪制度，对外忙于讨伐异姓诸侯王，无暇顾及典籍的收集整理。到了惠帝四年（前191）“除挟书律”⑤，才直接导致先秦典籍在民间大量复出。当时典籍在民间复出的途径主要有二：一是汉初私学复兴，儒生起秦时所藏典籍以作教授之用，如田何之传《易》、伏生之传《书》、高堂生之传《礼》（见《史记·儒林列传》）、颜贞之传《孝经》（见《孝经正义》）等。当时将先秦古文字转写为汉代通行的隶书，即一般所谓的今文经，汉初流传的先秦典籍以此类为大宗。二是汉人无意中发掘出秦时所私藏的典籍，《汉志·六艺略》云：“武帝末，鲁共王坏孔子宅，欲以广其宫，而得《古文尚书》及《礼记》、《论语》、《孝经》凡数十篇，皆古字也。”此是数量最大、种类最多、意义最重要的一次。⑥ 宣帝时，又有“河内女子发老屋，得《逸礼》、

① 郑樵：《通志二十略》，中华书局1995年版，第1803页。

② 马端临：《文献通考经籍考》，华东师范大学出版社1985年版，第7—9页。

③ 《史记·项羽本纪》。

④ 刘大櫆：《焚书辨》，见《刘大櫆集》，上海古籍出版社1990年版，第24页。

⑤ 《汉书·惠帝纪》云：“（四年）除挟书律”。颜注引应劭曰：“挟，藏也。”又引张晏曰：“秦律敢有挟书者族。”李学勤曾将上引《史记·秦始皇本纪》之文与张家山汉简《津关令》进行比较，指出秦律令的制定有一种形式是对奏书的认可，并认为李斯之言自“臣请”下面就是律文。由于李斯所言中没有“挟”字，只有与之同义的“藏”字，所以李学勤怀疑“李斯所言诣守、尉杂烧，系指当时集中施行的措施；挟书者族，则是法律中长期生效的内容，《挟书律》之名当即由此而生”（详氏著《从出土简帛谈到〈挟书律〉》，载《周秦汉唐研究》第1册，三秦出版社1998年版，第1—7页）。其说可参。

⑥ 《汉志》谓得孔壁古文经的时间为“武帝末”，当是“景帝末”或“武帝初”之误。王先谦《汉书补注》云：“《刘歆传·移让太常博士书》亦云武帝末。《鲁恭王传》以孝景前三年徙王鲁，好治宫室，二十八年薨（据《表》在元光四年），不得至武帝末。《论衡》以为孝景时，是也。”按，《汉书·鲁恭王传》云：“恭王初好治宫室，坏孔子旧宅以广其宫，闻钟磬琴瑟之声，遂不敢复坏，于其壁中得古文经传。”据《史记》所载，鲁恭王余以孝景前三年（前154）徙为鲁王，二十六年薨，即元光六年（前129），是年武帝即位十二年。武帝在位54年，因此恭王坏孔子宅，不可能在“武帝末”。王充《论衡·佚文篇》、《案书篇》皆涉及恭王坏孔子宅而得古文经之事，但一言景帝时，一言武帝，正好佐证了孔壁古文经的发现应在景、武之际，所以王国维《观堂集林·汉时古文诸经有转写本说》认为在景、武之世，当可信从。

《易》、《礼》、《尚书》各一篇，宣帝下示博士，然后《易》、《礼》、《尚书》各益一篇，而《尚书》二十九篇始定矣”①。此类典籍上皆为先秦古文字，即一般所谓的古文经，经整理转写后可与今文经互补不足。

在先秦典籍复出的同时，从秦朝到西汉末年亦产生了数量庞大和种类繁多的典籍。② 汉初，“萧何次律令，韩信申军法，张苍为章程，叔孙通定礼仪”③，皆属于国家政典类的图籍，此类文献随着汉朝统治的需要而不断增加累积。虽然武帝罢黜百家，独尊儒术；然而上承战国余绪，西汉诸子著作在数量上还是不少的。最多的当属儒家类，有《陆贾》、《贾谊》、《董仲舒》等，法家类有《晁错》，纵横家类有《蒯子》、《邹阳》，杂家类有《淮南子》等，可见西汉一朝并非全由经学所垄断。另一方面，由于祭祀、封禅和彰显汉德等原因，从高祖开始便有作歌以颂的传统，“至于武、宣之世，乃崇礼官，考文章，内设金马石渠之署，外兴乐府协律之事，以兴废继绝，润色鸿业。是以众庶说豫，福应尤盛。《白麟》、《赤雁》、《芝房》、《宝鼎》之歌，荐之郊庙”④。加上衍生自楚辞的散体大赋得到武帝以后历朝汉帝和地方诸侯王的奖掖，出现了贾谊、东方朔、司马相如、枚乘、王褒等赋家以及大批赋作，也大大地扩展了西汉皇室藏书的范围。

汉代典籍中最为丰富的毕竟还是解经著作。自汉武帝立五经博士后，经学大昌，“传”、“说”、“记”、“故”、“章句”等各类不同体裁的解经著作蜂拥而起。以篇数而论，《汉志》中的解经著作往往是经书原本数量的十数倍乃至数十倍，庞大的解经著作构成了汉朝中秘藏书的最重要组成部分。西汉解经著作的产生与发展，与汉朝的文化政策有着直接和密切的关系。西汉建国之初，崇尚无为而治的黄老之学成为国家主导思想，因此在制度建设上

---

① 《论衡·正说篇》。

② 除《汉志》所著录之外，西汉还有不少图籍，有鉴于此，清人姚振宗曾撰有《汉书艺文志拾补》一书。《汉书艺文志拾补》共著录六艺九种八十家九十一部，附录一种十一家十一部，综九十一家一百二部，附见一十三家一十五部；诸子十种七十四家八十二部，附见十一家十四部；诗赋二种四十家四十部，附见一家一部；兵书四种六家七部，附见三家十一部；数术六种六十二家七十四部，附见二十五家三十七部；方技二种一十二家一十二部，附见十一家十二部。其中少量为先秦著作外，大部分为西汉时期所产生的图籍。

③ 《史记·太史公自序》。

④ 《文选·班孟坚〈两都赋〉》。

大都承秦制而有所增减，往往只是针对具体政务上的需要，而非有意建立主导的意识形态。以博士官的建置为例，文帝之时有“博士七十余人，为待诏博士”①，性质与秦制一样，是皇帝的咨询官员；所以无论是习经书，还是诸子、传记均可以立为博士官，故此刘歆《移让太常博士书》说文帝时“天下众书往往颇出，皆诸子传说，犹广立于学官，为置博士”②。从博士官的设置可见汉初文化政策还较为宽松，未有刻意奖掖某一派的学说。

武帝以前，儒生的主要工作集中在对经书的保存和传播，对于经义的申说往往较为简要，一般为数千言，最多也不过数万言，如丁宽作《易说》3万言、韩婴作《诗内外传》数万言③。由此可见，汉初以传经为主，间有申说、训诂，亦尚简明，和后来烦琐的解经著作截然不同。由于受到文化政策的制约和经书流传过程中主客观因素的影响，汉初未有出现大量的解经著作，但是这种情况在武帝时期开始有所转变。首先是武帝于建元五年（前136）置五经博士，逐步罢去文、景时所立的传记博士，博士官的任用改过往的“通古今”为“作经师”，又大力提高博士官的政治地位，建立了以经书为本的儒家文化作为国家主导意识形态，并以博士官和博士弟子为治国主体的文官制度。“自是之后，言《诗》于鲁则申培公，于齐则辕固生，于燕则韩太傅。言《尚书》自济南伏生。言《礼》自鲁高堂生。言《易》自菑川田生。言《春秋》于齐、鲁自胡毋生，于赵自董仲舒。”④ 五经博士的建置意味着皇朝对经学各家各派的选择性认同，对于经学的发展有两个方面的巨大意义：一是导致经学各家各派之间的竞争进入了由皇朝来确认的时期，若想得到皇朝的确认就必须迎合统治的需要，家派著作成为了表现政治主张的工具，因此各家各派的解经著作开始逐渐增加。二是“通经致用”成为了经学和政治之间的接合点，叔孙通定朝仪、申公议明堂、兒宽决疑狱、吕步舒断淮南案、隽不疑执伪太子，夏侯胜考察灾变，王式谏昌邑王等，都着眼于经义的实际运用，治经的目的基本上变成了为现实政治服务。

昭、宣时期基本上沿着武帝的路子走下去且又有所发展。由于君主的个

---

① 应劭：《汉官仪》，见孙星衍等辑《汉官六种》，中华书局1995年版，第128页。
② 《汉书·楚元王传》。
③ 《汉书·儒林传》。
④ 《史记·儒林列传》。

人好恶和配合政治的需要，五经中各家各派在是否立于学官的问题上存在很大的争议，其中表现最为突出的是石渠阁会议。宣帝甘露三年（前51）三月，“诏诸儒讲五经同异，太子太傅萧望之等平奏其议，上亲称制临决焉。乃立梁丘《易》、大小夏侯《尚书》、《穀梁春秋》博士。”[①] 宣帝此举自有其政治用心，但是客观上却开启了通过当廷论辩，可以取得跻身学官的途径，于是各家各派的分化和斗争更趋白热化。为了应付诸儒的论难，争立学官的需要，各家各派解经著作的字数极大地膨胀起来，形式更趋繁杂，《尚书》各家经说的情况可谓典型。《尚书》小夏侯家的创始人夏侯建师事夏侯胜和欧阳高，他认为夏侯胜“为学疏略，难以应敌”，于是“左右採获，又从五经诸儒问与《尚书》相出入者，牵引以次章句，具文饰说”[②]。藉此于石渠阁会议上得立学官，后学变本加厉，再传弟子秦恭增师法至百万言，“说《尧典》篇目两字之说至十余万言，但说‘曰若稽古’三万言。”[③] 其烦琐真是到了无以复加的地步，难怪当时“通人恶烦，羞学章句”[④]。

秦始皇焚书和秦末大动乱对先秦典籍的破坏，汉初先秦典籍散乱无序的复出，加上西汉前中期以来大量产生的经学著作及各类子学、文学文献，既为刘向的校书工作带来了可资取用的丰富文献资源，同时又带来了空前巨大的挑战。

三、汉朝的求书、藏书与校书传统

刘向校书活动是建筑在总结先秦至西汉的典籍收藏和整理经验上开展的，并且深受汉朝求书、藏书和校书传统的影响。因此，刘向校书可以说是汉朝前中期校书传统延续发展的必然结果，又是承继历史经验上进行综合创新的伟大事业。

西汉是一个由平民建立的皇朝，刘邦及其开国功臣多为市井之徒，自然“无册无典”可言。因此，在争夺天下之时，刘邦集团中的有识之士便十分注重对图书档案的搜求。刘邦入咸阳之时（前206），“诸将皆争走金帛财物之府分之，（萧）何独先入收秦丞相御史律令、图书藏之。……汉王所以具知天下

① 《汉书·宣帝纪》。
② 《汉书·眭两夏侯京翼李传》。
③ 《汉志·六艺略》颜注引桓谭《新论》。
④ 《文心雕龙·论说》。

厄塞、户口多少、强弱之处、民所疾苦者，以何具得秦图书也。”① 丞相、御史藏书是秦朝重要的藏书系统之一，司马迁曾称张苍“好书律历。秦时为御史，主柱下方书”。“张苍乃自秦时为柱下史，明习天下图书计籍”②。结合《史记》对萧何所收秦朝图书内容的描述，秦朝丞相、御史等所藏包括了记载各地山川、民情、关隘、屯粮等资料的国家档案、法律文书以及其他典籍图书。这批档案图书是汉朝藏书的主要基础，在刘邦争夺天下时发挥过重要作用。汉朝建立以后，萧何于未央宫内建石渠阁，继续予以收藏利用。③ 此外，萧何还在未央宫另建有天禄阁，亦为“藏典籍之所”④。由此可见，汉朝对图书的搜求从一开始便带有很强的政治目的性，也为以后的求书活动开创了先例。

除了未央宫的石渠阁、天禄阁以外，汉朝还有金匮、石室、兰台之藏。汉高祖十二年（前195），天下既定，“丹书铁契，金匮、石室，藏之宗庙。”⑤ 据《汉书·百官公卿表》所载，太常（奉常）负责“掌宗庙礼仪”，其下有属官太史令，《史记·太史公自序》曾言“迁为大史令，紬史记石室、金匮之书”，可知金匮、石室是由太常属官太史令负责掌管，金匮一般贮藏玉版，石室多贮秘籍图书。此外，《汉书·百官公卿表》又云：“御史大夫，秦官，位上卿。……有两丞，秩千石。一曰中丞，在殿中兰台，掌图籍秘书。”可知兰台为“殿中”藏书之所，由御史中丞负责掌管。

因为“秦拨去古文，焚灭《诗》、《书》，故明堂、石室、金匮玉版图籍散乱”⑥，所以汉朝立国之初，遂命萧何“攈摭秦法，取其宜于时者，作律《九章》”⑦，张苍“为计相时，绪正律历”⑧，叔孙通奉高祖诏，“制作《仪

① 见《史记·萧相国世家》，《汉书·高帝纪》、《萧何曹参传》所载略同。

② 见《史记·张丞相列传》，《汉书·张苍传》略同。《唐六典》卷一三《御史台·侍御史》云：“《周官》宗伯属官御史。……以其在殿柱之，亦谓之柱下史。秦改为侍御史。”虽为唐人追述之说，亦资参考。

③ 《三辅黄图》卷六云：“石渠阁，萧何造。其下礲石为渠以导水，若今御沟因为阁名。所藏入关所得秦之图籍。至于成帝，又于此藏秘书焉。《三辅故事》曰：‘石渠阁，在未央宫殿北，藏秘书之所。’”见何清谷《三辅黄图校释》，中华书局2005年版，第339页。

④ 《三辅黄图》卷六。

⑤ 《汉书·高帝本纪》。

⑥ 《史记·太史公自序》。

⑦ 《汉书·刑法志》。

⑧ 《史记·张丞相列传》。

品》六十篇”[1]，建立国家的法律、历法、度量衡、朝仪等各项制度，此皆可视为汉初典籍整理工作的一部分。

此外，还有“张良、韩信序次兵法，凡百八十二家，删取要用，定著十五家”[2] 之举，此事为汉朝校书活动最早的明确记录。张良曾受黄石老人《太公兵法》，“数以《太公兵法》说沛公，沛公善之，常用其策。”[3] 韩信亦习兵法，曾有“《兵法》不曰‘陷之死地而后生，投之亡地而后存’乎”之论[4]。张良、韩信熟知兵法，又是汉朝开国功臣，韩信战绩尤由彪炳，二人此次整理兵书，进行了比较异同，删订编次的工作，形成了15家汇编本。虽然其后因“诸吕用事而盗用之”，但实为汉朝整理典籍之滥觞，值得重视。此15家兵书的内容如何，今已无从稽考，《汉志·兵书略》著录有“《韩信》三篇”，学者多以为即15家之一，当有一定的道理。然而《史记·太史公自序》、《汉书·高帝纪》作“韩信申军法”，“军法”、“兵法”虽一字之差，其中却有所分别，“军法”是指军中的一切制度和规定，而“兵法”则是专指讲谋略的书[5]。据《史记·吕太后本纪》所载，“高后病甚，乃令赵王吕禄为上将军，军北军；吕王产居南军。”吕禄、吕王产为了便于管理北军、南军，当然需要有关军营中的制度和规定一类的“军法”，因此15家兵书中当有“军法”类的典籍。韩信序次兵法，无论从整理对象还是后来被盗用的情况来看，都说明了此次校书工作的主要目的是为了应付军事征伐的需要，同样属于汉初国家制度建设的重要一环。

而且“萧何次律令，韩信申军法，张苍定章程[6]，叔孙通制礼仪”又都与法律文献的整理编纂有一定关系，明人邱浚谓“（萧何）各以类而相从

---

① 《论衡·谢短篇》。

② 《汉志·兵书略》。

③ 《史记·留侯世家》。

④ 《汉书·韩彭英卢吴传》。

⑤ 参见李零《兵以诈立——我读〈孙子〉》，中华书局2006年版，第4页。

⑥ 《汉书·高帝纪》颜注引如淳曰：“章，历数之章术也。程者，权衡丈尺斗斛之平法也。”又曰：“程，法式也。”余嘉锡《目录学发微卷三·目录学源流考上　周至三国》谓“考魏刘徽《九章算经序》云：‘周公制礼而有九数，九章是矣。汉北平侯张苍、大司农中丞耿寿昌皆善算命世。苍等因旧文之遗残，各称删补，故校其目，与古或异，而所论者多近语也。’……知所谓《章术》者即《九章算经》。今所传刘徽所注，犹是张苍重定之本，疑苍之定章程，亦兼校定古籍”。其说可参。

焉，著之篇章，分其事类，欲后诠次”[①]。余嘉锡亦曾指出：“刘向所作叙录，皆言定著为若干篇，而《志》叙张良、韩信之序次兵法，亦言定著，是亦当有校雠奏上之事，与刘向同”[②]。由此可见，当时已经运用了集合众篇为一书，以“事类”为分类依据确定一书篇次，以及“条其篇目”等文献整理条例，成为刘向校雠学思想的先导。[③]

汉初，在着重建设国家制度的同时，又极力推行文化建设，汉高祖在给太子的敕书中曾云：“吾遭乱世，当秦禁学，自喜，谓读书无益。洎践阼以来，时方省书，乃使人知作者之意。追思昔所行，多不是。”[④] 于是惠帝“除挟书律”，又“改秦之败，大收篇籍，广开献书之路”[⑤]，希望藉求书、献书的政策，来为汉朝文化事业的建设提供足资借鉴的典籍文献。

文帝之时，出现了汉朝求书活动的第一次高潮，当时“天下众书往往颇出”[⑥]，汉朝四出征求图书，遂“得《世本》，叙黄帝已来祖世所出”[⑦] 等一批先秦图书典籍。对有利于统治的典籍，汉朝更会专门派人传习，文帝遣晁错往济南受伏生《尚书》一事，就是最好的例子。《史记·袁盎晁错列传》云：“孝文帝时，天下无治《尚书》者，独闻济南伏生故秦博士，治《尚书》，年九十余，老不可征，乃诏太常使人往受之。太常遣错受《尚书》伏生所。还，因上便宜事，以《书》称说。”[⑧] 晁错之受伏生《尚书》是文帝朝文化事业中一个颇具象征性的举措。文帝时广设博士官，赵岐《孟子题辞》曰：“汉兴，除秦虐禁，开延道德。孝文皇帝欲广游学之路，《论语》、《孝经》、《孟子》、《尔雅》皆置博士。”邢昺疏云：“至孝文始使掌故

① 沈家本：《历代刑法考（二）》，中华书局1985年版，第843页。

② 《目录学发微卷三·目录学源流考上·周至三国》。

③ 详参傅荣贤《西汉法律文献的整理及其校雠学价值》，《图书情报工作》2007年第5期。

④ 董治安主编：《两汉全书》第1册，山东大学出版社2009年版，第13页。

⑤ 《汉志》。

⑥ 刘歆：《移让太常博士书》。

⑦ 《隋志》。

⑧ 《汉书·爰盎晁错传》所载略同。《经典释文·叙录》曰：“汉兴，欲立《尚书》，无能通者。闻济南伏生传之，文帝欲征，时年已九十余，不能行，于是诏太常使掌故晁错受焉。伏生失其本经，口诵二十九篇传授。以其上古之书，谓之《尚书》。”卫宏《古文尚书序》曰：“伏生老不能正言，言不可晓也。使其女传言教错，齐人语多与颍川异，错所不知者十二三，略以其意属读。”此事又载《史记·儒林列传》、《汉书·儒林传》。又，《论衡·正说篇》云：“孝景皇帝时，始存《尚书》。伏生已出山中，景帝遣晁错往从受《尚书》二十余篇。”其中“景帝”当为“文帝”之误。

晁错从伏生受《尚书》。《尚书》出于屋壁。《诗》始萌芽。天下众书往往颇出，犹广立于学官，为置博士。由是《论语》、《孟子》、《孝经》、《尔雅》皆置博士。"《太平御览》卷二三六引卫宏《汉旧仪》云"孝文皇帝时博士七十余人"，于史可考者有贾谊、申培、晁错、公孙臣、韩婴等人，其后景帝又续有所立。此外，鲁人公孙臣与丞相张苍争论汉德，其后成纪有黄龙之瑞，文帝遂改汉土德，易律历服色；文帝又"使博士诸生刺六经中作《王制》，谋议巡狩封禅事"①。这一系列的文化建设都需要众多图书典籍作为参考依据，求书活动便成为迫切需要进行的工作，遣晁错受《尚书》正好强调汉朝对先王典籍的重视。文帝时的求书活动着眼于文化建设的需要，虽与萧何收秦朝图籍的军事需要有别，但其政治目的性同样还是显然易见的。

到了武帝之时，出现了汉朝求书活动的第二次高潮。武帝于建元五年（前 136）置五经博士，并罢诸子传记博士。这是西汉一朝政治文化的重要转捩点，此后经学大昌，传经之士、解经之作蜂拥而起，古代学术开始进入了经学时代。就在置五经博士后的 12 年即元朔五年（前 124）六月，丞相公孙弘请为博士置弟子员，武帝下诏曰："盖闻导民以礼，风之以乐。今礼坏乐崩，朕甚闵焉。故详延天下方闻之士，咸荐诸朝。其令礼官劝学，讲议洽闻，举遗举礼，以为天下先。太常其议予博士弟子，崇乡党之化，以厉贤材焉。"② 为了更好地建设考科博士弟子的常规制度，武帝又令公孙弘广开献书之路。《文选·任彦升〈为范始兴作求立太宰碑表〉》李注引《七略》云："孝武皇帝敕丞相公孙弘广开献书之路，百年之间，书积如山。"《汉志》亦云："迄孝武世，书缺简脱，礼坏乐崩，圣上喟然而称曰：'朕甚闵焉。'于是建藏书之策，置写书之官，下及诸子传说，皆充秘府。"《汉志》乃删《七略》之要而成，两处合观，可得此事之全貌。自此，无论是今文经还是古文经，以及各类传说、诸子、史书大都藏于汉室，故此司马迁叹

---

① 《史记·封禅书》。

② 此诏见《汉书·武帝纪》，《史记·儒林列传》、《汉书·儒林传》所载略同。刘歆《移让太常博士书》云："故诏书称曰：'礼坏乐崩，书缺简脱，朕甚闵焉。'"虽多出"书缺简脱"四字，亦指此事，当无可疑。

道："百年之间，天下遗闻古事，靡不毕集太史公。"[①] 由此可以想见，当时汉朝所藏图籍之繁富。

关于武帝"建藏书之策，置写书之官"之事，刘歆《七略》云："外则有太常、太史、博士之藏，内则有延阁、广内、秘室之府。"[②] 又建有麒麟阁，"以藏秘书"[③]。《隋志》的记载更为详细，其云："武帝置太史公，命天下计书，先上太史，副上丞相，开献书之路，置写书之官。外有太常、太史、博士之藏，内有延阁、广内、秘室之府。"武帝广建藏书之所，促使汉朝藏书基本上形成了"内"、"外"两个系统。"内"或称"中"，又称"中秘"、"殿中"、"禁中"，指的是汉朝的内府藏书，石渠阁、天禄阁、麒麟阁、兰台，以及延阁、广内、秘室所藏即属于"内书"、"秘书"，又有中书令"总掌禁中书记"[④]。"外"是相对于"内"（"中"）而言的，指的是外朝藏书，包括太常、太史所掌管的金匮、石室，以及博士官的藏书等。"内"、"外"藏书系统的形成与区分，对于日后刘向"领校中五经秘书"的工作起着重要影响和启发意义。[⑤]

由于中央政府的大力鼓吹，各地方诸侯也大肆搜罗图籍上献朝廷，其中以河间献王刘德最为著名。据《汉书·景十三王传》所载，刘德"从民得善书，必为好写与之，留其真，加金帛赐以招之。繇是四方道术之人不远千

---

① 《史记·太史公自序》。

② 《七略》此则佚文见于《汉志》如淳注。由于延阁、广内、秘室不见于《三辅黄图》、《长安志》等地理类史籍，因此有学者认为刘歆所言可能只是藏书地（图书馆）的命名，而不是藏书所在的宫室（详见徐兴无《刘向评传（附刘歆）》，南京大学出版社 2005 年版，第 193—194 页）。此说有一定的启发意义，值得注意。然观"延阁、广内、秘室"与"太常、太史、博士"对文而举，则"延阁、广内、秘室"可能与"太常、太史、博士"同样为官职之称。1995 年，徐州博物馆对徐州市东郊东甸子西汉一号墓进行发掘清理时，在该墓北龛西部发现一枚封泥，上印有阳文隶书"秘府"二字，说明墓主将生前所得的"秘府"之书陪葬（详见刘尊志、梁勇《徐州出土"秘府"封泥的封缄方法浅析》，《华夏考古》2003 年第 3 期）。因此，"秘府"很可能是内廷藏书管理机构的名称，"延阁、广内"似亦可作如此理解。

③ 关于麒麟阁的兴建时间，《三辅黄图》卷六引《汉宫殿疏》、《庙记》谓麒麟阁为萧何所造。但《汉书·李广苏建传》张晏注："武帝获麒麟时作此阁，图画其象于阁，遂以为名。"当以张晏所言为是。详见何清谷《三辅黄图校释》，中华书局 2005 年版，第 342 页。

④ 《初学记》卷一一《职官部上》。

⑤ 逯耀东以为司马谈、司马迁父子曾对汉朝"所有的图籍作一次完整而系统的整理"（见氏著《抑郁与超越：司马迁与汉武帝时代》，三联书店 2008 年版，第 42 页）。其说可参，但是史无明文，无以确知。

里，或有先祖旧书，多奉以奏献王者，故得书多，与汉朝等”。刘德所得的主要为“《周官》、《尚书》、《礼》、《礼记》、《孟子》、《老子》之属，皆经传说记，七十子之徒所论”。《经典释文·叙录》云：“景帝时，河间献王好古，得《古礼》献之。”武帝之时，“献王来朝，献雅乐，对三雍宫及诏策所问三十余事”。此外，又有孔安国进献《古文尚书》[①]，民间献壁中所得《泰誓》等[②]。《论衡·佚文篇》曾记载“武帝遣吏发取”鲁恭王孔壁所得的古书，这从一个侧面反映了武帝求书和诸侯献书之间的互动关系。

姚明煇《汉书艺文志注释》曾指出“藏书之策，盖即目录书”。余嘉锡则谓“既置写书之官，亦当有校雠之事”[③]。“写书之官”的具体工作情况，“藏书之策”是否即目录著作，于史无载，不甚清楚。但武帝在求书藏书之余，也确实进行过一些校书活动。据《汉志·兵书略》所载，“武帝时，军政杨仆捃摭遗逸，纪奏《兵录》。”杨仆者，弘农宜阳人。以千夫为吏，迁为御史，累至主爵都尉，列九卿。征南越，拜为楼船将军，有功，封将梁侯。后又征东越。在征朝鲜时，与左将军荀彘坐争功，为彘所缚，因坐失亡多免为庶民，病死。《史记·酷吏列传》、《汉书·酷吏传》有传，征南越事见《史记·南越列传第》，征东越事见《史记·东越列传》，征朝鲜事见《史记·朝鲜列传》、《汉书·西南夷两粤朝鲜传》。杨仆大约于元朔末，即置写书之官同时，受命搜集散逸的兵书著作，进奏《兵录》。《兵录》是兵书汇编本，还是兵书目录著作，因原书失传，难以论定，但为汇编本的可能性较大。武帝时急于对匈奴用兵，又征西南夷、闽越、朝鲜等，战事连续不断，《兵录》之奏显然是为了配合当时的军事活动而进行的。不过，杨仆为人粗疏，《兵录》被认为“犹未能备”，水平并不理想。

此外，《汉志·数术略》云：“数术者，皆明堂羲和史卜之职也。史官之废久矣，其书既不能具，虽有其书而无其人。……春秋时鲁有梓慎，郑有裨灶，晋有卜偃，宋有子韦；六国时楚有甘公，魏有石申夫；汉有唐都，庶得麤觕。盖有因而成易，无因而成难，故因旧书以序数术为六种。”文中提

---

① 《汉志·六艺略》。

② 《文选·刘子骏〈移书让太常博士〉》李注引《七略》云：“孝武皇帝末，有人得《泰誓》于壁中者，献之。与博士，使赞说之，因传以教，今《泰誓》篇是也。”

③ 《目录学发微卷三·目录学源流考上·周至三国》。

到的唐都，亦武帝时人，善历数，司马迁曾从其学天官。太初元年（前104），武帝建元造历，召唐都、落下闳、司马迁等更造历法，名曰《太初历》，以正月为岁首。[①] 所谓“故因旧书以序数术为六种”，正说明刘向校书时对数术之书的分类乃根据“旧书”而成。唐都精通天文历法，又粗通数术大略，“旧书”的整理者是否即唐都，虽未能断言；但武帝勤于求仙，昧于鬼神，晚年尤甚，遂至巫蛊之祸，曾命人整理数术之书亦在情理之内。

武帝以后，求书、献书、校书之事续有所见。昭帝时，鲁国三老献《古文孝经》（许冲《献父〈说文解字〉上皇帝书》）。宣帝时，后仓“说《礼》数万言，号曰《后氏曲台记》”[②]。服虔注云：“在曲台校书著记，因以为名。”《汉志·六艺略》著录有《曲台后仓》九篇，如淳注云：“行射礼于曲台，后仓为记，故名曰《曲台记》。”可知宣帝时曾建曲台，行射礼于上，并命后仓校书著记。此外，宣帝时命博士校河内老屋所发之古文经，“《易》、《礼》、《尚书》各益一篇，而《尚书》二十九篇始定。”[③] 又《太平御览》卷二二一引《七略》所记“孝宣皇帝重申不害《君臣》篇，使黄门郎张子乔正其字”等，皆属宣帝朝校书之事。

西汉立国以后，基于军事、政治、国家制度和文化建设等的需要，搜求图书、整理典籍的工作便断断续续地进行，并开始按照典籍的不同门类来整理官方藏书。诚如余嘉锡所言“校书之事，在西汉几乎累朝举行，以为常典，虽其所校或仅谈兵，或只议礼，偏而不全，然大辂椎轮，不可诬也”[④]。由于西汉初中期的典籍整理工作主要是为应付现实政治的需要，甚至是君主个人的好恶，所以往往针对具体需要来决定整理对象。因此，只是对单一类别的典籍进行整理，且以临时性质居多，效果并不十分良好。政治实用性而非文化学术性，单一类别而非全部门类，临时性而非长久性，可以说是此一时期典籍整理工作的特点。然而，这些个别、零碎、断续的工作，却已包括了图书的征集、典藏的分类，篇章的增补，文字的校订，藏书的缮写，新本

---

① 《史记·历书》云：“至今上即位，招致方士唐都，分其天部；而巴落下闳运算转历，然后日辰之度与夏正同。乃改元，更官号，封泰山。”

② 《汉书·儒林传》。

③ 《论衡·正说篇》。

④ 《目录学发微卷三·目录学源流考上　周至三国》。

的编定等，综合构成了典籍整理过程的基本环节，为日后的刘向校书工作提供了许许多多宝贵的实践经验。

四、汉成帝的个人因素与政治考虑

先秦典籍文献的丰厚积累，秦始皇焚书之举对典籍流传的破坏，西汉初中期图书文献的增加，以及汉朝的求书、藏书和校书传统，构成了刘向校书工作的宏大学术文化背景。《汉志》云："至成帝时，以书颇散亡，使谒者陈农求遗书于天下。诏光禄大夫刘向校经传、诸子、诗赋，步兵校尉任宏校兵书，太史令尹咸校数术，侍医李柱国校方技。"《七录序》、《隋志》皆从其说，仿佛成帝诏刘向校书的动机仅仅是因为"书颇散亡"而已，纯粹是一个偶然的事件。然而成帝何以于河平年间下诏校书？主持者因何会是刘向？校书的主要成果又为何要以书录的形式展现？如果无视这些问题，此次规模宏大、成果丰硕的典籍整理活动的出现，便显得难以理解，更无法全面掌握刘向校书工作的最终目的和整体意义。

若要深究成帝下诏校书的动机，问题的关键就在成帝个人本身。《汉书·楚元王传》云："上方精于《诗》、《书》，观古文，诏向领校中五经秘书。"《汉书·叙传》亦记载，成帝登位之初，"大将军王凤荐伯宜劝学，召见宴昵殿，容貌甚丽，诵说有法，拜为中常侍。时，上方乡学，郑宽中、张禹朝夕入说《尚书》、《论语》于金华殿中"。班固在此为后人提示了一个十分重要的信息，就是刘向的受诏校书与成帝当时精研《诗》、《书》、《论语》，留意古文，有着不可忽视的关系。元帝于竟宁元年（前33）五月驾崩，太子刘骜即位，是为成帝。成帝"壮好经书，宽博谨慎"；又"博览古今，容受直辞"①。从登位后的建始元年（前32）到刘向受诏校书的河平三年（前26）八年之间，成帝主要面对两大问题：一是灾异屡降，二是礼制改革的论争。两者促使成帝多加留意经学、古文之书，成为下诏求书、校书的主要原因之一，此点过去长期为人所忽略，有必要详作探讨。

成帝朝礼制改革的争论，是元帝朝宗庙制度改革活动的余波，又是西汉

① 《汉书·成帝纪》。

经学发展中的标志性事件。清人皮锡瑞曾言“经学自汉元、成至后汉，为极盛时代”①，此语道破了元、成二朝在汉代经学史上的地位。西汉武、昭、宣三朝虽然强调德治，但在实际政治层面上仍以刑名法家思想为主，德刑兼施，外儒内法，即宣帝所谓的“汉家自有制度，本以霸王道杂之，奈何纯任德教，用周政乎”②。这种情况到了元、成二朝却发生了深刻的转变，一方面因为元帝“少而好儒，及即位，征用儒生，委之以政，贡、薛、韦、匡迭为宰相”。在朝廷上出现了贡禹、薛广德（二人皆御士大夫，掌副丞相）、于定国、韦玄成、匡衡（三人皆至相位），以及太傅萧望之、少傅周堪、光禄大夫张禹、尚书令五鹿充宗、郎官京房等一批经学名臣。加上博士制度和太学不断扩充、完善，元帝初元五年（前44）更诏“博士弟子毋置员，以广学者”③。博士官的政治地位越来越高，于是中央和地方上的高级官员，基本上都是从治经出身的儒生中提拔出来的。郭沫若曾指出：“元、成以后……明经之士逐渐成为举足轻重的政治势力，出现了‘州牧郡守，家业传世’的‘经术世家’。”④ 故此夏侯胜遂有“士病不明经术，经术苟明，其取青紫如俯拾地芥耳”⑤ 之语。

另一方面，儒家经学经过武、昭、宣三朝近百年的复兴和发展，逐渐渗透到各个政治层面，“元、成以后，刑名渐废，上无异教，下无异学。皇帝诏书，群臣奏议，莫不援引经义，以为据依。……一时循吏多能推明经意，移易风化，号为以经术饰吏事。”⑥ 与此同时，儒生们开始针对原来以秦制为基础的西汉制度展开改革行动，萧望之、周堪等“劝道上以古制”，针对元帝、外戚和公卿大臣的奢侈浪费实行改革，由于触动了宦官和外戚的既得利益，遭到强大反扑，萧望之、周堪均落得事败身亡的下场，刘向亦卷入其中，遭废置十余年。但是，元帝复古变革之心未灭，遂又有贡禹提出“古者天子七庙，今孝惠、孝景庙皆亲尽，宜毁；及郡国庙不应古礼，宜正

---

① 皮锡瑞著，周予同注释：《经学历史》，中华书局2004年版，第65页。
② 《汉书·元帝纪》。
③ 《汉书·元帝纪》。
④ 郭沫若：《中国史稿》第2册，人民出版社1979年版，第248页。
⑤ 《汉书·眭两夏侯京翼李传》。
⑥ 皮锡瑞著，周予同注释：《经学历史》，中华书局2004年版，第67页。

定”[1] 的京师宗庙迭毁和罢郡国庙的宗庙制度改革活动。

先是永光四年（前40），元帝下诏议罢郡国庙，此时贡禹已卒，丞相韦玄成、御史大夫郑弘、太子太傅严彭祖、少府欧阳地馀、谏大夫尹更始等七十人议礼的结论是：“《春秋》之义，父不祭于支庶之宅，君不祭于臣仆之家，王不祭于下土诸侯。臣等愚以为庙在郡国，宜无修，臣请勿复修。”元帝遂“罢昭灵后、武哀王、昭哀后、卫思后、戾太子、戾后园，皆不奉祠，裁置吏卒守焉”[2]。一个多月以后，元帝又下诏议京师宗庙迭毁之礼，此事牵涉到天子宗庙体系的构成和具体祭祀活动的进行，即儒家礼制在国家层面的实施问题。儒生们或主从周礼，或主尚事功，围绕昭穆制度在西汉的实行，文帝、武帝是否立庙，以及诸寝庙园的祭祀等问题展开了激烈的论争，最后定七庙为：汉高祖（高祖）、文帝（太宗、穆）、景帝（昭）、武帝（穆）、昭帝（昭）、皇考（穆）、宣帝（昭），其他诸庙亲尽宜毁。但因元帝晚年“寝疾，梦祖宗谴罢郡国庙”，少弟楚孝王亦同有此梦，遂于建昭五年（前34）尽复诸所罢寝庙园，竟宁元年（前33）三月复孝惠皇帝等庙，又命丞相匡衡亲至高祖、文帝、武帝庙祷告，申明庙议结果的合理性。改革宗庙制度一事，自永光四年（前40）到元帝去世的竟宁元年（前33）一直不断反复地议论和执行，成为了元帝后期的重要政治活动，并持续发展到成帝朝。

成帝刚即位，匡衡奏言：“前以上（元帝）体不平，故复诸所罢祠，卒不蒙福。案卫思后、戾太子、戾后园，亲未尽。孝惠、孝景庙亲尽，宜毁。及太上皇、孝文、孝昭太后、昭灵后、昭哀后、武哀王祠，请悉罢，勿奉。”[3] 成帝准其奏。不久，匡衡和御史大夫甄谭又提出变革郊祀制度的建议，他们奏言：“帝王之事莫大乎承天之序，承天之序莫重于郊祀，故圣王尽心极虑以建其制。祭天于南郊，就阳之义也；瘗地于北郊，即阴之象也。……甘泉泰畤、河东后土之祠宜可徙置长安，合于古帝王。愿与群臣议

---

① 《汉书·韦贤传》。

② 见《汉书·韦贤传》,《汉书·元帝纪》云：“（永光四年）九月戊子，罢卫思后园及戾园。冬十月乙丑，罢祖宗庙在郡国者。”

③ 《汉书·韦贤传》。

定。”[①] 匡衡针对武帝于甘泉泰畤、河东汾阴等地郊祀皇天后土，不合周礼，且路途遥远，靡费良多，提议遵从周文王、武王郊于丰镐，成王郊于洛邑的古礼，正南北郊，将甘泉泰畤、河东后土之祠徙至长安，成帝同样准奏。但是司马车骑将军许嘉等八人以为甘泉泰畤、河东后土从来久远，应承前朝旧制而加以反对。右将军王商、博士师丹、议郎翟方进等五十人援引《尚书》、《礼记》支持匡衡之奏，匡衡指斥许嘉等人“不案经艺，考古制”，希望成帝“宜于长安定南北郊，为万世基”。成帝接纳匡衡等人之议，于建始元年（前32）十二月，“作长安南北郊，罢甘泉、汾阴祠。”[②] 其后匡衡又言：“王者各以其礼制事天地，非因异世所立而继之。今雍鄜、密、上下畤，本秦侯各以其意所立，非礼之所载术也。汉兴之初，仪制未及定，即且因秦故祠，复立北畤。今既稽古，建定天地之大礼，郊见上帝，青赤白黄黑五方之帝皆毕陈，各有位馔，祭祀备具。诸侯所妄造，王者不当长遵。及北畤，未定时所立，不宜复修。”[③] 建议罢废秦代以来的雍五畤及西汉诸朝所修的各种畤祠，命候神方士、本草待诏归家，以达到修礼复古、修德节俭的目的，成帝皆从之。

匡衡等人正南北郊，罢诸淫祀的建议，力图洗去“秦制”色彩，取而代之的是周礼古制。[④] 与元帝朝的情况相同，成帝朝的礼制改革同样波折重重。建始三年（前30），匡衡因罪被免之后，朝臣对变动祭祀多有非议。在此之前，刚刚复出政坛的刘向亦上书言应恢复故祀，以避当时频繁出现的咎灾。据《汉书·郊祀志》所载：

> 初罢甘泉泰畤作南郊日，大风坏甘泉竹宫，折拔畤中树木十围以上百余。天子异之，以问刘向。对曰：“家人尚不欲绝种祠，况于国之神宝旧畤！且甘泉、汾阴及雍五畤始立，皆有神祇感应，然后营之，非苟

① 《汉书·郊祀志》。

② 《汉书·成帝纪》。

③ 《汉书·郊祀志》。

④ 有关元帝时期礼制改革的情况，详参王葆玹《西汉经学源流》，（台北）东大图书公司1994年版，第118—126页；华友根《西汉礼学新论·第四章　西汉后期的礼乐活动与思想》，上海社会科学院出版社1998年版，第174—253页；徐兴无《刘向评传（附刘歆）·第七章　郊议与庙议》，南京大学出版社2005年版，第154—185页。

> 而已也。武、宣之世，奉此三神，礼敬敕备，神光尤著。祖宗所立神祇旧位，诚未易动。及陈宝祠，自秦文公至今七百余岁矣，汉兴世世常来，光色赤黄，长四五丈，直祠而息，音声砰隐，野鸡皆雊。每见雍太祝祠以太牢，遣候者乘一乘传驰诣行在所，以为福祥。高祖时五来，文帝二十六来，武帝七十五来，宣帝二十五来，初元元年以来亦二十来，此阳气旧祠也。及汉宗庙之礼，不得擅议，皆祖宗之君与贤臣所共定。古今异制，经无明文，至尊至重，难以疑说正也。前始纳贡禹之议，后人相因，多所动摇。《易大传》曰：'诬神者殃及三世。'恐其咎不独止禹等。"上意恨之。

显然刘向所言使成帝深有感触，对先前匡衡等人的礼制改革颇有悔意，遂迁刘向为光禄大夫。[①] 其后河平元年（前28），博士平当上书以"风俗未和，阴阳未调，灾害数见"为由，言宜尊奉太上皇（汉高祖刘邦之父）以广盛德，成帝纳其言，于"秋九月，复太上皇寝庙园"[②]。从成帝即位后多次站在匡衡等人的立场，支持礼制改革的态度来看，足见他对经学中有关周礼古制的认同，所以《汉书·楚元王传》中"方精于《诗》、《书》，观古文"的描述，应当说是符合成帝当时的实际情况。不过，因为灾异丛生，后妃不育无嗣，加上刘向等人的反对，成帝的改革决心开始动摇。就在举棋不定之际，成帝便欲仿效文帝、武帝广求遗书，整理典籍，为解决争论不休的礼制改革和频繁不断的灾异现象寻求理论的依据和历史的借鉴。

当时还发生了一件重要的事情，促使成帝诏谒者陈农等巡行天下，搜求遗书。武帝时，河间献王刘德召儒者作成《乐记》，内史丞王定传之；成帝时，谒者王禹受其学，能说其义，其弟子宋晔言于成帝，成帝便下大夫博士

---

① 《汉书·楚元王传》云："成帝即位，显等伏辜，更生乃复进用，更名向。向以故九卿召拜为中郎，使领护三辅都水。数奏封事，迁光禄大夫。"石显于建始元年（前32）被免，刘向随即复出，拜为中郎，使领护三辅都水。《汉书·成帝纪》云："（建始元年，前32）十二月，作长安南北郊，罢甘泉、汾阴祠。是日大风，拔甘泉畤中大木十韦以上。"结合《汉书·郊祀志》所载，成帝诏问刘向当在此时或稍后，因此钱穆《刘向歆父子年谱》订为永始三年（前14），显然不确（见氏著《两汉经学今古文平议》，(台北）东大图书公司1971年版，第41页）。又，刘向于河平三年（前26）以光禄大夫受诏校中秘书，故此"数奏封事"应该包括反对匡衡等人改革礼制的意见在内。

② 《汉书·成帝纪》。

平当等考试。平当以为“汉承秦灭道之后，赖先帝圣德，博受兼听，修废官，立大学，河间献王聘求幽隐，修兴雅乐以助化。时大儒公孙弘、董仲舒皆以为音中正雅，立之大乐。春秋乡射，作于学官，希阔不讲。故自公卿大夫观听者，但闻铿鎗，不晓其意，而欲以风谕众庶，其道无由。是以行之百有余年，德化至今未成。……河间区区，小国藩臣，以好学修古，能有所存，民到于今称之，况于圣主广被之资，修起旧文，放郑近雅，述而不作，信而好古，于以风示海内，扬名后世，诚非小功小美也”①。平当藉此建议成帝兴雅乐，助教化，可惜事下公卿，以为久远难分明，其事遂罢。② 刘歆《移让太常博士书》曾云：“孝成皇帝闵学残文缺，稍离其真，乃陈发秘臧，校理旧文。”平当议河间献王《乐记》，而“公卿以为久远难分明”，正是“学残文缺，稍离其真”所指之事，因此成帝随即下诏求书、校书。鉴于此事对启动校书之举的重要作用，所以刘向在校书时十分注重对河间献王《乐记》的整理，刘歆《七略》更详言此事，其云：“武帝时，河间献王好儒，与毛生等共采《周官》及诸子言乐事者，以作《乐记》，献八佾之舞，与制氏不相远。其内史丞王定传之，以授常山王禹。禹，成帝时为谒者，数言其义，献二十四卷《记》。刘向校书，得《乐记》二十三篇，与禹不同，其道寖以益微。”③

至此，也许可以这样说，成帝个人对《诗》、《书》、古文的喜爱是下诏求书、校书的内在因素，元、成二朝礼制改革的论争是促成求书、校书活动的外在因素，平当议河间献王《乐记》是触发求书、校书的直接原因，援引汉朝前例以求书、校书活动来为现实政治服务则是下诏求书、校书的主要动机。

既然成帝下诏求书、校书有着一定的现实政治考虑，所以他命刘向全权负责此事也并非无因。一方面，刘向为楚元王后裔，家学渊源，石渠阁论

① 《汉书·礼乐志》。

② 宋人王益之《西汉年纪》卷二五将此事定于河平元年（前28），刘跃进以为在河平二年（前27）或稍后（见氏著《秦汉文学编年史》，商务印书馆2006年版，第267页）。无论是河平元年，还是河平二年，当必在刘向受诏校书之前，详参郑杰文、李梅《中国学术思想编年·秦汉卷》，陕西师范大学出版社2005年版，第278页。

③ 《汉志·六艺略》。

经，早有令名，实汉朝宗室之冠；且有博学洽闻，又为“宗室遗老，历事三主”，多识汉朝制度，成帝称“校尉（刘向）帝师傅，耆旧洽闻，亲事先帝，历见三世得失”。足以证明成帝对于刘向在学术上的成就是充分肯定的，由刘向来主持中秘图书的整理工作可以说是一时之选。另一方面，刘向忠于汉室，不党于外戚、宦官，元帝时参与萧望之、周堪、张猛和外戚许嘉、史高，中书宦官弘恭、石显的斗争，被废置十余年；成帝即位后贬退石显，拜刘向为中郎，使领护三辅都水，“每进见常加优礼”，意欲倚重，成帝对刘向在政治上的忠诚是毫无怀疑的。

更为重要的是，刘向一经复出，随即“数奏封事”，所奏之事除了《汉书·郊祀志》所记的郊庙之议外，应当还有针对外戚许氏、许皇后，以及外戚王氏的言论。《汉书·外戚传》云：“（许皇后）聪慧，善史书，自为妃至即位，常宠于上，后宫希得进见。皇太后及帝诸舅忧上无继嗣，时又数有灾异，刘向、谷永等皆陈其咎在于后宫。”《汉书·叙传》云：“成帝性宽，进入直言，是以王音、翟方进等绳法举过，而刘向、杜邺、王章、朱云之徒肆意犯上，故自帝师安昌侯，诸舅大将军兄弟及公卿大夫、后宫外属史、许之家有贵宠者，莫不被文伤诋。”成帝虽然心知刘向忠精，但是自外戚许氏倒台、许皇后被废后，朝廷大权逐渐落入以大司马大将军王凤为首的王氏家族手里，成帝诸舅王谭、王商、王立、王根、王逢时于河平二年（前27）夏六月同日被封为列侯。王氏贵盛，成帝恐怕刘向重蹈元帝时的覆辙，因与王氏斗争而危及性命。

而且，当时王凤已对刘向的复出有所防范，从王凤反对成帝封刘歆为中常侍一事（见《汉书·元后传》）可见端倪，成帝遂命刘向主持中秘校书之事，以回避和缓和其与王氏的矛盾。徐复观曾指出，成帝诏刘向领校中五经秘书，则以清要之官，领职责以外，与现实政治疏离之事；怕他当政治之冲，难免于元帝时萧望之、张猛们之祸①，成帝的苦心是可以想见的。虽然刘向并未因此而放弃对汉室的惓惓忠义，于受诏校书后的第三年，即阳朔二

① 徐复观：《两汉思想史（卷三）·刘向新序说苑的研究》，（台北）学生书局1979年版，第61页。

年（前23）便上封事以灾异警示成帝贬退王氏。[①] 成帝对刘向的此一安排显然经过深思熟虑，兼顾到各方面的矛盾。从刘向校书所取得的不朽成就和深远影响来看，历史证明成帝的决定是值得肯定的，当然这是他始料未及的。

最后必须指出的是，成帝诏刘向校书的目的并非单纯的校勘典籍文字，更着眼于通过整理复出后纷乱不堪的先秦典籍（包括今、古文经和诸子书）、西汉以来繁多复杂的解经著作，来为汉朝的各项改革和长治久安提供理论依据和历史经验。因此，刘向校书后不久，便针对当时阴阳未调，灾异屡降，成帝无嗣，“集合上古以来历春秋六国至秦汉符瑞灾异之记，推迹行事，连传祸福，著其占验，比类相从，各有条目”，撰成《洪范五行传论》11篇上奏。[②]《洪范五行传论》之奏，体现了刘向藉阴阳灾异言政，抨击外戚、宦官之余；也说明成帝下诏校书带有“鉴于往事，有资于治道”的政治目的，刘向才会利用校书之便总结天人之变的历史教训，为成帝提供解决当时灾异丛生现象的个人见解。同时，由于元、成二朝的礼制改革引发激烈论争，并因此促成了校书之事，所以刘向对有关礼制的问题极为关注。《后汉书·班彪列传》李贤注引刘向《七略》云：“明堂之制：内有太室，象紫宫；南出明堂，象太微。”《周礼·冬官考工记·匠人》贾公彦疏引《别录》云：“路寝在北堂之西，社稷、宗庙在路寝之西。”又曰：“左明堂辟雍，右宗庙、社稷。”两处所引表现了刘向对于明堂、辟雍、路寝、社稷、宗庙等设置安排的理解，当属刘向为成帝提供的礼制改革意见之一。成帝末年，刘向建议“兴辟雍，设庠序”，获得成帝和朝臣的重视，欲于长安城南付诸实行（见《汉书·礼乐志》），这正好说明了校书活动与成帝礼制改革之间的密切关系。

另外，刘向在校毕一书后，“撮其指意，录而奏之”[③] 的形式，固然是典籍整理上的创例。然而通过书录来评判一家学术价值，其出发点仍是为成

① 《汉书·楚元王传》云：“时上无继嗣，政由王氏出，灾异寖甚……遂上封事极谏。”《资治通鉴》卷三十系此事于阳朔二年，钱穆《刘向歆父子年谱》从之，应当可信。

② 刘向上奏《洪范五行传论》之年，史无明文，《资治通鉴》卷三〇、钱穆《刘向歆父子年谱》皆系于河平三年（前26）。然刘向于此年始受诏校书，未必即有《洪范五行传论》之奏，但亦不可能太迟。

③ 《汉志》。

帝寻找有效的统治方术。从《孙卿书录》中的“孙卿之书，其陈王道甚易行，疾世莫能用”；《晏子书录》中的“其书六篇，皆忠谏其君，文章可观，义理可法”；《战国策书录》中的“（为之谋筴者）皆高才秀士，度时君之所能行，出奇筴异智，转危为安，运亡为存，亦可喜，皆可观”；《申子书录》中的“刑名者，循名以责实，其尊君卑臣，崇上抑下，合于六经”；都可以强烈地感受到刘向站在儒家经学立场，并始终贯穿着“霸王道杂之”的汉家制度的思想。凡此，如果说成帝下诏校书的动机单纯是以学术文化兴趣而言，而没有一定的政治目的，恐怕是难以令人信服的，也与汉朝一贯以来的求书、校书传统相悖。

成帝对于刘向所奏之书也是时加阅览的，班固从叔祖班斿“与刘向校秘书，每奏事，斿以选受诏进读群书”①，足见成帝对刘向校书成果的重视。若遇到有关图书典籍的问题，刘向便成为成帝的重要咨询对象，张霸上百两篇《尚书》一事可为代表。据《汉书·儒林传》、《论衡·佚文篇》所载，成帝读百篇《尚书》，博士莫能晓知，求天下能为解《尚书》者，东莱张霸分古文《尚书》二十九篇为数十，又采《左氏传》、《书序》为作首尾，凡百二篇，伪称为《百两》以征，成帝出秘《尚书》以校考之，无一字相应。《经典释文·叙录》云：“成帝时，刘向校之，非是。”在成帝眼中刘向及其校书群僚乃是博士官以外的高级文化顾问，成帝遇事多有诏问。对此刘向是最为清楚的，所以时时有奏，积极发挥主持校书工作的影响力。明乎此，《列女传》、《新序》、《说苑》皆成于校书之时，并上奏成帝，就显得顺理成章了。总之，唯有全面理解刘向校书在学术文化与现实政治上的功能，才能更充分地掌握成帝下诏校书的最终目的和整体意义。

第二节　过程、阶段与地点

刘向、刘歆校书过程中许多具体的环节，由于文献不足，加上史料时相牴牾，以致言人人殊，莫衷一是。然而，这些问题又往往关系到刘向、刘歆校书工作中若干重要史实的认定和整体性质的判断，有必要进行彻底的清

---

①《汉书·叙传》。

理。通过对史料的排查及前人成说的检讨，可使一些隐而不彰的事实、似是疑非的观点，获得充分的揭示和有力的廓清，具有积极推进刘向、刘歆校书研究的作用。

一、三次奉诏校书的过程

关于刘向奉诏校书的时间，《汉书》有明确的记载。《汉书·成帝纪》云："河平三年（前26），光禄大夫刘向校中秘书。谒者陈农使，使求遗书于天下。"班固专门于《成帝纪》注明刘向校书的年份，说明他对此事的重视态度。《楚元王传》云："上方精于《诗》、《书》，观古文，诏向领校中五经秘书。"是对刘向校书奉诏时成帝学术兴趣的说明。《汉志》云："至成帝时，以书颇散亡，使谒者陈农求遗书于天下。诏光禄大夫刘向校经传、诸子、诗赋，步兵校尉任宏校兵书，太史令尹咸校数术，侍医李柱国校方技。"则是对刘向校书时的分工安排的具体说明。两处虽未注明年份，但皆与《成帝纪》所记无扞格不通之处，后世史家对此亦毫无怀疑。如荀悦《汉纪·孝成皇帝纪》云："（河平三年）光禄大夫刘向校中秘书，谒者陈农使，使求遗书于天下，故典籍益博矣。"司马光《资治通鉴》卷三〇云："（河平三年）上以中秘书颇散亡，使谒者陈农求遗书于天下。诏光禄大夫刘向校经传、诸子、诗赋，步兵校尉任宏校兵书，太史令尹咸校数术，侍医李柱国校方技。"故此刘向奉诏校书的时间，当以《汉书·成帝纪》为准，这是刘向、刘歆父子校书过程中的第一次奉诏。

姚振宗《隋书经籍志考证》云："何焯《义门读书记》曰：'刘向校中秘书，孟坚大书于帝纪，尊经籍也。'案，此乃西京一代之创制，后世因而不革，故特书。"何焯着重指出班固对典籍的尊崇，姚振宗则强调刘向校书的历史影响，皆有一定的道理。实际上，随着刘向校书及其所引发的刘歆争立古文经、王莽托古改制等一连串事件，对当时的学术文化产生了巨大的震撼，影响着整个古代学术文化的基本走向，因此刘向校书不仅是西汉一朝的国家文化大事，更是意义非凡、影响深远的历史大事，班固正处于刘向校书所激起的浩荡大潮之中，对其予以高度重视自是必然。另一方面，班固撰《汉书》时，大量采用了刘向、刘歆父子的学术成果，唐人刘知几《史通·内篇·采撰第十五》云："至班固《汉书》，则全同太史。自太初已后，又杂引刘氏《新序》、《说苑》、《七略》之辞。”[①] 因此，班固特别指明刘向奉诏校书的时间，以示对刘向、刘歆父子学术成就的尊重和推崇。

《汉书·楚元王传》云：“（刘）歆字子骏，少以通《诗》、《书》能属文召见成帝，待诏宦者署，为黄门郎。河平中，受诏与父向领校秘书，讲六艺传记，诸子、诗赋、数术、方技、无所不究。”《七录序》云：“孝成之世，命光禄大夫刘向及子俊、歆等雠校篇籍，每一篇已，辄录而奏之。”清人孙星衍《续古文苑》卷一一云：“俊”当做“伋”，严可均《全梁文》卷六六同。《汉书·楚元王传》云：“（刘向）长子伋，以《易》教授，官至郡守。”若此，则于校书之时，刘向两个儿子刘伋、刘歆已参与是役。不过刘伋官至郡守，校书时日应甚短；而刘歆则自始至终都在刘向身边，长期协助工作，是校书活动的中坚人物。

然而校书之业未竟，刘向便于成帝绥和元年（前8）三四月间去世，前后共主持校书工作18年之久。《汉书·楚元王传》云：“向死后，歆复为中垒校尉。”[②] 刘歆在袭父职为中垒校尉的同时，又继父业负责领校中秘书。《汉纪·孝成皇帝纪》云：“刘向卒，上复使向子歆继卒前业。”《七录序》云：“会向亡丧，帝使歆嗣其前业。”两处虽一言“上”，一言“帝”，然《汉纪》既系之《孝成皇帝纪》，再揆之《楚元王传》，所指者当为成帝无疑。这是刘歆第一次奉诏校书，相对河平三年的刘向奉诏来说，则是刘向、刘歆父子校书过程中的第二次奉诏。

---

① 班固采自刘向、刘歆者，尚不止《史通》所举诸端，杨树达《汉书所据史料考》、王利器《〈汉书〉材料来源考》皆有详尽考证，可资参考。

② 钱穆《刘向歆父子年谱》以为刘歆任中垒校尉已在哀帝崩后，非向死歆即为中垒校尉也。然而《汉书·韦贤传》云：“成帝崩，哀帝即位。丞相孔光、大司空何武奏言：‘……臣愚以为迭毁之次，当以时定，非令所为擅议宗庙之意也。臣请与群臣杂议。’奏可。于是，光禄勋彭宣、詹事满昌、博士左咸等五十三人皆以为继祖宗以下，五庙而迭毁……孝武皇帝虽有功烈，亲尽宜毁。太仆王舜、中垒校尉刘歆议曰：‘……迭毁之礼自有常法，无殊功异德，固以亲疏相推及。……臣愚以为孝武皇帝功烈如彼，孝宣皇帝崇立之如此，不宜毁。’上览其议而从之。制曰：‘太仆舜、中垒校尉歆议可。’”据《汉书·百官公卿表》所载，彭宣于绥和二年（前7）二月至七月任光禄勋，七月庚午迁右将军；驸马都尉王舜于绥和元年（前8）为太仆，二年病免。因此奏议毁庙之事必在绥和二年七月之前，而刘歆则于此前已为中垒校尉，钱氏之断实误。陆侃如云：“我们看了《韦玄成传》的话，便知歆此时确为中垒，至复领五经则已迁侍中，故《艺文志》不以中垒称歆”（见氏著《中古文学系年》人民文学出版社1985年版，第17页）。其说切实有据，当可信从。

成帝驾崩，刘歆主持的校书工作可能有过短暂的停顿。哀帝于绥和二年（前7）四月即位，“大司马王莽举歆宗室有材行，为侍中太中大夫，迁骑都尉、奉车光禄大夫，贵幸。复领五经，卒父前业”①。王莽在哀帝即位后不久，与傅太后在未央宫的宴会上发生冲突，其后“莽复乞骸骨，哀帝赐莽黄金五百斤，安车驷马，罢就第”②。王莽被免，时在绥和二年七月③，则刘歆奉哀帝命复领校中秘书当在五六月间。这是刘歆第二次奉诏校书，也是刘向、刘歆父子校书过程中的第三次奉诏。

需要指出的是，成帝于绥和二年（前7）三月丙戌，崩于未央宫，四月己卯，葬延陵（见《汉书·成帝纪》）。由此可见，由成帝下诏进行、刘向负责主持的校书工作，皆未能在两人生前全部完成，是刘歆承担了后续的工作，前后延续数十年，终成大业。

二、《七略》上奏的时间

《七略》之奏的准确时间，史无明文。《文选·班孟坚〈典引〉》李注谓《七略》之作，“在哀、平之际”，时间相当宽泛，姚振宗《七略佚文序》曾尝试加以限定，其云：“以其事考之，或当在哀帝之世。”至于哀帝何时，后人推测不出两个时段：一、绥和二年末至建平元年初；二、建平元年夏秋间。在这两个时段之间，先后发生了与刘歆校书有密切关系的两个事件：一、刘歆奏《上山海经表》；二、刘歆因争立古文经失败而出守五原。这两件事件都可考出较为明确的发生时间，所以成为探讨《七略》上奏时间的重要坐标。

先看“建平元年夏秋间”说。此说的立论基础在于刘歆因争立古文经失败而出为五原太守一事。刘歆奉诏校书后，“贵幸”，时常得以“亲近”哀帝，遂向哀帝请立《左氏春秋》、《毛诗》、《逸礼》、《古文尚书》于学官，“哀帝纳之，以问诸儒，皆不对。歆于是数见丞相孔光，为言《左氏》

---

① 《汉书·楚元王传》。

② 《汉书·王莽传》。

③ 《汉书·百官公卿表》记王莽于绥和二年十一月丁卯被免，但经司马光考证，实为七月丁卯，详见《资治通鉴》卷三三。

以求助，光卒不肯。唯凤、龚许歆，遂共移书责让太常博士。”[①] “其言甚切，诸儒皆怨恨。是时名儒光禄大夫龚胜以歆移书上疏深自罪责，愿乞骸骨罢。及儒者师丹为大司空，亦大怒，奏歆改乱旧章，非毁先帝所立。上曰：‘歆欲广道术，亦何以为非毁哉？’歆由是忤执政大臣，为众儒所讪，惧诛，求出补吏，为河内太守。以宗室不宜典三河，徙守五原，后复转在涿郡，历三郡守。”[②] 据《汉书·百官公卿表》所载，师丹任大司空在绥和二年十月癸酉至建平元年九月，所以师丹之奏必在建平元年九月以前。因此，刘歆移书责让太常博士及外放出京的时间当在建平元年夏秋间。程千帆谓“歆之奏《七略》也，在出守之先乎！厥后东山再起，为新国师，殆亦无暇及此矣”[③]。锺肇鹏进一步指出，《七略》的编成时间当在建平元年夏秋之季甚明[④]。这里涉及一个重要的问题，就是《七略》与《移让太常博士书》的上奏，两者究竟孰先孰后。《汉书·楚元王传》叙《七略》之奏在刘歆争立古文经之前，班固之说应有根据；对比刘歆《移让太常博士书》和《汉志》，亦可得佐证。《六艺略》“《尚事》家类”小序云：

> 武帝末，鲁共王怀孔子宅，欲以广其宫。而得《古文尚书》及《礼记》、《论语》、《孝经》凡数十篇，皆古字也。共王往入其宅，闻鼓琴瑟钟磬之音，于是俱，乃止不坏。孔安国者，孔子后也，悉得其书，以考二十九篇，得多十六篇。安国献之。遭巫蛊事，未列于学官。

刘歆《移让太常博士书》云：

> 鲁恭王坏孔子宅，欲以为宫，而得古文于坏壁之中，《逸礼》有三十九，《书》十六篇。天汉之后，孔安国献之，遭巫蛊仓卒之难，未及施行。

---

① 《汉书·儒林传》。

② 见《汉书·楚元王传》，《汉书·儒林传》云：“大司空师丹奏歆非毁先帝所立，上于是出龚等补吏，龚为弘农，歆河内，凤九江太守，至青州牧。”

③ 程千帆：《闲堂文薮·〈别录〉〈七略〉〈汉志〉源流异同考》，齐鲁书社1984年版，第210页。

④ 钟肇鹏：《求是斋丛稿·七略别录考》，巴蜀书社2001年版，第118页。

《六艺略》"《礼》家类"小序云：

> 《礼古经》者，出于鲁淹中及孔氏，与十七篇文相似，多三十九篇。及《明堂阴阳》、《王史氏记》所见，多天子、诸侯、卿、大夫之制，虽不能备，犹愈后仓等推《士礼》而致于天子之说。

《六艺略》大序云：

> 古之学者耕且养，三年而通一艺，存其大体，玩经文而已，是故用日少而畜德多，三十而五经立也。后世经传既已乖离，博学者又不思多闻阙疑之义，而务碎义逃难，便辞巧说，破坏形体；说五字之文，至于二三万言。后进弥以驰逐，故幼童而守一艺，白首而后能言；安其所习，毁所不见，终以自蔽。此学者之大患也。

刘歆《移让太常博士书》云：

> 往者缀学之士不思废绝之阙，苟因陋就寡，分文析字，烦言碎辞，学者罢老且不能究其一艺。信口说而背传记，是末师而非往古，至于国家将有大事，若立辟雍、封禅、巡狩之仪，则幽冥而莫知其原。犹欲保残守缺，挟恐见破之私意，而无从善服义之公心，或怀妬嫉，不考情实，雷同相从，随声是非，抑此三学，以《尚书》为备，谓左氏为不传《春秋》，岂不哀哉！

从上所引可知，两文相似之处甚多。《汉志》各序乃删《七略·辑略》之要而成，历代学者无不信之，但多以为《七略》出自《移让太常博士书》[①]，实则反之。试想若《七略》后出，时刘歆已为群儒所围攻，狼狈不堪，待罪之身，"惧诛"之时，离京之际，何有闲暇上奏《七略》，更何敢沿用

① 参见余嘉锡《〈汉书艺文志索隐〉选刊稿（序、六艺）》上，《中国经学》第2辑，广西师范大学出版社2007年版，第1页。

《移让太常博士书》之文。相反，若为《七略》先奏，并得哀帝肯定，刘歆遂有请立古文经之议，“哀帝纳之”，“令歆与五经博士讲论其义，诸博士或不肯置对”[①]，刘歆便在《七略》的基础上加以发挥，撰就《移让太常博士书》，则事理通畅无碍。由此可见，《七略》之奏决不会在《移让太常博士书》之先，所以《七略》之奏在“建平元年夏秋间”之说并不可信。

再看“绥和二年末至建平元年初”说。《汉志》云：“会向卒，哀帝复使向子侍中奉车都尉歆卒父业。歆于是总群书而奏其《七略》，故有《辑略》，有《六艺略》，有《诸子略》，有《诗赋略》，有《兵书略》，有《数术略》，有《方技略》。”《楚元王传》云：“（刘歆）复领五经，卒父前业。歆乃集六艺群书，种别为《七略》。”《七录序》云：“会向亡丧，帝使歆嗣其前业，乃徙温室中书于天禄阁上，歆遂总括群篇，奏其《七略》。”虽然《汉书》、《七录序》所记相当含糊，但是班、阮二氏皆叙上奏《七略》一事紧接在刘歆复领校中秘书之后，所以司马光《资治通鉴》以及钱穆《刘向歆父子年谱》、刘汝霖《汉晋学术编年》、陆侃如《中古文学系年》皆定于绥和二年。汪辟疆云：“（刘）歆奏《七略》，当在建平元年之春夏间”[②]，昌彼得、潘美月所论亦同[③]。郑杰文、李梅《中国学术思想编年·秦汉卷》将“刘歆继父业校书，作《七略》”系于哀帝建平元年之始，早于“刘歆改名秀”及“刘歆请立《左氏春秋》、《毛诗》、《逸礼》、《古文尚书》于学官”，意亦在建平元年前半年。日人大野圭介则笼统地认为“刘歆为了表扬古文经奔走活动的时候《七略》也完成了”[④]。不过，能够作为“绥和二年末至建平元年初”说立论的实质依据，则是刘歆的《上山海经表》。

刘歆《上山海经表》今存，然上表时间已被刊落，不过表末称“侍中奉车都尉、光禄大夫臣秀领校秘书言：校秘书太常属臣望所校《山海经》凡三十二篇，今定为十八篇”。《汉书·楚元王传》载“（刘）歆以建平元年改名秀，字颖叔云”，则上表的时间不得早于建平元年。此外，《山海经》卷九《海外东经》、卷一三《海内东经》篇末有“建平元年四月丙戌，待诏

① 《汉书·楚元王传》。
② 汪辟疆：《目录学研究》，商务印书馆1934年版，第130页。
③ 昌彼得、潘美月：《中国目录学》，（台北）文史哲出版社1986年版，第98页。
④ ［日本］大野圭介：《试论刘歆为何上奏〈山海经〉》，《古籍研究》1995年第1期，第44页。

太常属臣望校治，侍中光禄勋臣龚、侍中奉车都尉光禄大夫臣秀领主省”之文，说明刘歆《上山海经表》的撰写时间为建平元年四月左右。《上山海经表》和《山海经》内刘歆自署的年月是其在校书工作过程中留下的唯一时间证明，值得充分重视。因此，《山海经》（包括《上山海经表》）和《七略》的上奏，两者究竟孰先孰后，便成为了讨论《七略》上奏时间的焦点。刘跃进谓“刘歆《上山海经表》自称刘秀，盖在建平以后所作。又作《七略》也成于本年”[①]。李解民则认为“《七略》做于《表》之前”，“从《七略》到《表》的撰奏，会有一段间隔。从这个角度看，将《七略》撰奏定在绥和二年晚些时候是较为适宜的”[②]。客观判断两者的先后，必须先明确一个认识，就是《七略》之奏是否意味着刘歆校书工作的结束。如果不抱一种先入为主的成见，并且不将其作为讨论的前提，那么问题就只剩下如何分析《汉志》所著录的《山海经》与刘歆《上山海经表》及今本《山海经》在篇数上的差异了。

《汉志·数术略》著录《山海经》13 篇，与刘歆《上山海经表》所称及今本《山海经》“十八篇”，存在互相矛盾之处。根据这个矛盾，《四库全书总目》认为《上山海经表》为伪托，其云：“旧本所载刘秀奏中，称其书凡十八篇，与《汉志》称十三篇者不合。《七略》即秀所定，不应自相牴牾，疑其赝托”[③]。然而《论衡·别通篇》云：“董仲舒睹重常之鸟，刘子政晓贰负之尸。”郭璞《山海经序》亦云：“东方生晓毕方之名，刘子政辨盗械之尸。”《上山海经表》曾载：“孝武皇帝时，尝有献异鸟者，食之百物，所不肯食。东方朔见之，言其鸟名，又言其所当食，如朔言。问朔何以知之，即《山海经》所出也。孝宣皇帝时，击磻石于上郡，陷得石室，其中有反缚盗械人。时臣秀父向为谏议大夫，言此贰负之臣也。诏问何以知之，亦以《山海经》对。其文曰：‘贰负杀窫窳，帝乃梏之疏属之山，桎其右

① 刘跃进：《秦汉文学编年史》，商务印书馆 2006 年版。

② 李解民：《刘氏校书考略》，见《揖芬集——张政烺先生九十华诞纪念文集》，社会科学文献出版社 2002 年版，第 650 页。

③ 曹道衡、刘跃进认为《上山海经表》或作于哀帝死后，王莽执政，刘歆回到长安以后。见氏著《先秦两汉文学史料学》，中华书局 2005 年版，第 179 页。此说无疑否定了刘歆自署年月的真确性，与《四库全书总目》的观点颇有相近之处。

足，反缚两手。’上大惊。朝士由是多奇《山海经》者，文学大儒皆读学，以为奇可以考祯祥变怪之物，见远国异人之谣俗。”此当为王充、郭璞二人所言的依据，可见《上山海经表》早为东汉魏晋人所熟知。《四库全书总目》之说过于轻率，余嘉锡评曰“初无明白之证，据臆决焉而已”①，故并不为后人所认同。

清人毕沅整理校定《山海经》之后，在《山海经新校正·篇目考》中指出《汉志》著录的古本《山海经》13篇皆刘向校书时所题，“明藏经本云：‘《海内经》及《大荒经》本皆进在外。’言《山海经》古本十三篇刘秀校进时又附五篇于后，为十八篇也，此郭璞注与？”② 在《山海经新校正·序》中则曰：“刘秀又释而增其文，是《大荒经》以下五篇也”。此外，又曰：“此经（《大荒经》）末又无建平校进款识，又不在《艺文志》十三篇之数，惟秀奏云：‘今定为十八篇。’详此经文，亦多是释《海外经》诸篇，疑即秀等所述也。”③ 故清人郝懿行《山海经笺疏叙》云：“《山海经》古本三十二篇，刘子骏校定为一十八篇，即郭景纯所传是也。……所谓十三篇者，去《荒经》已下五篇，正得十三篇也。古本此五篇皆在外，与经别行，为释经之外篇。及郭作传，据刘氏定本，复为十八篇，即又与《艺文志》十三篇之目不符也。”④ “《大荒经》以下五篇”即今本《山海经》的《大荒东经》第十四、《大荒南经》第十五、《大荒西经》第十六、《大荒北经》第十七及《海内经》。袁珂以为是郭璞把《大荒经》以下5篇搜罗进来的，成为今本的状态⑤。有学者遂据以推论，提出“后人不察，擅自把刘秀上表里的十三篇改成了十八篇，为的就是符合今本的篇数”之说⑥。但是，也有学者从《淮南子》、《吕氏春秋》、《楚辞章句》以及郭璞以后各家著述引用《山海经》无不包含《大荒经》以下5篇在内，说明《大荒经》以下

① 余嘉锡：《四库提要辨证》，（香港）中华书局1974年版，第1112页。
② 郭璞注，毕沅校：《山海经新校正》，浙江书局本，上海古籍出版社1989年版，第5页。
③ 《山海经新校正》卷一四。
④ 郝懿行：《山海经笺疏》，巴蜀书社1985年版，第1页。
⑤ 袁珂：《中国神话传说》，中国民间文艺出版社1984年版，第21页。
⑥ 参见王宁《〈山海经〉的分篇问题》，《枣庄社会科学》1996年第3期。

5篇内容都是《山海经》不可分割的一个重要组成部分[①]。由此可见，《上山海经表》所谓的“十三篇”，为后人改成“十八篇”的推测并不可信。至于郝氏所说的《山海经》古本32篇是据《上山海经表》中称“所校《山海经》凡三十二篇”而来的，实为不明刘向、刘歆父子所撰书录的体例所致。表中所谓的“所校《山海经》凡三十二篇”，是指校书时所收集到的各种《山海经》本子的总篇数，而非有某种《山海经》32篇的古本。

此外，毕氏所说的刘向校本《山海经》13篇（即《汉志》所著录者）亦不可尽信，因为刘向在世之时主掌校书之业，刘歆为其助手，若刘向已校定有13篇本《山海经》，则刘歆毋庸再次编校18篇本《山海经》，父子二人先后为同一种书而编定两种不同本子的情况，既不符合校书工作的流程，更无其他事例可以佐证。加上刘歆《上山海经表》中曾言刘向以《山海经》应对宣帝的诏问，但却无一语道及刘向所校的13篇本《山海经》，于情理扞格不通，足见毕氏之词当为臆测，并无任何确实证据。

问题的关键，在于对“进在外”三字的理解。要准确理解此语，必须明白刘向、刘歆所撰书录的体例。从今存的《晏子书录》、《孙卿书录》、《列子书录》来看，书录的内容应包括一书的篇目，准此，《上山海经表》中亦当有《山海经》的篇目。书录中的篇目如有需要说明的地方，便加注文，《列子书录》于《仲尼第四》下注有“一曰极知”，于《杨朱第七》下注有“一曰达生”就是很好的例子。今本《山海经》的目录和篇目下有“本若干字，注若干字”的经文和注文统计数字，目录下的统计数字是“《玉海》所校”，篇目下的统计数字是“明《藏经》本所校”[②]，而最后一篇《海内经第十八》下除有经文和注文的统计数字外，尚有“《海内经》及《大荒经》本皆进在外”之语，毕沅猜测为郭璞的注文，其实非也，当为《上山海经表》所原有，是刘歆对篇目的说明文字。因此，“《海内经》及《大荒经》本皆进在外”应理解为刘歆所校定的《山海经》为表所称的18篇，但因与此前上奏哀帝的《七略》只著录《山海经》13篇，其余5篇

① 参见张春生《山海经研究·〈山海经〉篇目考》，上海社会科学院出版社2007年版，第5—24页。

② 郝懿行：《山海经笺疏》，巴蜀书社1985年版，第1页。

“进（逸）在外”①，并未著录。如此一来，众多矛盾便可迎刃而解，《七略》的上奏时间也得所依据。由此可以推知，《山海经》的校定，以及《七略》上奏的过程应该大致如下：

刘向曾读过《山海经》的某些篇章，并用以解答宣帝的诏问，也许做一些校订的工作，大约是今本《山海经》的《五臧山经》五篇（即《南山经》第一、《西山经》第二、《北山经》第三、《东山经》第四、《中山经》第五），但没有最后编定。

绥和二年五六月间，刘歆奉哀帝命复领校中秘书后不久，约在秋冬之间，至迟不会超过建平元年春季，便上奏《七略》。其中著录了当时中秘所藏的13篇本《山海经》，《汉志》因之②。

刘歆于哀帝建平元年四月校定《山海经》为18篇，每卷后有校书题识，大部分已被刊落，今本只存于卷九、卷十三末。今本《山海经》的《海外经》四篇（即《海外南经》第六、《海外西经》第七、《海外北经》第八、《海外东经》第九）和《海内经》四篇（即《海内南经》第十、《海内西经》第十一、《海内北经》第十二、《海内东经》第十三）有不少“一曰”的文字，毕沅曰：“凡‘一曰’云云者，是刘秀校此经时附著所见他本异文也”③，其说可从，此为刘歆校定《山海经》的又一明证。

刘歆在《山海经》校定工作完成之后，沿袭刘向校书的成规撰写《上山海经表》随书上奏哀帝，因与《七略》著录的13篇本不同，所以表中的《山海经》篇目下注明“进在外”，以示区别。

综上所述，刘歆上奏《七略》的时间，当在绥和二年（前7）秋冬之间，至迟不会超过建平元年（前6）春季。

---

① 明正统道藏本《山海经》的“进在外”，在南宋淳熙七年（1180）尤袤校池阳郡斋本以及元明多种刊本中皆作“逸在外”。对于此一异文，毕沅《山海经新校正·篇目考》和郝懿行《山海经笺疏叙》各有不同的看法。不过，“进”、“逸”形近，应该是流传过程中传抄、刊刻致误，因此，无论作“进在外”或“逸在外”，都不足以构成理解上的差异。

② 关于《山海经》篇卷差异的问题及其与《七略》奏上的关系，李解民曾有所考证，结论与此近同，但论证的角度和方法皆异，详参氏著《刘氏校书考略》，载《揖芬集——张政烺先生九十华诞纪念文集》，社会科学文献出版社2002年版，第649—651页。

③ 《山海经新校正·海内南经》。

三、王莽时期的校书活动

哀帝在位六年，于元寿二年（前1）六月戊午，崩于未央宫。太皇太后王政君“即日驾之未央宫收取玺绶，遣使者驰召莽。诏尚书，诸发兵符节，百官奏事，中黄门、期门兵皆属莽”①。王莽重新掌权之后，逼死董贤，册立当时年仅9岁的刘衎为帝。平帝年幼，太皇太后临朝称制，王莽以大司马大将军之职专擅一切。王莽为了培植势力，“于是附顺者拔擢，忤恨者诛灭。王舜、王邑为腹心，甄丰、甄邯主击断，平晏领机事，刘歆典文章，孙建为爪牙。”刘歆经历了“徙守五原，后复转在涿郡，历三郡守。数年，以病免官，起家复为安定属国都尉”的外放生涯后，得到重新起用的机会。王莽“少与歆俱为黄门郎，重之，白太后。太后留歆为右曹太中大夫，迁中垒校尉、羲和、京兆尹，使治明堂辟雍，封红休侯。典儒林史卜之官，考定律历，著《三统历谱》”②。刘歆为王莽政治活动出谋划策的同时，又再次担任校书之职。

刘歆于平帝以至莽新时期的典校秘书，相信是出于他个人的主意。刘歆的政治资本主要来自随父校书时积下的深厚学养和对群经典籍的博学洽闻，以及由此形成的与当时主流学术有所不同的新锐识见；而王莽之所以借助刘歆者，恐怕也是看中他这些本领。因此，刘歆复出后便继续之前的校书工作，并将校书工作和当时的政治活动更加紧密地联系起来，为个人和王莽的政治运作提供学术支援。由于史书对刘歆在平帝以至莽新时期的校书活动没有明确的记载，所以学者过往一般不大注意；事实上，刘歆的校书活动不仅一直不断在进行，且在王莽的支持下做得有声有色，不少学者参与其事。

《汉志·六艺略》云：“元始中，征天下通小学者以百数，各令记字于庭中。”《汉书·平帝纪》云：“（元始五年，4）征天下通知逸经、古记、天文、历算、钟律、小学、《史篇》、方术、《本草》及以五经、《论语》、《孝经》、《尔雅》教授者，在所为驾一封轺传，遣诣京师。至者数千人。”《汉

---

① 《汉书·王莽传》。

② 《汉书·楚元王传》。

书·王莽传》对此有更详细的记载，当时王莽“奏立起明堂、辟雍、灵台，为学者筑舍万区，作市、常满仓，制度甚盛。立《乐经》，益博士员，经各五人。征天下通一艺教授十一人以上，及有逸《礼》、古《书》、《毛诗》、《周官》、《尔雅》、天文、图谶、钟律、月令、兵法、《史篇》文字，通知其意者，皆诣公车。网罗天下异能之士，至者前后千数，皆令记说廷中，将令正乖缪，壹异说云”。此次堪称两汉历史上规模最大的征召活动[1]，很明显是由刘歆一手策划。具体工作包括立明堂、辟雍、灵台，立《乐经》，益博士员，大举征求通晓古文经学、天文、图谶、小学、钟律、方术等方面的人才，更进行了求书、校书的活动。

东晋常璩《华阳国志》卷一〇云：“（杨宣）少受学于楚国王子张，天文图纬于河内郑子侯。师事杨公叔，能畅鸟言。长于灾异。教授弟子以百数。成帝征拜谏大夫”，出为交州牧。哀帝时，拜为河内太守，征太仓令。“平帝时，命持节为讲学大夫，与刘歆共校书。居摄中卒。”[2] 杨宣精于“天文图纬”、“长于灾异”，哀帝即位时，封外属丁氏、傅氏、周氏、郑氏凡6人为列侯，杨宣对曰：“五侯封日，天气赤黄，丁、傅复然。此殆爵土过制，伤乱土气之祥也。”[3] 综上可知，杨宣曾于平帝时以“讲学大夫”之职，协助刘歆校书，其中很可能包括了参与元始年间的“正乖缪，壹异说”等工作。此外，《汉书·律历志》云：“汉兴，北平侯张苍首律历事，孝武帝时乐官考正。至元始中，王莽秉政，欲耀名誉，征天下通知钟律者百余人，使羲和刘歆等典领条奏，言之最详。”刘歆等人所典领条奏的即《钟历书》，以杨宣的身份和学术专长厕身其列，是完全有可能的。

《后汉书·苏竟杨厚列传》云：“苏竟字伯况，扶风平陵人也。平帝世，竟以明《易》为博士讲《书》祭酒。善图纬，能通百家之言。王莽时，与刘歆等共典校书，拜代郡中尉。……初，延岑护军邓仲况拥兵据南阳阴县为寇，而刘歆兄子龚为其谋主。竟时在南阳，与龚书晓之曰：‘馊君执事无

---

① 黄留珠：《秦汉仕进制度》，西北大学出版社1985年版，第207页。

② 常璩撰，任乃强校注：《华阳国志校补图注》，上海古籍出版社1987年版，第561页。

③ 《汉书·五行志》。

恙。走昔以摩研编削之才，与国师公从事出入，校定秘书，窃自依依，末由自远。……' 又与仲况书谏之，文多不载，于是仲况与龚遂降。”苏竟曾于王莽时与刘歆等“共典校书”，又在给刘龚的信中提到“与国师公从事出入，校定秘书”，可知苏竟与刘歆“共典校书”之时，刘歆已贵为国师，当属王莽篡汉立新之后矣。

《后汉书·郑范陈贾张列传》云：“郑兴字少赣，河南开封人也。少学《公羊春秋》。晚善《左氏传》，遂积精深思，通达其旨，同学者皆师之。天凤中，将门人从刘歆讲正大义，歆美兴才，使撰条例、章句、传诂，及校《三统历》。”郑兴于天凤年间率门人投靠刘歆，刘歆命其撰《左传》条例、章句、传诂，其中当然包括对《左传》进行整理校订，还协助刘歆校正《三统历》。

《汉志·六艺略》著录：“《周官经》六篇。王莽时刘歆置博士。”《隋志》云：“汉时有李氏得《周官》，《周官》盖周公所制官政之法，上于河间献王，独阙《冬官》一篇，献王购以千金不得，遂取《考工记》以补其处，合成六篇，奏之。至王莽时，刘歆始置博士，以行于世。”《经典释文·叙录》云：“或曰：河间献王开献书之路，时有李氏上《周官》五篇，失《事官》一篇，乃购千金不得，取《考工记》以补之。……王莽时，刘歆为国师，始建立《周官经》，以为《周礼》。”立《周官》的具体时间，史书没有明确的记载，刘汝霖《汉晋学术编年》卷三定于地皇元年（20）[①]。刘歆既立《周官》博士，当然对《周官》进行过编校整理的工作，这也成为了后人指斥“王莽令刘歆撰”[②]《周官》的理由之一。

参与莽新时期校书活动最为著名的学者应是扬雄。《汉书·扬雄传》赞曰：“王莽时，刘歆、甄丰皆为上公，莽既以符命自立，即位之后欲绝其原以神前事，而丰子寻、歆子棻复献之。莽诛丰父子，投棻四裔，辞所连及，便收不请。时雄校书天禄阁上，治狱使者来，欲收雄，雄恐不能自免，乃从阁上自投下，几死。莽闻之曰：‘雄素不与事，何故在此?’间请问其故，

① 刘汝霖云：“班固谓《周礼》于王莽时，刘歆置博士。《周礼废兴》引马融语谓歆‘末年乃知其周公致太平之迹，迹具在斯。奈遭天下仓卒，兵戈并起。’故其立《周礼》必在末年。又必在兵戈之起之前。故志之于此。”见氏著《汉晋学术编年》，中华书局 1987 年版，第 154 页。

② 朱熹：《朱子七经语类》，上海古籍出版社 1992 年版，第 471 页。

乃刘棻尝从雄学作奇字，雄不知情。有诏勿问。然京师为之语曰：‘惟寂寞，自投阁；爰清静，作符命。’”扬雄投阁之年，史无确载，不过肯定是在甄寻、刘棻于始建国二年（10）十二月以言符命被诛之后，所以扬雄校书天禄阁当在此年之前。

《汉书·扬雄传》此段文字，除记载了扬雄曾校书天禄阁之外，还折射出扬雄与刘歆、刘棻父子之间的微妙关系。扬雄“好古而乐道，其意欲求文章成名于后世，以为经莫大于《易》，故作《太玄》；传莫大于《论语》，作《法言》；史篇莫善于《仓颉》，作《训纂》；箴莫善于《虞箴》，作《州箴》；赋莫深于《离骚》，反而广之；辞莫丽于相如，作四赋；皆斟酌其本，相与放依而驰骋云。用心于内，不求于外，于时人皆曶之；唯刘歆及范逡敬焉，而桓谭以为绝伦”①。刘歆敬重扬雄的博学好古，其子刘棻又尝从扬雄“学作奇字”，颜注谓“奇字”即“古文之异者”，此明显与刘歆意欲张扬古文经学有关，因此扬雄校书天禄阁很可能是出自刘歆的安排。

刘歆又曾向扬雄索取《方言》，但遭拒绝，今存两人往来的《与扬雄书从取〈方言〉》和《答刘歆书》②。这两通书信透露了刘歆在莽新后期主持校书活动的一些情况，值得引起注意。刘歆《与扬雄书从取〈方言〉》云：“属闻子云独采集先代绝言、异国殊语，以为十五卷。……今谨使密人奉手书，愿颇与其最目，得使入篆，令圣朝留明明之典。”扬雄《答刘歆书》则云：“其不劳戎马高车，令人君坐帏幙之中，绝遐异俗之语。典流于昆嗣，言列于汉籍，诚雄心所绝极，至精之所想遘也。……少而不以行立于乡里、长而不以功显于县官，著训于帝籍，但言词博览，翰墨为事。诚欲崇而就之、不可以遗、不可以怠。”对于刘歆信中所谓“愿颇与其最目，得使入篆”，余嘉锡以为“入录者，欲入之《七略》也。是不必

① 《汉书·扬雄传》。

② 这两通书信俱附于今本《方言》之后，扬雄《答刘歆书》又见于《艺文类聚》卷八五、《古文苑》卷一〇。《古文苑》章樵注引洪迈《容斋随笔》的考证，以为是汉魏之际好事者所伪造，《四库全书总目》则认为洪迈所言“不足以断是书之伪”。戴震《方言疏证》曾详细辩驳洪迈之论，以为确属扬雄所作。

见其全书，但得其篇目，即可入录也”[①]。扬雄《答刘歆书》大约写于天凤三四年（16—17）间[②]，上距绥和二年末至建平元年（前7—前6）初刘歆上奏《七略》已达22年之久，故此“籁”不可能为《七略》。但是，《答刘歆书》却屡言“列于汉籍”、“著训于帝籍”，所以李解民提出“入籁”应理解为登入刘歆在《七略》以后新撰的书目，并认为《汉志》所增入的刘向、扬雄、杜林3家51篇[③]，除刘向一篇外，其余应是刘歆将它们收入新集“书目”，这个新集的“书目”后来便成为班固增补《七略》著录的蓝本。此一说法不仅极具创见，而且有理有据，值得充分肯定。

从《汉志》的序文也可以发现刘歆新集“书目”的一些痕迹。各序中大量引用了《易》、《诗》、《书》、《礼》、《论语》（孔子语）、《孝经》等经传以及古谚、汉律，而直接引用的汉人著作则只有扬雄1人。《诗赋略》序云：“汉兴，枚乘、司马相如，下及扬子云，竞为侈俪闳衍之词，没其风谕之义。是以扬子悔之，曰：‘诗人之赋丽以则，辞人之赋丽以淫。如孔氏之门人用赋也，则贾谊登堂，相如入室矣，如其不用何！’自孝武立乐府而采歌谣，于是有代、赵之讴，秦、楚之风，皆感于哀乐，缘事而发，亦可以观

---

① 《目录学发微卷一·目录释名》，

② 戴震《方言疏证·序》认为扬雄《答刘歆书》作于天凤三、四年（16—17）间，陆侃如《中古文学系年》定于天凤三年。据《答刘歆书》云：“雄为郎之岁，自奏：少不得学，而心好沈博绝丽之文，愿不受三岁之奉，且休脱直事之繇，得肆心广意以自克就。有诏可，不夺奉，令尚书赐笔墨钱六万，得观书于石室。如是后一岁，作《绣补》、《灵节》、《龙骨之铭》诗三章。成帝好之，遂得尽意，故天下上计孝廉及内郡卫卒会者，雄常把三寸弱翰，赍油素四尺，以问其异语，归即以铅摘次之于椠，二十七岁于今矣。”（见扬雄撰，张震泽校注《扬雄集校注》，中华书局1993年版，第264页）成帝于元延二年（前11）“冬，行幸长杨宫，从胡客大校猎”（《汉书·成帝纪》），此时扬雄“奏《羽猎赋》，除为郎，给事黄门，与王莽、刘歆并”（《汉书·扬雄传》）。自元延二年（或三年）扬雄为郎，下推27年，应为天凤三、四年，可知《答刘歆书》即写于此时。刘汝霖《汉晋学术编年》卷三“天凤二年”云：“杨雄以元延元年奏《羽猎赋》除为郎，而此书言雄为郎之岁始为《方言》，于今二十七年，当为此年之事，故志之于此。”刘汝霖误将扬雄奏《羽猎赋》之年订于元延元年（前12），故以为《答刘歆书》写于天凤二年（15），合订正。

③ 《汉志》对《七略》进行的调整，班固自注云：“入三家五十篇，省兵十家。”据姚振宗《汉书艺文志条理》的考证统计，增入的应为3家51篇。具体是：《六艺略》“《尚书》家”增刘向《稽疑》1篇；《六艺略》“小学家”增扬雄《训纂》1篇、《苍颉训纂》1篇，《诸子略》“儒家类”增扬雄所序38篇，《诗赋略》增扬雄赋8篇；《六艺略》“小学家”增杜林《苍颉训纂》1篇、《苍颉故》1篇。

风俗，知薄厚云。”扬雄之语出自《法言·吾子》[①]。《法言》的作年不可考，《汉书·扬雄传》云：“雄见诸子各以其知舛驰，大氐诋訾圣人，即为怪迂，析辩诡辞，以挠世事，虽小辩，终破大道而或众，使溺于所闻而不自知其非也。及太史公记六国，历楚汉，讫麟止，不与圣人同，是非颇谬于经。故人时有问雄者，常用法应之，譔以为十三卷，象《论语》，号曰《法言》。”传叙《法言》作于《太玄》之后，《太玄》既始作于哀帝之时，则《法言》当作于哀帝晚期以后[②]。刘歆上奏哀帝的《七略》，不该载有《法言》之文；所以此语当出自刘歆新集的“书目”，班固取以增补《七略》而成《汉志》。此外，如上章所论，今见《别录》收有刘歆所撰的《太玄书录》，所以刘歆这个新集的“书目”，也与《别录》的成书有着密切的关系。

总之，刘歆在王莽时期的校书活动包括了广求图书（尤其是古文经、天文图谶、《尔雅》等小学类著作），并进行整理校订；又搜集扬雄、杜林等人著作，并为其撰写书录，汇入以《七略》为基础的新撰“书目”；更借此机会撰写《钟历书》、《三统历谱》等个人著作。此种工作模式基本上是由刘向所奠定的，刘歆不过是追随仿效而已，不过两人主持校书工作时的主要对象和根本目的却又有着明显的差异。

四、两个校书阶段的性质对比

由刘向于成帝河平三年（前26）奉诏校书，直到莽新地皇四年（23）刘歆自杀为止，刘向、刘歆主持的校书活动前后长达50年，经历了成帝、哀帝、平帝、莽新四朝。以绥和二年末至建平元年初刘歆上奏《七略》为标志，可以分为前20年和后30年两个阶段，前20年可称为刘向校书阶段，后30年可称为刘歆校书阶段。在此，不以刘向卒年的绥和元年为界，主要考虑因素是前20年的校书工作由刘向亲自发凡起例，统筹全局，典校群籍，撰写书录；而刘歆自继父业主持校书，到上奏《七略》，其间不会超过两

① 扬雄“诗人之赋丽以则，辞人之赋丽以淫”之语涉及汉人“以《诗》论赋”的观念。详参董治安《两汉〈诗〉学史札记三则》，见氏著《两汉文献与两汉文学》，上海古籍出版社2005年版，第112—114页。

② 陆侃如以为《法言》作于元始二年（2）（见《中古文学系年》，人民文学出版社1985年版，第27页），但揆之《汉书·扬雄传》，略嫌太晚，或当在哀平之间。

年，基本上是撮合刘向原有的校书成果。《汉志》云：“歆总群书而奏其《七略》。”《汉书·楚元王传》亦云：“（刘歆）乃集六艺群书，种别为《七略》。”《七录序》云：“歆遂总括群篇，奏其《七略》。”《隋志》则云：“歆遂总括群篇，撮其指要，著为《七略》。”这里的“群书”、“群篇”，指的是刘向所校的典籍和所撰的书录。据《隋志》的著录，《别录》为20卷，《七略》为7卷，从卷数的多寡上，即可知道《七略》对《别录》做了大幅度的删减。此外，除去《汉志》的内容后，今存《七略》佚文的数量远较《别录》佚文为少，也从一个方面反映了《七略》的简略。

另一方面，《汉志》云：“光禄大夫刘向校经传自诸子、诗赋，步兵校尉任宏校兵书，太史令尹咸校数术，侍医李柱国校方技。……（《七略》）有《辑略》，有《六艺略》，有《诸子略》，有《诗赋略》，有《兵书略》，有《数术略》，有《方技略》。”由此可见，《七略》的分类实沿于刘向校书时的分工安排。时间上的过于短促，心理上的急于求成，都使《七略》不可能对刘向的成果有规模上和本质上的超越，故此刘歆上奏《七略》及之前的工作，应是刘向校书阶段的延续和总结，而不应视作刘歆校书阶段的开始。

将刘歆校书阶段的开始定在上奏《七略》之后，更重要的原因是刘歆往后所主持的校书工作与此前刘向所主持的校书工作，在性质上有着明显的差异。《太平御览》卷六〇六引《风俗通》云：“刘向为孝成皇帝典校书籍二十余年。”汪辟疆云：“歆奏《七略》当在哀帝建平元年之春夏间矣。计河平三年乙未（纪前1937）至建平元年乙卯（纪前1917）前后共21年。《风俗通》所谓二十余年，盖合向、歆父子校书之年通计耳。实则刘向校书，不过十九年；刘歆继业，前后又二年。虽曰父子世业，亦当分别观之也。”① 所谓的“分别观之”，过去偶有学者涉及，不过往往将关注点放在《别录》是否分类编排上（详见上章）。《别录》的体例固然是中国古代目录学史上的重要问题，但并非刘向、刘歆校书差异的本质性问题；同时，困于传统的见解，学者通常只将讨论范围集中于前20年的刘向校书阶段，而忽视后30年的刘歆校书阶段，也使刘向、刘歆校书性质差异的问题愈加模糊不清。

两个阶段的性质差异主要表现在校书工作的主要对象和根本目的上。刘

---

① 汪辟疆：《目录学研究》，商务印书馆1934年版，第130页。

向校书阶段的动机在于效法汉朝以求书、校书来寻求解决现实政治问题的传统，所以在整理中秘藏书时，六艺经传不分今、古文，诸子百家兼融并举，旁及诗赋、兵书、数术、方技的典籍，可谓包罗万象，蔚为大观，完成了大量典籍的校正编定工作；又“条其篇目，撮其指意”，撰作书录，言明与治道的关系，以供成帝备览借鉴。刘歆在继父业后，总括群篇，上奏《七略》，基本上仍秉承刘向校书的宗旨。然而，刘歆早在随父校书时，已经对《左传》、《毛诗》、《周官》等古文经发生兴趣，在上奏《七略》后所撰的《上山海经表》，便开始刻意褒扬古文经，认为《山海经》“皆圣贤之遗事，古文之著明者也，其事质明有信”。随后便有请立《左氏春秋》、《毛诗》、《逸礼》、《古文尚书》于学官，诸博士不肯置对，移书让太常博士，引发群儒责难等一连串事件，以刘歆被逼离京告终。由此可见，自上奏《七略》之后，刘歆的旨趣已经完全转向古文经学，逐步偏离了刘向校书的性质。

平帝时，刘歆辅助王莽，杂定婚礼，治明堂、辟雍、灵台，大兴学舍，征天下通知逸经、古记、天文、历算、小学及五经、《尔雅》之士；又立《毛诗》、古文《尚书》、《左氏春秋》等古文经学以及《乐经》于学官；并议王莽母服，为王莽篡位张本。王莽篡汉立新后，刘歆为四辅之一的国师、嘉新公。如上所述，刘歆于莽新时的校书活动主要集中在对古文经、小学典籍、天文律历，以及时人著作等的校订整理；又讲正《左传》大义，置《周官》博士，开辟了东汉以后学术的新局面。主要对象为古文经学，根本目的在于辅助王莽，成为了刘歆校书阶段的主要特点，也因此形成了与刘向校书的根本差异。明确刘向、刘歆两人校书性质的差异，既有助于划分自西汉末年至莽新时期前后长达50年的校书活动的不同阶段，更有助于加深理解刘向、刘歆校书对现实政治、学术文化的影响。

五、天禄、石渠、温室

关于刘向、刘歆校书的地点，过往学者一般主张在天禄阁。这是有丰富史料依据的，《三辅黄图》卷六云：

> 天禄阁，藏典籍之所。《汉宫殿疏》云：“天禄、麒麟阁，萧何造，以藏秘书、处贤才也。”刘向于成帝之末，校书天禄阁，专精覃思。夜

> 有老人着黄衣，植青藜杖，叩阁而进。见向暗中独坐诵书，老父乃吹杖端，烟然，因以见向，授五行《洪范》之文。恐词说繁广忘之，乃裂裳及绅以记其言，至曙而去。请问姓名，云我是太乙之精，天帝闻卯金之子有博学者，下而观焉。乃出怀中竹牒，有天文地图之书，曰："余略授子焉。"至子歆，从授其术，向亦不悟此人焉。

《文选·班孟坚〈西都赋〉》、《文选·王仲宝〈褚渊碑文（并序）〉》李注引《三辅故事》曰："天禄阁在大殿北，以藏秘书。"《陕西通志》卷七二引《三辅故事》曰："天禄阁在未央大殿北。天禄，异兽也。即扬雄校书处。"天禄阁，与石渠阁同时建造，二阁又同毁于莽新末年的兵火，后人曾在阁台上建刘向祠，遗址在今西安市未央乡小刘寨未央大殿遗址东北。遗址曾出土"天禄合"瓦当，又出土天鹿画瓦，知天禄即天鹿之假借[①]，所谓"天禄，异兽也"，实为天鹿。《七录序》云："会向亡丧，帝使歆嗣其前业，乃徙温室中书于天禄阁上，歆遂总括群篇，奏其《七略》。"《汉书·扬雄传》又记载有扬雄校书天禄阁事，可证自成帝末年至莽新之时，天禄阁一直是中秘校书之所，刘向、刘歆、扬雄皆曾校书其上，《七略》亦成于此，其在西汉末年校书史上占有至为重要的地位。至于刘向于天禄阁上遇黄衣老人事，又见王嘉《拾遗记》，详见上章，此不赘述。

天禄阁为刘向、刘歆校书之所，固然毋庸置疑，但是史籍所载，刘向校书之所显然非仅天禄阁一处。《文选·张平子〈西京赋〉》云："次有天禄、石渠，校文之处。"《三辅黄图》卷六云："（石渠阁）所藏入关所得秦之图籍。至于成帝，又于此藏秘书。"《旧唐书·经籍志》云："刘更生石渠典校之书，卷轴无几。"石渠阁遗址在今西安市未央乡小刘寨未央大殿遗址天禄阁西南。遗址尚有汉代石渠二具，一完一残，在天禄小学内。清代光绪初年曾出土"石渠千秋"瓦一片，又曾出土新莽大泉五十钱背范三十余枚，可知新莽时此阁已废，改为刻钱范场所。[②] 刘向曾于宣帝甘露年间"讲论五经

① 详参陈直《汉书新证》，中华书局2008年版，第402页。

② 详参陈直《汉书新证》，中华书局2008年版，第245—246页。

于石渠”[①]，《汉志·六艺略》于“《尚书》家”著录《议奏》42篇。班固自注：“宣帝时石渠论。”于“《礼》家”著录《议奏》38篇，班固自注：“石渠。”又于“《春秋》家”著录《议奏》39篇，于“《论语》家”著录《议奏》18篇，于“《孝经》家”著录《五经杂议》18篇，三处班固皆注：“石渠论。”数处相加，石渠阁议奏最少有155篇。石渠阁为西汉儒家经学博士辩论经义、校订经书之所，两汉文献常与天禄阁并举，如《文选·班孟坚〈西都赋〉》云：“天禄、石渠，典籍之府。命夫谆诲故老，名儒师傅，讲论乎六艺，稽合乎同异。”石渠阁既于成帝时兼藏秘书，刘向校书于此亦合乎情理。

此外，《七录序》云：“会向亡丧，帝使歆嗣其前业，乃徙温室中书于天禄阁上，歆遂总括群篇，奏其《七略》。”《隋志》亦云：“向卒后，哀帝使其子歆嗣父之业。乃徙温室中书于天禄阁上。歆遂总括群篇，撮其指要，著为《七略》。”汉代长乐宫、未央宫皆有温室。《三辅黄图》卷三云：“温室殿，按《汉宫殿疏》在长乐宫。又《汉宫阁记》：在未央宫。”又云：“温室殿，武帝建，冬处之温暖也。《西京杂记》曰：‘温室以椒涂壁，被之文绣，香桂为柱，设火齐屏风，鸿羽帐，规地以罽宾氍毹。’《汉书》曰：‘孔光为尚书令，归休，与兄弟妻子燕，语终不及朝省政事。或问温室省中树何木[②]，光不应。’《汉书》京房奏考功课吏法，上令公卿朝臣，会议温室。”温室殿内有各种防寒保温的特殊设备，为冬天皇帝与公卿朝臣议政的重要场所。

对于《七录序》、《隋志》云：“徙温室中书于天禄阁”，姚名达曾进行过解释，谓：“盖温室为校雠之地，取便学者坐论，不便庋藏书籍。故校雠既毕，乃庋藏之于天禄阁也。”[③] 成帝晚年甚为尊重刘向，以为帝师，优待有加；为了照顾年迈的刘向，让其冬季时在有保暖设备的温室殿进行校书工作，一点也不足为奇。刘向卒于绥和元年（前8）三四月间，刘歆袭父职为

---

① 《汉书·楚元王传》。

② 《汉书·匡张孔马传》晋灼注：“长乐宫中有温室殿。”此为《汉宫殿疏》外，言温室殿在长乐宫的另一条文献材料。

③ 姚名达：《中国目录学史》，上海古籍出版社2002年版，第39页。

中垒校尉，随即将刘向于温室校订的典籍迁移至天禄阁，继续父业，也是正常之举。[①] 准此，刘向晚年当亦曾校书于温室。

过往学者对于史籍所载天禄阁以外的校书地点缺乏应有的重视，主要是因为未有充分考虑到刘向校书过程的复杂性。刘向校书时间长达20年，整理的典籍数量庞大，参与工作的人员众多，汉朝中秘藏书又分散多处，校书的地点不可能只在一处。因应不同的工作需要，在不同的时间里，安排各类人员分头进行，校书地点自然不一，这才符合历史的实际情况。

① 对于此段经过，《七录序》的记载十分清楚明确。但《隋志》由于没有注意到在刘向死后，刘歆复为中垒校尉，受成帝命继父业校书的史实，遂误以为刘歆于哀帝时“徙温室中书于天禄阁”。

第四章　刘向领校群书综论（下）

通过具体的工作实践，刘向创建了一套从统筹全局、分工校书到包括图书的搜集和来源的分辨，一书的文字校理、篇章内容的确立和书名的命名，以及书录的撰作、新本的缮写等工序在内的较为合理完整的典籍校雠流程，从而使汉朝中秘所藏的先秦和秦汉典籍得到全面的发掘和整理，并为古籍整理提供了宝贵的经验和树立了完备的义例，成为后世校书之业的典范。有鉴于此，历代学者都十分重视对刘向校书工作的考察和论析，研究成果既多且精。然而，随着考辨论证的持续深入，相关文献史料的不断挖掘，使得一些已有定论的问题，重新出现了讨论的空间和审查的必要。另一方面，20 世纪以来简帛文献的大量出土，不仅使今人得见先秦西汉古书的原貌，很大程度地改变了过往千百年来对古书撰作、流传的认识和理解，这为探究刘向校书工作带来了重要的契机和可贵的材料。南宋朱熹《鹅湖寺和陆子寿》有云“旧学商量加邃密，新知培养转深沉”。刘向校书各个环节的研究也许在这个特定的学术背景下，将会焕发出一番新的光彩。

第一节　规模与分工

发轫于刘向、继起于刘歆的校书工作，规模之盛大，计划之周详，分工之细致，迈越前人，昭示来者。刘向校书的主要对象为中秘所藏的学术文化类图籍，从《汉志》的著录和今存书录看来，可以发现当时所整理的图籍篇卷数量异常庞大，工作复杂繁重难以估量。有鉴于此，刘向采取了总纂、各大类主纂和校雠者（包括主校者、参校者）的三级分工模式，建立了一套层层隶属又各负其责的严密制度；加上通才与专家协作，宿儒与新锐配合，杰出地完成了此次史无前例的古籍整理工作，日后从事校书之业者莫不沿袭遵循。

一、空前规模的文献考查与古籍整理

《汉书·成帝纪》云："（河平三年）光禄大夫刘向校中秘书。"《汉书·楚元王传》亦云："（成帝）诏向领校中五经秘书。"颜注皆曰："言中以别外。"刘向所撰书录亦屡屡明言所校者为中秘之书，如"所校中《战国策》书"[①]、"所校中书《晏子》十一篇"[②]、"所校雠中《孙卿书》凡三百二十二篇"[③]、"所校雠中《管子》书"[④]、"臣向谨与长社尉杜参校中秘书"[⑤]等。中秘书是汉朝的内府藏书[⑥]，包括石渠阁、天禄阁、麒麟阁、兰台，以及延阁、广内、秘室等所藏的图籍，主要来源包括萧何所收的秦朝丞相、御史之书，汉初时"广开献书之路"、武帝时"建藏书之策，置写书之官"、成帝时"使谒者陈农求遗书于天下"所得的图书，以及西汉各朝所产生累积的各类图籍。

基于成帝下诏校书的动机以及刘向个人的忧患意识和学术旨趣，促使刘向在整理中秘藏书时，一反汉初以来的旧制，改以学术类典籍作为主要的整理对象。汉初以来，萧何次律令，张苍为章程，叔孙通定礼仪，张汤更定律令等，皆为整理撰述政令条文类档案文献为主。刘向校书于此基本不涉及，这从《汉志》的著录中可以得到充分的证明，故此宋人胡应麟《汉书艺文志考证》称"律令藏于理官，故《志》不著录"[⑦]。章学诚则指出："律令藏于法曹，章程存于故府，朝仪守于太常者，不闻石渠、天禄别储副贰，以

① 《战国策书录》。

② 《晏子书录》。

③ 《孙卿书录》。

④ 《管子书录》。

⑤ 《汉志》颜注引《别录》。

⑥ 《汉志·六艺略》云："刘向以中《古文易经》校施、孟、梁丘经。"颜注曰："中者，天子之书也。言中，以别于外耳。"

⑦ 胡应麟：《汉制考　汉书艺文志考证》，中华书局2011年版，第232页。

备校司之讨论，可谓无成法矣。”[①] 余嘉锡承其说，谓“国家法制，专官典守，不入校雠也。《礼乐志》曰：‘今叔孙通所撰礼仪，与律令同录，藏于理官，法家又复不传；汉典寝而不著，民臣莫有言者。’夫礼仪律令，既藏于理官，则不与他书‘外则有太常、太史、博士之藏，内则有延阁、广内、秘室之府’者同”[②]。中秘藏书是否确如胡、章、余三人所论，没有政令条文类的档案文献，暂且不论，即便是《汉志》所著录的石渠阁“议奏”之书5种，以及“秦时大臣奏事，及刻石名山之文”的《奏事》20篇等，都是在档案文献基础上经过刻意整理编排而成的带有一定学术色彩的著作[③]。由此可见，刘向校书的重心是在于立足学术总结的高度，以匡世救偏为目的，而非一般律令、章程之类的政令条文修定缮正。

刘向所校中秘之书的篇卷数量究竟有多少，千载遥邈，加上史无明文，难以尽知；不过《七略》著录了经刘向校定后的图籍，故此从中可知其大概情况。王充《论衡·案书篇》称，“六略之录（按，同书《对作篇》“录”作“书”），万三千篇”，是举其成数。《汉纪·孝成皇帝纪》谓，“（刘）歆遂撰群书而奏《七略》，……凡万三千二百六十九卷”，是现存《七略》著录之书具体卷数的最早记录。葛洪《抱朴子外篇·自叙》云：“《别录》、《艺文志》，众有万三千二百九十九卷。”[④]《七录序》所载《古今书最》云：“《七略》书三十八种，六百三家，一万三千二百一十九卷。”[⑤]而唐人封演云：“（刘）歆遂总会群篇，著为《七略》，大凡万三千二百六十九卷。”[⑥] 南宋李石亦云：“刘向校勘以来，子歆为《七略》，大凡万三千二百六十九卷。”[⑦] 至于《汉志》云：“大凡书，六略三十八种，五百九十六家，万三千二百六十九卷。入三家，五十篇，省兵十家。”《七录序》所载同。各

---

① 《文史通义·书教上》。

② 《古书通例·卷一　案著录第一·诸史经籍志皆不著录之书》。

③ 傅荣贤：《论刘向文献整理的对象是图书而不是档案》，《档案管理》2007年第6期。

④ 杨明照：《抱朴子外篇校笺》下册，中华书局1991年版，第660页。

⑤ 姚振宗《七略佚文》则云：“大凡书，六略三十八种，六百三十四家，一万三千三百七十九卷，图四十五卷。”但姚氏所言的家数、卷数与其《七略佚文》实际所著录的数量稍有偏差，经过重新统计，应为“六百二十四家，一万三千五百三十二篇，图四十五”。

⑥ 封演撰，赵贞信校注：《封氏闻见记》，中华书局2005年版，第8页。

⑦ 李石：《续博物志》，巴蜀书社1991年版，第57页。

家所记《七略》卷数，略有不同，然总计约600家、13，000卷之数，当是可以肯定，亦为东汉魏晋南北朝时人所共知。

据《汉志》所载，《七略》把整理校定后的图籍分为六大类，依次是：六艺略、诸子略、诗赋略、兵书略、数术略、方技略，囊括了当时政治、思想、哲学、历史、文学、军事、天文、历法、医学、占卜等方面的典籍，显然是对西汉末年以前学术文化图籍的彻底清查。《七略》在每大类之下区分若干小类，每小类之下又分若干家，每家又注明若干篇。下面依《汉志》列表显示各大类、小类、家数以及篇卷数[①]：

大类	小类	家数	篇卷数
六艺略	易	13	294
	书	9	412
	诗	6	416
	礼	13	555
	乐	6	165
	春秋	23	948
	论语	12	229
	孝经	11	59
	小学	10	45
小计	9种	103	3，123
诸子略	儒	53	836
	道	37	993
	阴阳	21	369
	法	10	217
	名	7	36
	墨	6	86
	纵横	12	107
	杂	20	403
	农	9	114
	小说	15	1380

① 本表的统计取自《汉志》，《汉志》中各小类下所述的篇数与每家总计后的数字时有出入，颜注已谓“其每略所条家及篇数，有与总凡不同者，转写脱误，年代久远，无以详知”。今暂以小类数字为准，同时亦不计算班固撰《汉志》时对《七略》进行调整的所谓“出”“入”之数。

续表

大类	小类	家数	篇卷数
小计	10种	189	4324
诗赋略	赋（屈原之属）	20	361
	赋（陆贾之属）	21	274
	赋（孙卿之属）	25	136
	杂赋	12	233
	歌诗	28	314
小计	5种	106	1，318
兵书略	权谋	13	259
	形势	11	92（图18卷）
	阴阳	16	249（图10卷）
	技巧	13	199
小计	4种	53	790（图43卷）
数术略	天文	21	445
	历谱	18	606
	五行	31	652
	蓍龟	15	401
	杂占	18	313
	形法	6	122
小计	6种	190	2，528
方技略	医经	7	216
	经方	11	274
	房中	8	186
	神仙	10	205
小计	4种	36	868
总计	38种	596家	13，269卷

需要指出的是，《汉志》所载的只是刘向校书完成后典籍的登录，而在校书过程中所面对的典籍篇卷数量实际上远远超过此数，这可从今存书录中略窥一斑。《晏子书录》云：“所校中书《晏子》十一篇，臣向谨与长社尉臣参校雠，太史书五篇、臣向书一篇、臣参书十三篇，凡中外书三十篇，为

八百三十八章，除复重二十二篇，六百三十八章，定著八篇二百一十五章。”校定后的《晏子》虽然只有“八篇二百一十五章”，但在整理之前和整理过程中所要校阅的篇章数就至少有“中外书三十篇，为八百三十八章”，是校定后的三至四倍。

《孙卿书录》云：“所校雠中《孙卿书》凡三百二十二篇，以相校，除复重二百九十篇，定著三十二篇。”校定后的《孙卿书》虽然只有“三十二篇”，但所要校阅的篇数就有“三百二十二篇”，而其中重复相同的有“二百九十篇”，竟近校定后的十倍。

《管子书录》云：“中《筦子书》三百八十九篇，大中大夫卜圭书二十七篇、臣富参书四十一篇、射声校尉立书十一篇、太史书九十六篇，凡中外书五百六十四篇，以校，除复重四百八十四篇，定著八十六篇。”校定后的《管子》虽然只有“八十六篇”，但所要校阅的篇数就有“中外书五百六十四篇”，而其中重复相同的有“四百八十四篇”，比校定后的《管子》多出六倍以上。

《列子书录》云：“所校中书《列子》五篇，臣向谨与长社尉臣参校雠，太常书三篇、太史书四篇、臣向书六篇、臣参书二篇，内外书凡二十篇，以校，除复重十二篇，定著八篇。”校定后的《列子》虽然只有“八篇”，但所要校阅的篇数就有“内外书凡二十篇”，而其中重复相同的就有“十二篇”，是校定后的二至三倍。

由此推算，刘向校书过程中所要整理校阅的典籍总体数量，起码应是《汉志》所著录的五至十倍，多达 10 万卷以上。中秘之书往往“错乱相糅莒”，错讹脱简比比皆是，《七略》所著录的 600 家、13，000 卷图籍的文字、篇章甚至部分书名都需要经过刘向等人的校定、整理和命名，几乎所有的图籍都由他们来认定乃至改编，工作的繁重不难想知。正是因为此次文献考查与古籍整理工作的规模如此浩大复杂，所以其达到的学术高度和产生的深远影响，不仅史无前例，更是后世校书者莫能企及的。

二、合理统筹与细密分工

刘向校书是一项规模盛大而又旷日持久的工程，自然需要一定数量的人员参与工作。据今人考证，在成帝至哀帝期间，除刘向、刘歆以外，于史可考的参与者至少有 11 人，分别是任宏、尹咸、李柱国、富参、杜参、（臣）叙、王龚、（臣）望、班斿、房凤、刘伋。相信在此 13 人以外，尚有不少学者参与其事，可惜文献不足，已经无法查考了。[①] 众多人员参与其事，如果没有恰当的分工是无法想象的，刘向校书时明确采取整体工作的总纂者、各类图书的主纂者，及各书的校雠者（包括主校者、参校者）的三级分工模式，建立了层层隶属又各有其责的严密制度。各人分工合作，经过长达 20 年的不懈努力，直至刘向去世后，始由刘歆卒成大业。当时参与者多为学术水平甚高之辈，强大的学术队伍为校书工作的高质量完成奠下了坚实的基础。

《汉书·成帝纪》云："（河平三年）光禄大夫刘向校中秘书。谒者陈农使，使求遗书于天下。"《汉书·楚元王传》云："上（成帝）方精于《诗》、《书》，观古文，诏向领校中五经秘书"。刘向卒后，"上（成帝）复使向子歆继卒前业。"[②] 哀帝时，刘歆"总群书而奏其《七略》"[③]。"领校秘书"说明当时身为光禄大夫的刘向在整个校书事业中的主导地位，刘歆续继父职，两人先后担任总纂之职。刘向作为总纂者总理校书工作一切事宜，是最高决策者，也是最主要的负责人，所以每校毕一书后必定亲自裁夺，并"条其篇目，撮其指意"，撰写书录，上奏天子，故今存书录皆署"护左都水使者光禄大夫臣向"，以示其责。在校书工作基本完成以后，刘歆负责上奏《七略》，可见刘向、刘歆实为整个工程的主导人物。因此，后世亦无一例外地将此次校书的主要功劳归于刘向、刘歆父子，如班固盛赞"刘向司籍，九流以别"[④]；"《七略》剖判艺文，总百家之绪"[⑤]。《汉纪·孝成皇帝纪》亦云："刘向父子典校经籍，而新义分方，九流区别，典籍益彰矣。"牛弘则谓"孝成之世，亡逸尚多，遣谒者陈农求遗书于天下，诏刘向父子

① 详参王承略、杨锦先《刘向校书同僚学行考论》，《文献》1998 年第 3 期。以下关于参与刘向校书工作人员的论述，多有参考此文，谨此说明。

② 《汉纪·孝成皇帝纪》。

③ 《汉志》。

④ 《汉书·叙传》。

⑤ 《汉书·楚元王传》。

雠校篇籍。汉之典文，于斯为盛”[①]。

刘向、刘歆父子“博物洽闻，通达古今”，故“校雠中秘，始能整齐厥协，各得其宜”[②]；然而“术业有专攻”，要一人包揽“六略”群书，不可能没有得力的助手，于是在总纂者的主持之下，各大类图书皆设有主纂者，主纂者又都是该领域的专门学者。据《汉志》所载，“光禄大夫刘向校经传、诸子、诗赋，步兵校尉任宏校兵书，太史令尹咸校数术，侍医李柱国校方技。”由此可知，刘向既为校书工作的总纂者，又是六艺经传、诸子百家、辞赋歌诗三大类图书的主纂者。刘向博通经传诸子，兼擅辞赋，其学识所长亦正合适出任“六艺”、“诸子”、“诗赋”的主纂者。此三大类典籍是校书工作的重心，其整理水平直接关系到整个工作的成败，刘向亲自负责出任，毫不假手于人，以保障校书过程中各项策略能够得以落实贯彻。刘歆更是“讲六艺传记，诸子、诗赋、数术、方技，无所不究”[③]，在古文经、天文、历律、礼制等方面比刘向更为专深。西汉末年，以学问之广博、精深而言，刘向、刘歆父子均是一时之选。

在具体校雠一书的过程中，又有主校者、参校者之分。从今存书录来看，每书必经刘向、刘歆的最后校定，所以各书的主校者均为刘向父子。如一书的校雠工作并无参校者的参与，则径记主校者之名，绝不委责。如《战国策书录》谓“护左都水使者光禄大夫臣向言：所校中《战国策》书”；《孙卿书书录》谓“护左都水使者光禄大夫臣向言：所校中《孙卿书》，凡三百二十二篇”；《说苑书录》亦谓“护左都水使者光禄大夫臣向言：所校中书《说苑杂事》及臣向书、民间书，诬校雠”。以上书录中唯言刘向一人，可知并无其他人员参与校雠工作。刘歆“受诏与父向领校秘书”，早期主要协助刘向从事图书的校定。如《列女传书录》谓“臣向与黄门侍郎歆所校《列女传》，种类相从为七篇”，可见在整理《列女传》时，刘歆是以参校者的身份参与工作的。到了校书的后期，由于对古文经的发掘和倡导，刘歆在学术上逐渐与刘向形成分庭抗礼之势；刘向卒后，刘歆顺理成章地续继父职主持校书工作。刘歆在校定本《山海经》卷九、卷十三后

---

① 《隋书·牛弘传》。

② 孙德谦：《刘向校雠学纂微》，苏州四益宧刻本，1923年，第22页。

③ 《汉书·楚元王传》。

有题署云："建平元年四月丙戌，待诏太常属臣望校治，侍中光禄勋臣龚、侍中奉车都尉光禄大夫臣秀领主省。"姚振宗《七略别录佚文》云："当时校书有校治之职，有领校之职，而领校亦称领主省。"所谓的"领主省"，指的就是主校者之意，而"校治"则是参校者之意[①]。由此可见，刘歆在主持校书之时，沿袭刘向旧例，担任所校之书的主校者之职。

刘向一身兼整体工程的总纂、三大类的主纂以及大部分典籍的主校者，工作之繁重和责任之巨大可想而知。刘向后半生的大部分光阴贡献给校书事业，体现出他对校书工作的全情投入和高度责任心，是将其作为自己的名山事业来看待的。由于他的博学、勤奋和卓识，使校书工作不仅取得空前的成功，更奠定了中国古文献学的基础，甚至影响了古代学术文化的发展方向，堪称垂范后世，居功厥伟。

至于"兵书"类的主纂任宏，字伟公，河平中以步兵校尉受诏与刘向一同校书。步兵校尉，比二千石，掌宿卫兵[②]。元延三年（前12），"护军都尉任宏伟公为太仆，二年徙"。绥和元年初（前8），"太仆宏为执金吾。"[③] 其后"任宏守大鸿胪，持节征定陶王，立为皇太子"（《汉书·哀帝纪》），也就是后来的哀帝；十一月，任宏因故"贬为代郡太守"[④]。任宏历任武职，理当娴熟兵书，上承张良、韩信、军政杨仆由任武职者校雠兵书之习，有例可循。张良、韩信序次兵法，定著35家。据姚振宗《七略佚文》的统计，《七略·兵书略》共著录66家，比张、韩二人所定多出不到一倍，所以任宏的校书任务不会太过繁重。由于杨仆的《兵录》被认为"犹未能备"，因此无论其是兵书汇编本，还是兵书目录著作，都应没有分类，所以才有"命任宏论次兵书为四种"之说。任宏的突出贡献在于把66家的兵书根据内容的不同，区分为权谋、形势、阴阳、技巧四类，建立了最早的切于实用的兵书分类体系。

"数术"类主纂尹咸，汝南人，河平中以太史令受诏与刘向一同校书。

---

① 《山海经》的校定虽在上奏《七略》之后，但校书工作的安排应一如刘向之时，故可推溯而论之。

② 见《后汉书·百官志》。

③ 《汉书·百官公卿表》。

④ 《汉书·百官公卿表》。

其后为丞相史，平帝始元五年（前5）为大司农（见《汉书·百官公卿表》）。尹咸父尹更始，字翁君，是宣、元年间大儒，精通《穀梁春秋》。甘露元年（前53），宣帝“召五经名儒太子太傅萧望之等大议殿中，平《公羊》、《穀梁》同异，各以经处是非。时《公羊》博士严彭祖、侍郎申挽、伊推、宋显，《穀梁》议郎尹更始、待诏刘向、周庆、丁姓并论”[①]。尹更始与刘向同属《穀梁》学派阵营，会议后“《穀梁》之学大盛”，得以为进谏大夫、长乐户将。尹更始又兼通《左氏传》，“取其变理合者以为章句，传子咸及翟方进、琅邪房凤。”[②] 尹咸因家学之故，亦精于《左传》。太史令属太常六令丞之一，秩六百石。尹咸身为太史令，以本官主校数术之书自然顺理成章。

另一方面，刘歆在中秘校书时，“见古文《春秋左氏传》，歆大好之。时丞相史尹咸以能治《左氏》，与歆共校经传。歆略从咸及丞相翟方进受，质问大义。”[③] 由此可见，尹咸以经学名家参与校书，不仅主持校定数术之书，亦参与了六艺经传的整理。尹、刘二家两代四人，俱兼通《穀梁》、《左氏》，谊在师友之间，数十年来同处一个学术阵营，因此有理由相信尹咸担任“数术”类主纂者，是刘向经过充分考虑之后的选择。

《汉志·数术略》云：“数术者，皆明堂羲和史卜之职也。……春秋时鲁有梓慎，郑有裨灶，晋有卜偃，宋有子韦。六国时楚有甘公，魏有石申夫。汉有唐都，庶得麤觕。盖有因而成易，无因而成难，故因旧书以序数术为六种。”既言“因旧书”，说明前人已对数术之书进行过一定程度的整理，尹咸于校书时自可因承借鉴。不过即便如此，据姚振宗《七略佚文》的统计，《七略·数术略》共著录110家，数术之书又多杂乱，尹咸工作量之大还是不难想见的。

“方技”类主纂李柱国，河平中以侍医受诏与刘向一同校书。侍医，《隋志》作“太医监”。“太医监”于《史记》、《汉书》、《后汉书》仅一见，《汉书·外戚传》云：“（上官桀）妻父所幸充国为太医监，阑入殿中，

---

① 《汉书·儒林传》。
② 《汉书·儒林传》。
③ 《汉书·楚元王传》。

下狱当死。”盖“太医监”即“太医令”，杜佑《通典·职官》即作“太医令”。《汉书补注》引叶德辉曰：“《百官表》奉常属官有太医令丞，少府属官亦有之，无侍医之名。惟《张禹传》云：‘禹病上书乞骸骨，成帝赐侍医视疾。’颜注：‘侍医，侍天子之医，盖若今之御医矣。’”据《汉书·百官公卿表》所载，“（奉常）属官有太乐、太祝、太宰、太史、太卜、太医六令丞。”“（少府）属官有尚书、符节、太医、太官、汤官、导官、乐府、若卢、考工室、左弋、居室、甘泉居室、左右司空、东织、西织、东园匠十六官令丞”。少府太医令为宫禁之医，侍医当为少府太医令之属官①。或以为当医官入官服侍皇帝时，加“侍中”官衔，简称为“侍医”②。《方技略》中的医经、经方、房中均属“医药之书”，由李柱国担任主纂者，符合汉朝以专官校书的传统。可惜史书缺载，对于李柱国的其他生平事迹迄今一无所知。李柱国以本官主持整理方技之书36家868卷，又区别为三类，其功绩不应因人事渺茫而轻率视之。

“兵书”、“数术”、“方技”三类图书皆以专官出任主纂者，即郑樵所谓“校书之任，不可不专”③。此举亦与汉初以来的校书传统一脉相承，盖因上述三类图书“各存专官典守”，“不尽出于中秘之藏”④。汉初兵书的整理者张良、韩信便是著名的军事家，精通兵法，能征擅战。而且，两人整理后的兵书皆由朝廷秘藏，一般不轻易示人，所以诸吕谋反时需要“盗取之”，因此兵书的整理工作必由武职充任，杨仆如此，任宏更不例外。专官校书的好处在于对所校典籍的熟悉，如太史令尹咸校数术之书，太史令的工作本来就是负责“掌天时星历，凡岁奏新年历；凡国祭祀丧娶之事，奏良日；国有瑞应灾异，（掌）记之”⑤。《后汉书·百官志》亦云：“凡岁将终，奏新年历。凡国祭祀、丧、娶之事，掌奏良日及时节禁忌。凡国有瑞应、灾异，掌记之。丞一人。明堂及灵台丞一人，二百石。本注曰：二丞，掌守明堂、灵台。灵台掌候日月星气，皆属太史。”由此可见，《七略·数术略》

① 陈直：《汉书新证》，中华书局2008年版，第220页。

② 贺圣迪：《班固对医学文化的贡献》，《中医药文化》2006年第3期。

③ 《通志·校雠略》。

④ 《校雠通义·补校汉艺文志第十》。

⑤ 应劭：《汉官仪》，见孙星衍等辑《汉官六种》，中华书局1990年版，第127页。

中的天文、历谱、五行、蓍龟、形法之书皆由太史令所掌管，既对之瞭如指掌，校书之事又属职份之内，何假外求。故章学诚谓“有官斯有法，故法具于官；有法斯有书，故官守其书；有书斯有学，故师传其学；有学斯有业，故弟子习其业”[①]，岂特指六艺之书，“兵书”、“数术”、“方技”之书的保存、整理更当如是。

参校者是校书工作中的重要组成部分，没有他们辛勤和有效的劳动，要把10万卷以上的典籍整理成600多家的著作，根本是不可能的事情。大量人员投入其中，主要是负责参校工作，因此刘向于每篇书录中必定详记参校者，以示公允。参以今存书录和其他《别录》、《七略》佚文等史料，得知参校者如下：

富参，未详何人。《管子书录》云：“所校雠中《管子书》三百八十九篇、大中大夫卜圭书二十七篇、臣富参书四十一篇、射声校尉立书十一篇，太史书九十六篇，凡中外书五百六十四篇。”按书录的撰写通例，凡参与校书者，名前皆冠以“臣”字。如《战国策书录》谓“护左都水使者光禄大夫臣向言：所校中《战国策》书”；《上山海经表》谓“侍中奉车都尉光禄大夫臣秀领校秘书言：校秘书太常属臣望所校《山海经》凡三十二篇，今定为十八篇”，又《山海经》题署谓“建平元年四月丙戌，待诏太常属臣望校治，侍中光禄勋臣龚、侍中奉车都尉光禄大夫臣秀领主省”。以上书录中，刘向自称“臣向”，刘秀（刘歆）自称“臣秀”，王龚自称“臣龚”，还有充任校治之职的“臣望”，都是参与校书的人员。由于书录是上奏汉帝御览的，所以参与工作者必须卑称，刘向在落款时还往往称“臣向昧死上言”[②]。蔡邕《独断》谓“汉承秦法，群臣上书皆言‘昧死言’”，可见此为秦汉时奏书的定制。若非参与校书而仅借用其书者则无须称臣，如上引《管子书录》中的“大中大夫卜圭”、“射声校尉立”等人名前，就没有冠以“臣”字。由此可知，“富参”应是参与校书工作的一员，更可能参与了《管子》的校定工作。

杜参，《汉志·诗赋略》著录有“博士弟子杜参赋二篇”。颜注：“刘向

① 《校雠通义·原道第一》。

② 《孙卿书录》。

《别录》云‘臣向谨与长社尉杜参校中秘书’。刘歆又云：‘参，杜陵人，以阳朔元年（前24）病死，死时年二十余’。”今存书录中也有两处提及“长社尉参”。《晏子书录》云：“所校中书《晏子》十一篇，臣向谨与长社尉臣参校雠，太史书五篇，臣向书一篇，臣参书十三篇，凡中外书三十篇。”《列子书录》云：“所校中书《列子》五篇，臣向谨与长社尉参校雠，太常书三篇，太史书四篇，臣向书六篇，臣参书二篇，内外书凡二十篇。”此外，据《北史·文苑传》所载，北齐天保七年（556），樊逊受诏校书，议曰：“案汉中垒校尉刘向受诏校书，每一书竟，表上，辄言：臣向书，长水校尉臣参书，太常博士书，中外书，合若干本，以相比较，然后杀青。”①本来综合上述所引史料，长社尉杜参曾参与刘向校书工作的证据已经显得十分充足。

然而，由于《列子书录》末署“永始三年（前14）八月壬寅上”，与刘歆谓杜参“以阳朔元年病死”互相矛盾，所以钱穆《刘向歆父子年谱》认为“歆语非伪，即《列子叙录》非真”②。更有学者以为颜注所引刘向《别录》中“参”前的“杜”字是颜师古所妄加，把“富参”误作“杜参”。③《列子书录》的真伪历来争论甚多，莫衷一是，目前难以判定；而颜注所引“刘歆云”必得自《七略》，殆无疑问。对于这个矛盾，除了非此即彼的解读外，还有一个可能就是两者皆是，问题在于忽略了考虑杜参参与校书工作的时间。阳朔元年（前24）距受刘向受诏校书的河平三年（前26）仅两年，杜参应是在刘向校书初期便参与工作，负责诸子书的整理，可惜英年早逝，所以刘向在后来撰写的《晏子书录》和《列子书录》中特意明确指出杜参曾参与有关的整理工作，以示明责和追念，也不是没有可能的。这或许正是颜师古在引用《别录》后，刻意再引《七略》的原因。

至于说《别录》中“杜”字是颜师古所误加，可能性似乎不大。因为《别录》、《七略》于唐时尚存，为颜师古亲见，并在《汉志》注释中广泛

---

① 李延寿：《北史》，中华书局1974年版，第2789—2790页。《北齐书·文苑传》所载略同，见李百药《北齐书》，中华书局1972年版，第614页。

② 钱穆：《两汉经学今古文平议》，（台北）东大图书公司1971年版，第32页。

③ 曹之：《是杜参还是富参——〈七略〉、〈别录〉研究一得》，《中国图书馆学报》1998年第2期。

引用，不应有此失误。而且，颜师古在“博士弟子杜参赋二篇”下同时引用《别录》和《七略》之文，说明其对《别录》、《七略》中关于杜参的记载十分熟悉，不可能张冠李戴。否则，不仅所引《别录》可疑，“刘歆云”亦归入不可信之列，对于杜参的考证便成了无根之木了。然而，又有学者根据俞樾《诸子平议》认为《晏子书录》中的“此‘参’疑即‘富参’”之说，并依唐人殷敬顺《列子书录》释文中有“刘向《管子新书目录》云，臣参书四十一篇”的提法，以为“臣参”、“富参”、“杜参”三者当为一人[①]。此一主张无视各书录之间记载的明显差异，《管子书录》云“臣富参”，《晏子书录》云“长社尉臣参”，《列子书录》云“长社尉参”，颜注引刘向《别录》云“长社尉杜参”，参与校定《晏子》、《列子》之人，明明是身为“长社尉”的“参”，即杜参，而参与校定《管子》的人为富参，未知官职，三者只可能区分为二人，又何能合为一人呢？

此外，杜参于《北史·文苑传》、《北齐书·文苑传》所载樊逊之议中作“长水校尉”，而颜注引《别录》及《晏子书录》、《列子书录》皆称杜参为“长社尉”。长水校尉是秩禄二千石的高官[②]，长社尉却只不过是长社县的一军事长官，所以有学者以为似不大可能直接入秘阁校书，反而一些校书官员曾以武散官虚衔入阁整理图书，所以杜参应以长水校尉之职参与校书[③]。不过，如果杜参确实卒于阳朔元年，卒时年仅20余，那么位居长水校尉这样的高官，未免令人难以置信，且《汉书》所载的长水校尉中亦无杜参其人。杜参曾为“博士弟子”，当然可以直接参与校书，因此钱穆《刘向歆父子年谱》对“长水校尉”判断为“恐误”，应该是合理的。

综上所述，长社尉杜参于刘向校书初期参与工作，且家富藏书，又能把家藏[④]贡献出来，供校书之用。在具体工作中，杜参主要襄助刘向校理《晏子》、《列子》等诸子书；但由于在参与校书后不久便逝世，遂不为人所熟知。

（臣）叙，未详何人。《邓析书录》云：“中《邓析书》四篇，臣叙书

---

① 陈隆予：《刘向校书叙录中的几个问题》，《陕西教育学院学报》2004年第2期。

② 见《汉书·百官公卿表》。

③ 潘猛补：《刘向父子校书助手述略》，《江苏图书馆学报》1985年第2期。

④ 《晏子》13篇、《列子》2篇。

一篇，凡中外书五篇。”按照书录通例，“臣叙”亦应为校定《邓析子》的一员。不过《文献通考·经籍考》所引《崇文总目》曰：“《邓析子》，战国时人，《汉志》二篇。初，析著书四篇，刘歆有目有一篇，凡五篇，歆复校为二篇。”姚振宗曾指出《崇文总目》是“据旧本叙录之说”，《邓析书录》中的“‘目有’似‘自有’之讹”，“‘臣叙’似‘臣歆’之讹”[①]。其说可备参考，详见第二章。

王龚，字子即，“邛成太后（汉宣帝王皇后）亲也。内卿光禄勋治宫中。”[②] 据《汉书·儒林传》所载，“光禄勋王龚以外属内卿，与奉车都尉刘歆共校书”，“歆白《左氏春秋》可立，哀帝纳之，以问诸儒，皆不对。歆于是数见丞相孔光，为言左氏以求助，光卒不肯。唯（房）凤、龚许歆，遂共移书责让太常博士”，“大司空师丹奏歆非毁先帝所立，上于是出龚等补吏，龚为弘农，歆河内，凤九江太守，至青州牧。”王龚以外戚和九卿的身份参与校书，地位和官职皆不在刘歆之下，《山海经》题署有云：“建平元年四月丙戌，待诏太常属臣望校治，侍中光禄勋臣龚、侍中奉车都尉光禄大夫臣秀领主省。”由此可知，在整理《山海经》一书时，王龚和刘歆同任“领主省”之职，即主校者。因此，王龚应该是校书后期较为重要的负责者之一，并与刘歆形成紧密的学术联盟，更共同“移书责让太常博士”，于建平元年下半年出为弘农太守。

对于王龚参与校书的时间以及出为弘农太守之后的事迹，有需要加以说明。《汉书·公卿百官表》于绥和二年（前7）有两条史文，其一为：“卫尉王能为侍中光禄勋，二年贬为弘农太守，坐吕宽自杀。”其二为：“侍中光禄大夫王龚任卫尉，二月迁。”此处王能与王龚可能被错置，互换之后则王龚于绥和二年由卫尉迁为侍中光禄勋后，开始与刘歆一起校书，而侍中光禄大夫王能则接替卫尉一职。两年之后，王龚因与刘歆、房凤“移书责让太常博士”，出贬为弘农太守。其后可能因吕宽与卫宝恐吓王莽事，被受牵涉而自杀。[③]

---

① 《七略别录佚文》。

② 《汉书·儒林传》如淳注。

③ 详参徐兴无《刘向评传（附刘歆）》，南京大学出版社 2005 年版，第 198 页。

（臣）望，未详何人。《上山海经表》云："侍中奉车都尉光禄大夫臣秀领校秘书言：校秘书太常属臣望所校《山海经》凡三十二篇，今定为十八篇。"题署亦云："建平元年四月丙戌，待诏太常属臣望校治，侍中光禄勋臣龚、侍中奉车都尉光禄大夫臣秀领主省。"由此可知，"臣望"曾参与《山海经》一书的校定工作，担任"校治"，即参校者之职。清人吴任臣《山海经广注》疑"臣望"为丁望。据《汉书·百官公卿表》所载，建平二年（前5），"卫尉望为光禄勋，一月迁"，"光禄勋丁望为左将军。"可见身为哀帝生母的叔父丁望于建平元年（前6）已位列九卿之一的卫尉，并非太常属官。况且哀帝已于绥和二年（前7）四月即位，准备起用丁、傅等外戚，丁望决无于次年尚微处待诏太常属之理，因此"臣望"绝不可能是丁望。

据《汉书》所载，在成、哀、王莽期间，名"望"之臣至少有5人。①严望：《汉书·杨胡朱梅云传》云："九江严望及望兄子元，字仲，能传（朱）云学，皆为博士。望至泰山太守。"②方望：《汉书·宣元六王传》云："汉既诛莽，更始时婴在长安，平陵方望等颇知天文，以为更始必败，婴本统当立者也，共起兵将婴至临泾，立为天子。更始遣丞相李松击破杀婴云。"③王望：据《汉书·眭两夏侯京翼李传》所载，李寻好言阴阳灾异，曾向大司马票骑将军王根上书，"请征韩放，掾周敞、王望可与图之。"此外，王莽地皇四年（23）"有侍中王望传言大司马（董忠）反"[①]，此侍中王望或许就是李寻举荐之人。④蟜望：建平三年（5），"将作大匠东海蟜望、王君为执金吾，三月迁"，"执金吾蟜望为右将军，一年迁"[②]，其后蟜望又参与议丞相朱博、御史大夫赵玄、孔乡侯傅晏干乱朝政事。⑤（□）望：据《汉书·外戚传》所载，司隶解光"遣从事掾业、史望（颜注曰：业者掾之名，望者史之名也，皆不言其姓。）验问"成帝妃许美人及中宫史曹宫生子之事。上述5人（或是6人）之中，严望是博士，是太常属官；方望颇知天文，王望受荐于好言灾异的李寻，二人或许与太常属官太史、太卜等有一定的关系；唯蟜望、（□）望看似与太常属的关系不大。因此，严望

① 《汉书·王莽传》。
② 《汉书·百官公卿表》。

最有可能是参与《山海经》整理工作的“太常属臣望”。

以上是确知为参校某书的人员，除此之外，尚有不知从事哪些具体工作的班斿、房凤、刘伋3人。

班斿，班固从祖父。班固曾祖班况有三子，长曰班伯，次即班斿，少即班固祖父班穉。班斿生于初元四年（前45），“博学有俊材”，于鸿嘉（前20—前27）前后，亦即25岁左右，“左将军史丹举贤良方正，以对策为议郎，迁谏大夫、右曹中郎将，与刘向校秘书”①，则班斿参与校书之时，已属校书活动的中期。《汉书·叙传》称班斿“早卒”，又谓“王莽少与穉兄弟同列友善，兄事斿而弟畜穉。斿之卒也，修缌麻，赙赗甚厚”，班斿之卒大约在成、哀之际。班斿在校书时具体担任什么工作，史料匮乏，已不可知。不过《汉书·叙传》谓“每奏事，斿以选受诏进读群书，上器其能，赐以秘书之副”。由此可见，刘向等人校定一书，向成帝进奏时，多由班斿为之讲读，成帝欣赏其才能，曾赐予秘书副本，足见成帝对他的宠爱。其后，班穉“幼与从兄嗣共游学，家有赐书，内足于财，好古之士自远方至，父党扬子云以下莫不造门”②，说明刘向校书的成果即在当时已经开始流出朝廷，并对民间学人产生了一定的影响。

房凤，字子元，琅邪郡不其县人。据《汉书·儒林传》所载，“（房凤）以射策乙科为太史掌故。太常举方正，为县令都尉，失官。大司马票骑将军王根奏除补长史，荐凤明经通达，擢为光禄大夫，迁五官中郎将。时，光禄勋王龚以外属内卿，与奉车都尉刘歆共校书，三人皆侍中。歆白《左氏春秋》可立，哀帝纳之，以问诸儒，皆不对。歆于是数见丞相孔光，为言《左氏》以求助，光卒不肯。唯凤、龚许歆，遂共移书责让太常博士。”“大司空师丹奏歆非毁先帝所立，上于是出龚等补吏：龚为弘农；歆河内；凤九江太守，至青州牧。”房凤受学于尹更始之门，为《左氏》专家，大概由于学术观点的一致，遂与王龚一同支持刘歆，联署上书责让太常博士。房凤是否参与了校书活动，具体做了哪些工作，由于文献不足，不可具知。但他既与刘歆官职同等，又是辈份更高的经师，并参与了“移书责让太常博士”

① 《汉书·叙传》。

② 《汉书·叙传》。

一事，可以肯定对后期校书工作有较为重要的影响。

刘伋，刘向长子，曾“以《易》教授，官至郡守”①。《七录序》云：“孝成之世，命光禄大夫刘向及子俊、歆等雠校篇籍，每一篇已，辄录而奏之。”清人孙星衍《续古文苑》卷一一云：“俊”当做“伋”，严可均《全梁文》卷六六同。姚振宗亦以为“俊”应是“伋”之讹②。果真如此，则刘伋同父、弟一道，一开始就参与了校书活动；然而可能因为刘伋官至郡守，所以校书时日甚短，故此史籍缺载。

刘向主持的校书活动是西汉末年的重大文化工程，前后长达20多年，参与其事的学者，必定不止于上述13人。例如陈农，《汉书·成帝纪》谓“谒者陈农使，使求遗书于天下”，史书缺载，陈农不仅是否参与校书无法考定，连其他事迹亦不得而知。然而，北周庾信在《周柱国大将军大都督同州刺史尔绵永神道碑》中有“韩信入关，即申军令；陈农受诏，仍校兵书”③之语。“韩信入关，即申军令”，指的是汉初“韩信申军法”一事。至于“陈农受诏，仍校兵书”，或可理解为陈农于巡行天下访求遗书之后，曾经继续参与刘向主持的校书活动，负责兵书的整理工作。当然庾信所谓的“仍校兵书”更可能是指刘向、任宏等人，而与陈农无涉。不过陈农有广求遗书的经历，对得书的过程和所得之书有一定的了解，被刘向吸收为校书一员亦非全无可能。此外，刘向的次子刘赐、学生冯商等，或许也曾参与校书活动，可惜史无明文，多数已经湮掩无闻矣。

综上所述，整个校书工作是在严密的组织下，由刘向、刘歆父子为首的一个学术群体出色地完成的。刘向、刘歆总理其事，负责总纂，又把典籍分为若干门类，由任宏、尹咸、李柱国等学有所长的专家分任各大类的主纂者。在具体整理工作中，主校者、参校者分工合作，职责分明，有条不紊。同时又注意吸收高水平的青年学者，刘伋、刘歆、班斿、杜参等人参加校书之时，大概都只有20余岁，《列女传》（刘向与刘歆）、《晏子》、《列子》（以上刘向与杜参），《山海经》（刘歆与臣望）等的校定，都是

① 《汉书·楚元王传》。

② 见《七略别录佚文叙》。

③ 庾信撰，倪璠注：《庾子山集注》，中华书局1980年版，第85页。

由青年俊才与名家宿儒密切配合的成果。如此系统化的工程成为日后校书事业的楷模，直至清代纂编《四库全书》，凡从事大规模古籍整理者莫不为之遵循仿效。

第二节　流程与方法

在校书的实践过程中，刘向总结出一套合理的典籍校雠流程以及与之相辅相成的校雠方法，大大提高了校书的进度和质量。古人对刘向校书工作作过不少研究，北齐天保七年，诏令校定群书，樊逊称“向之故事，见存府阁”①，王重民认为“刘向故事就是专辑刘向在目录实践中所创造出来的经验、方法和理论上的文献纪录，是一部目录学上的专门著作”②。如果属实的话，则早在南北朝时期，已有人对刘向校书工作进行总结。《史记·苏秦列传》“临菑甚富而实，其民无不吹竽鼓瑟，弹琴击筑，斗鸡走狗，六博蹋鞠者”句，唐人司马贞《史记索隐》引《别录注》云：“蹴踘，促六反。蹴亦蹋也。”可证唐或以前已经有人为《别录》作注，其中一定包括有对刘向校书方法在内的解释性文字。可惜《别录注》已佚，无法详知其内容，不过足以反映当时人对刘向校书所取得的巨大成就的积极关注。其后郑樵的《通志·校雠略》、马端临的《文献通考·经籍考》以及章学诚的《校雠通义》，则从理论上对刘向校书工作进行整体分析批判，其中《校雠通义·校雠条理第七》更是历史上第一篇关于刘向校书方法的专论，开启了以后深入探讨刘向校书方法的先河。

近代学者孙德谦在《刘向校雠学纂微》一书中，将刘向校书方法归纳为23项，分别是“备众本”、“订脱误”、“删复重”、“条篇目”、“定书名”、“谨篇次”、“析内外”、“待刊改”、“分部类”、“辨异同”、“通学术”、“叙源流”、“究得失”、“撮指意”、“撰序录”、“述疑似”、“准经义”、“征史传”、“辟旧说”、“增佚文”、“考师承”、“纪图卷”、“存别义”，每项皆附例证，可谓详细入微，是研究刘向校书方法全面且细致的学

① 见《北史·文苑传》、《北齐书·文苑传》。
② 王重民：《中国目录学史论丛》，中华书局1984年版，第29页。

术著作，极具参考价值。此外，孙德谦又有《汉书艺文志举例》[1]，凡举46例，其中一些条例与《刘向校雠学纂微》相同。刘向校书、刘歆奏《七略》、班固成《汉志》，三事一脉相承，两书可以互相参看。现代以降，姚名达的《中国目录学史》，余嘉锡的《目录学发微》、《古书通例》，王重民的《中国目录学史论丛》等皆有讨论刘向校书方法的专章，多有补阙发覆、钩沉析疑之功。各种校雠学、文献学、目录学的著作和论文，或直接讨论刘向校书方法，或以刘向校书为例说明校雠图书的手段，更是见解纷陈，无微不至。

然而，由于可供论证的材料局限于今存各书录在内的《别录》、《七略》佚文以及《汉志》等，所以陈陈相因者多，新义可观者少，有些论断更因史料匮乏而显得牵强附会，可以说，基本上已经到了山穷水尽的地步。可幸的是，20世纪以来大量简牍帛书的出土，为刘向校书方法提供了新的材料，带来了新的视角[2]。另一方面，校书方法与流程两者相辅相成，所以必须将校书方法置于整个典籍校雠流程的角度来讨论，并且充分考虑到两者之间的互动关系，方能得出其真义。

一、图书搜集与来源分辨

典籍图书是刘向从事校书工作的必要前提条件，甚至可以说所校之书的数量和质量直接影响到校书方法的实际操作。如上章所述，汉朝自立国之初，便已十分注重对图书文献的搜集，尤其是经武帝广开献书之路，建藏书之策，置写书之官，经书、诸子、传说等充塞秘府，其后百年之间，中秘之书积如丘山。求书、藏书、校书也逐渐成为了汉朝文化政策的常规制度，所以成帝下诏校书之时，又遣谒者巡行天下，访求遗书。

《汉书·成帝纪》云："光禄大夫刘向校中秘书。谒者陈农使，使求遗书于天下。"《汉志》云："至成帝时，以书颇散亡，使谒者陈农求遗书于天下。诏光禄大夫刘向校经传、诸子、诗赋，步兵校尉任宏校兵书，太史令尹

① 孙德谦：《汉书艺文志举例》，苏州四益宧刻本，1915年；又收入《二十五史补编》第2册，中华书局1955年版，第1697—1711页。

② 目前利用出土的简牍帛书来研究刘向校书方法的文章，以傅荣贤的《简帛文献中的校雠学义例》（《中国图书馆学报》2007年第3期）最有价值。

咸校数术，侍医李柱国校方技。”两处所记，内容虽无不同，但若依《成帝纪》，则先下诏校书，再命陈农求书，若依《汉志》，则先命陈农求书，再下诏校书。不仅求书、校书的先后次序不同，连带求书的目的也略有差异。张舜徽以为应依《成帝纪》所云，因为“当时实为校书而遣使出外求书”，“校书必资异本对勘，故又遣使广求之于天下也。”① 此说甚是，可以补充的是，既然《成帝纪》于“河平三年”同时记载求书、校书二事，考虑到陈农访求遗书不可能一蹴而就，必须经历一年乃至数年的时间，而刘向校书的工作亦已经展开，所以二事应是同时开始，齐头并进，又相互作用。因此《汉志》所云，很可能是指刘向所校之书中包括了陈农所求之书，而非谓因有陈农求书之事，然后才有下诏校书之举。

在探讨刘向校书工作的具体方法之前，必须了解汉朝图书流传和中秘藏书的特点。由于先秦西汉时期书皆写本，且往往以单篇（或多篇）别行的形式流传，而已经汇编成书者，也往往因传习者的不同和抄写时的随意性，使得一书兼有数本（彼此篇章不同）的情况大量存在。更为重要的是，汉时图书各种传本之间的差异颇大，即便是同一来源的同一图书也会呈现出不同的面貌，这从20世纪以来的出土简帛文献得到很好的证明。如1974年初湖南省长沙市马王堆3号汉墓出土的帛书《老子》，就有甲、乙两本。甲本字体在篆隶之间，不避汉高祖刘邦讳，抄写时代可能在高帝时期；乙本字体为隶书，避“邦”字讳而不避惠帝刘盈讳，抄写时代可能在惠帝或吕后时期。虽然帛书《老子》甲、乙本均是《德经》在前，《道经》在后；但是字句上颇有歧异，加上抄写时代先后不同，显然属于两个不同的传本。无独有偶，1993年冬湖北省荆门市郭店1号楚墓出土的简书《老子》，依照形制和编绳契口位置的不同，可分作甲、乙、丙三本。有学者认为甲、乙、丙三本实际上代表了三种不同的《老子》传本，而且是三种不同《老子》传本的摘抄本②。也有学者从三本简文中的同读异文现象出发，指出三本存在着历

① 张舜徽：《汉书艺文志通释》，见《张舜徽集·广校雠略　汉书艺文志通释》，华中师范大学出版社2004年版，第173页。王国强亦赞同张氏之说，见氏著《汉代文献学研究》，线装书局2007年版，第103—104页。

② 王博：《关于郭店楚墓竹简〈老子〉的结构与性质——兼论其与通行本〈老子〉的关系》，载《道家文化研究》第十七辑，三联书店1999年版，第149—166页。

时性差异，所以很可能“是在三个不同时期产生的三种不同抄本”[1]。此外，1959年甘肃省武威市磨嘴子6号汉墓同时出土了简书《仪礼》的三个本子，湖北省江陵市王家台15号秦墓同时出土了简书《归藏》的两个本子，马王堆帛书和郭店简书皆出土有《五行》等。以上出土简帛文献的情况，充分说明了当时图书文献流传的复杂性。与此同时，汉朝末年的中秘藏书是经历了长达200多年不同阶段、不同渠道、不同方式汇聚而成的，保存状况自然难以尽同，图书的各种传本之间出现文字讹误、繁简差别，实属无法避免。由此不难推想，刘向校书之时，中秘藏书内不同图书的各种传本之间的繁杂情况要比目前已经出土的简帛文献不知高出多少倍。

图书数量极为丰富，而且质量又甚为参差，是校书工作面临的第一个难题。因此，刘向古籍整理的突出特点之一，便是十分重视图书诸多传本的广泛收集，即所谓“广罗异本”；并在此基础上，对所校图书的各种传本进行甄别区分，以备校雠之用。这也成为了校书工作的首要环节。章学诚曾对此作过精辟的分析，其谓“校雠宜广储副本。刘向校雠中秘，有所谓中书，有所谓外书，有所谓太常书，有所谓太史书，有所谓臣向书，臣某书。夫中书与太常、太史，则官守之书，不一本也；外书与臣向、臣某，则家藏之书，不一本也。夫博求诸本，乃得雠正一书，则副本固将广储以待质也”[2]。孙德谦亦云：“校书之事，必备有众本，乃可以决择去取。”[3] 从包括今存各书录在内的《别录》、《七略》佚文来看，刘向往往针对来源不同的各种图书进行认真分辨、客观说明，反映他认识到图书来源的不同在一定程度上意味着性质和价值的差异。

整个校书工作的对象是中秘藏书，所以中秘所藏的本子（即所谓“中书本”），是校书过程中最为重要的一类图书。《晏子书录》云“所校中书《晏子》十一篇”，《说苑书录》云“所校中书《说苑杂事》”，《列子书录》云“所校中书《列子》五篇”，便是明言“中书”之文。有时又称“中某某书”，如《初学记》卷二一引《别录》云“所校雠中《易传古五子书》”，《战国策书录》云“所校中《战国策》书”，《孙卿书录》云“所校雠中

① 丁四新：《郭店楚墓竹简思想研究》，东方出版社2000年版，第9页。
② 《校雠通义·校雠条理第七》。
③ 孙德谦：《刘向校雠学纂微·备众本》，苏州四益宧刻本，1923年，第1页。

《孙卿书》凡三百二十二篇”，《管子书录》云“所校雠中《管子》书三百八十九篇”，《邓析书录》云“中《邓析》书四篇”。与“中书本”相对的是“外书本”。“外书本”应包括两类：一类为官守之书，如太常书、太史书；一类为大臣家藏之书，又可分为曾经参与校书工作的大臣家藏之书和没有参与校书工作的大臣家藏之书两种。

《汉志》如淳注引《七略》云：“外则有太常、太史、博士之藏，内则有延阁、广内、秘室之府。”因此，太常之书、太史之书虽与“中书本”同为官守之书，但从刘向区分图书来源的角度来看，则当属于“外书”的范围。太常书仅见于《列子书录》（太常书3篇），太史书则分别见于《晏子书录》（太史书5篇）、《管子书录》（太史书96篇）、《列子书录》（太史书4篇）。部分参与校书工作的大臣曾经将家藏之书献出，供参校之用，对此刘向皆于书录中一一列出，并于名前冠以“臣”字。《晏子书录》所云的“臣向书一篇”、《说苑书录》所云的“臣向书”、《列子书录》所云的“臣向书六篇”，皆为刘向家藏之书。《晏子书录》云“臣向谨与长社尉臣参校雠，……臣参书十三篇”，《列子书录》云“臣向谨与长社尉参校雠，……臣参书二篇”，其中的“臣参书”皆为长社尉杜参家藏之书。《管子书录》所云的“臣富参书四十一篇”，为富参家藏之书。《邓析书录》云“臣叙书一篇”，“臣叙书”应为一位参与校书工作的名“叙”（失其姓）的大臣家藏之书。然而姚振宗怀疑“臣叙”为“臣歆”之讹，如果属实，则为刘歆家藏之书。至于没有参与校书工作而献出家藏之书的大臣，刘向亦于书录中指明，但于名前则不冠以“臣”字。《管子书录》所云的“大中大夫卜圭书二十七篇”、“射声校尉立书十一篇”，则分别为卜圭和“立”（失其姓）两位大臣家藏之书。

同时，又有民间书，如《说苑书录》所云的“民间书”，《申子》的“民间所有上下二篇”①，当指民间献上或陈农访得之书，因失其藏者姓名，故曰民间书。此外，《〈尚书·孔安国序〉正义》引《别录》曰：“武帝末，

① 《〈史记·老子韩非列传〉集解》引《别录》。

民有得《泰誓》于壁内者，献之。与博士，使读说之，数月，皆起传以教人。”[①]《汉志·六艺略》“《尚书》家小序”云：“及秦燔书，而《易》为筮卜之事，传者不绝。汉兴，田何传之。讫于宣、元，有施、孟、梁丘、京氏列于学官，而民间有费、高二家之说。臣向以中古文《易经》校施、孟、梁丘经，或脱去‘无咎’、‘悔亡’，唯费氏经与中古文同。”由此可见，《泰誓》、《费氏易》、《高氏易》原得自民间，后藏于中秘，为刘向校书时所取资。

关于刘向所区分的各类图书，有一个问题必须厘清。就是刘向对于同一藏处（或个人）所藏的同一书的不同传本，于书录中有时统言篇数而未加区别。如《邓析子》一书，“中《邓析》书四篇、臣叙书一篇，凡中外书五篇，以相校，除复重为一篇”[②]，《汉志》著录有“《邓析子》二篇”，既然校定后的新本只有1篇（或2篇）[③]，可知中书4篇当为4种（或2种）传本，而非谓《邓析子》一书有4篇。又如《管子》一书，《管子书录》云：“所校雠中《管子》书三百八十九篇、大中大夫卜圭书二十七篇、臣富参书四十一篇、射声校尉立书十一篇、太史书九十六篇，凡中外书五百六十四篇，以校，除复重四百八十四篇，定著八十六篇。”既然校定后的新本为86篇，而中书多达389篇，当包括数种传本，而非谓《管子》一书有389篇。同理，太史书有96篇，当包括至少两种传本，而非谓《管子》一书有96篇。《孙卿书》的情况就更为突出，《孙卿书录》云：“所校雠中《孙卿书》凡三百二十二篇，以相校，除复重二百九十篇，定著三十二篇。”中书的322篇，当包括至少10种以上的传本，而非谓《孙卿书》有322篇，因此刘向以各种传本互相参校（“相校”），删去重复相同的290篇，“第录”而成32篇的新本《孙卿书》。造成这个现象的主要原因是：如上所述，西汉之时大部分图书尚处于“书未定型”的阶段，各种传本之间篇数不尽相同，又无具体统一的外部特征，故难以一一说明。而且，刘向校定的新本篇数又多有别于之前的各

① 此条佚文《文选·刘子骏〈移书让太常博士〉》李注引作《七略》，其云：“孝武皇帝末，有人得《泰誓》于壁中者，献之。与博士，使赞说之，因传以教，今《泰誓》篇是也。”

② 《邓析书录》。

③ 《崇文总目》云：“初析著书四篇，刘歆有目有一篇，凡五篇，歆复校为二篇。”此与《汉志》著录同，而与《邓析书录》“除复重为一篇”异，或有讹误，不可知矣。

种传本，故此为免徒添混乱，只好统言篇数，不再予以区分。

二、以中书为底本参校众书

正因刘向能够尽其所能地做到诸多传本的广参博取，显然为其后来系统地校雠古籍做了很好的准备，提供了重要的条件。“校雠”（后世谓之“校勘”）原指对文献传本的纠缪正误，这是古籍整理的重要内容，也是传统学术研究的基本方面之一。诚如孙德谦所谓“一书之中，其脱误或在篇章，或在字句，后人读之，苟无善本相校，必致文义难晓，有索解而不得者”①。然而，面对大量的中秘藏书，怎样更为有效地就群籍进行整理，最大限度地减少传本中的错乱，就作为一个理应解决的特殊课题摆在刘向面前。章学诚曾指出刘向校书时，“中书不足，稽之外府，外书讹误，正以中书。”② 不过，对于刘向校雠古籍究竟是怎样的具体程序，是否包括首先确定底本，再以之对校、参校别本，因为年代久远，文献不足，前人往往不甚了然。直至余嘉锡的《古书通例》才加以总结，指出“凡经书皆以中古文校今文。其篇数多寡不同，则两本并存，不删除复重”。“凡诸子传记，皆以各本相校，删除重复，著为定本。”③ 余氏于刘向校雠古籍流程与方法的查考，慧眼独具，意义重大。细按其说，证之遗文，仍有待匡补阐发之处。

同一种典籍的“中书”、“外书”以及大臣藏书、民间书，尽管属于不同的传本，与雕版印刷发明以后的“版本”尚有区别，但校书实践必须注重“底本”的选择以及“对校本”、“参校本”的分别利用，应当是不成问题的。仔细考察今存书录及《汉志》，可以发现刘向所校之书若“中书”、“外书”均有藏本，一般而言，是以“中书本”为“底本”，以“外书本”（包括大臣私人藏书）为“对校本”或“参校本”来进行校雠的。这种整理方式在各篇书录中都有所记载，如《晏子书录》云：

> 《晏子》凡内外八篇，总二百十五章。护左都水使者光禄大夫臣向

① 孙德谦：《刘向校雠学纂微·订脱误》，苏州四益宧刻本，1923 年。

② 《校雠通义·校雠条理第七》。

③ 《古书通例·卷三　论编次第三·叙刘向之校雠编次》。

言：所校中书《晏子》十一篇，臣向谨与长社尉臣参校雠，太史书五篇、臣向书一篇、臣参书十三篇，凡中外书三十篇，为八百三十八章。除复重二十二篇，六百三十八章，定著八篇二百一十五章。外书无有三十六章，中书无有七十一章，中外皆有以相定。中书以“夭”为“芳”，“又”为“备”，“先”为“牛”，“章”为“长”，如此类者多，谨颇略椾，皆已定，以杀青书，可缮写。

细揣文意，应是指以中书《晏子》为“底本”，用太史书、臣向书、臣参书等参校之，故此下文才有“中书以‘夭’为‘芳’，‘又’为‘备’，‘先’为‘牛’，‘章’为‘长’，如此类者多”之语，目的在于指出中书《晏子》的文字错讹。由此可见，刘向在发现作为“底本”的“中书本”有错讹时，便据外书和大臣私人藏书即“对校本”（“参校本”）改正之，所以书录才有必要对“中书本”的错讹详作说明。

《列子书录》亦记载了《列子》一书的校雠过程，《列子书录》云：

右新书定著八篇，护左都水使者光禄大夫臣向言：所校中书《列子》五篇，臣向谨与长社尉臣参校雠，太常书三篇、太史书四篇、臣向书六篇、臣参书二篇，内外书凡二十篇，以校，除复重十二篇，定著八篇。中书多，外书少，章乱布在诸篇中，或字误，以“尽”为“进”，以“贤”为“形”，如此者众。及在新书有栈，校雠从中书，已定，皆以杀青，书可缮写。

在校雠中书《列子》之时，分别以“太常书”、“太史书”、“臣向书”、“臣参书”用作参校。然而在校定新书之后，有所谓“在新书有栈”，《晏子书录》亦云“谨颇略椾”。关于“有栈”、“略椾”，殷敬顺《列子释文》谓“虫蠹断灭也”。孙星衍以为“‘椾’即‘笺’异文，《说文》‘笺，表识书也’。《玉篇》‘椠，子田切，古文牋字’”①。其说可从。“椾”为“牋”的古体，“牋”从“戋”得声，声近义通，“笺”、“牋”、“椾”三字相通，以

① 孙星衍：《晏子春秋音义》，《丛书集成初编》本，中华书局1985年版，第2页。

"表"训"賤"，即将脱误之文表示出来以备订正之意（参见《刘向校雠学纂微·订脱误》）。加上"校雠从中书"，则可以理解为刘向订正的标准是：若中书本与他本有矛盾，能够确定中书为是时则从中书，在不能确定时仍从中书。这种处理"异文"的方法和后世校勘学中底本不误而对校本、参校本有误时从底本，底本与对校本、参校本不同而又不能确定时，仍从底本并出"异文校记"的原则是一致的。

刘向之所以采取以"中书本"为"底本"，以"外书本"为"对校本"或"参校本"这种方式来进行典籍校雠工作，一方面是因为整个校书工作的对象主要为中秘之书。另一方面，很可能是由于"中书"的篇卷数量较多，也较为完整。如《管子》一书，《管子书录》谓"所校雠中《管子》书三百八十九篇、大中大夫卜圭书二十七篇、臣富参书四十一篇、射声校尉立书十一篇、太史书九十六篇，凡中外书五百六十四篇，以校，除复重四百八十四篇，定著八十六篇"。从中可知"中书本"《管子》篇数所占的比例接近中、外书篇卷总数的七成。《申子》的情况也相似，《汉志》著录"《申子》六篇"，《史记·老子韩非列传》集解引《别录》云"今民间所有上下二篇，中书六篇，皆含二篇"，足见"中书本"《申子》6篇是一个较为完整的本子。又如《邓析子》一书，"中《邓析》书四篇，臣叙书一篇"[①]，显然"中书本"较"臣叙书"的价值要高出许多，如果脱离"中书本"根本无法对《邓析子》进行校雠工作。至于只取"中书"的322篇相校，定著为32篇的《孙卿书》则更能说明"中书本"的价值。

当然也有"中书本"的篇卷数量不如"外书本"或大臣藏书的，《列子》就是一例。"中书《列子》五篇"、"太常书三篇、太史书四篇、臣向书六篇、臣参书二篇"，不过删除复重12篇，定著8篇之后，刘向即发觉"中书多，外书少"[②]，说明"中书本"篇卷数量虽不是最多却较为完整。

值得注意的是，"底本"的选定是根据实际工作需要而作出取舍的，并不忽略对特殊情况的个别处理。例如，《汉志·六艺略》的《易经》类"小序"云："（刘向）以中《古文易经》校施、孟、梁丘经，或脱去'无咎'、

① 《邓析书录》。
② 《列子书录》。

‘悔亡’，唯费氏经与古文同。”《尚书》类“小序”又云：“（刘向）以中古文校欧阳、大小夏侯三家经文，《酒诰》脱简一，《召诰》脱简二。率简二十五字者，脱亦二十五字，简二十二字者，脱亦二十二字。文字异者七百有余，脱字数十。”这里“中古文本”是作为对校本而不是底本来使用的，原因是整理对象是不同家派《易经》、《尚书》经文，所以只有把“中古文本”置于对校本的地位，才能校理出不同家派经文的脱漏。余嘉锡曾以此为例，指出“凡经书篇数，各本不同，不以之互相校补，著为定本者，因中秘之所藏，与博士之所习，原非一本，势不能以一人之力变易之也。此与诸子之情事不同，故义例亦异，非为尊经之故也”[①]。此说对于说明刘向校定今、古文经书的“义例”，固然有重要的价值。不过《隋志》经部《孝经》类小序云：“刘向典校经籍，以颜本比古文，除其繁惑，以十八章为定。”[②] 此外，《初学记》卷二一引《别录》曰：“所校雠中《易传古五子书》[③]，除复重，定著十八篇。”又《初学记》卷二一、《太平御览》卷六〇九引《别录》曰：“所校雠中《易传淮南九师道训》，除复重，定著十二篇[④]。”以上所引显然可见，中秘所藏经书亦非不可删定，以中书为底本参校众书似为刘向校书之通例，未必以经书与诸子有异，只是在具体操作过程中必然视实际情况而有所变通，这里表现了刘向校书工作时实事求是的精神。

三、定著篇章与书分内外

先秦典籍产生过程的复杂和流传时间的漫长，加上秦始皇“焚书”的破坏；所以在汉初“大收篇籍，广开献书之路”以来，中秘藏书的状况既

---

① 《古书通例·卷三　论编次第三·叙刘向之校雠编次》。

② 《汉志·六艺略》“《孝经》家类”小序云：“汉兴，长孙氏、博士江翁、少府后仓、谏大夫翼奉、安昌侯张禹传之，各自名家。经文皆同，唯孔氏壁中古文为异。‘父母生之，续莫大焉’，‘故亲生之膝下’，诸家说不安处，古文字读皆异。”刘向所整理的《孝经》文本历来被认为是颜氏今文本，近有学者提出应是宫廷内府所藏孔壁古文本，所以经刘向整理后流传的《孝经》文本属于古文经系统。参见陈一风《论刘向对〈孝经〉文本的整理》，《宁夏大学学报》2009年第1期。

③ 张舜徽《汉书艺文志通释》云：“《五子》上冠以‘古’字，盖谓其传说之古也，似不能以古文经传之古例之。”（见《张舜徽集·广校雠略　汉书艺文志通释》，华中师范大学出版社2004年版，第182页）其说可信，《易传古五子书》非中秘所藏古文经也。

④ 《汉志·诸子略》著录“《淮南道训》二篇”，疑脱“十”字。

是“丘积如山”，又是“错乱相糅莒”。造成这种现象，除了人为因素以外，典籍的载体形式和流传形态也是另一个重要原因。

现代考古发掘证明，西汉流传的典籍主要是抄写在“简”、“牍”和“帛”之上。“简”，单片称“牒”、“札”、“策”，编联众简谓之“篇”（与“编”通）、“册”（或假“策”字为之）、“卷”；“牍”，又称“方”、“版”；“帛”是丝织品，或谓之“缯书”、“素书”、“黄书”。一般认为简、牍以质材区别，简为竹制，牍为木制，如《论衡·量知篇》曰：“截竹为简，破以为牒。……断木为椠，析之为板，力加刮削，乃成奏牍。”清人段玉裁亦云：“简，竹为之；牍，木为之。”① 也有认为以形态区别，狭长条形、可供书写一两行文字、常编联使用者为简；形状宽大、可供书写多行文字者为牍。然而《说文解字》竹部曰：“简，牒也。”片部曰：“牒，札也。”木部曰：“札，牒也。”② 简、牒、札三字互训，似不以竹、木作分别。从出土实物的情况来看，简既有竹制，也有木制；牍则以木制为主，偶尔也有竹牍。用竹或木，应与地域密切相关，南方多用竹简，西北多用木简，实为就地取材，难以一概言之。

关于简的长度，汉代有不少记载。如《论衡·谢短篇》云：“二尺四寸，圣人文语。……汉事未载于经，各为尺籍短书。”（同书《宣汉篇》亦云：“唐虞夏殷，同载在二尺四寸。”）《仪礼·聘礼》贾公彦《疏》引郑注《论语序》曰：“《易》、《诗》、《书》、《礼》、《乐》、《春秋》策皆二尺四寸，《孝经》谦半之，《论语》八寸策者，三分居一又谦焉。”王国维《简牍检署考》曾据文献所载和西北出土简牍实物，提出著名的“分数、倍数”说，即：一、古册长短皆为二尺四寸之分数。最长者二尺四寸，其次二分之一，再次三分之一，最短四分之一。周以后，经书及礼制法令之册皆长二尺四寸，《孝经》及汉以后官府册籍、户口黄簿长一尺二寸，《论语》八寸，汉符六寸。二、牍之长短皆为五的倍数。最长为椠，长三尺；其次为檄长二尺；其次为乘驿之传，长一尺五寸；其次为牍，长一尺，最短为门关之传，

---

① 许慎撰，段玉裁注：《说文解字注》，上海古籍出版社1981年版，第190页。

② 《汉书·司马相如传》“上令尚书给笔札”，颜注云：“札，木简之薄小者也。”札，应指木制之简。

长五寸。[①] 证之20世纪大量的出土简牍实物，“分数、倍数”说显然不能成立，简牍形制的总原则反而应是王国维在《简牍检署考》中的另一句话：“以策之大小为书之尊卑”。

古代礼制常“以大为贵”，故此珍贵重要的典籍、文书往往使用形制较大的简册。如战国楚墓中的遣册，以墓主之尊卑为遣册之大小，江陵包山楚国贵族墓中的卜筮祭祷简与遣册长达72.6厘米、随州曾侯乙墓遣册长达75厘米，而江陵马山小型墓中馈赠物品简仅11厘米。文书简册，以事类之轻重为简册之大小，如记有楚王赏赐事项的楚简长达68厘米。秦汉简牍长一尺较常见，重要的文书形制会更长大一些，汉代诏书律令，国家正式文本长三尺而地方和个人转抄本长一尺。如居延汉简中的《诏令目录》长三尺（67厘米），具有法律效力的临沂银雀山《元光元年历谱》长三尺（69厘米），武威磨嘴子多次出土的“王杖诏令册”长一尺（23—24厘米）。至于书籍简册，以书之尊卑定册之大小，汉代用二尺四寸简册抄写重要书籍及文献，大概是一种定制，写六经的简册长二尺四寸则可能要晚到西汉晚期。安徽省阜阳市双古堆汉墓出土的西汉初期的《诗经》简只长一尺到一尺二寸（24—26厘米），盖因六经当时还没有特殊的地位，到了西汉晚期的武威《仪礼》甲、丙二种则长二尺四寸（55.5—56.2厘米）。秦汉以下，日常使用的简牍大多长一尺，童蒙读物以及揣在怀里的“袖珍本”，形制较小，如定州出土的《儒家者言》简册仅长11.5厘米。[②]

一简字数的多寡，则视乎简的长短、字体的大小而有所不同，并无定数，一般为50至60字，而包山楚简写字最多的一简竟有92字[③]。简可以按

---

① 详参王国维撰，胡平生、马月华校注《简牍检署考校注》，上海古籍出版社2004年版。

② 有关简册的长度问题，详参胡平生《〈简牍检署考〉导言》，载《简牍检署考校注》，上海古籍出版社2004年版，第1—39页。

③ 李零曾利用出土简的长度来推算一简能够容纳的字数，得出下列数据。(1) 包山楚简（战国中期简）：多数为67—72厘米（以战国尺一尺为23.1厘米计，为二尺九、三尺或三尺一寸简），少数为55厘米（为二尺四寸简），今以长简计，一简约可容50—70字。(2) 郭店楚简（战国中期简）：多为26.4—32.5厘米（为一尺一至一尺四寸简），少数为15.1—17.7厘米（为六寸或七寸简），今以长简计，一简约可容25—30字。(3) 银雀山汉简（西汉中期简）：多数为27.6厘米（以汉尺一尺23.5厘米计，为一尺二寸简），少数为18厘米（为八寸简），今以长简计，一简约可容35字。(4) 磨咀子汉简《仪礼》：为50.5—56.2厘米（为二尺二至二尺四寸简），一简约可容60字。参见氏著《简帛古书与学术源流》，三联书店2004年版，第121页。

书写的内容任意编联成册，所以典籍大都使用简册进行抄写。《仪礼·聘礼》云："百名以上书于策，不及百名书于方。"木牍所容纳的字数较少，所以一般只作为记录短文、通信和凭证之用。缣帛轻薄柔软平滑，易于运笔及舒卷，既可写字，又可作画绘图，还可以根据文字多少来截断，因此有所谓"著于竹帛谓之书"①。然而，由于受到简的物质形态的限制，每简的字数毕竟十分有限，就算编简成册，25，000多字的《尚书》、39，000多字的《诗经》、57，000多字的《仪礼》都需要数量庞大的简册才能容纳得了，这就容易造成散乱。在刘向校书之时屡屡遇到此类情况，如"刘向以中古文《易经》校施、孟、梁丘经，或脱去'无咎'、'悔亡'"；又如"刘向以中古文校欧阳、大小夏侯三家经文，《酒诰》脱简一，《召诰》脱简二"②。缣帛的容量虽然大一些，但不论是传抄还是保存，无疑也往往会出现散乱。

更需要注意的，还有典籍的流传形态。先秦许多典籍的形成过程很长，最初都是先写成一些单篇作品，其后再据篇章的性质和传习的需要而汇集成书，形成一个较为稳固的本子。古书单篇（或多篇）别行成为了先秦西汉

---

① 许慎：《说文解字·序》。先秦文献中有关使用简帛的记载很多，如《墨子·尚贤下》："古者圣王既审尚贤欲以为政，故书之竹帛，琢之盘盂，传以遗后世子孙，于先王之书《吕刑》之书然。"（见孙诒让《墨子间诂》，中华书局1986年版，第62页。）《兼爱下》："吾非与之并世同时，亲闻其声，见其色也。以其所书于竹帛，镂于金石，琢于盘盂，传遗后世子孙者知之。"《天志中》："书于竹帛，镂之金石，琢于盘盂，传遗后世子孙。"《明鬼下》："古者圣王必以鬼神为，其务鬼神厚矣，又恐后世子孙不能知也，故书之竹帛，传遗后世子孙；咸恐其腐蠹绝灭，后世子孙不得而记，故琢之盘盂，镂之金石，以重之；有恐后世子孙不能敬莙以取羊，故先王之书，圣人一尺之帛，一篇之书，语数鬼神之有也。"《非命中》："圣王之患此也，故书之竹帛，琢之金石。"《非命下》："先圣王之患之也，固在前矣。是以书之竹帛，镂之金石，琢之盘盂，传遗后世子孙。"《贵义》："子墨子曰：'古之圣王，欲传其道于后世，是故书之竹帛，镂之金石，传遗后世子孙，欲后世子孙法之也。'"《鲁问》："子墨子谓鲁阳文君曰：'攻其邻国，杀其民人，取其牛马、粟米、货财，则书之于竹帛，镂之于金石，以为铭于钟鼎，传遗后世子孙曰："莫若我多。"今贱人也，亦攻其邻家，杀其人民，取其狗豕、食粮、衣裘，亦书之竹帛，以为铭于席豆，以遗后世子孙曰："莫若我多。"亓可乎？'"《管子·宙合》："是故圣人著之简筴，传以告后进，……故著之简筴，传以告后世人。"（见黎翔凤《管子校注》，中华书局2004年版，第222—227页。）《晏子春秋·外篇第七》："景公谓晏子曰：'昔吾先君桓公，予管仲狐与谷，其县十七，著之于帛，申之以策，通之诸侯，以为其子孙赏邑。'"（见吴则虞《晏子春秋集释》，中华书局1962年版，第485页。）《韩非子·安危》："先王寄理于竹帛，其道顺，故后世服。"《五蠹》："故明主之国，无书简之文，以法为教；无先王之语，以吏为师。"《外储说左上》："魏昭王欲与官事，谓孟尝君曰：'寡人欲与官事。'君曰：'王欲与官事，则何不试习读法？'昭王读法十余简而睡卧矣。"《吕氏春秋·仲春纪·情欲》："孙叔敖日夜不息，不得以便生为故，故使（荆）庄王功迹著乎竹帛，传乎后世。"

② 皆见《汉志》。

时期典籍流传的普遍形态，如《尚书》在《国语》、《左传》、《论语》、《墨子》、《孟子》、《荀子》等先秦典籍中或直称《书》，或称《虞书》、《夏书》、《殷书》、《周书》，或称《盘庚》、《汤誓》、《吕刑》等篇名，即知《尚书》在先秦时曾是单篇流传的。先秦子书则更是应时所作，旋即流传，故此在后人不断编辑、附益之前，往往多是单篇流传。《史记·管晏列传》云："吾读管氏《牧民》、《山高》、《乘马》、《轻重》、《九府》。"就是《管子》其书单篇流传的例子，情况相同的还有《商君书》。《史记·商君列传》云："余尝读商君《开塞》、《耕战》书，与其人行事相类。"可知当时"商君之书"也曾单篇流传。这种风气一直延续至汉初，据《史记·司马相如列传》所载，司马相如"时时著书，人又取去"，由此可见，司马相如的某些作品在撰就之后，便以单篇的形式流传开去。《汉书·董仲舒传》云："仲舒所著，皆明经术之意，及上疏条教凡百二十三篇，而说《春秋》事得失，《闻举》、《玉杯》、《繁露》、《清明》、《竹林》之属，复数十篇十余万言。"依然是只举篇名，而未及《春秋繁露》的书名。

古书单篇别行之例，余嘉锡曾有过精辟的分析，其谓"古之诸子，即后世之文集，……既是因事为文，则其书不作于一时，其先后亦都无次第。随时所作，即以行世。……夫既本是单篇，故分合原无一定。有抄集数篇，即为一种者，有以一二篇单行者"①。证之出土文献，亦时有古书中某些篇章单独别行的例子。如1972年山东省临沂市银雀山汉墓出土简书中有《地典》一篇，而《汉志·兵书略》著录有"《地典》六篇"，说明了《地典》曾以单篇的形式流传。又如上海博物馆于1994年从香港购入的一批楚国简书中有一篇《纣（缁）衣》②，在此之前的郭店楚墓出土简书中亦有《缁衣》，它们与传世的《礼记·缁衣》大体相合，充分地证明了《缁衣》曾经单篇流传。另外，1973年于河北省定县八角廊40号汉墓（西汉中山怀王刘修墓）出土了简书《保傅传》，内容分别见于贾谊《新书》和《大戴礼记》，前者又分别见于《保傅》、《傅职》、《胎教》、《容经》4篇之内，后者合为1篇，名曰《保傅》。简文与两者基本相同，但比《大戴礼记》和

① 《古书通例·卷三　论编次第三·古书单篇别行之例》。

② 马承源主编：《上海博物馆藏战国楚竹书（一）》，上海古籍出版社2000年版，第169—200页。

《新书》多出“昔禹与夏王”以下的后半部文字，又比《新书》多出《连语》两节。中山怀王刘修卒于宣帝五凤三年（前55），简书《保傅传》的出土，说明了《保傅》在刘向校书之前确曾有过单篇流传的事实[①]。至于其他出土的简帛书籍，很多也是单篇，特别是数术、方技之书尤其是如此[②]。由于单篇（或多篇）流传，故往往仅有篇名，有时甚至连篇名也没有，各篇的聚合就有很大的随意性，增事之举、附益之作，可以说比比皆是，自然就干扰和妨碍了大量古籍相对完整地流传。

因为古书多为单篇别行，一书各种本子的篇章又不尽相同，所以刘向校书时，先要解决的便是一书篇章多寡的问题。刘向在合校众本，删除复重，互相补充后，便是“定著篇章”，确定一书的具体内容，这些工作在今存各篇较完整的书录中都有所记载。书录一般多先言所校之篇数，之后再说明删去了若干多余复重的篇章。如《管子书录》云：“所校雠中《管子》书三百八十九篇、中大夫卜圭书二十七篇、臣富参书四十一篇、射声校尉立书十一篇、太史书九十六篇，凡中外书五百六十四篇，以校，除复重四百八十四篇，定著八十六篇。”又如《孙卿书录》云：“所校雠中《孙卿书》凡三百二十二篇，以相校，除复重二百九十篇，定著三十二篇。”再如《崇文总目》云：“（《贾谊》）传本七十二篇，臣（刘）向删定为五十八篇。”此即所谓的“诸本之中有相同者，留其一而删其余”[③]。若取中书的篇数和定著后新书的篇数相比，可以发现当时书简的混乱，因此不难推想刘向在取舍真伪、去芜存菁方面的工作量是何等的巨大。

另一方面，刘向的“定著篇章”不仅仅是删除复重而已，有时更加需要互相补充，如《晏子书录》云：“外书无有三十六章，中书无有七十一章，中外皆有以相定。”又如《列子书录》云：“所校中书《列子》五篇，

① 李学勤在《对古书的反思》中曾指出“古人抄书很不容易，书不易找，书写材料也有困难，因而大部头的书籍有时只有部分篇章单行，普及于世”；并以简书《保傅传》为例，说明“新出简帛中有些单篇（或多篇），不一定意味当时还没有全书，只不过藏简帛的墓主人仅有此篇就是了”。见氏著《李学勤集》，黑龙江教育出版社1989年版，第44页。

② 李零：《出土发现与古书年代的再认识》，见氏著《李零自选集》，广西师范大学出版社1998年版，第28页。

③ 孙德谦：《刘向校雠学纂微·删复重》，苏州四益宧刻本，1923年，第4页。

臣向谨与长社尉臣参校雠，太常书三篇、太史书四篇、臣向书六篇、臣参书二篇，内外书凡二十篇，以校，除复重十二篇，定著八篇。”校定后的《列子》为8篇，但中书只有5篇，而太常书、太史书、臣向书、臣参书也皆少于8篇，说明刘向在校定《列子》时，对中书、太常书、太史书、臣向书、臣参书的篇章进行过互相补充的工作，8篇本《列子》实际上是一个包括了各本篇章在内的全新本子，与此前的中、外书《列子》已经有很大的区别。值得指出的是，刘向在厘定一书篇章时往往经过深思熟虑，并对“定著篇章”的理由详作说明，如《初学记》卷二一引《别录》曰：“臣向所校雠中《易传古五子书》，除复重，定著十八篇，分六十四卦，著之日辰，自甲子至于壬子，凡五子，故号曰《五子》。”由此可见，刘向充分认识到篇章在一书中的重要地位，而校书工作中的“定著篇章”对于结束西汉时书无定型、篇章随意组合的状态，并从而过渡到一书篇章组合固定的定本流传阶段，起着至为关键的作用（详见第五章）。

刘向将散乱无序的篇章定著为一人或一家之书时，主要做了判定篇章和确定篇次的工作，而两者之间又是相互关联的。余嘉锡在总结刘向“编次”诸书义例时曾指出：“刘向校书，合中外之本，辨其某家之学，出于某子，某篇之简，应入某书，遂删徐复重，别行编次，定著若干篇。盖因其学以类其书，因其书以传其人。”① 正因如此，刘向的“定著篇章”就不仅涉及图书的流传问题，更上升到对先秦学派的分辨和总结，于古代学术思想史上的意义不容忽视。

刘向在“定著篇章”之时，充分考虑到典籍流传的复杂情况，作了一个图书编纂史上的创例，就是为一书区分“内篇”、“外篇”和“杂篇”。此一创举是有所借鉴的，据《汉志·六艺略》的著录，《诗》类早有《韩诗内传》4卷、《韩诗外传》6卷，《春秋》类也有《公羊外传》、《穀梁外传》。淮南王刘安曾“招致宾客方术之士数千人，作为《内书》二十一篇，《外书》甚众，又有《中篇》八卷，言神仙黄白之术，亦二十集万言”②；因此，《汉志》著录有《淮南内》21篇、《淮南外》33篇，颜注曰“《内

① 《古书通例·卷三 论编次第三·叙刘向之校雠编次》。
② 《汉书·淮南衡山济北王传》。

篇》论道，《外篇》杂说”。此外，《汉志·方技略》亦著录有《黄帝内经》18卷、《外经》37卷，《扁鹊内经》9卷、《外经》12卷，《白氏内经》38卷、《外经》36卷。凡此等等，都是“一家之学，一人之书，而兼备二体，则题其不同者为外传以为识别”①，即同一系列的不同著作而有“内”、“外”之别，此与刘向据一书篇章的作者身份以及内容所作的区分尚有不同。

至于出土文献方面，银雀山汉墓1号除出土了简书《孙子兵法》外，同时还发现了《孙子兵法》的篇题木牍。该木牍由6块残片缀合，分3排抄写，释文见下：

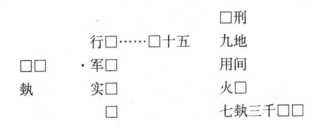

		□刑
	行□……□十五	九地
□□	·军□	用间
埶	实□	火□
	□	七埶三千□□

木牍所记似为《孙子兵法》13篇的篇名（篇题），分列3排，第二排第二行和第三排第五行都记有数字，第二排第三行篇名（“军□”）上有黑圆点。整理者认为“似木牍原分《孙子兵法》十三篇为两个部分，此牍第一排及第二排的第一、二行记第一部分的篇名及字数总计，第二排后三行和第三排记第二部分篇名及字数总计，第二排《行□》应即《行军》，《军□》应即《军争》，《实□》应即《实虚》（今本作《虚实》）。第三排《□刑》应即《地刑（形）》，《火□》应相当于《火攻》，但‘火’下一字从残画看似非‘攻’字（简本《火攻》篇简背标题仍作‘火攻’）。第三排末行的‘七埶’，或疑为《势》篇别名（‘埶’即‘势’之古字），但木牍第一排已有《势》篇，此处不应再出《势》篇；或疑即七篇之意，指下卷包括七篇，但

① 余嘉锡：《古书通例·卷三　论编次第三·古书之分内外篇》。

古书中没有‘埶’字当篇讲的例子。这两个字的确切含义还有待研究”[①]。其后，李零曾对照简本及今本，也对木牍进行了复原工作，结果如下[②]：

	〔谋攻〕	〔地〕刑（形）
〔计〕	行军〔二千〕□十五	九地
作战	·军争	用间
埶（势）	实虚	火□
〔刑（形）〕	〔九变〕	七埶（势）三千〔□〕□〔□□〕

李零指出：木牍分篇题为两部分属于内容上的分类，而不是上、下卷之分。此外，“七埶”二字，“肯定不会是独立的篇名或七篇之义”，“它恰好就是木牍所记后七篇的总称，‘七’指后七篇，‘埶’含义同于《势》篇之‘势’，即‘形势’之‘势’，称为‘七埶’，是说这七篇皆具‘势’的性质，可从‘势’的含义统括其内容。”[③]《孙子兵法》简书及篇题木牍的出土，对于了解古书的篇章结构有极为重要的意义，诚如李零所言，“七埶”为后7篇的总题，是相对于大题（《孙子兵法》）的小题，不应与刘向校订图书之后，将一书区分为“内篇”、“外篇”和“杂篇”，混而言之。

至于足以说明上述创例的是，刘向对于《晏子》一书的处理。《晏子书录》云：“其书六篇皆忠谏其君，文章可观，义理可法，皆合六经之义。又有复重，文辞颇异，不敢遗失，复列以为一篇。又有颇不合经术，似非晏子言，疑后世辨士所为者，故亦不敢失，复以为一篇。”刘向显然将《晏子》分为三类：第一类，第一至六篇，为晏子的作品，即“内篇”；第二类，第七篇，“有复重，文辞颇异”，即“外篇”（今本篇题为《外篇重而异者第七》）；第三类，第八篇，“似非晏子言，疑后世辨士所为者”，即“杂篇”

① 银雀山汉墓竹简整理小组编：《银雀山汉墓竹简〈孙子兵法〉》，文物出版社1976年版，第92—93页。

② 参见李零《〈孙子兵法〉篇题木牍》，见氏著《〈孙子〉十三篇综合研究》，中华书局2006年版，第135页。

③ 参见李零《〈孙子〉十三篇综合研究·〈孙子〉篇题木牍初论》，中华书局2006年版，第372页。

（今本篇题为《外篇不合经术者第八》）。由此可见，刘向在定著《晏子》一书篇章之时真是慎之又慎，而又别具只眼，根据“原作”、“存疑”、“伪集”的原则，依次作出“内篇”、“外篇”（“杂篇”）的分别，这就是在注重原书形式整理的同时，还注意到对内容真伪的考查，具有学术创新意义。

刘向对于《孟子》一书的处理同样为此提供了可信的证明。《汉志·诸子略》著录有《孟子》11 篇，应是经过刘向整理的本子。《史记·孟子荀卿列传》云：“（孟子）退而与万章之徒序《诗》、《书》，述仲尼之意，作《孟子》七篇。”东汉赵岐却说孟子“著书七篇，二百六十一章。又有《外书》四篇，《性善辩》、《文说》、《孝经》、《为政》，其文不能弘深，不与《内篇》相似，似非孟子本真，后世依放（仿）而托之者也”①。因此赵岐又作有《孟子篇叙》1 篇，专门“言《孟子》七篇所以相次叙之意也”。《风俗通义·穷通》更改《史记》之文为“（孟子）退与万章之徒序《诗》、《书》，仲尼之意，作书中外十一篇（按，同书《祀典》亦云‘孟轲作书中外十一篇’）”。虽然不能确切肯定赵岐之说是否来自刘向《孟子书录》，但将《孟子》11 篇分作“内七篇”、“外书四篇”应是刘向依据《史记》，以溢出之篇，编为外书，也只有如此才能合理解释《孟子》一书在两汉之际的篇数变化。由于“内七篇”有赵岐为之“章句”得以流传下来，即今本《孟子》；“外书四篇”则逐渐散失无存，至于宋明之时出现的《孟子外书》，纯属伪造之作。

有学者还认为今本《庄子》的“内篇”、“外篇”、“杂篇”之分亦源于刘向，如孙德谦谓“《庄子》诸书，凡言内篇、外篇，当是向校书时据秘室收藏，以及向等私家所有，析为内外，非原本已然也”②，这种情况是很有可能的。今本《庄子》33 篇，其中《内篇》7 篇，《外篇》15 篇，《杂篇》11 篇。《荀子·正论》所引的《秋水》，《吕氏春秋》中的《有始览·去尤》、《孝行览·必己》所引的《达生》、《山木》，均在今本《庄子》的“外篇”，《韩非子·难三》所引用《庚桑楚》，则在“杂篇”。《史记·老子韩非列传》云：“（庄子）作《渔父》、《盗跖》、《胠箧》，以诋訾孔子之徒，

① 《孟子题辞》。
② 孙德谦：《刘向校雠学纂微·析内外》，苏州四益宧刻本，1923 年，第 14 页。

以明老子之术。《畏累虚》、《亢桑子》之属，皆空语无事实。”《胠箧》在“外篇”，《渔父》、《盗跖》、《庚桑楚》（按，洪颐煊《读书丛录》卷一四以为“亢桑子”即“庚桑楚”）则在“杂篇”。从上述诸书所引、司马迁所记，可知在战国末年至西汉武帝时期，《庄子》尚无内、外篇之分，甚至全书的篇章可能还没有完全定型。《汉志·诸子略》著录：“《庄子》五十二篇。名周，宋人。”虽没有提到有内、外之分，但《庄子》之分内、外篇，至少在东汉时已经明确存在。《经典释文》在《庄子·齐物论》中标出“夫道未始有封”一句时云：“《齐物》七章。此连上章，而班固说在外篇。”班固曾注《庄子》，《经典释文》中保留了其《齐物论》注文三条，《北堂书钞》卷一五八、《艺文类聚》卷九七亦录载有其《难庄论》残文，皆可为证。至于“班固说在外篇”，可以有两种不同的理解：一是“夫道未始有封”一章，班固见于他本，属于外篇。一是“夫道未始有封”一章，班固以为验其义蕴，当在外篇。无论何种理解，都必须承认至少在班固时《庄子》内、外篇之分已经存在，并为学者所知。

刘向校书时曾对《庄子》进行过整理工作，很可能还撰写过《庄子书录》。《〈史记·老子韩非列传〉索隐》引刘向《别录》云：“庄子，宋之蒙人也。”又云：“作人姓名，使相与语，是寄辞于其人，故《庄子》有《寓言》篇。”应该是《庄子书录》的遗文。此外，刘向又在《孙卿书录》、《列子书录》等中屡次提及庄子其人其书，说明刘向十分熟悉《庄子》。《吕氏春秋·孝行览·必己》高诱注云：“庄子名周，宋之蒙人，轻天下，细万物，其术尚虚无。著书五十二篇，名之曰《庄子》。”（按，此或出自刘向《庄子书录》的内容。）高诱所云的52篇本《庄子》，当为刘向的整理本，而对刘向本作过具体说明则是唐人陆德明。《经典释文·叙录》云：“《汉书·艺文志》‘《庄子》五十二篇’，即司马彪、孟氏所注是也。”又云：“司马彪《注》二十一卷五十二篇。字绍统，河内人，晋秘书监。《内篇》七，《外篇》二十八，《杂篇》十四，《解说》三。为《音》三卷。”由此可知，区分为《内篇》七篇、《外篇》28篇、《杂篇》14篇、《解说》3篇结构的52篇本《庄子》，应为《汉志》著录本，即刘向校订之本。而区分的原则应与《晏子》篇章的安排相同，认为《内篇》是《庄子》精义所在；《外篇》虽内容庞杂，仍略有系统；《杂篇》则是“绪言余论”，杂乱无绪，其中只有《天下》篇极为精彩，大概是全书之序，故循例列于全书之末。魏晋时代，由于52篇本“言多诡诞，或似《山海经》，或类占梦书，故注者以意去取。其内篇众家并同，自余或有《外》而无《杂》”[①]。因此在司马彪、孟氏的52篇全注本外，还有崔譔27篇本、向秀26篇、李颐30篇等选注本的出现，而郭象的33篇修订注本因“特会庄生之旨，为世所贵”，一直流传至今[②]。

章学诚云：“古人著书，或离或合，校雠编次，本无一定之规也。”[③] 刘向校书工作主要是将散乱不堪的中秘藏书整理编校成一部部完整可读的著作，而一书的定型，必然取决于篇章的确定，所以篇章的取舍至为关键，因此“定著篇章”便成为了校书工作一个重要组成部分，也是刘向用力费时最多的地方之一。由于刘向对“定著篇章”极为重视，所以往往在书录中载有篇目，即所谓“条其篇目”。今存的《晏子》、《孙卿书》、《列子》3书书录具载有篇目，保留了原有体制，“尤为不可多得之鸿宝”[④]。今存的其他书录因为各种原因，未有保留篇目，殊为可惜。不过从《别录》、《七略》的一些佚文，还可以窥见某些书录所载篇目的情况。如《文选·任彦升〈为范始兴作求立太宰碑表〉》李注引刘歆《七略》曰：“《尚书》有青丝编目录。”[⑤] 孔颖达《〈尚书·尧典〉正义》曰：“其百篇次第于序，孔、郑不同。……不同者，孔依壁内篇次及序为文，郑依贾氏所奏《别录》为次。”贾氏即东汉贾逵，以其所奏《别录》为次，则说明刘向在为《尚

① 陆德明：《经典释文·叙录》。

② 关于《庄子》篇章的分合变化，日人池田知久有详细考证，见氏著《道家思想的新研究·第二章　道家诸文本的编纂——〈庄子〉、〈老子〉、〈淮南子〉》，中州古籍出版社2009年版，第35—52页。此外，崔大华以为“《庄子》的篇目划分经历两个阶段：先有将全书作内、外篇的划分，这是汉代刘向所为；然后有由外篇中分出杂篇的划分，这是魏晋时期由司马彪开始、郭象完成的”。见氏著《庄学研究——中国哲学一个观念渊源的历史考察》，人民出版社1992年版，第60页。其说可参，今附于此。

③ 《校雠通义·焦竑误校〈汉志〉第十二》。

④ 姚振宗：《七略别录佚文叙》。

⑤ 近有学者提出“尚书有青丝编目录”中的“尚书”不是指儒家经典的《尚书》，而是指掌管章奏诏书的官署机构。尚书的“青丝编目录”是汉代诏令目录，并以出土简帛为证，说明该目录只有“目”而没有“录”，而与刘向校书时所撰的“书录”有别。参见傅荣贤《“尚书有青丝编目录”正诂》，《图书情报工作》2009年第21期。此说尚嫌证据不足，不过无论如何，此条佚文说明了“尚书”有篇目，应是没有疑义的。

书》所撰的书录内有百篇的篇题（详见第二章）。再如，《仪礼》贾公彦《疏》于每篇篇题下均引郑玄《三礼目录》，比较了大戴、小戴和刘向《别录》的篇次异同；《礼记》孔颖达《疏》亦于每篇篇题下引郑玄《三礼目录》，说明该篇在《别录》中属于通论、制度、吉礼、吉事、祭祀、明堂阴阳记、世子法、子法、乐记、丧服等中的哪一类。此皆可说明《别录》中有关于《仪礼》（《礼》经）、《礼记》（《礼古记》等）篇目内容的记载。

此外，《汉志·诗赋略》著录有"《臣向赋》三十三篇"。《太平御览》卷八三二引刘向《别录》曰："有《行过江上弋雁赋》、《行弋赋》、《弋雌得雄赋》。"又如《汉志·诸子略》著录有"《尹都尉》十四篇"。《艺文类聚》卷八二、《太平御览》卷九七九引刘向《别录》曰："《尹都尉》书有《种蓼》篇。"《太平御览》卷九七八引刘向《别录》曰："《尹都尉》书有《种瓜》篇。"又卷九八〇引刘向《别录》曰："《尹都尉》书有《种芥》、《葵》、《蓼》、《薤》、《葱》诸篇。"凡此等等，皆是得之于刘向书录中相关篇目的记载。准此，若谓书录中无篇目，则是未能深明"定著篇章"在刘向校书流程中的地位与价值的。

四、校雠文字与确定书名

孙德谦《刘向校雠学纂微·订脱误》云："（刘）向之校书，凡书有脱误者，知其必详加厘订矣。"从近年出土的战国简书来看，当时的抄书人不时写错别字，有时把字写得不成字，有时把字写成另一个形近的字①。汉初帛书的情况亦多如此，通过与今本比对，可以发现马王堆帛书《周易·系辞》中有不少的错字、脱字和衍字②。由此可以推想，对于整个校书工作来说，校正文字显然是最基础而又最繁琐的部分，今文《尚书》的整理可谓典型。《汉志·六艺略》的"《尚书》类"小序云："刘向以中古文校欧阳、大小夏侯三家经文，《酒诰》脱简一，《召诰》脱简二。率简二十五字者，

---

① 参见裘锡圭《谈谈上博简和郭店简中的错别字》，见氏著《中国出土古文献十讲》，复旦大学出版社 2004 年版，第 308 页。

② 参详李学勤《周易溯源》，巴蜀书社 2006 年版，第 346—350 页。

脱亦二十五字。简二十二字者，脱亦二十二字，文字异者七百有余，脱字数十。”[①] 刘向在书录中屡屡提及有关文字校正的情况，足以说明此项工作所占地位的重要。造成典籍文本的错乱讹误，既有秦始皇“焚书”和秦末战乱的社会原因，也有竹帛等文献载体易于散乱的物质原因，更有战国至秦汉期间字体急遽变化的文字书写原因。

战国至秦汉期间的文字，就时间及地域而言，大致可以划分为三大部分，一是战国时期的六国文字，二是战国时期秦国至秦代的文字，三是汉代的文字。战国之时，长期的分裂割据，诸侯国之间因地理差异而形成的区域政治文化得到空前的发展，导致“田畴异亩，车途异轨，律令异法，衣冠异制，言语异声，文字异形”[②]。所谓“言语异声，文字异形”，段玉裁的解释是：“各用其方俗语言，各用其私意省改之文字也。言语异声则音韵歧，文字异形则体制惑。”“文字异形”是战国时期的重大社会文化特征之一，纵观整个中国历史的发展，也只有战国属于“文字异形”的时期。与此同时，群雄争胜，力强兼并，“弑君三十六，亡国五十二，诸侯奔走不得保其社稷者不可胜数”[③]。西周以来“学在王官”的社会形态土崩瓦解，私学大兴，教育和学术的下移促使士阶层的迅速崛起，导致文字的应用范围和场合越来越广阔，逐渐从统治阶层普及至民间。

各地的民间书写者不断创造出带有地域特征的文字，加上各地方言有别，假借转注，不尽相同，遂形成了各自不同的文字系统，大体可以分为“齐系文字”、“燕系文字”、“晋系文字”、“楚系文字”以及“秦系文字”[④]。“齐系文字”、“燕系文字”、“晋系文字”、“楚系文字”等东方诸国文字，即后来“汉世所谓古文”，与西周金文相比，俗体异体较多，且有明显的简化倾向。“秦系文字”则因秦国世居宗周故地，西陲蔽塞，“其去殷

---

① 清人阎若璩曾据此以为“二十五字乃《酒诰》之简，二十二字乃《召诰》之简。《酒诰》脱简一，则中古文多二十五字；《召诰》脱简二，则中古文多四十四字”，其说可参。见氏著《尚书古文疏证》，上海古籍出版社 1987 年版，第 1063 页。

② 许慎：《说文解字·序》。

③ 《史记·太史公自序》。

④ 详参何琳仪《战国文字通论》，中华书局 1989 年版，第 71—177 页。

周古文反较东方文字为近"[①]。不过，从目前出土的战国晚期秦国竹简（如睡虎地简书）、木牍（如四川省青川县郝家坪木牍）上的文字资料来看，隶书的特点已经十分明显，可见秦人在日常使用文字的时候，为了书写方便也在不断破坏、改造正体的字形，所谓的"秦隶"（即秦国文字的俗体字）早在战国晚期也已经出现了。

秦并六国以后，为了巩固其军事和政治上的一统局面，实行"一法度衡石丈尺，车同轨，书同文字"[②] 的政策。秦始皇下令将"不与秦文合者"[③] 的六国文字一概废除，并命丞相李斯作《苍颉》7 章、车府令赵高作《爰历》6 章、太史令胡母敬作《博学》7 章，"文字多取《史籀篇》，而篆体复颇异，所谓秦篆者也"[④]。春秋战国时期的秦国文字是逐渐演变为小篆的，所以李斯等人的举措不应简单视为将史籀篆体（大篆）[⑤] 省改成秦篆（小篆）[⑥]，而是一次整理、统一秦国的标准字体——"篆文"的工作[⑦]。小篆是秦朝的官方字体，一般用于较为典重的场合，今存的《泰山刻石》、《峄山刻石》以及《说文解字》都保存了丰富的秦朝小篆，其中《泰山刻石》据说是李斯手迹，可谓标准的小篆。

另一方面，《汉志·六艺略》云："是时始造隶书矣，起于官狱多事，苟趋省易，施之于徒隶也。"[⑧] 东汉蔡邕《圣皇篇》则谓"程邈删古立隶文"（《法书要录》卷七所收唐代张怀瓘《书断》），《书断》又云："隶书者，秦下邽人程邈所作也。邈字元岑，始为县狱吏，得罪始皇，幽系云阳狱中，覃思十年，益小篆方圆，而为隶书三千字奏之，始皇善之，用为御史。

① 王国维：《〈观堂集林〉卷七·战国时秦用籀文六国用古文说》，见《王国维遗书》第 1 册，上海书店出版社 1983 年版，第 320 页。

② 《史记·秦始皇本纪》。

③ 《说文解字·序》。

④ 《汉志·六艺略》。

⑤ 史籀篆体（大篆）是指收录在《史籀篇》中的文字，《史籀篇》十五篇为"周宣王太史作大篆也"（《文选·左太冲〈魏都赋〉》李注引《别录》），是"周时史官教学童书"（《汉志·六艺略》）。

⑥ 《说文解字·序》云："（李）斯作《仓颉篇》，中车府令赵高作《爰历篇》，太史令胡毋敬作《博学篇》，皆取《史籀》大篆，或颇省改，所谓小篆者也。"

⑦ 参见裘锡圭《文字学概要》，商务印书馆 1988 年版，第 65—66 页。

⑧ 《说文解字·序》云："秦烧灭经书，涤除旧典，大发隶卒，兴役戍，官狱职务繁。初有隶书，以趣简易，而古文由此绝矣。"叙文是显然承自《汉志》的。

以奉事烦多，篆家（字）难成，乃用隶书。为隶人佐书，故曰隶书。”[①] 如上所述，隶书早于战国晚期已经出现于秦地简牍，隶书的形成基础是秦国文字的俗体，所以程邈作隶书之说应理解为对这种书体进行过统一整理的工作[②]，并正式承认它是小篆的辅助字体。因此，隶书也是秦代的通行字体，大多用于公府文书以至民间书写。

此外，秦代时还有其他字体，《说文解字·序》云：“秦书有八体：一曰大篆，二曰小篆，三曰刻符，四曰虫书，五曰摹印，六曰署书，七曰殳书，八曰隶书。”但《初学记》卷二一云：“秦焚烧先典，乃废古文，更用八体：一曰大篆，周宣王史籀所作也；二曰小篆，始皇时李斯、赵高、胡母敬所作也，大小篆并简册所用也；三曰刻符，施于符传也；四曰摹印，施于印玺也；五曰虫书，为虫鸟之形，施于幡信也，亦曰缪篆；六曰署书，门题所用也；七曰殳书，铭于戈戟也；八曰隶书，始皇时程邈所定，以行公府也。”由此可见，“秦书八体”中只有大篆、小篆、虫书、隶书是真正的书体，而刻符、摹印、署书、殳书则是因应其用途或材料不同所定的名称。

汉代的通行文字是隶书。从目前出土的武帝初年以前的简帛文献上的隶书文字（如居延汉简、敦煌汉简、马王堆帛书等），可以明显发现接近篆文的字形仍然很多，所以武帝时期可视作隶书由不成熟发展到成熟的阶段；而从敦煌、居延等地的武帝晚期到宣帝时期的汉简上，则可以看到成熟的汉隶——“八分”逐渐形成的过程。[③] 在隶书盛行的同时，汉代还使用其他字体，《汉志·六艺略》云：

> 汉兴，萧何草律，亦著其法，曰：“太史试学童，能讽书九千字以上，乃得为史。又以六体试之，课最者以为尚书御史史书令史。吏民上书，字或不正，辄举劾。”六体者，古文、奇字、篆书、隶书、缪篆、虫书，皆所以通知古今文字，摹印章，书幡信也。

---

① 《太平御览》卷七四九。

② 关于程邈作隶书一事，清人赵翼早尝辨之，见氏著《陔馀丛考》卷十九“隶书不始于程邈”条，商务印书馆1957年版，第368—369页。

③ 参见裘锡圭《文字学概要》，商务印书馆1988年版，第77—81页。

《说文解字·序》亦有言及汉时“六体”，称之为“六书”，其曰：

> 时有六书：一曰古文，孔子壁中书也。二曰奇字，即古文而异者也。三曰篆书，即小篆，秦始皇帝使下杜人程邈所作也。四曰左书，即秦隶书。五曰缪篆，所以摹印也。六曰鸟虫书，所以书幡信也。壁中书者，鲁恭王坏孔子宅，而得《礼记》、《尚书》、《春秋》、《论语》、《孝经》。又北平侯张仓献《春秋左氏传》，郡国亦往往于山川得鼎彝，其铭即前代之古文，皆自相似。[①]

两处关于“六体（六书）”的记载，一方面，说明了西汉时期用字的复杂性和多样性。另一方面，由于刘向校书处于西汉末年之时，正是战国至秦汉间文字演变的尾声，校订后的文本的字体必然是汉隶。但是在校订工作中所面对的文本的字体，至少应该包括《汉志》和《说文解字·序》所述的各种字体，以至更多的上古及战国时期的其他文字。

与此同时，汉初以来，对先秦典籍进行了“用隶书写古文”[②] 的“隶定”工作，也是一个不可忽略的重要问题。伪孔安国《尚书序》云：“至鲁共王好治宫室，坏孔子旧宅，以广其居，于壁中得先人所藏古文虞、夏、商、周之书及传、《论语》、《孝经》，皆科斗文字。……科斗书废已久，时人无能知者，以所闻伏生之书，考论文义，定其可知者，为隶古定，更以竹简写之。”《经典释文·叙录》亦谓“于壁中所得之，并《礼》、《论语》、《孝经》，皆科斗文字，博士孔安国以校伏生所诵，为隶古写之”。两处皆是对“隶定”古文起因的明确记述。需要指出的是，“隶定”的并不仅限于古文经书，汉初今文经师所用的传本，“原皆古文，后易而隶书，遂为今文”[③]，所以今文经书同样存在“隶定”的过程。在“隶定”转写过程中所

---

① 颜师古对“六体”的解释：“古文谓孔子壁中书。奇字即古文而异者也。篆书谓小篆，盖秦始皇使程邈所作也。隶书亦程邈所献，主于徒隶，从简易也。缪篆谓其文屈曲缠绕，所以摹印章也。虫书谓为虫鸟之形，所以书幡信也”。显然是对《说文解字·序》中关于“六书”的一段文字稍作改动补充而成的。

② 陆德明：《经典释文》卷三。

③ 顾实：《汉书艺文志讲疏》，上海古籍出版社1987年版，第44页。

产生的书写错讹，势必为刘向校书时订正文字的工作带来一定的困扰。

今存的《战国策书录》、《晏子书录》、《列子书录》以及《古文尚书》的书录佚文，记载了刘向对所校图书中文字错讹问题的具体处理情况，并初步总结了导致错讹的原因。这对于后人了解校书的工作细节有重要价值，有必要详作分析。《战国策书录》云：

> 本字多误脱为半字，以“赵”为“肖”，以“齐”为“立”，如此字者多。

《晏子书录》云：

> 中书以“夭”为“芳”，“又”为“备”，“先”为“牛”，“章”为“长”，如此类者多。

《列子书录》云：

> 或字误，以“尽”为“进”，以“贤”为“形”，如此者众。

《北堂书钞》卷一〇一引刘歆《七略》云：

> 古文或误以“典”为“与”，以“陶”为“阴”，如此类多。（《太平御览》卷六一八“刘歆”作“刘向”，“以‘典’为‘与’”作“以‘见’为‘典’”）①

从以上书录的记载来看，刘向在领校群书之后，曾对导致文本文字错讹的原因进行了总结归纳，大致可以分为三类：

一是因为所校之书上的文字残缺而导致错讹，即《战国策书录》所谓

① 马国翰、姚振宗的《七略别录》辑本皆系此条佚文于“《尚书古文经》五十八篇”之下，故一般认为是《古文尚书》的书录佚文。

的“本字多误脱为半字”。过往对此类错讹例子的分析，只能从小篆、隶书的字体入手，其结论虽然不差，但是自20世纪以来大量战国秦汉简帛文献的出土，使得对当时典籍中文字错讹的实际情况有了更确切的认识。如“以‘齐’为‘立’”：于1987年湖北省荆门市十里铺镇王场村的包山2号墓出土的楚简中，“齐”字的字形为“”，而“立”字的字形则为“”；于郭店楚简中，“齐”字的字形为“”，而“立”字的字形则为“”①。明显可见“齐”字残缺下半，便会讹为“立”字。类似的错讹例子亦见于出土文献，如今本《周易·系辞下》“吉凶者贞胜者也，天地之道贞观者也，日月之道贞明者也，天下之动贞夫一者也”，马王堆帛书《系辞》中“贞”均作“上”，显然就是缺了上半字。

至于“以‘赵’为‘肖’”：于侯马盟书中，“赵”字的字形为“”、“”，而“肖”字的字形则为“”、“”；于古印中，“赵”字的字形为“”，而于云梦睡虎地秦墓出土的秦简中，“肖”字的字形则为“”②。明显可见“赵”字残缺右半，便会讹为“肖”字。但是《说文解字》走部曰：“赵，趋赵也。从走肖声。”“赵”从“肖”声，“肖”为“赵”的古字，战国郑韩故城铜戈铭文“赵”正作“肖”，马王堆汉墓帛书《春秋事语·韩魏章》“肖氏□□□□□亡，二家之忧也”，“赵”亦作“肖”。由此可见，当时中书本“战国策”中的“赵”作“肖”，不一定是残缺半字③。

然而值得指出的是，刘向校书时往往以当时通行正字来勘正古本旧文。在马王堆帛书《战国纵横家书》中，以《公仲倗谓韩王章》最接近今本《战国策》的原文，经过统计发现，全章488个字中，错别字有3个，假借字用了32个，漏字有13个，总计讹字夺字占10%，其中“王”错作“之”、“隼”错作“佳”、“笑”错作“芯”，“谓”借用“胃”、“氏”借用“是”、“仲”借用“中”、“命”借用“名”、“诺”借用“若”、“形”借用“刑”等。上述的错别字、假借字以及漏字，在《战国策》的同一文本中已

① 详参汤余惠主编《战国文字编》，福建人民出版社2001年版，第475、692页。
② 详参汤余惠主编《战国文字编》，福建人民出版社2001年版，第80、260页。
③ 参见陆锡兴《经古文保存旧文说》，《文献》1985年第2期。

经全部得到纠正。[1] 刘向所校中书本“战国策”与帛书本未必完全一致，但是已经可以想见，以通行正字来纠正讹夺通假的文字，实为刘向校正文字工作的义例之一，故此“以‘赵’为‘肖’”亦可作如此理解。

二是所校之书上的文字因为与另外的文字字形相近而导致错讹，“以‘典’为‘与’”（“以‘见’为‘典’”）、“以‘陶’为‘阴’”，“‘先’为‘牛’”、“‘夭’为‘芳’”，皆是。“以‘典’为‘与’”（“以‘见’为‘典’”）：于包山楚简中，“典”字的字形为“”，而“与”字的字形则为“”，二字字形极为近似，稍一不慎便会写讹。至于“见”字的字形，于包山楚简中为“”，于郭店楚简中为“”，和“典”字的字形亦近似，所以发生“以‘见’为‘典’”的现象也不足为奇。[2] “以‘陶’为‘阴’”：“陶”字的字形，于金文中为“”、“”、“”[3]；而“阴”字的字形，于金文中为“”，于石鼓文中为“”，于云梦秦简中为“”[4]。二字字形近似，颇易写讹。

至于“‘先’为‘牛’”：于包山楚简中，“先”字的字形为“”，而“牛”字的字形则为“”；于郭店楚简中，“先”字的字形为“”，而“牛”字的字形则为“”[5]。二字字形近似，颇易写讹。事实上，“先”误作“牛”在汉代文献中不乏其例，载于《文选》的司马迁《报任少卿（安）书》首句云：“太史公牛马走司马迁再拜言。”李注曰：“太史公，迁父谈也。走，犹仆也。言已为太史公掌牛马之仆，自谦之辞也。”司马迁写作此书的时间无论是武帝征和二年（前 91 年），还是武帝太始四年（前 93 年）[6]，皆距离司

① 参见姚福申《对刘向编校工作的再认识——〈战国策〉与〈战国纵横家书〉比较研究》，《复旦学报》1987 年第 6 期。

② 从字形比较的角度来看，“典”、“与”的相似度较“见”、“典”为高，《北堂书钞》成于唐初，《太平御览》成于北宋初年，且《太平御览》的内容多抄撮自前代类书，故此《北堂书钞》之文应较为可信。

③ 参见许慎撰，臧克和、王平校订《说文解字新订》，中华书局 2002 年版，第 960 页。

④ 详参汤余惠主编《战国文字编》，福建人民出版社 2001 年版，第 942—943 页。

⑤ 详参汤余惠主编《战国文字编》，福建人民出版社 2001 年版，第 59、594 页。

⑥ 司马迁写作《报任安书》的时间历来有两说，赵翼《廿二史札记》卷一、沈钦韩《汉书疏证》、泷川资言《史记会注考证·太史公年谱》主征和二年（前 91 年），王国维《太史公行年考》、张鹏一《太史公年谱》、郑鹤声《司马迁年谱》主太始四年（前 93 年），详参郑杰文、李梅《中国学术思想编年·秦汉卷》，陕西师范大学出版社 2005 年版，第 187—188 页。

马谈之卒（元封元年，前110年）十多二十年，因此不可能无端言及司马谈，因此李注不确。此处“牛”实为“先”之误，“太史公”是司马迁的官职，而“先马走”则为司马迁的谦称，钱锺书对此曾有详细考说[①]。“‘夭’为‘芳’”：于郭店楚简中，“夭”字的字形为“”；于1981年湖北省江陵市九店东周墓出土的楚简中，“芳”字的字形为“”；于郭店楚简中，“方”字的字形为“”[②]。“夭”、“方”二字形近而讹，又或以为“夭”先讹作“方”，又误增草头而作“芳”[③]。以上两例皆出自《晏子书录》，清人孙星衍已指出其属于“形相近”而讹。[④] 银雀山1号汉墓出土了《晏子春秋》竹简共102枚，有些竹简首尾完整，有些竹简则是由数枚残简缀联而成。简书没有书名，没有篇题，也没有题撰集人姓名。简本的出土除了为《晏子春秋》的成书时代及作者问题提供了新证据外，还可以纠正今本中的一些文字错讹。[⑤] 同时也可发现简本中有不少的文字错讹，如“士”错作“出”、“问”错作“门”、“锐”错作“兑”、“苟”错作“笱”、“踊”错作“甬”、“答”错作“合”等[⑥]。简本《晏子春秋》是刘向定著《晏子》八篇以前在临沂地区流传的一个私人藏本，与刘向所校的“中外书三十篇，为八百三十八章”，未必尽同。不过，仅以校正文字论，则可证明《晏子书录》中所举的文字错讹例子，自是信实有据。

三是所校之书上的文字因为与另外的文字发音相近而导致错讹，“‘又’为‘备’”、“‘章’为‘长’”，“以‘尽’为‘进’”、“以‘贤’为‘形’”，皆是。“‘又’为‘备’”：“又”于上古属匣母之部字，“备”则属

① 钱锺书曰：“朱珔《文选集释》引宋吴仁杰云：‘“牛”当做“先”，字之误也；《淮南书》曰：“越王勾践亲执戈为吴王先马走。”’是也。……‘先马走’犹后世所谓‘马前走卒’，即同书札中自谦之称‘下走’、‘仆’耳。”见氏著《管锥编》第1册，中华书局1979年版，第394—395页。

② 详参汤余惠主编《战国文字编》，福建人民出版社2001年版，第34、592、687页。

③ 杜泽逊：《刘向刘歆文献学简论》，见《古籍整理研究论丛》，山东大学出版社1991年版，第136页。

④ 《晏子春秋音义》卷上。

⑤ 骈宇骞：《对〈晏子春秋〉的再认识——兼谈古书的形成与发展》，《管子学刊》1990年第1期。

⑥ 详见骈宇骞《晏子春秋校释》，书目文献出版社1988年版，第16、20、46、66、92页。

并母职部字[①]。之部、职部之分是按照王力考订的古韵11类30部而言，分别在于之部为阴声韵、职部为入声韵，但同属一类，说明两部古音极近，所以段玉裁、孔广森、王念孙、汪有诰、朱骏声以及章太炎皆合为之部。由此可见，二字上古韵部相近甚至相同，应是音近而误。“‘章’为‘长’”：“章”于上古属章母阳部字，“长”则属端母阳部字（生长之“长”），或定母阳部字（长短之“长”）[②]，韵部相同，显然也是音近而误。以上两例皆出自《晏子书录》，孙星衍已指出其属于“声相近”而讹。[③] 简本《晏子春秋》中也用了不少的假借字，如“既”借用“气”、“梦”借用“薨”、“敌”借用“适”、“偪”借用“服”、“又”借用“有”、“袒”借用“但”、“路”借用“茖”等[④]。由此可见，处理音近而误（亦属于一种假借）的问题亦当是刘向校正文字的重点之一。

至于“以‘尽’为‘进’”：“尽”于上古属从母真部字，“进”则属精母真部字[⑤]，韵部相同，显然是音近而误。“以‘贤’为‘形’”：“贤”于上古属匣母真部字，“形”则属匣母耕部字[⑥]，声部相同，又同为阳声韵，显然也是音近而误。以上两例皆出自《列子书录》，虽然对于《列子书录》的真伪，历代学者有不同的意见，有的甚至认为以上两例就是作伪的明证[⑦]。但是，结合《晏子书录》的记载看，充分注意针对因音近而误的文字错讹来进行文本整理工作属于刘向校书义例之一，应该是毫无疑义的。

除了单个文字错讹的校正之外，刘向校书时还需要解决大量篇章脱误的问题。如刘向“以中《古文易经》校施、孟、梁丘经，或脱去‘无咎’、‘悔亡’”；又如以中《古文尚书》校正“欧阳、大小夏侯三家经文”时遇到《酒诰》、《召诰》的“脱简”，“文字异者七百有余，脱字数十”[⑧]；以及

---

① 郭锡良：《汉字古音手册》，北京大学出版社1986年版，第180、133页。

② 郭锡良：《汉字古音手册》，北京大学出版社1986年版，第250页。

③ 《晏子春秋音义》卷上。

④ 详见骈宇骞《晏子春秋校释》，书目文献出版社1988年版，第16、17、34、36、51、66、68页。

⑤ 郭锡良：《汉字古音手册》，北京大学出版社1986年版，第236页。

⑥ 郭锡良：《汉字古音手册》，北京大学出版社1986年版，第236页。

⑦ 程水金、冯一鸣：《〈列子〉考辨述评与〈列子〉伪书新证》，《中国哲学史》2007年第2期。

⑧ 皆见《汉志·六艺略》。

“章句相溷，或上下谬乱，难分别次序”①，“章乱布在诸篇中”② 等。以上所引，皆涉及大量篇章上的脱误，真可谓到了触目惊心的地步。刘向所撰书录对于上述各种情况一一予以记录，一方面固然说明篇章文字的脱误属于所需校雠典籍文本的普遍现象，为校书工作带来了难以估量的困难。另一方面也说明了刘向对此问题的高度重视，并有意地对其成因、类别以及解决途径进行初步总结归纳。这就使得校书工作在实践层面上带有一定的理论色彩，表现出可贵的方法探索和理论构建。

最后需要指出的是，在后世校勘学中对校勘成果的处理，一般可以分为照录底本、注记正误的“底本式”和审慎改正底本错误的“定本式”两种，经过刘向校订之书显然都是采取“定本式”的处理方法。段玉裁《答顾千里书（己巳）》云：“夫校经者，将以求其是也。审知经字有讹则改之，此汉人法也。”③ 所谓“汉人法”，当即刘向校书之法。这是因为刘向校书旨在为汉廷提供一批经过整理、内容完备、便于阅读的图书④，而不是专门从事图书的汇校注释，所以毋需像东汉郑玄校注诸经时，兼采异文，以经、注叠出的办法来一一载明各类旧文。

确定一书的书名，也是刘向校书工作的重要一环。

“书有古人自著，当初并无定名”⑤，而且先秦西汉时期图书多为单篇（或多篇）流传，一书的书名或有或无，并不一律（详见第六章）。刘向整理群书时汇聚众篇、甄定鉴别、勒成一书，便需要确定书名。刘向对图书的命名往往与整理方式有关。如《战国策书录》云：“所校中《战国策》书，中书余卷，错乱相糅莒；又有国别者八篇，少不足。臣向因国别者，略以时次之，分别不以序者以相补，除复重，得三十三篇。……中书本号，或曰《国策》，或曰《国事》，或曰《短长》，或曰《事语》，或曰《长书》，或曰

① 《说苑书录》。

② 《列子书录》。

③ 段玉裁：《经韵楼集》，见《续修四库全书》第1435册，上海古籍出版社1995年版，第159页。

④ 刘向在校定新本时，间亦可能保存一些异文、别义。如《韩非子·内储说下·六微》“乃浴以矢”下有“一曰浴以兰汤”，顾千里《韩非识误》以为是刘向整理时所下的校语，其说可参。至于孙德谦所谓“向于所校书，苟有别义，无不录存本文之下”（《刘向校雠学纂微·存别义》），则未免发挥过甚，并不合刘向校书之法。

⑤ 孙德谦：《刘向校雠学纂微·定书名》，苏州四益宧刻本，1923年，第9页。

《修书》。臣向以为战国时，游士辅所用之国，为之筴谋，宜为《战国策》。”由此可知，《战国策》是中秘藏书中记录有战国游士为所用之国提供策谋的各种本子（《国策》、《国事》、《短长》、《事语》、《长书》、《修书》），以及内容与之相关的“国别者八篇”，经刘向重新编定而成的，并定其书名为“战国策”。在刘向编定之前，不存在有《战国策》一书，当然就没有以“战国策”为名之书，此为对全新编辑的图书进行命名。

刘向往往对某些原已编定的图书另行重新编辑时，在原书名之前加“新”字，以区别旧本。如《汉志·六艺略》著录有“《国语》二十一篇。左丘明著。”又有“《新国语》五十四篇。刘向分《国语》。”今本《国语》21卷，分记周王室、鲁、齐、晋、郑、楚、吴、越8国史事，东汉时郑众、贾逵（《国语解诂》），魏晋时王肃（《春秋外传章句》）、唐固、虞翻、韦昭（《国语解》）、孔晁（《春秋外传国语》）皆曾为《国语》作注。唐宋以后，各家之注多失传，唯韦昭注本独存于世，其《国语解叙》云：“（《国语》）遭秦之乱，幽而复光，贾生、史迁颇综述焉。及刘光禄于汉成世始更考校，是正疑谬。”[①] 说明韦昭注本所据的是经刘向整理过的本子，一般认为即《汉志》著录的21篇本。然而，刘向曾经另外编定过54篇本，为了区别原书（21篇本），便命名为《新国语》，惜今已不存，未知与今本篇章的分合情况。此外，《说苑书录》云：“所校中书《说苑杂事》及臣向书、民间书，诬校雠。……除去与《新序》复重者，其余者浅薄不中义理，别集以为《百家》。后令以类相从，一一条别篇目，更以造新事十万言以上，凡二十篇七百八十四章，号曰《新苑》。”可知今本《说苑》中书本名《说苑杂事》，经刘向重新补充编定之后，命名为《新苑》。姚振宗以为“《新苑》疑《新说苑》，敓‘说’字，犹重编《国语》称《新国语》也”[②]，其说可参，详见第二章。无论是否脱“说”字，刘向对于重新编辑之本在书名加上“新”字以区别旧本，还是信而有征的。

在书名之后加“新书”二字，也是用以区别未校定之前的“故书”的一种命名方法，其中多为诸子之书。清人孙诒让《札迻》对此曾有精辟阐

① 上海师范大学古籍整理研究所校点：《国语》，上海古籍出版社1998年版，第661页。
② 《七略别录佚文》。

发，其谓“新书者，盖刘向奏书时所题。凡未校者为故书，已校定可缮写者为新书”。唐人杨倞注本《荀子》为20卷，书末载有旧本所存的刘向书录，题为“《荀卿新书》十二卷三十三篇”，其《荀子注序》亦云：“以文字烦多，故分旧十二卷三十二篇为二十卷，又改《孙卿新书》为《荀子》。”由此可知，杨倞注本所据之本的书名应为“孙卿新书”，当是保留了刘向校本的书名。此外，唐人殷敬顺《列子释文》所载刘向书录亦题“列子新书目录”，并注云：“此是刘向取二十篇除合而成，都名‘新书’焉。”又在书录“长社尉臣参”下有注云：“刘向《管子新书目录》云：‘臣参书四十一篇’。”可证殷敬顺所见的《列子》及《管子》书录的书名皆有“新书”二字，今存宋本书录前无此目，宋本《管子》亦无此题，当是被后人删去，已非唐本之旧，“足证诸子古本旧题大氐如是”①。

《意林》卷二载有《陆贾新书》2卷、《晁错新书》3卷、《贾谊新书》8卷。其中《晁错新书》3卷，《隋志》云：“梁有《晁氏新书》三卷，汉御史大夫晁错撰，亡。”《旧唐书·经籍志》亦著录：“《晁氏新书》三卷。晁错撰。”可证“新书”二字，自南北朝至唐代皆见于书名之中，自是承自汉代刘向校本。至于《贾谊新书》8卷，孙诒让《札迻》则以为“马总《意林》二引此书，题‘《贾谊新书》八卷’，高似孙《子略》载庾仲容《子钞》目同，惟八卷作九卷。则梁时已称《新书》，不自《新唐志》始也”。“此书隋、唐本当题《贾子新书》。盖‘新书’本非《贾书》之专名，宋元以后诸子旧题删易殆尽，惟《贾子》尚存此二字，读者不审，遂以‘新书’专属之《贾子》，校椠者又去贾子而但称《新书》，展转讹省，忘其本始，殆不可为典要。”孙氏考证精审翔实，其说可信。此外，唐人玄应《一切经音义》卷二云：“刘向《别录》曰：《蹵鞠》也，新书二十五篇。”可知《蹵鞠》书名原亦应有“新书”二字，《汉志·兵书略》著录有“《蹵鞠》二十五篇”，并云“入《蹵鞠》也”，而《诸子略》则谓“出《蹵鞠》一家，二十五篇”，如此《蹵鞠》于《七略》原隶诸子，足证孙氏之说不谬。综上所述，刘向所校定上奏的诸子书书名，应多有“新书”二字。

① 孙诒让：《札迻》卷七。

另一方面，刘向对于诸子书的命名往往采取“以人名书”的方式，即郑樵所谓“古之编书，以人类书”[①]，《汉志·诸子略》著录的大部分“九流十家”之书的书名已经充分反映了此一情况。通过细致考察个别图书书名的前后变化和篇章分合，更可得到进一步的证实。如《史记·管晏列传》云：“吾读管氏《牧民》、《山高》、《乘马》、《轻重》、《九府》，及《晏子春秋》。”由此可知，《晏子春秋》的书名早在武帝时已经出现，但经刘向整理定著之后，删去“春秋”二字而改称“《晏子》八篇”[②]，以其为新编晏子书之故也。又如《史记·田儋列传》云：“蒯通者，善为长短说，论战国之权变，为八十一首。”司马迁在此并未言及蒯通所著之书的书名，而《汉书·蒯伍江息夫传》则云：“（蒯）通论战国时说士权变，亦自序其说，凡八十一首，号曰《隽永》。”班固始称蒯通书为《隽永》，未知是蒯通自名还是后人所加，但是至少为班固所知见。然而，《汉志·诸子略》则著录“《蒯子》五篇”，而未见《隽永》，罗根泽、金德建以为《隽永》或被刘向编入《战国策》一书之内，甚至主张蒯通是《战国策》的主要作者[③]。过往的考证忽略或误解了一个关键的字，《史记》、《汉书》皆言蒯通书为“八十一首”，而非“八十一篇”或“八十一卷”，所以可知蒯通“自序其说”的《隽永》篇幅不可能很大[④]。因此，为班固所知见的《隽永》，当或已被刘向编入《蒯子》5篇之内，因其为蒯通著作的新编，故“以人名书”，取名《蒯子》而弃《隽永》之称。

又如《史记·郦生陆贾列传》云：“陆生乃粗述存亡之征，凡著十二篇。每奏一篇，高帝未尝不称善，左右呼万岁，号其书曰《新语》。”（《汉书·郦陆朱刘叔孙传》略同）又云：“余读陆生新语书十二篇，固当世之辩士。”由此可知，陆贾自著有书12篇，刘邦号之为《新语》，此为西汉人所

---

① 《通志·校雠略》。

② 见《晏子书录》、《汉志·诸子略》。

③ 详参罗根泽《〈战国策〉作始蒯通考》、《〈战国策〉作始蒯通考补证》，见氏著《罗根泽说诸子》，上海古籍出版社2001年版，第380—385页；金德建《〈战国策〉作者的推测》，见氏著《司马迁所见书考》，上海人民出版社1963年版，第328—337页。

④ 关于蒯通书“八十一首”，不应理解为“八十一篇”或“八十一卷”，详参齐思和《〈战国策〉著者时代考》，见氏著《中国史探研》，中华书局1981年版，第239页。此外，目前学者一般多不认同蒯通作《战国策》之说，详见何晋《〈战国策〉研究》，北京大学出版社2001年版，第64—68页。

熟知。《论衡·超奇篇》云："陆贾消吕氏之谋，与《新语》同一意。"同书《书解篇》云："陆贾造《新语》，高祖粗纳采。"《书案篇》又云："《新语》陆贾所造，盖董仲舒相被服焉，皆言君臣政治得失。"《汉书·高帝纪》云："天下既定，命萧何次律令，韩信申军法，张苍定章程，叔孙通制礼仪，陆贾造《新语》。"班固《答宾戏》又谓"近者陆子优繇，《新语》以兴"①。足以证明《新语》为王充、班固所亲见。《隋志》、旧新《唐志》皆著录《新语》二卷，可见其一直流传后世，今本《新语》十二篇与宋人黄震《黄氏日钞》所引篇目相同，说明今本与汉本、宋本相合，为陆贾原书。但《汉志·诸子略》则著录"《陆贾》二十三篇"，而未见《新语》之名，此实为刘向对包括《新语》12篇在内的陆贾著作进行重新整理编定之后的改称。《论衡·本性篇》、《书虚篇》、《薄葬篇》以及《西京杂记》卷三所引陆贾之言皆不见于今本《新语》，当出于《陆贾》23篇之内。② 刘向不称《新语》而改称《陆贾》，既因《新语》已被编入23篇中，不可以概括全书，也为了说明此23篇为新编之陆贾著作，故与其他子书一同采用"以人名书"的命名方式。

此外，《汉书·淮南衡山济北王传》云："淮南王安为人好书，……招致宾客方术之士数千人，作为《内书》二十一篇，《外书》甚众，又有《中篇》八卷，言神仙黄白之术，亦二十余万言。"但《淮南子·要略》有云："此《鸿烈》之《泰族》也。"许慎注云："鸿，大也。烈，功也。凡二十篇总谓之《鸿烈》。"高诱亦云："（《淮南子·内篇》）号曰'鸿烈'，'鸿'，大也，'烈'，明也，以为大明道之言也。……光禄大夫刘向校定撰具，名之《淮南》。又有十九篇者，谓之《淮南外篇》。"《西京雜記》卷三则云："淮南王安著《鸿烈》二十一篇。鸿，大也；烈，明也言大明礼教。号为《淮南子》。一曰《刘安子》。"凡此，皆说明刘安招集宾客方术之士所作之书，原有书名《鸿烈》，经刘向整理校定后，为了说明其属一家之书，统名曰《淮南》，再分为内、外篇，故《汉志·诸子略》著录《淮南内》21

① 《汉书·叙传》。

② 《汉志·兵书略》"兵权谋家"云："省《伊尹》、《太公》、《管子》、《孙卿子》、《鹖冠子》、《苏子》、《蒯通》、《陆贾》、《淮南王》二百五十九种，出《司马法》入礼也。"所省的《陆贾》应即为与《陆贾》23复重互见者。

篇、《淮南外》33篇。班固《汉书》乃取刘向校定本的书名为言，并特此说明尚有未著录于《七略》的“《中篇》八卷”的内容。

诸子书的“以人名书”方式，主要是因为刘向考虑到当时流传的诸子之书多未定型，篇章或离或合，书名（即古人所谓的“大题”）或有或无，各篇作者的身份有待认定，所以在确定篇章、勒成一书之后，采取“以人名书”，以便统合一家之学。但是，此种命名方式在后世颇受诟病，谓其不能“以书类人”，尤其近代以来古籍辨伪之学大昌，对于因为“以人名书”而导致一书之中篇章真伪杂糅的现象大加指摘。刘向编定的诸子书中有非本人作品的现象固然毋庸违言，需要指出的是，刘向对此现象并非视若无睹，从《晏子书录》（“又有颇不合经术，似非晏子言，疑后世辨士所为者，故亦不敢失，复以为一篇。”）、《列子书录》（“至于《力命》篇，一推分命；《杨子》之篇，唯贵放逸。二义乖背，不似一家之书。”）和《汉志》所保留的“似依托者”、“似因托之”等文字，以及《晏子》、《孟子》、《庄子》一书分为内、外、杂篇的图书编纂处理等方面来看，刘向对一书内篇章作者身份的认定还是比较谨慎的（当然其中不无偏失之处，如《管子》、《墨子》、《荀子》的编集）。同时，《七略》以“家”为称，也体现出刘向强调各书是一家一派之学，而非一人一时之作，既可以是本人的手撰亲述，也可以是他人的转述追记，还可以是学生门人的阐扬补论，甚至其他各种相关的文字资料的汇集。目前各书书录已经大量散佚，难知其中辨别篇章作者的具体内容。因此，结合先秦西汉时图书撰作和流传的特点，对于刘向“以人名书”的方式，还是应该予以充分的重视和客观的理解。

对于某些确实无法详知作者的篇章，刘向只能按照其保存于中秘藏书的状况，再参验其具体内容来进行编辑校定，将同一内容的篇章归为一书，其中数术与方技之书多采用此种办法。《汉志·数术略》序云：“史官之废久矣，其书既不能具，虽有其书而无其人。”余嘉锡曾据此指出“数术则史官放废，专门之家法已亡，而其人遂不可知。然则古书之姓名，皆非其人所自题”①。刘向对于此类作者邈茫无稽的图书，唯有“以类名书”，不再考虑作

① 《古书通例·卷一　案著录第一·古书不题撰人》。

者的问题了。近年出土了大量数术、方技的简帛文献，参之其中有关书名、篇题的情况，如属于数术之书的云梦睡虎地秦简《日书》乙种、周家台秦简《日书》，每章前有章题，皆没有书名；而睡虎地秦简《日书》乙种则有书名，独立书于末简，各篇皆有篇题。此外，1999年湖南省沅陵县虎溪山1号汉墓出土的简书《阎氏五胜》，也有书名，抄写在开篇第一简，末简为《阎氏五生》①。

至于属于方技之书的1993年湖北省沙市区关沮乡清河村周家台30号秦墓简书《病方及其他》，每章前有章题，但是没有书名，今书名是整理者所拟定。马王堆帛书中的《五十二病方》和《养生方》两种医书，书前或书后有篇题目录，每章前有章题；又《足臂十一脉灸经》甲乙本、《杂疗方》，每章前也有章题。以上数种书皆没有书名，今书名是整理者所拟定。又如1972年甘肃省武威市旱滩坡汉墓出土的简牍方剂书，每章前有章题，同样没有书名，今书名是整理者所拟定。不过，1983年湖北省江陵县张家山247号汉墓出土的简书《脉书》，则有书名，抄写在该书的开篇第一简的简背，单独占一简，该简正面空白无字，正文从第二简正面开始抄写；又《引书》也有书名，独立书于开篇第一简的背面。综上所述，可以发现数术、方技之书大多如余氏所言是没有书名的，而且“以类名书”的方式亦为秦汉时此类图书的命名通例。

此外，还有一种值得注意的图书命名方式，《汉志·诸子略》“儒家类”著录有“《儒家言》十八篇”，“道家类”著录有“《道家言》二篇”，“阴阳家类”著录有“《杂阴阳》三十八篇”，“法家类”著录有“《法家言》二篇”，“杂家类”著录有“《杂家言》一篇”，班固自注皆云“不知作者”。姚振宗《汉书艺文志条理》谓“此似刘中垒裒录无名氏之说以为一编”，余嘉锡也认为是“刘向校雠之时，因其既无书名，姓氏又无可考，姑以其所学者题之耳，皆其非本名也”②。张舜徽则以为“古人于此类摘钞之书，不自署名，且未必出于一手，故不知作者”；“裒录之人，不必为刘氏，刘氏

① 刘乐贤认为《阎氏五胜》与《日书》等数术文献性质有别，很可能是一篇阴阳家文献，见氏著《虎溪山汉简〈阎氏五胜〉及相关问题》，《文物》2003年第7期。

② 《古书通例·卷一 案著录第一·古书书名之研究》。

特校定而叙列之耳”[①]。此类摘钞之书亦见于出土简牍文献，如定县汉简中有一批阐发儒家忠、孝、礼、信等道德的简书，绝大部分可以在《荀子》、《说苑》、《孔子家语》等典籍中找到类似的内容，整理者定名为《儒家者言》。1977 年安徽省阜阳市双古堆西汉汝阴侯 1 号汉墓除出土了大批竹简外，还有三块书籍篇题木牍，一号牍的正面和背面纵向各分上、中、下三栏，由右至左竖写 47 个篇题，它们大都能在传世的《说苑》、《新序》和《孔子家语》找到相应的内容。整理者虽然没有发现该书书名及每篇相对应的简文，不过篇题木牍的发现，已可证明其当为一种记载孔子及其弟子言行的古书。此两种古书与《汉志·诸子略》著录的“某家言”应是同一类的著作。因此，无论上述数种“某家言”之书的原始编辑者是否刘向，可以肯定皆经过刘向“校定叙列”，书名亦为刘向所定[②]，大可称之为“以家名书”。

至于，《汉志》还著录有其他不少称“杂”之书，如《六艺略》“《易》家”中有《古杂》80 篇、《杂灾异》35 篇，“《诗》家”中有《齐杂记》18 卷，“《春秋》家”中有《公羊杂记》83 篇，“《孝经》家”中有《杂传》4 篇、《五经杂议》18 篇。又如《诸子略》“道家”中有《杂黄帝》58 篇；《诗赋略》“杂赋家”大部分称“杂”之书，“歌诗家”中有《杂歌诗》9 篇；以及《数术略》的“天文家”、“杂占家”中称“杂子”之书；《方技略》的“房中家”、“神仙家”中称“杂子”之书，都可归入“以类名书”或“以家名书”的范畴。

需要指出的是，由刘向所校订的图籍并非全部改用新名，也有不少是沿袭旧名的，此亦与整理方式有关。如六艺经传之书，早在战国时已经定型并广为传诵，诸子书、史记等时时称之；武帝立五经博士，每经选择若干家，列于学官，宣帝时续有所立。刘向校书时，《易》之施氏、孟氏、梁丘氏、京氏，《书》之大小夏侯、欧阳氏，《诗》之齐、鲁、韩，《礼》之大小戴、庆氏，《春秋》之公羊、穀梁，皆立于学官。民间又有《易》之费氏、高

---

① 张舜徽：《汉书艺文志通释》，见《张舜徽集·广校雠略　汉书艺文志通释》，华中师范大学出版社 2004 年版，第 344 页。

② 两种出土简牍皆无书名，可以证明此类文献一般多未有确定的书名，其中一种整理者命名为《儒家者言》，亦是参考了《汉志》的著录。

氏，《诗》之毛氏，《春秋》之左氏，以及《论语》、《孝经》、《尔雅》等。六艺经传皆已形成固定的文本和书名，且有家派传人，刘向只对其作了篇章文字的校雠，无需另改新名。此外，秦汉之际已有著述者自命或世传书名者，如《太史公书》、《孟子》、《虞氏春秋》、《申子》、《吕氏春秋》、《山海经》等，若无特殊原因，亦是沿袭旧名。

经刘向所定的书名，大多数为后世沿用，仅有少数书名曾有所变动[①]，虽或有异称[②]，然刘向所名仍存而不废，甚至更为通行。如《初学记》卷二一引刘向《别录》曰："所校雠中《易传淮南九师道训》，除复重，定著十二篇。淮南王聘善为《易》者九人，从之采获，故中书署曰《淮南九师书》。"[③] 由此可知，中书原名作"淮南九师书"，经刘向校定后改称"易传淮南九师道训"，"《道训》当是淮南著书时所题，犹《淮南子》自名曰《鸿烈》"[④]。《文选·任彦升〈齐竟陵文宣王行状〉》李注引《七略》曰："《易传淮南九师道训》者，淮南王安所造也。"[⑤] 可证刘歆《七略》仍用刘向旧题。然而《汉志·六艺略》著录时作"《淮南道训》二篇。淮南王安聘明《易》者九人，号九师说。"此处班固的自注明显袭自《别录》，书名则删去"易传"、"九师"4字。删去"易传"盖因著录于"《易》家类"，毋庸再明言为"易传"；但删去"九师"后，又恐误会，故加注文予以说明。不过后世却多仍用"淮南九师道训"之名，如《文选·张平子〈思玄赋〉》"利飞遯以保名"句，李注引《九师道训》曰："遯而能飞，吉孰大焉。"[⑥] 足以证明至唐时书名仍用刘向、刘歆旧题，而不用班固新名，因此清代王谟《汉魏遗书钞》、黄奭《黄氏逸书考》、马国翰《玉函山房辑佚书》、胡薇元

① 如《晏子》多恢复《晏子春秋》之称；《淮南内》有仍用旧名《鸿烈》，或作《淮南子》，亦有合二者称为《淮南鸿烈》。

② 如东汉改称《老子》为《道德经》，唐代天宝年间改称《玄通道德经》，同时又改称《庄子》为《南华真经》、《列子》为《冲虚真经》、《文子》改称《通玄真经》等。

③ 《太平御览》卷六〇九所引刘向《别传》同，唯"十二篇"作"二篇"，当是据《汉志》而改。

④ 《古书通例·卷一 案著录第一·汉志著录之书名异同及别本单行》。

⑤ 对于刘安、九师及《淮南子》与《九师道训》之间的关系，李学勤曾有详细的考证，见氏著《周易溯源》，巴蜀书社2006年版，第156—166页。

⑥ 《文选·曹子建〈七启（其一）〉》"飞遯离俗"句，李注亦引《九师道训》曰："遯而能飞，吉孰大焉。"

《玉津阁丛书》等辑本亦皆题为《淮南九师道训》。《易传淮南九师道训》书名的前后数变，颇能说明刘向所题书名的历史价值。

五、撰作书录与缮写上奏

每种书整理完成后，刘向又作了一个图书整理史上的创例，便是撰写一篇“书录”，置于书前，随书上奏。书录的内容主要包括“条其篇目”的“目”和“撮其指意”的“叙言”两个部分[①]。所谓“条其篇目”，就是将经过整理的图书的书名以及书中各篇的篇题条列于书录之首，是书录的第一部分内容，其作用等同于后世一书之前的“目录”（或作“目次”，则存古义）。今存的《晏子书录》、《孙卿书录》、《列子书录》具载有篇目，姚振宗据此以为书录“体制盖如此，尤为不可多得之鸿宝”[②]，所言当是。此外，郑玄《三礼目录》所载《别录》中《礼经》17 篇、《礼记》等书 49 篇的篇目，孔颖达《〈尚书·尧典〉正义》所言贾逵所奏《别录》中《尚书》百篇的篇目，以及今存《别录》佚文中所载《王制》、《邹子》、《尹都尉》的篇目，皆能说明刘向所撰的书录内确载有一书之篇目[③]。刘向对篇目的重视主要是因为西汉之时大量的图书还处于书无定型的阶段，经过刘向整理的图书其篇章往往非同旧本，或甚至属于前所未有的新书，因此书录必须列明篇目，以示新编，区别旧本。至于书录中的篇目于目录学史上的意义与价值，详见第六章。

---

① 余嘉锡谓“目谓篇目，录则合篇目及叙言之也。《汉志》言刘向校书，‘每一书已，辄条其篇目，撮其旨意，录而奏之’。旨意即谓叙中所言一书之大意，故必有目有叙乃得谓之录。录既兼包叙目，则举录可以该目”（《目录学发微卷一·目录释文》）。王重民认为刘向所撰书录包括“新定本的篇目‘目录’”、“记述校定过程”、“撮述一书大意”三个部分（见《中国目录学史论丛》，中华书局 1984 年版，第 20—21 页）。李解民则分为“书名”、“篇目”、“书本由来”、“书本评价”四项内容（见氏著《刘氏书录研究》，《古籍整理与研究》第 7 期，中华书局 1992 年版，第 56 页）。各家所言皆有一定的道理，然以书录体制而言，余氏之说较近事实，故多为后人所从，如昌彼得、潘美月《中国目录学史论丛》、张舜徽《文献学讲义》、王欣夫《文献学讲义》等。对于刘向书录的探讨，汉唐以来，代不乏人，现当代学人的论著更蔚为大观，其中以姚名达《中国目录学史》、王重民《中国目录学史论丛》、李解民《刘氏书录研究》最为详瞻，甚具参考价值。

② 《七略别录佚文叙》。

③ 关于刘向书录中所载各书篇目的情况，详参孙德谦《刘向校雠学纂微·条篇目》，以及李解民《刘氏书录研究》。

至于书录中“撮其指意”的叙言，《七录序》、《隋志》曾指出其作用是“论其指归，辨其讹谬”，从今存较为完整的书录以及其他《别录》佚文来看，叙言的内容主要涉及图书校雠、著者述考、图书评价等范畴。

关于“图书校雠”的内容，是刘向对所整理图书的原生状态、校雠过程，以及新本篇目的说明。对于了解刘向校书的具体工作，以及各书整理前后的情况，有无可替代的价值。细揣今存书录有关文字，可以发现若整理后的新本与旧本形态差异较少，一般只说明所校的各类本子及校定后的篇数，如《孙卿书录》云：“所校雠中《孙卿书》凡三百二十二篇，以相校，除复重二百九十篇，定著三十二篇。”书录表明刘向在校雠《孙卿书》之时，只利用了汉朝庋藏丰富的中秘诸本进行“相校”，删除重复的篇章，因此新本应该大体上是传世荀卿书诸本的“第录”，而没有作很大的调整。又如《管子书录》云：“所校雠中《管子》书三百八十九篇、大中大夫卜圭书二十七篇、臣富参书四十一篇、射声校尉立书十一篇、太史书九十六篇，凡中外书五百六十四篇，以校，除复重四百八十四篇，定著八十六篇。”管子书在战国后期已经广泛流传，《韩非子·五蠹》谓“今境内之民皆言治，藏商、管之法者家有之”，“境内皆言兵，藏孙、吴之书者家有之。”此处“商、管之法”既与“孙、吴之书”对文，且为“境内之民”所广为收藏，分明是指商君书和管子书。学术界对于管子书在西汉流传情况有不同的理解，但是可以相信管子书在西汉已有篇目比较完备、基本定型的某种古本，刘向可能在此基础上参考其他古本，为之分组，编成86篇的新本①。

若整理后的新本与旧本形态差异较大，则往往详加说明。如《晏子书录》除了说明据以校定的各类本子以及新书的篇章数外，又于篇末云“其书六篇”，“又有复重，文辞颇异，不敢遗失，复列以为一篇。又有颇不合经术，似非晏子言，疑后世辨士所为者，故亦不敢失，复以为一篇，凡八篇”。刘向编校定著的《晏子》新书是根据中书本，参合外书本而成的，并作了“内篇”、“外篇（包括杂篇）”的区分，加上“外书无有三十六章，中书无有七十一章，中外皆有以相定”。由此可见，新书与中书旧本无论在

① 详参张固也《〈管子〉研究·〈管子〉研究的新思路·〈管子〉古本之推测》，齐鲁书社2006年版，第48—58页。

整体内容还是篇章分合上都有很大的不同，完全可以视为两书，所以刘向有必要在书录中予以充分说明。至于《战国策书录》详细载明《战国策》整个编定的过程，更是著名的例子，此不赘述。

另一方面，当时六艺经传既有今古文之分，又有家派之别，对于各种不同经传文本的篇章分合、文字异同，刘向皆逐一比较厘正，并于书录中详加说明，有关《论语》传本的书录内容颇具代表性。何晏《论语集解序》引“汉中垒校尉刘向”云：

> 《鲁论语》二十篇，皆孔子弟子记诸善言也。太子太傅夏侯胜、前将军萧望之、丞相韦贤及子玄成等传之。《齐论语》二十二篇，其二十篇中章句颇多于《鲁论》，琅邪王卿及胶东庸生、昌邑中尉王吉，皆以教之，故有《鲁论》，有《齐论》。鲁恭王时，尝欲以孔子宅为宫，坏，得古文《论语》。《齐论》有《问玉》、《知道》，多于《鲁论》二篇。《古论》亦无此二篇，分《尧曰》下章“子张问”以为一篇，有两《子张》，凡二十一篇，篇次不与齐、鲁《论》同。

此段文字与《汉志·六艺略》“《论语》家类”小序略异，参考《汉志》对齐、鲁、古《论》的著录来看，显然是综合多篇《论语》传本的书录而成（详见第二章）。又如《孝经古孔氏》1 篇，《汉志》颜注引《别录》曰：“古文字也。《庶人章》分为二也，《曾子敢问章》为三，又多一章，凡二十二章。”书录有关一书各本之间篇章差异、分合的说明，是反映汉代图书实际情况的宝贵资料，故极为后世所珍视。

关于“著者述考”的内容，是刘向述考所整理图书的著者籍贯、生平与生存时代，以及对史书所记有关内容进行补订辨误的文字。

天下之书皆为人所撰，不明著者则无以知书的由来。自孟子提出“颂其诗，读其书，不知其人，可乎？是以论其世也，是尚友也”[①] 后，“知人论世”便成为了图书文本批评的主要原则与方法，其后司马迁于《史记》

① 《孟子·万章下》。

中作了出色的实践和示范，刘向深受影响，故此书录“既审定篇次，又推论其生平”[①]，对著者的情况往往详加说明[②]。刘向在述说著者时首重其籍贯、时代与事迹，如《晏子书录》之叙晏子、《孙卿书录》之叙荀子、《管子书录》之叙管子，皆是。又如，《汉志·六艺略》著录《雅歌诗》4篇，《别录》云“汉兴以来，善雅歌者鲁人虞公，发声清哀，远动梁尘，受学者莫能及也”[③]。《雅琴赵氏》7篇，《别录》云“赵氏者，勃海人赵定也。宣帝时，元康、神爵间，丞相奏能鼓琴者勃海赵定、梁国龙德，皆召入见温室，使鼓琴待诏。定为人尚清静，少言语，善鼓琴，时闲燕为散操，多为之涕泣者”[④]。《雅琴师氏》8篇，《别录》云“师氏雅琴者，名志（《汉志》班固自注作“中”）。东海下邳人。传云：言师旷之后，至今邳俗犹多好琴也”[⑤]。《雅琴龙氏》99篇，《别录》云“《雅琴龙氏》亦魏相所奏也。与赵定俱召见待诏，后拜为侍郎”[⑥]。汉初虞公、勃海赵定、梁国龙德的生平事迹，史书鲜有记载，书录为后世了解汉代乐人、乐书提供了可贵的史料，《汉书·严朱吾丘主父徐严终王贾传》、《新论·琴道》、《文献通考·乐考》等皆承袭其说。

又如，《汉志·诸子略》著录“《氾胜之》十八篇。成帝时为议郎。”《别录》云“氾胜之时为议郎，使教田三辅，有好田者师之，徙为御史”[⑦]。《氾胜之》与《董安国》16篇（班固自注“汉代内史，不知何帝时”）、《蔡癸》一篇（班固自注“宣帝时，以言便宜，至弘农太守”；颜注引《别录》云“邯郸人”），是《汉志》著录的三部西汉农书[⑧]。《董安国》、《蔡癸》早

---

① 章学诚：《校雠通义·汉志六艺第十三》。

② 余嘉锡对于刘向书录的“论考作者之行事”概括为附录、补传、辩误三例；而“论考作者之时代”则概括为“叙其仕履而时代自明”，“作者之始末不详，或不知作者，亦考其著书之时代”，“叙作者之生卒，并详其著书之年月”，“不能得作者之时，则取其书中之所引用，后人所称叙，以著其与某人同时，或先于某人，在某人后，以此参互推定之”四例（详见《目录学发微卷二·目录书体例二 叙录》）。以下所论略有借鉴余氏之说，然而行文角度、考说详略则互有不同。

③ 《艺文类聚》卷四三、《〈文选·成公子安《啸赋》〉李注》。

④ 《艺文类聚》卷四四、《太平御览》卷五七九。

⑤ 《北堂书钞》卷一〇九。

⑥ 《〈汉志〉颜注》。

⑦ 《〈汉志〉颜注》。

⑧ 《汉志·诸子略》所著录的其他农家类之书，或“六国时”，或“不知何世”。

佚，只有《氾胜之》直到北宋似乎还存有原书，后亦散佚，今只有零星佚文保存于《齐民要术》等书之中[①]。至于氾胜之以及董安国、蔡癸的生平事迹，就仅有《别录》数语[②]，洵为西汉农书著者弥足珍贵的史料。此外，《徐子》42篇、《辛申》29篇、《鬻子》22篇、《蜎子》13篇、《庄子》52篇、《杜文公》5篇、《申子》6篇、《成公生》5篇、《尸子》20篇等，书录都有关于著者生平事迹的内容；而《汉志》班固自注中大量有关著者的说明文字，应该也是来自《别录》、《七略》。由此可见，刘向对于图书著者的高度重视，以及“知人论世”方法的自觉遵循。

对于未能详知姓名的著者，刘向亦尽量述说其籍贯、事迹与时代。如《汉志·诸子略》著录“《鹖冠子》一篇。楚人，居深山，以鹖为冠。”《别录》云“鹖冠子常居深山，以鹖为冠，故号鹖冠子”[③]。又“《郎中婴齐》十二篇。武帝时。”刘向云“故待诏，不知其姓，数从游观，名能为文”[④]。又“《郑长者》一篇。六国时。先韩子，韩子称之。”《别录》云“郑人，不知姓名”[⑤]。又《待诏臣饶心术》25篇，《别录》云“饶，齐人也，不知其姓。武帝时待诏，作书名曰《心术》也”[⑥]。在无法准确得知著者的具体年代时，刘向往往从书中所涉及的内容进行推考，通过与可知人物的比较，来说明著者的大体年代。如《墨子》71篇，《史记·孟子荀卿列传》云：“墨翟，宋之大夫，善守御，为节用。或曰并孔子时，或曰在其后。”《别录》则云：“今按墨子书有文子，文子即子夏之弟子，问於墨子。”[⑦] 可见刘向是通过《墨子》中有关于文子的内容，从而推知“墨子在七十子之后也”（班固自注作“在孔子后”）。此外，《汉志》班固自注中亦有大量相同的例子，如《列子》8篇，自注云：“先庄子，庄子称之。”《公子牟》4篇，自注云：“先庄子，庄子称之。”《将巨子》5篇，自注云：“六国时。先南公，南公

---

① 石声汉：《中国古代农书评介》，农业出版社1980年版，第15页。

② 《晋书·食货志》有“昔汉遣轻车使者氾胜之督三辅种麦，而关中遂穰”之语，可补《别录》佚文，疑亦来自《氾胜之书录》。

③ 《艺文类聚》卷六七、《太平御览》卷六八五。

④ 《〈汉志〉颜注》。

⑤ 《〈汉志〉颜注》。

⑥ 《〈汉志〉颜注》。

⑦ 《史记索隐》。

称之。"《慎子》42篇，自注云："先申、韩，申、韩称之。"

有些图书的著者一时难以确定，然而根据图书内容等线索，可以推考其大概情况，刘向亦会于书录中作出初步判断。如《王度记》，《〈礼记·杂记〉正义》引《别录》曰："似齐宣王时淳于髡等所说也。"又如《汉志·诸子略》著录《河间周制》18篇，班固自注云："似河间献王所述也。"《五曹官制》5篇，自注云："汉制，似贾谊所条。"至于完全无法推考著者之书，刘向便明言"不知何世"①，既不妄断，亦不讳言，充分反映出校书工作中一贯坚持的实事求是态度。

书录于述说著者时，尤重其人的仕官功业与品行节操。如《晏子书录》叙晏子事迹时，强调其"事齐灵公、庄公、景公，以节俭力行，尽忠极谏道齐"，"谏齐君悬而至，顺而刻，及使诸侯，莫能诎其辞"，"内能亲亲，外能厚贤"，"白刃虽交胸，终不受崔杼之劫"数事，使晏子节俭、极谏、亲贤、善使、忠义的形象跃然纸上。又如《孙卿书录》，先叙荀子游学稷下，于齐襄王时"最为老师"，"三为祭酒"；次叙荀子逃谗于楚，"为兰陵令"，又为楚人所谗而"去之赵"，遗书春申君"刺楚国"，后"复为兰陵令"；再叙荀子"以三王之法"说秦昭王、秦相应侯，"以王兵难"孙膑"变诈之兵"于赵孝成王前，然"皆不能用"；最后叙荀子"序列著数万言而卒，葬兰陵"。通过曲折的人生经历，反映了荀子"道守礼义，行应绳墨，安贫贱"的高尚品德，以及表现出对"其陈王道甚易行，疾世莫能用"，而"使斯人卒终于闾巷，而功业不得见于世"的无奈哀痛。又如《管子书录》叙管子之治齐，"通货积财，富国强兵"，尊天子攘夷狄，"因祸为福，转败为功"，卒后，"齐国遵其政，常强于诸侯"，将管子的功业与齐国的兴盛紧密地联系起来。

此外，《〈史记·周本纪〉集解》引《别录》云："辛甲，故殷之臣，事纣。盖七十五谏而不听，去。至周，召公与语，贤之，告文王。文王亲自迎之，以为公卿，封长子。"《〈史记·孟子荀卿列传〉集解》引《别录》云："楚有尸子，疑谓其在蜀。今按《尸子》书，晋人也，名佼，秦相卫鞅客也。卫鞅商君谋事画计，立法理民，未尝不与佼规也。商君被刑，佼恐并

① 皆见《汉志》班固自注。

诛，乃亡逃入蜀，自为造此二十篇，凡六万余言。卒，因葬蜀。”书录之叙辛甲、尸子或尚其贤德，或重其事功，皆与《晏子书录》等的叙述取向同出一辙。其主要目的在于通过对著者品行节操及其功业成败的评论，来贯彻藉校书工作为成帝提供用人治国借鉴的既定策略。

由于先秦西汉文献严重散佚，所以书录中著者生平事迹的史料来源，难以一一详考；然而，通过比对还是可以发现一些线索，有助于对书录撰写过程的理解。如：

《汉纪》引刘向所言汉初诸经的传授，以及各派经学名家的事迹，略见于《史记·儒林列传》。

《晏子书录》所叙晏子的事迹，略见于《晏子春秋·内篇杂上第五》、《内篇杂下第六》及《外篇上第七》，《史记·齐太公世家》、《管晏列传》。

《孙卿书录》所叙荀子的事迹，略见于《史记·孟子荀卿列传》。

《别录》所叙辛甲的事迹，略见于《左传·襄公四年》，《史记·周本纪》。

《管子书录》所叙管子的事迹，略见于《史记·管晏列传》、《鲁仲连邹阳列传》及《货殖列传》。

《别录》所叙环渊、田骈的事迹，略见于《史记·田敬仲完世家》、《孟子荀卿列传》。

《别录》所叙邹衍的事迹，略见于《史记·孟子荀卿列传》，《方士传》。

《别录》所叙申不害的事迹，略见于《韩非子·定法》，《史记·韩世家》、《孟子荀卿列传》。

《邓析书录》所叙邓析的事迹，略见于《左传·定公九年》，《荀子·宥坐篇》，《列子·力命》，《尹文子·大道下》，《吕氏春秋·审应览·离谓》，《淮南子·氾论训》。

《别录》所叙公孙龙子的事迹，略见于《公孙龙子·迹府》，《韩非子·外储说左上》，《史记·平原君虞卿列传》。

从上所述可知，刘向撰写书录之时，多有参考《左传》、《史记》、《吕氏春秋》、《淮南子》，以及各家诸子著作，其中采自《史记》者尤多。而于《史记》“有列传而事迹不详，或无传者，则旁采他书，或据所闻见以补之”①。至于武

① 余嘉锡：《目录学发微卷二·目录书体例二　叙录》。

帝以后的著者，书录中有关他们事迹的记载，当是刘向依据中秘史料，加以改造重编的。

《史记》是西汉史学巨著，对自上古迄武帝时期的史事作了综合编排，首创了纪传体通史的写法。刘向高度推崇《史记》的“实录”精神，认为“（司马迁）有良史之材，服其善序事理，辨而不华，质而不俚，其文直，其事核，不虚美，不隐恶”①。《史记》列传部分记述了西周至武帝时的各式人物，为书录的撰写提供了宝贵的参考资料。如《孙卿书录》基本取自《孟子荀卿列传》，《晏子书录》、《管子书录》基本取自《管晏列传》，其他如邹衍、田骈、申不害等人的事迹亦基本取自《史记》各篇②。因此，孙德谦曾指出书录在“述及若人身世无不征引史传者”③，然而书录在征引《史记》等书之时，往往有所增补和说明。如《史记·孟子荀卿列传》中关于荀子的事迹仅寥寥数语，连荀卿“名况”也没有记载，《孙卿书录》则增补了大量史实，其中包括韩非、浮丘伯为荀卿弟子，荀卿赴秦见昭王，在赵国与孙膑议兵等。此外，《史记·齐太公世家》称周太公望吕尚为“师尚父”，《史记集解》引《别录》云：“师之尚之父之，故曰师尚父；父亦男子之美称也”，显然是《太公书录》对“师尚父”尊称加以说明的文字。

又如《史记·孟子荀卿列传》云：“驺衍之术迂大而闳辩；奭也文具难施；淳于髡久与处，时有得善言。故齐人颂曰：‘谈天衍，雕龙奭，炙毂过髡。’”至于何以称之为“谈天衍”、“雕龙奭”、“炙毂过髡”，司马迁没有进一步说明，书录则分别作了解释：“驺衍之所言五德终始，天地广大，尽言天事，故曰‘谈天’”。“驺奭脩衍之文，饰若雕镂龙文，故曰‘雕龙’”。“‘过’字作‘輠’。輠者，车之盛膏器也。炙之虽尽，犹有馀流者。言淳于髡智不尽如炙輠也”④。当时，邹衍在燕国深受燕昭王的尊宠，“昭王拥彗先

① 《汉书·司马迁传》。

② 《汉志》于“《晏子》八篇”下，班固自注“有列传”。颜注曰：“有列传者，谓《太史公书》。”然而并不是所有于《史记》有传的著者皆有此语，《陆贾》、《贾谊》等书就是明显的例子。结合《晏子书录》的情况来看，所谓“有列传”或可理解为该书书录之文多同于《史记》，故班固在采撮书录为注时遂加以说明。《孙卿子》、《管子》下亦皆注曰“有列传”，可作佐证。

③ 孙德谦：《刘向校雠学纂微·征史传》，苏州四益宧刻本，1923年，第41页。

④ 《史记集解》引《别录》。

驱，请列弟子之座而受业，筑碣石宫，身亲往师之”，《七略》亦引《方士传》言“邹子在燕，其游，诸侯畏之，皆郊迎而拥彗”①。邹衍在燕国的具体活动，《史记》并未详载，《别录》则有引自《方士传》所记之邹衍吹律，寒谷变暖生黍一事，其云：“《方士传》言邹衍在燕，燕有谷，地美而寒，不生五谷。邹子居之，吹律而温气至而黍生，今名黍谷。”②“吹律”是阴阳家的一种“候气”之术，实则是邹衍明于历术，替生活于高寒之地的燕国百姓重新定下种黍的节令，改变过往因农耕失时而导致“种稑禾不为稑，种重禾不为重，是以粟少而失功”③的情形。书录举此事来说明邹衍为燕国人民所作出的贡献，藉以渲染其“深观阴阳消息”的独特本领。

此外，《汉志》、《汉纪》所记刘向之述汉初诸经的传授以及各派经学名家的事迹，多有出于《史记·儒林列传》之外，则是刘向根据中秘所藏史料所作的修订补充，后为《汉书·儒林传》所袭用。

更值得指出的是，书录在依据各种史料的基础上，多有改造新写，其中一些内容颇能反映出刘向的学术思想。如《晏子书录》主要根据《史记·管晏列传》为文，但省去越石父、御者二事，而加入了《晏子春秋》所记崔杼胁迫④，以及晏子苴衣麂裘、敝车疲马、禄给亲友诸事⑤，说明了刘向在撰写书录时实是多方援采，重加组合，别出己意的。

又如，《公孙龙子·迹府》、《吕氏春秋·审应览·淫辞》分别记载了公孙龙与孔穿在赵国平原君家中关于“白马非马”、“藏三牙（耳）”的辩论。《史记·平原君虞卿列传》又记载了“虞卿欲以信陵君之存邯郸为平原君请封”，公孙龙夜谏平原君一事。公孙龙以“善为坚白之辩”，平原君本来“厚待”之，“及邹衍过赵言至道，乃绌公孙龙”。然而《史记》未有详载邹衍的所谓“至道”，何以能使平原君“绌公孙龙”，此事于今亦不见于他

---

① 《文选·阮嗣宗〈诣蒋公〉》、杨子云《解嘲》李注。

② 此条《别录》佚文散见于《艺文类聚》、《白氏六帖》、《太平御览》、《〈文选〉李注》等书，今所引为姚振宗联接补缀后的文字，详见《七略别录佚文》。

③ 《吕氏春秋·士容论·任地》。

④ 《史记·齐太公世家》亦载有崔杼之事，然细揣书录行文，可知出自《晏子春秋·内篇杂上第五》。《新序·义勇》与《晏子春秋》所记同，益知刘向对此事的熟悉。

⑤ 今存《晏子书录》于“晏子盖短”下有厥文，而《汉志》于《晏子》下，有“孔子称善与人交”（《论语·公冶长》载“子曰：‘晏平仲善与人交，久而敬之。’”）的注文，疑为厥文中的内容。

书，遂成谜案。可幸的是，书录为此提供了答案，《史记集解》引《别录》云：

> 齐使邹衍过赵。平原君见公孙龙及其徒綦母子之属，论“白马非马”之辩。以问邹子，邹子曰：“不可。彼天下之辨有五胜三至，而辞正为下。辩者，别殊类使不相害，序异端使不相乱，抒意通指，明其所谓，使人与知焉，不务相迷也。故胜者不失其所守，不胜者得其所求。若是，故辨可为也。及至烦文以相假，饰辞以相惇，巧譬以相移，引人声使不得及其意。如此，害大道。夫缴纷争言而竞后息，不能无害君子。”坐皆称善。

战国之时，邹衍“重于齐。适梁，惠王郊迎，执宾主之礼。适赵，平原君侧行撇席。如燕，昭王拥彗先驱，请列弟子之座而受业，筑碣石宫，身亲往师之”[①]，真谓炙手可热。平原君尊礼邹衍，邹衍于其坐前指摘公孙龙“白马非马”之辩，是“烦文以相假，饰辞以相惇，巧譬以相移，引人声使不得及其意”，只想以辞胜人，强词夺理，不仅非“辩者”之至，且有害君子、大道，平原君大为“称善”，其后遂绌公孙龙。邹衍所谓的“五胜三至”，“五胜”当是“辩论”的功效原则，具体内容今已不可知[②]；而“三至”则应是指“别殊类”、“序异端”、“抒意通指，明其所谓”三项[③]。刘向特于书录中增记此事，藉邹衍之言以斥公孙龙，又讽刺毛公等人“论‘坚白’‘同异’，以为可以治天下”[④]，皆可说明刘向对于名家謷者“钩鈲析乱”的批判态度。

---

① 《史记·孟子荀卿列传》。

② 金德建曾据战国辩者学说材料进行过推考，详见氏著《司马迁所见书考·邹衍所说“五胜三至”释义》，上海人民出版社1963年版，第256—263页。

③ 邹衍对公孙龙的批评，与《庄子·天下篇》所云“（惠施）桓团、公孙龙，辩者之徒，饰人之心，易人之意，能胜人之口，不能服人之心，辩者之囿也”，两者思想基本一致。此外，今本《邓析子·无厚篇》云：“故谈者，别殊类使不相害，序异端使不相乱。谕志通意，非务相乖也。若饰词以相乱，匿词以相移，非古之辩也。”与邹衍之语相近，两者当有渊源关系，《四库全书总目》谓《邓析子》“其文节次不相属，似亦掇拾之本”，或即指此，录以备考。

④ 《汉志》颜注引《别录》。

与此同时，刘向还对古书所记某些著者的生平事迹进行考辨订误，即所谓“为校雠者，旧说不足凭取，而辟其诞妄，理所应尔也”[①]，其中“非子产诛邓析”是最著名的例子。关于“子产诛邓析”的记载，屡见于战国至西汉文献，如《荀子》[②]、《吕氏春秋》[③]、《淮南子》[④] 等。由于“子产诛邓析”之说已广为流传，几成定论；且记载著者之卒，属于书录通例[⑤]，故此《邓析书录》必当涉及邓析之死。《邓析书录》云：

邓析者，郑人也。好刑名，操两可之说，设无穷之辞。当子产之世，数难子产为政，记或云子产执而戮之。于《春秋左氏传》昭公二十年而子产卒，子太叔嗣为政。定公八年太叔卒，驷歂嗣为政，明年乃杀邓析，而用其《竹刑》。君子谓子然于是乎不忠，苟有可以加于国家，弃其邪可也。《静女》之三章，取彤管焉，《竿旄》“何以告之”，取其忠也。故用其道，不弃其人。《诗》之“蔽芾甘棠，勿翦勿伐，召伯所茇”，思其人，犹爱其树也，况用其道，不恤其人乎？子然无以劝能矣。……子产卒后二十年而邓析死，传说或称子产诛邓析，非也。

细揣书录之文，主要应是针对《列子》而发的，《列子·力命》云：

邓析操两可之说，设无穷之辞，当子产执政，作《竹刑》。郑国用之，数难子产之治。子产屈之。子产执而戮之，俄而诛之。然则子产非

---

① 孙德谦：《刘向校雠学纂微·辟旧说》，苏州四益宧刻本，1923 年，第 43 页。

② 《荀子·宥坐篇》云：“是以汤诛尹谐，文王诛潘止，周公诛管叔，太公诛华仕，管仲诛付里乙，子产诛邓析、史付，此七子者，皆异世同心，不可不诛也。”今本《尹文子·大道下》云：“是以汤诛尹谐，文王诛潘正，太公诛华士，管仲诛付里乙，子产诛邓析、史付。此六子者，异世而同心，不可不诛也。”与《荀子》之文相近，应是袭自《荀子》。

③ 《吕氏春秋·审应览·离谓》云：“子产治郑，邓析务难之，与民之有狱者约：大狱一衣，小狱襦袴。民之献衣襦袴而学讼者，不可胜数。以非为是，以是为非，是非无度，而可与不可日变。所欲胜因胜，所欲罪因罪。郑国大乱，民口喧哗。子产患之，于是杀邓析而戮之，民心乃服，是非乃定，法律乃行。今世之人，多欲治其国，而莫之诛邓析之类，此所以欲治而愈乱也。”

④ 《淮南子·氾论训》云：“子产诛邓析，而郑国之奸禁。”

⑤ 如《孙卿书录》之记荀子“葬兰陵”，《管子书录》之记“管子卒”，《别录》之记尸子“卒，因葬蜀”，以及《七略》之记冯商、杜参“病死”（皆见《汉志》颜注）。

能用《竹刑》，不得不用；邓析非能屈子产，不得不屈；子产非能诛邓析，不得不诛也。

刘向所编撰的《新序》、《说苑》曾根据前代史料，收录了“子产诛邓析”之事[①]。在撰写书录之时，刘向参考了《左传·昭公二十年》子产“疾数月而卒，大叔为政”，《左传·定公八年》“郑驷歂嗣子大叔为政”，《左传·定公九年》“郑驷歂杀邓析”之说后（今文经学的《公羊传》、《穀梁传》皆未载此事），便深知邓析非为子产所诛，遂撷采《左传》之文写入书录[②]，订正前人以及己书的误说。由于书录对于邓析非子产所诛考辨精细准确，遂广为后人所引用。如《意林》卷一引刘向云：“非子产杀邓析，推《春秋》验之。”杨倞为《荀子·不苟》“惠施、邓析能之”作注时，亦节引《邓析书录》为文。直至南宋陈振孙《直斋书录解题》、高似孙《子略》，元代马端临《文献通考》，清代《四库全书总目》，以及钱穆《先秦诸子系年》[③]，皆采书录之说，足见其影响深远。

刘向书录于著者记述之重要，评骘之允当，考辨之切实，既为后世提供了不可多得的珍贵史料，更为一书提要的撰写树立了的典范。不过，刘向于编定图书、撰写书录之时，虽然已对个别图书的具体篇章与著者之间的关系作过一些颇有价值的思考[④]；然而昧于旧习，往往以人言书，因书及人，未

① 《荀子·正名篇》杨倞注引《新序》佚文云：“子产决，邓析教民之难，约大狱袍衣，小狱襦袴。民之献袍衣、襦袴者不可胜数。以非为是，以是为非，郑国大乱，民口谨哗。子产患之，于是讨邓析而僇之，民乃服，是非乃定。”此段文字应采自《吕氏春秋》。《说苑·贵德》云：“故共工、驩兜、符里、邓析，其智非无所识也，然而为圣王所诛者，以无德而苟利也。”《指武》云：“昔尧诛四凶以惩恶，周公杀管、蔡以弭乱，子产杀邓析以威侈，孔子斩少正卯以变众。”又云：“昔者，汤诛蠋沐，太公诛潘址，管仲诛史附里，子产诛邓析，此五子未有不诛也。”此三段文字应皆沿袭《荀子》之说。

② 《左传·定公九年》云：“郑驷歂杀邓析，而用其《竹刑》。君子谓子然：于是不忠。苟有可以加于国家者，弃其邪可也。《静女》之三章，取彤管焉。《竿旄》‘何以告之’，取其忠也。故用其道，不弃其人。《诗》云：‘蔽芾甘棠，勿翦勿伐、召伯所茇。’思其人，犹爱其树，况用其道，而不恤其人乎？子然无以劝能矣。”此段文字基本为刘向采入《邓析书录》。

③ 钱穆：《先秦诸子系年考辨》卷一《邓析考》对于邓析应为郑驷歂所杀有详细考证，然未举《邓析书录》之文，不知何故。详见《先秦诸子系年》，中华书局1985年版，第18—20页。

④ 如《列子书录》曾指出：“《力命》篇，一推分命；《杨子》之篇，唯贵放逸。二义乖背，不似一家之书。”

有充分注意到诸书各篇的著者归属问题[①]，为后世认识古书的分合、流传和真伪，带来了一定的消极影响。这固然不必苛求于刘向，但也应该是毋庸讳言的。

关于“图书评价”的内容，是刘向说明所整理图书的书名、内容以及评论其学术渊源、思想主旨、价值意义等方面的文字。

刘向对于新编之书，往往斟酌再三，弃用旧名，另改新名，所以需于书录中予以说明。如《战国策书录》云：“中书本号，或曰《国策》，或曰《国事》，或曰《短长》，或曰《事语》，或曰《长书》，或曰《修书》。臣向以为战国时，游士辅所用之国，为之筴谋，宜为《战国策》。”刘向弃用《国事》、《短长》、《事语》等旧名，目的是要强调此书主要是记载战国游士“度时君之所能行，出奇筴异智，转危为安，运亡为存”的策谋运用，故更名为《战国策》。新名虽只比旧名之一的《国策》多出1字，但却能更清晰明确地揭示此书的时代、著者、性质、价值和意义，甚有画龙点睛之效。经过书录解释之后，《战国策》的命名意蕴遂显白于世。

有些书名较为生辟，或从字面上较难理解其实质内容，如《易传古五子》18篇，《初学记》卷二一引《别录》曰：“分六十四卦，著之日辰，自甲子至于壬子，凡五子，故号曰《五子》。”此书“说《易》阴阳”，以甲子配卦爻。《汉书·律历志》云：“《传》曰‘天六地五’，数之常也。天有六气，降生五味。夫五六者，天地之中合，而民所受以生也。故日有六甲，辰有五子，十一而天地之道毕，言终而复始。”孟康注曰：“六甲之中唯甲寅无子，故有五子。”六十干支可排成六行，各行分以甲子，甲戌、甲申，甲午、甲辰，甲寅居首，这就是六甲。六行的前五行，都包含一个地支为子的干支，依次为甲子、丙子、戊子、庚子、壬子，只有甲寅行没有，这就是五子。干支用以纪日，六甲便代表六旬。六旬之内有五子之日，在古代数术上具有特殊意义。清人全祖望谓“此即纳甲纳辰之例”[②]。李学勤进一步指出《古五子》与《淮南子·天文训》记述的五子数术有密切关系，其将把

① 如《管子书录》以为《管子》为管仲所著，是最明显的例子。又如《晏子书录》虽指出最后一篇“似非晏子言”，但却又以为前6篇为晏子所著，显得卓识与偏见共存。

② 全祖望：《读易别录》，《知不足斋丛书》第23集，清乾隆道光间刻本，第5页。

六十四卦的阴阳消长同五子的运转结合在一起，应为一种卦气说。[①] 刘向唯恐“五子”之名，易生误会，遂对书名的含义略作说明[②]。

此外，《易传神输》五篇，《汉志》颜注引《别录》曰：“神输者，王道失则灾害生，得则四海输之祥瑞。”《雅琴龙氏》106篇，《〈后汉书·张曹郑列传〉注》引《别录》曰：“君子因雅琴之适，故从容以致思焉。其道闭塞悲愁而作者，名其曲曰《操》，言遇灾害不失其操也。”又《文选·司马长卿〈长门赋〉》李注引《七略》曰：“雅琴，琴之言禁也，雅之言正也，君子守正以自禁也。”《黄帝泰素》20篇，《汉志》颜注引《别录》曰：“言阴阳五行，以为黄帝之道也，故曰《泰素》。”《孔子三朝记》7篇，《〈史记·五帝本纪〉索隐》引《别录》曰：“孔子见鲁哀公问政，比三朝，退而为此记，故曰《三朝》，凡七篇。”以上皆是刘向依据图书的具体内容，于书录中解释书名之例。

著名的《论语》一书，沿袭自《别录》、《七略》的《汉志·六艺略》云：“《论语》者，孔子应答弟子时人及弟子相与言而接闻于夫子之语也。当时弟子各有所记。夫子既卒，门人相与辑而论纂，故谓之《论语》。”最早明确提到《论语》书名的典籍是《礼记·坊记》，其云：“《论语》曰：‘三年无改于父之道，可谓孝矣。’”[③] 汉初的《韩诗外传》（卷二、卷五和卷六）已用《论语》之名。武帝时，《史记·仲尼弟子列传》云：“余以弟子名姓文字悉取《论语》弟子问并次为篇，疑者阙焉。”[④]《盐铁论·园池》亦云：“《论语》曰：‘百姓足，君孰与不足乎？’”此外，《汉书·董仲舒传》所载董仲舒的对策，《昭帝纪》所载始元五年（前82）的诏书，《宣帝纪》、《霍光金日磾传》所载元平元年（前74）霍光的奏议皆直接提到《论

---

① 李学勤：《周易溯源》，巴蜀书社2006年版，第167—168页。

② 《汉书·律历志》又有“《易》九戹”之说，孟康注曰：“《易传》也。”清人马国翰《玉函山房辑佚书》、胡薇元《玉津阁丛书》甲集认为此亦《易传古五子》的佚文。

③ 王充：《论衡·正说篇》云：“初孔子孙孔安国以教鲁人扶卿，官至荆州刺史，始曰《论语》。”今考之传世文献的记载，以及相关出土简帛的旁证，《论语》之名当出于先秦，断然不会迟至孔安国时始有。

④ 《史记·张丞相列传》云：“韦丞相玄成者，即前韦丞相子也。代父，后失列侯。其人少时好读书，明于《诗》、《论语》。”不过，传文自“孝武时丞相多甚，不记，莫录其行起居状略，且纪征和以来”以下，为后人（或曰褚少孙）所补，非出自司马迁之笔。

语》书名。同时，西汉有单称《论语》为“《论》”者，如董仲舒《春秋繁露》、《淮南子》等多有在引用《论语》时称“《论》”。又有单称为“《语》”者，如桓宽《盐铁论·通有》云：“《语》曰‘百工居肆’。”此为《论语·子张》中子夏之语。更有称其为“传”者，如《史记·封禅书》云：“传曰：‘三年不为礼，礼必废；三年不为乐，乐必坏。’”此为《论语·阳货》中宰我之语。然而，综观战国至西汉初中期，关于《论语》之名的由来，却从没有人作过正面的解释。刘向以“夫子之语”和“门人相与辑而论纂”来说明《论语》的得名，既符合了《论语》一书的实际内容，又涉及其文体特点，更回应了编纂者不可考知的事实，作出了最接近历史真实的解释。

尽管后人一直对《论语》的具体编纂者进行锲而不舍的追问，得出了许多新观点，不过迄今为止，刘向对《论语》书名的解说仍然是最妥贴且最广为后人所接受的。如王充《论衡·正论篇》：“夫《论语》者，弟子共纪孔子之言行。敕记之时甚多，数十百篇。”赵岐《孟子题辞》：“七十子之畴，会集夫子所言，以为《论语》。”两者都是承袭自刘向之说，而何晏《论语集解序》更直接引用“汉中垒校尉刘向言：鲁《论语》二十篇，皆孔子弟子记诸善言也”为文。

此外，有些书名与图书内容并无直接关系，而是带有一定的文体色彩，书录亦会加以说明。如《隐书》18篇，《汉志》颜注引《别录》曰：“隐书者，疑其言以相问，对者以虑思之，可以无不谕。”《隐书》显然是属于某类文体之名，《文心雕龙·谐隐》云：“讔者，隐也；遁辞以隐意，谲譬以指事也。……汉世隐书，十有八篇，歆、固编文，录之歌末。”《列女传·辩通传》、《新序》卷二《杂事》都曾记载齐妇锺离春善隐，以及齐宣王发《隐书》而读的故事。书录关于《隐书》的说明，显然有助于后世对此类作品的文体特点的认识。又如孔甲《盘盂》26篇，《文选·陆佐公〈新刻漏铭〉》李注引《七略》曰：“《盘盂书》者，其传言孔甲为之。孔甲，黄帝之史也，书盘盂中为诫法，或于鼎，名曰铭。”此对《盘盂书》的书名、著者、内容、制法，以及“铭”类文体的名称、作用等皆作了说明。此前《礼记·祭统》云：“夫鼎有铭。铭者，自名也，自名以称扬其先祖之美，而明著之后世者也。”（郑玄注：“铭，谓书之刻之，以识事者也。”）两者合观，可以比较全面地认识先秦时期“铭”类文体的情况。

孙德谦曾指出“校雠之学，编订目录，其要在所校之书均撰为序录，以揭明其大指”[①]。深入揭示图书的内容，以供成帝阅览时参考之用，同样是刘向撰作书录的主要目的之一，因此书录多有概括说明图书主要内容（包括书中所记之事的起讫）的文字。如《周书》71篇，刘向云“周时诰誓号令也，盖孔子所论百篇之余也”[②]。《周书》即今传本《逸周书》，1987年湖南省慈利县城关石板村战国楚墓出土的简书中发现有《逸周书·大武》篇，证明《逸周书》的某些篇章早在先秦已经流传于世[③]。因此，刘向曾对其作过整理，应是可信的。刘知几《史通·内篇·六家第一》云：“《周书》者，与《尚书》相类，即孔氏刊约百篇之外，凡为七十一章。上自文、武，下终灵、景。甚有明允笃诚，典雅高义；时亦有浅末恒说，滓秽相参，殆似后之好事者所增益也。至若《职方》之言，与《周官》无异；《时训》之说，比《月令》多同。斯百王之正书，《五经》之别录者也。”今本《逸周书》篇目70，文存59，其中有西晋孔晁注者42篇，无注者17篇，又《序》1篇，合71篇。今本有西汉景、武时人所作的“解”，故篇名均有“解”字。东晋初年，李充校书时将汲冢所出的《周书》残简，与之删并为一，流传至今。[④]

今本《逸周书》主要是一部记言体史书，其记言之篇的文体与《尚书》相近。伪孔安国《尚书序》谓孔子编《书》，“芟夷烦乱，翦截浮辞，举其宏纲，撮其机要，足以垂世立教，典、谟、训、诰、誓、命之文凡百篇。”孔颖达《正义》云：“‘典’即《尧典》、《舜典》，‘谟’即《大禹谟》、《皋陶谟》，‘训’即《伊训》、《高宗之训》，‘诰’即《汤诰》、《大诰》，‘誓’即《甘誓》、《汤誓》，‘命’即《毕命》、《顾命》之等是也。说者以《书》体例有十，此六者之外尚有征、贡、歌、范四者，并之则十矣。”孔颖达之说过分拘泥于以篇名划分文体，然究其实：典为常法，《尚书》中《尧典》、《舜典》、《禹贡》为典，而《逸周书》中《程典》、《宝典》、《本典》亦自名为典。谟为君臣勖勉之言，《尚书》中《皋陶谟》、《洪范》为

① 孙德谦：《刘向校雠学纂微·撰序录》，苏州四益宧刻本，1923年，第32页。

② 《〈汉志〉颜注》。

③ 详参张春龙《慈利楚简概述》，载艾兰、邢文编《新出简帛研究》，文物出版社2004年版，第4—11页。

④ 有关《逸周书》的流传情况，详参黄怀信《〈逸周书〉源流考辨》，西北大学出版社1992年版。

谟，而《逸周书》中《程典》、《尝麦》、《岁典》、《本典》、《文酌》、《大开武》、《小开武》，明人黄佐《六艺流别》选以为谟。训即教诲，《尚书》中《高宗肜日》、《无逸》为训，而《逸周书》中《王佩》，黄佐选以为训。诰为晓谕众人或君臣相互劝诫之辞，《尚书》中有《汤诰》、《盘庚》，以及周初八诰《大诰》、《康诰》、《酒诰》、《梓材》、《召诰》、《洛诰》、《多士》、《多方》，而《逸周书》中《商誓》、《皇门》，黄佐选以为诰。誓为出师时告诫将士之辞，《尚书》中《甘誓》、《汤誓》、《牧誓》、《费誓》、《秦誓》为誓，而《逸周书》中《商誓》，蒋善国认为“在事实和体裁方面，与《尚书·牧誓》相同”（《尚书综述》）。命即命令，《尚书》中《吕刑》、《顾命》等为命，《逸周书》中《祭公》，黄佐以为即《顾命》之属，李学勤以为《尝麦》中的故事与《吕刑》相互呼应（《古文献丛论》），则此二篇可视为命体[①]。虽然《逸周书》中还有《武寤》、《克殷》、《世俘》、《作雒》、《明堂》、《王会》、《职方》、《殷祝》、《器服》等记事之文，以及辞书体的《谥法》，不过就大体而言，刘向所谓“周时诰誓号令”的判断，基本上是准确且符合实际情况的。

又如《世本》15篇，刘向云“古史官明于古事者之所记也。录黄帝已来帝王诸侯及卿大夫系谥名号，凡十五篇”[②]。《周礼·春官宗伯第三》云：“小史掌邦国之志，奠系世，辨昭穆。”其中“系”是指谱系，“世”是指世次，郑玄注云：“系世，谓《帝系》、《世本》之属是也。”孔颖达《正义》云：“天子谓之《帝系》，诸侯谓之《世本》。”《世本》属于先秦谱牒类史书，在战国之时十分流行，如《大戴礼》中的《五帝德》和《帝系》两篇，便是同类之书。此外，《汉志·数术略》“历谱类”还著录有《帝王诸侯世谱》、《古来帝王年谱》等书。司马迁撰《史记》时，即“据《左氏》、《国语》，采《世本》、《战国策》，述《楚汉春秋》，接其后事，讫于天汉”[③]。刘向校书之时，曾对《世本》之书作过编辑整理，定为15篇，见著于《汉志》。东汉以来，宋衷、宋均、王氏、孙氏等人皆曾为之作

---

① 参见罗家湘《〈逸周书〉研究》，上海古籍出版社2006年版，第89—90页。

② 《史记集解序》索隐。

③ 《汉书·司马迁传》。

注①。《世本》于唐时已有残缺，南宋以后不传，今有清人王谟《汉魏遗书钞》、孙冯翼《问经堂丛书》、陈其荣《槐庐丛书》、秦嘉谟《琳琅仙馆刊本》、张澍《二酉堂丛书》、雷学淇《畿辅丛书》、茆泮林《十种古逸书》、王梓材《四明丛书》等8家辑本②。从今存佚文来看，《世本》除有记上古帝王世系的《帝系》篇和记夏、商、周三代及春秋战国时期诸侯、卿大夫世系的《王侯》、《卿大夫世》篇外，还有记姓氏的《氏姓》、记都邑的《居》、记发明创造的《作》，以及记谥号涵义的《谥法》等篇，体例上则有"谱"、"记"、"世家"、"传"等。书录指出《世本》为上古史官所记③，内容主要记录"黄帝已来帝王诸侯及卿大夫系谥名号"，是因为《世本》的特点是按氏姓分衍史事，帝系为主干，王侯谱、卿大夫谱为枝叶，并附记氏姓、居葬、谥法及发明等。刘向此一高度精要的概括，切中《世本》一书的要义，后世论此书者，如《汉志》、《汉书·司马迁传》，《后汉书·班彪列传》，《隋志》等，莫不承袭其说。

此外，战国时阴阳家代表性人物邹衍"深观阴阳消息而作怪迂之变，《终始》、《大圣》之篇十余万言"。《史记·孟子荀卿列传》曾详记其事迹与思想学说，《汉志·诸子略》著录有"《邹子》四十九篇"、"《邹子终始》

① 《隋志》著录《世本王侯大夫谱》二卷，《世本》二卷（题为"刘向撰"），《世本》四卷（题为"宋衷撰"）。此与书录所载有异，《世本》非刘向所撰，宋衷亦非撰者，只是曾经为之作注，详见第二章。《世本》注者，除宋衷外，《旧唐书·经籍志》著录有《世本》4卷（宋衷撰）、《世本别录》1卷、《帝谱世本》7卷（宋均撰）、《世本谱》3卷，《新唐书·艺文志》亦著录有宋衷《世本》4卷、《世本别录》1卷、宋均注《帝谱世本》7卷、王氏注《世本谱》2卷。据此可知，宋均、王氏曾为《世本》作注。此外，史志目录皆未著录孙氏注本，旧籍也少有征引，不过《史记》三家注曾多次提到，《〈史记·楚世家〉集解》更明言孙氏名孙检。张澍、雷学淇辑本仅得1条，即"孙氏注《世本》，并以伏羲神农黄帝为三皇，少昊颛顼高辛唐虞为五帝"。可见孙氏注文较少，流行不广，亡佚较早。

② 宋衷注，秦嘉谟等辑：《世本八种》，商务印书馆1957年版。

③ 关于《世本》的作者，除刘向所主的"古史官"外，还有《颜氏家训·书证》所主的左丘明、《史通·外篇·古今正史》所主的"好事者"、张澍《辑〈世本〉序》所主的"战国末年赵人"，以及刘向、宋衷、宋均等，其中以"战国末年赵人"影响最大。张澍指出"《王侯大夫谱》云：'孝成王丹生悼襄王偃，偃生今王迁'，是作者犹赵王迁时"。陈梦家《世本考略》从之，提出《世本》的作者当为战国末年赵人，并云："《世本》之作，当在秦始皇十三年至十九年（公元前234—前228年），较《竹书纪年》晚六七十年。"见氏著《六国纪年》，学习生活出版社1955年版，第139页。然而，《世本》属于谱牒之书，当为周王室所修，或即出自从事世系登记和谱牒纂修的"小史"之手，作者非为一人，亦非只一本，成书下限，据《汉志》班固自注"古史官记黄帝以来，讫春秋时诸侯大夫"，应于春秋之后，直至战国晚年，续有增补。因此，刘向谓《世本》为"古史官明于古事者之所记"，尽管说法过于笼统，却最为近理。

五十六篇”。邹衍的学说主要包括“五德终始”的历史哲学、五行用事的教令思想、大九州的地理观念，以及“以小推大”、“以近推远”的认识论方法等，其中“五德终始”之说自战国而至秦汉，影响巨大深远，成为儒道以外的另一股重要意识力量。所谓的“五德终始”，《史记·孟子荀卿列传》云：“先序今以上至黄帝，学者所共术，大并世盛衰，因载其禨祥度制，推而远之，至天地未生，窈冥不可考而原也。……称引天地剖判以来，五德转移，治各有宜，而符应若兹。”《史记·历书》云：“邹衍明于五德之传，而散消息之分，以显诸侯。”至于五德转移以及与王朝更替的具体关系，《淮南子·齐俗训》高诱注引邹子曰：“五德之次，从所不胜，虞土、夏木、殷金、周火。”《文选·沈休文〈齐故安陆昭王碑〉》李注引邹子曰：“五德从所不胜，虞土、夏木、殷金、周火。”① 刘向书录对此亦曾有过解说，其云：“邹衍之所言五德终始，天地广大，其书言天事，故曰谈天。”又云：“《邹子》书有《主运》篇。”②《七略》亦云：“邹子有《终始五德》，言土德从所不胜，木德继之，金德次之，火德次之，水德次之。”③ 刘向所谓的“天地广大，其书言天事”，在于指出邹衍学说主要是依据“深观阴阳消息”，“散消息之分”的“天事”，即阴阳家“历象日月星辰”④ 的星象历法之学。《七略》所以反复强调邹衍的“五德终始”是以“五行相胜”原理（“从所不胜”、“继之”、“次之”）来推衍五行从天地剖判以来一朝一代而循环的历史观，因为刘向、刘歆父子不仅深受其影响，还对其加以发展改造，另创一套“以为帝出于震，故包羲氏始受木德，其后以母传子，终而复始，自神农、黄帝下历唐、虞三代而汉得火焉”⑤ 的“五行相生”学说。至于

① 《史记·封禅书》云：“自齐威、宣之时，驺子之徒论著终始五德之运。”《集解》引如淳曰：“今其书有五德终始。五德各以所胜为行。秦谓周为火德，灭火者水，故自谓水德。”

② 《〈史记·孟子荀卿列传〉集解》引《别录》。

③ 《文选·应吉甫〈晋武帝华林园集诗〉》李注。

④ 《汉志》。

⑤ 见《汉书·郊祀志》，又《汉纪·高祖皇帝纪》云：“及至刘向父子，乃推五行之运，以子承母，始自伏羲，以迄于汉，宜为火德。其序之也，以为《易》称‘帝出乎震’，故太皞始出于震，为木德，号曰伏羲氏。”此外，刘向颂高祖云：“汉帝本系，出自唐帝。降及于周，在秦作刘。涉魏而东，遂为丰公。”因此《汉书·高帝纪》云：“汉承尧运，德祚已盛，断蛇著符，旗帜上赤，协于火德，自然之应，得天统矣。”

“《邹子》书有《主运》篇”，则应是据《史记·孟子荀卿列传》谓邹衍于燕国“作《主运》”而来的。《史记·封禅书》云：“驺衍以阴阳主运，显于诸侯。”《集解》引如淳曰：“其书有主运。五行相次转用事，随方面为服。”当是有关“五行用事”之篇，可惜《主运》已佚，书录亦仅余此句，难以详知其具体内容[①]。

对于史著，刘向则会说明书中所记之事的起讫，如《战国策书录》云：“其事继《春秋》以后，讫楚、汉之起，二百四十五年间之事，皆定，以杀青书，可缮写。”今见《战国策》所记最早之事为商汤伐桀（《太平御览》卷四五〇所引佚文），最晚之事为《燕策三》“燕太子丹质于秦”章。不过《战国策》于北宋时已经“篇卷亡缺”[②]，至曾巩编校史馆书籍时，“访之士大夫家，始尽得其书，正其误谬而疑其不可考者，然后《战国策》三十三篇复完”[③]。由此可知，今本是经曾巩重新整理而成的，虽谓“复完”，然而从今可考知的佚文达100余条、24，000余字来看[④]，残缺亦不可谓不少，所以于今已难准确推考《战国策》记事的起讫。此外，曾巩又云：“此书之作，则上继春秋，下至楚、汉之起，二百四五十年之间，载其行事。”《文献通考·经籍考》引《崇文总目》作“继春秋以后，记楚、汉之兴，二百五十年事”；而引晁公武之说，则作“上继春秋，记楚、汉之起，凡二百四五十年事之间”。由此可见，“二百四十五年间之事”一语，在元代以前至少已多出“二百四五十年”、“二百五十年”两种异说。[⑤] 因此书录所言《战国策》记事起讫，应是刘向一种约略性的说法，目的在于概述《战国策》的主要记事时间。

由于说明图书的主要内容是书录撰写的通例，所以刘歆在代父主持校书后，亦继续遵循，如《上〈山海经〉表》云：“禹别九州，任土作贡，而益等类物善恶，著《山海经》。皆圣贤之遗事，古文之著明者也，其事质明有

---

① 近有学者以为《主运》篇是邹衍关于四时教令的政治理论著作，详见白奚《邹衍四时教令思想考索》（《文史哲》2001年第6期），其说可参。

② 《崇文总目》。

③ 曾巩：《战国策目录序》。

④ 参见郑良树《战国策研究·战国策佚文考证》，（台北）学生书局1975年版，第222—259页。

⑤ 有关《战国策》记事的起讫，参见何晋《〈战国策〉研究》，北京大学出版社2001年版，第15—23页。

信。”然而，由于《别录》早佚，佚文又多经辗转相引，因此今存某些书录有关图书内容的说明未全准确，值得引起注意。如《伊尹》51篇，《史记·殷本纪》云：“伊尹处士，汤使人聘迎之，五反然后肯往从汤，言素王及九主之事。”刘宋裴骃撰《史记集解》引《别录》曰：

> 九主者，有法君、专君、授君、劳君、等君、寄君、破君、国君、三岁社君，凡九品，图画其形。

唐司马贞《史记索隐》曰：

> 或曰，九主谓九皇也。然按注刘向所称九主，载之《七录》，名称甚奇，不知所凭据耳。
>
> 法君，谓用法严急之君，若秦孝公及始皇等也。劳君，谓勤劳天下，若禹、稷等也。等君，等者平也，谓定等威，均禄赏，若高祖封功臣，侯雍齿也。授君，谓人君不能自理，而政归其臣，若燕王哙授子之，禹授益之比也。专君，谓专己独断，不任贤臣，若汉宣之比也。破君，谓轻敌致寇，国灭君死，若楚戊、吴濞等是也。寄君，谓人困于下，主骄于上，离析可待，故孟轲谓之“寄君”也。国君，国当为“固”，字之讹耳。固，谓完城郭，利甲兵，而不修德，若三苗、智伯之类也。三岁社君，谓在襁褓而主社稷，若周成王、汉昭、平等是也。
>
> 又注本九主，谓法君、劳君、等君、专君、授君、破君、国君，以三岁社君为二，恐非。

对于《史记集解》、《史记索隐》所引《别录》记载“九主”次序的差异，后人作过一些推论，姚振宗以为“‘汉昭平’或是‘昭帝’之写误。此刘氏据《伊尹》书以为之说，唐时《伊尹》书亡，为司马贞所未见，故以为不知凭据。大抵《集解》但引九主之名称，《索隐》复据《别录》引申而微变其文”①。由于《伊尹》早佚，仅从《伊尹书录》互相矛盾的残文，当然

① 《七略别录佚文》。

是无从查考的。

马王堆汉墓帛书《老子》甲本所附的一段文字，恰好正是《伊尹·九主》，这为理解《别录》所载“九主”的情况，提供了可靠的材料。帛书《九主》前段总述“九主”云：

> 伊尹受令（命）于汤，乃论海内四邦……图，□智（知）存亡若会符者，得八主。八主适恶。剸（专）授之君一，劳□□□君一，寄一、破邦之主二、（威）灭社之主二，凡与法君为九主。从古以来，存者亡者，□此九已。九主成图，请效之汤，汤乃延三公，伊尹布图陈策，以明法君法臣。①

此处所举“九主”与《别录》大体一致，且有“九主成图”、“布图陈策”之说，正是《别录》所谓的“图画其形”，足证刘向所论即为此篇，司马迁或亦曾见之。不过经过比较，可以发现《史记集解》、《史记索隐》所引《别录》与之存在不少差异，详见下表：

	帛书《九主》（前段总述）	帛书《九主》（后文分述）	《集解》所引《别录》	《索隐》所引注本	《索隐》所引《别录》
1	法君	法君	法君	法君	法君
2	专授之君	专授之君	专君	劳君	劳君
3	劳君	劳君	授君	等君	等君
4	〔半君〕	灭社之主二	劳君	专君	授君
5	寄君		等君	授君	专君
6	破邦之主二	半君	寄君	破君	破君
7		寄君	破君	国君	寄君
8	灭社之主二	破邦之主二	国君	三岁社君为二	国君
9			三岁社君		三岁社君

① 《马王堆汉墓帛书》整理小组编：《马王堆汉墓帛书》〔壹〕（修订本），文物出版社1980年版，第29页。

以《史记集解》所引《别录》佚文与帛书《九主》比较，可以发现至少三处错误：一、“专授之君”被析为“专君”和“授君”；二、“破邦之主”被析为“破君”和“国君”（汉讳“邦”为“国”）；三、“破邦之主二”的“二”误连下读，又误“威（灭）”为“（歲）岁”，讹变为“三岁社君”①。然而，“这一系列错误的出现，恐怕主要不是由于后世的传抄，而应该归咎于撰写《别录》的刘向”的说法，不仅不能成立，而是刚刚相反。《汉志·诸子略》“道家类”著录有《伊尹》51篇，“小说类”著录有《伊尹说》27篇，两书皆为刘向所亲定，故此其不应误解“九主”之名。日人广濑熏雄以为是因为“后来《九主》本身亡佚，只有《别录》还存在（裴骃时已是如此）。《九主》亡佚后，无人知道‘九主’之意，于是《别录》九主之名渐渐走向混乱。后来《别录》也亡佚了，后人无法判断其引文是否有错，结果将错就错”②。此说较为合理，应可信从，不过尚有补充论说之处。

从《史记集解》、《史记索隐》所引《别录》“九主”之名的变化来看，《别录》之文可能在南北朝之前已经开始发生讹误，目前仍遗有一些蛛丝马迹可寻。《史记索隐》引注本（或即《史记集解》）有“三岁社君为二”，是保留了“灭社之主二”的末字“二”，注本此前只列出“七君”，而无“寄君”，正与“九主”之数相合，是既有脱误又保存了《别录》古本的部分原貌。司马贞则补充了“寄君”并删去“为二”二字，以成“九主”之数。由此推想，“破邦之主二”之误，更可能是先因“二”误连下读，才再被析为“破君”和“国君”，以足“九主”之数。此外，《史记索隐》谓“等君，等者平也”，据帛书可知“等君”应为“半君”，“平”、“半”近似，或是“半”先讹为“平”，再改成“等”，这种讹变换改可能在《史记集解》之前已经出现。另一方面，帛书前段总述“九主”之名，与后文对“九主”具体分述的次序不同，《史记集解》所引《别录》的“九主”次序似乎更接近于后者。

---

① 凌襄：《试论马王堆汉墓帛书〈伊尹·九主〉》，《文物》1974年第11期，第24页。

② ［日本］广濑熏雄：《〈史记·殷本纪〉与马王堆帛书〈九主〉》，见《司马迁与史记论集（第七辑）——纪念司马迁诞辰2150周年暨国际学术讨论会论文集》，陕西人民出版社2006年版，第55页。

更需要指出的是，帛书《九主》的字体与《老子》甲本相同，似出于同一写手，抄写时代当在高帝时期。参考同时出土的《战国纵横家书》与今本《战国策》的差异情况来看，刘向所见《九主》之书，未必即与帛书完全相同，而且刘向曾对《伊尹书》进行过整理，很可能对其内容有所改动。

综上所述，在充分考虑到文献流传的复杂性以及古书注本引书可能出现各种讹误添加的前提下①，显然不应笼统地将《别录》佚文与出土文献内容的差异一概归咎于刘向。当然，由于《别录》早佚，今存书录佚文在流传过程中肯定会出现或多或少的变化，有关《九主》的佚文正是明显的例子。这是在使用和研究《别录》时，必须加以细心分辨的。

刘向在评价图书之时，不仅承继和丰富了"知人论世"的批评方法，细绎著者生平与作品之间的关系，并在此基础上，发展成为通过探讨著者学术渊源与特点，来进行图书评论，开创了"辨章学术，考镜源流"的批评传统。

"两汉经术昌盛，最重师承"②，故此书录十分留意学派师承与著作之间的关系，如《〈春秋左氏传·序〉正义》引《别录》曰："左丘明授曾申，申授吴起，起授其子期，期授楚人铎椒。铎椒作《抄撮》八卷，授虞卿；虞卿作《抄撮》九卷，授荀卿；荀卿授张苍。"此外，从《汉纪·孝成皇帝纪》所引刘向"典校经传，考集异同"之语，可知书录对汉初以来六艺经传的传授情况、各派的学术渊源及特点，亦多有记述。关于《易》的传授，此前《史记·儒林列传》已对武帝以前的《易》学传授有所记载，然过于简略，其云：

① 帛书《九主》对"九主"其义的说明为："法君者，法天地之则者。""专授，失道之君也。""劳君者，专授之能吾（悟）者也，□吾（悟）于专授主者也。""灭〔社之主〕……能用威法其臣，其臣为一，以听其君，恐惧而不敢……""半君者，专授而〔不吾（悟）〕者也。""寄主者，半君之不吾（悟）者。""破邦之主，专授之不吾（悟）者也。"对比《史记索隐》所引之文，可见当时《别录》已为后人所妄加添改，且与《九主》的实际内容差距甚远。此外，广濑熏雄曾据帛书《九主》校改《史记集解》所引《别录》之文，其结果为："九主者，有法君、专授之君、劳君、等君、寄君、破国之君二、灭社之君二。"然《别录》原文是否如此，今已无法确知，姑录于此。

② 孙德谦：《刘向校雠学纂微·撰序录》，苏州四益宧刻本，1923年，第46页。

自鲁商瞿受《易》孔子，孔子卒，商瞿传《易》，六世至齐人田何，字子庄，而汉兴。田何传东武人王同子仲，子仲传菑川人杨何。何以《易》，元光元年征，官至中大夫。齐人即墨成以《易》至城阳相。广川人孟但以《易》为太子门大夫。鲁人周霸，莒人衡胡，临菑人主父偃，皆以《易》至二千石。然要言《易》者本于杨何之家。

刘向则云：

《易》始自鲁商瞿子木受于孔子，以授鲁桥庇子庸，子庸授江东馯臂子弓，子弓授燕人周丑子家，子家授东武孙虞子乘，子乘授齐国田何子装。及秦焚《诗》、《书》，以《易》为卜筮之书，独不禁。汉兴，田何以《易》授民。故言《易》者，本之田何焉。菑川人杨叔元传其学，武帝时为太中大夫，由是有杨氏学。

梁人丁宽受《易》田何，为梁孝王将军距吴、楚，著《易说》三万言，宽授槐里田王孙，王孙授沛人施雠、东海孟喜、琅邪梁丘贺。雠为博士，喜为丞相掾，由是有施、孟、梁丘之学。此三家者，宣帝时立之。

京房受《易》于梁人焦延寿，独得隐士之说，托之孟氏。刘向校《易说》，皆祖之田何。唯京房为异党，不与孟氏同。由是有京氏学，元帝时立之。

东莱人费直治《易》，长于卦筮，无章句，徒以《彖》、《象》、《系辞》、《文言》十篇解说上下经。沛人高相略与费氏同，专说阴阳灾异。此二家未立于学官，唯费氏经与鲁古文同。

刘向显然是根据中秘藏书的史料来进行修订补充的，尤其是对武帝以后《易》家各派先后立于学官的分别记叙，既与当时经学的蓬勃发展、各家各派纷纷争立学官，以及强调家派师承的情况密切相关，也充分反映了刘向对各派学术传承关系予以普遍的重视。其中论述费氏、高氏《易》的文字，表明了书录于各派学说在具体篇章、思想特点等方面亦有过记述和评论，非仅言传经次序，而是含有“辨章学术，考镜源流”的内容。刘向记论《易》

的传授如此，其他诸经亦皆相仿，详见《汉纪》，此不赘述。其后班固撰《汉志》、《汉书·儒林传》等，多采刘向书录而成（参见姚振宗《七略别录佚文叙》）。因此，历史上对西汉经学家派的传承发展，著作的篇章、特点，经师的言行事迹，以及立于学官的时间、派别等，进行全面记述评论者当始于刘向，所以书录在经学研究史上实应占有重要地位和特殊价值。

至于《我子》一篇，《汉志》颜注引《别录》云："为墨子之学。"《尉缭子》29篇，《汉志》颜注引《别录》云："缭为商君学。"以及《汉志》班固自注中不少说明学术师承的文字，如《蔡公》2篇，自注云："事周王孙。"《曾子》18篇，自注云："名参，孔子弟子。"《李克》7篇，自注云："子夏弟子，为魏文侯相。"《孟子》11篇，自注云："名轲，邹人，子思弟子。"《老子徐氏经说》6篇，自注云："字少季，临淮人，传《老子》。"《随巢子》6篇，自注云："墨翟弟子。"皆是书录结合著者学术师承来评价其书的残膏剩馥，可惜详细内容今已无从得知。

刘向于诸子百家群书之言，"通乎其学术，知其为学之要指"[①]，因此既考虑到著者的学术渊源，更注重其学术个性。如《汉志》著录"《尹文子》一篇。说齐宣王。先公孙龙。"颜注引刘向云"尹文子与宋钘俱游稷下"。又云"其学本于黄老，大较刑名家也。居稷下，与宋钘、彭蒙、田骈等同学于公孙龙"[②]。《文心雕龙·诸子》黄叔琳注亦引刘向《别录》云："尹文子学本庄、老，其书自道以至名，自名以至法，以名为根，以法为柄，凡二卷，仅五千言。"[③] 综合以上数条佚文，可知《尹文子书录》叙尹文曾与宋钘、彭蒙、田骈等同游于齐国稷下学宫，很可能是宋钘弟子，曾说齐宣王，略早于公孙龙[④]。书录先通过对尹文游学经历的叙述，说明其"本于黄老"的学术渊源，然后鲜明地指出尹文子之学"大较刑名家"的个性特点。《庄子·天下》谓尹文"接万物以别宥为始"，《吕氏春秋·先识览·正名》在引述尹

---

① 孙德谦：《刘向校雠学纂微·通学术》，苏州四益宧刻本，1923年，第23页。

② 宋《中兴书目》、山阳仲长氏《尹文子序》引刘向，又见《玉海》卷五三。

③ 此条佚文亦见《文献通考》卷二一二《经籍考》引《周氏涉笔》，其曰："尹文子稷下能言者，刘向谓其学本庄、老。其书先自道以至名，自名以至法，以名为根，以法为柄。"

④ 汪奠基曾指出："宋人引刘歆'同学于公孙龙'之说，当为'同学，先于公孙龙'之误。"见《中国逻辑思想史料分析》第1辑，中华书局1961年版，第48页。参以《汉志》班固自注，其说可信。

文与齐闵王论“士”之前，有一段关于名实关系的论述，应为尹文的遗说[①]，其中反映了尹文力图用“以实务名”来说明社会治乱问题的名实观，显然有别于黄老道家之学。因此刘向谓《尹文子》一书“以名为根，以法为柄”[②]，故《七略》（《汉志·诸子略》）终归其于名家之下。与此同时，书录不仅留意著者学术渊源与学术个性的区别，更深入推进至一家之内学说异同的辨别，如《孙卿书录》云：“孙卿后孟子百余年，以为人性恶，故作《性恶》一篇，以非孟子。”由此可见，刘向推明学术，一一判析，指明源流特色，故章学诚谓“得其正名辨物之意”[③]，此种学术批评模式的树立备受后世推崇，成为书目提要的典范之作。

通观书录对于一书主旨和价值的评论，可以发现刘向往往以儒家经学作为诠衡群书的基本标准。如《晏子书录》谓“其书六篇，皆忠谏其君，文章可观，义理可法，皆合六经之义”。《管子书录》谓“《管子书》务富国安民，道约言要，可以晓合经义”。所以孙德谦谓“诸子家学，向于校雠时，胥准以经义而裁断之”[④]。然而，此说只得其表，未及其里，它忽略了另一个重要事实，就是刘向更多着眼的是一书于治道方面的参考意义，如指《列女传》“著祸福荣辱之效，是非得失之分”[⑤]，称“贾谊言三代与秦治乱之意，其论甚美，通达国体，虽古之伊、管未能远过也”[⑥]。深究其实，阐发一书中所蕴含的儒家思想成分，联系其与治用之间的关系，强调以经治国的思想，才是书录的主要批评精神，《孙卿书录》可谓典型。

《孙卿书录》始先记述战国之时，齐之邹衍、田骈、淳于髡之属，赵之

---

① 郭沫若曾指出：“这段冒头的理论大约也采自尹文的遗书，或隐括其意而有所发挥。”见氏著《十批判书·名辩思潮的批判》，《郭沫若全集（历史编　第二卷）》，人民出版社 1982 年版，第 257 页。

② 《四库全书总目》云：“（《尹文子》）其书本名家者流。大旨指陈治道，欲自处于虚静，而万事万物则一一综核其实，故其言出入于黄、老、申、韩之间。《周氏涉笔》谓其自道以至名，自名以至法，盖得其真。”此可与《尹文子书录》互参，亦可证今本《尹文子》仍保留了古本的若干内容。《尹文子》过去被判定为伪书，近年有学者相继提出不同的意见，详参周山《〈尹文子〉非伪析》（《学术月刊》1983 年第 10 期）、胡家聪《〈尹文子〉与稷下黄老学派——兼论〈尹文子〉并非伪书》（《文史哲》1984 第 2 期）、知水《〈尹文子〉新证》（《辽宁师范大学学报》1990 第 6 期）等文。

③ 《校雠通义·补校汉书艺文志第十》。

④ 孙德谦：《刘向校雠学纂微·准经义》，苏州四益宧刻本，1923 年，第 37 页。

⑤ 《初学记》卷二五引《七略别录》。

⑥ 《汉书·贾谊传》。

公孙龙，魏之李悝，楚之尸子、长卢子、芈子等“咸作书刺世”，然而“诸子之事，皆以为非先王之法”，“不循孔氏之术，唯孟轲、孙卿为能尊仲尼”，高度赞扬荀子在捍卫孔门儒学方面的杰出贡献。继而指出“孙卿善为《诗》、《礼》、《易》、《春秋》”，“疾浊世之政，亡国乱君相属，不遂大道而营乎巫祝，信禨祥；儒鄙小拘如庄周等，又滑稽乱俗。于是推儒、墨、道德之行事兴坏，序列著数万言”，意在说明荀子著书以经学为本，批判百家，实归于匡俗救世。并进一步认为其书“陈王道甚易行”，“比于记传，可以为法”，大力张扬合于儒家经学思想的《孙卿书》在治用方面非同一般的价值。最后以痛陈“如人君能用孙卿，庶几于王。然世终莫能用，而六国之君残灭，秦国大乱，卒以亡”作结，从反面衬托出不行儒术，无以兴国的政治观念。书录层层推进，环环相扣，通过尊崇荀子学说的儒家立场来肯定其治用价值，藉此规劝成帝遵循和学习以经治国的统治方术，充分反映了书录在评价图书时学术性与政治性的紧密结合。

《申子书录》更是一个很有分析价值的例子。《申子书录》佚文今存5条，现据书录体制排列如下：

1. 今民间所有上下二篇，中书六篇，皆合二篇，已备，过于太史公所记也。①

2. 申子，名不害，河东人。郑时贱臣，挟术以干韩昭侯，秦兵不敢至。学本黄老，急刻无恩，非霸王之事。②

3. 京，今河南京县是也。③

4. 申子学号曰“刑名家”者，循名以责实，其尊君卑臣，崇上抑下，合于六经也。④

5. 孝宣皇帝重申不害《君臣》篇，使黄门郎张子乔正其字。⑤

---

① 《〈史记·老子韩非列传〉集解》引《别录》。

② 《意林》卷二引刘向云。

③ 《〈史记·老子韩非列传〉索隐》引《别录》。

④ 《〈史记·万石张叔列传〉索隐》引《别录》。

⑤ 《太平御览》卷二二一引刘向《七略》。

第1条佚文应属"图书校雠"的内容。刘向发现中秘藏有申不害所著书6篇，其中包括民间所有的上下2篇，多于《史记·老子韩非列传》所记载的"（申不害）著书二篇，号曰《申子》"。遂以中书本为底本，加以整理，编入《七略》，故《汉志》著录作"《申子》六篇"。第3条佚文是对"京"于西汉地理位置的说明，无关宏旨，毋庸赘述。

第2、4条佚文来源自《史记》和《韩非子》，不过又有所增改。《史记·老子韩非列传》云："申不害者，京人也，故郑之贱臣。学术以干韩昭侯，昭侯用为相。内修政教，外应诸侯，十五年。终申子之身，国治兵强，无侵韩者。申子之学，本于黄老而主刑名。"《韩非子·定法》云："今申不害言术，而公孙鞅为法。术者，因任而授官，循名而责实，操杀生之柄，课群臣之能者也，此人主之所执也。"书录主要增加了批评申不害"急刻无恩，非霸王之事"的内容，此与《汉志·诸子略》批评法家刻者"无教化，去仁爱，专任刑法而欲以致治，至于残害至亲，伤恩薄厚"的看法基本一致。同时又取法家所谓"因任而授官，循名而责实，操杀生之柄，课群臣之能者"的人主所执之"术"进行改造，认为申不害"学本黄老而主刑名"，而"刑名家"所主的"循名以责实"则在于"尊君卑臣，崇上抑下"。此处很可能是根据申不害"明君如身，臣如手；君若号，臣如响。君设其本，臣操其末；君治其要，臣行其详；君操其柄，臣事其常。为人臣者，操契以责其名。名者，天地之纲，圣人之符，则万物之情，无所逃之矣。……昔者尧之治天下也，以名。其名正，则天下治。桀之治天下也，亦以名。其名倚，而天下乱。是以圣人贵名之正也。主处其大，臣处其细。以其名听之，以其名视之，以其名命之"① 的主张而发②，遂谓其颇有"合于六经"之处。《汉志·诸子略》云："异家者各推所长，穷知究虑，以明其指，虽有蔽短，合其要归，亦六经之支与流裔。"《申子书录》的一番融会改造，恰好作为理解此说的具体例证，充分体现了刘向以儒家经学为主而并

① 《群书治要》卷三六引《申子·大体篇》。

② 近有学者指出《大体篇》与马王堆帛书《经法》等篇颇有渊源关系，详参裘锡圭《马王堆〈老子〉甲乙本卷前后佚书与"道法家"——兼论〈心术上〉〈白心〉为慎到田骈学派作品》（载氏著《文史丛稿——上古思想、民俗学与古文字学史》，上海远东出版社1996年版，第59—80页），余明光《黄帝四经与黄老思想》（黑龙江人民出版社1989年版，第18页）。

不完全排斥各学说的基本态度。究其本旨，则是摘取诸子学说中有利于王朝统治的内容，淡化“急刻无恩”的成分，再缘饰以儒术，从而达到融“子”入“经”，在理论上巩固外儒内法的“汉家制度”的根本目的。

第5条佚文记叙了宣帝重视阅读《君臣》篇的史实，此与《孙卿书录》称“汉兴，江都相董仲舒亦大儒，作书美孙卿”的作用相近，皆是从理论阐释转入汉人故事的层面，进一步强化《申子》一书对于治道的借鉴意义。此外，《汉书·宣帝纪》云：“孝宣之治，信赏必罚，综核名实，政事、文学、法理之士咸精其能。至于技巧、工匠、器械，自元、成间鲜能及之，亦足以知吏称其职，民安其业也。”可见《申子书录》当是有为而发，以前朝故事规劝成帝之意，甚为明显。

与《申子书录》相似的还有《列子书录》，其云：“（列子）学本于黄帝、老子，号曰道家。道家者，秉要执本，清虚无为。及其治身接物，务崇不竞，合于六经。”又云：“孝景皇帝时贵黄老术，此书颇行于世。”无论是思考理路和表达方式，两篇书录如出一辙，此不赘述。

刘向淹通经史、诸子，尤精于《春秋》，又屡次与宦官、外戚周旋，深明历史发展的复杂性和政治斗争的残酷性，非一般的所谓“醇儒”可比①；所以在强调以经治国的汉儒传统之余，更多地考虑到吸收丰富的历史经验和政治权变的智慧。如《战国策书录》，一方面，紧紧依据“礼义”与“王道”这一儒家价值取向，层次分明地评论西周、春秋、战国以至秦朝上下近千年的历史发展变化，并反复强调“君德”对国运兴衰的重要性。另一方面，又明确指出在“贪饕无耻，竞进无厌，国异政教，各自制断，上无天子，下无方伯，力功争强，胜者为右，兵革不休，诈伪并起”，“虽有道德，不得施谋”的战国乱世，“君德浅薄，为之谋筴者，不得不因势而为资，据时而为”。刘向虽然从儒家思想的角度批评游士之谋“扶急持倾，为一切之权，虽不可以临国教化，兵革救急之势也”，但却更注重其“度时君之所能行，出奇筴异智，转危为安，运亡为存”的权变智慧，赞赏游士之流“皆高才秀士”，《战国策》之文“亦可喜，皆可观”。充分表明了刘向

① 有关刘向与西汉末年“醇儒”的差异，详见徐兴无《刘向评传（附刘歆）·第六章 刘向与醇儒——刘向思想的时代特征》，南京大学出版社2005年版，第136—153页。

在坚持儒家王道仁政主张的前提下，不忘通变经世，既重视礼乐教化的长远功效，又注意到具体政治环境下的实际操作手段。

《汉志·诸子略》云："修六艺之术，而观此九家之言，舍短取长，则可以通万方之略。"正是刘向以儒家经学为本，融会诸子百家，资于治用的宣言，而书录则是构建这一庞大体系的具体表述。因此，若要全面准确掌握书录对图书评价的实质意义，就必须兼顾学术与政治两个方面，缺一不可，更加需要充分考虑两者之间的相互作用。

在撰作书录的前后，校书工作还有两个重要的程序——"缮写"与"上奏"。因为这两项工作的关系十分密切，故此合并叙述。

"缮写新书"前后共分两次，第一次是在一书校订完成之后，先行抄写一份"稿本"，并连同书录上奏成帝，作为整理工作的初步成果。对此书录多有记载，如《战国策书录》云："皆定，以杀青书，可缮写。"《晏子书录》云："已定以杀青书，可缮写。"《孙卿书叙录》云："以杀青简书，可缮写。"《列子叙录》亦云："皆以杀青书，可缮写。"《管子书录》云："杀青而书可缮写也。"《邓析书录》云："皆定，杀而书可缮写也。"所谓"皆定，以杀青书（简）"是指已经完成整理（"皆定"），连同书录上奏的"稿本"。由于"杀青书（简）"是刘向校书的专门用语，过往多有误解，有必要略作说明。

无论是竹简还是木简，在书写前都要有一套"析治"的制作工序，竹简更加需要"杀青"才可使用。"析治"是指首先要对竹、木进行剖析加工，使之成为片状。若加工成简，则制成为条形；若加工成牍，则制成呈长方形或正方形。《论衡·量知篇》云："截竹为筒，破以为牒。加笔墨之迹，乃成文字。大者为经，小者为传记。断木为椠，析之为板，力加刮削，乃成奏牍。"《居延新简》中有一条简文曰："出钱二百，买木一，长八尺五寸，大四韦（围），以治罢卒籍"。记录的是一位名叫"护"的令史买了一根木料，用来制作退伍士卒的名籍。粗大的木材要做成一根根一片片的简牍，当然先要进行片解。张家山汉简《筭数书》"程竹"题说到"竹大八寸者为三尺简百八十三"，"八寸竹一箇为尺五寸三百六十六"①。八寸是指竹的直径，

① 彭浩：《张家山汉简〈筭数书〉注释》，科学出版社 2001 年版，第 71—72 页。

说明当时对于竹简的析片制作已有一定的规范。然后，就要对其进行刮治，即所谓的“力加刮削”，竹简还要去除竹节，将简牍修治平整、边棱分明，特别是书写的一面，还要打磨光滑平整。竹木简上下两端，或修治成平头形，或修治成梯形，或修治成弧形，目的是为了使简的两端在受到外力时不易破裂，起到保护简的作用。如郭店楚简的《老子》乙本和丙本、《太一生水》、《唐虞之道》、《忠信之道》和4篇《语丛》，是简两端平齐的简；而《老子》甲本、《缁衣》、《穷达以时》、《五行》、《成之闻之》、《性自命出》和《六德》，是简两端为梯形的简。上海博物馆藏楚简《孔子诗论》，则是简两端为弧形的简。

制作竹简更特别要经过杀青或汗简的工序，才可用诸书写，“杀青”和“汗简”是刘向校书的专门用语。《太平御览》卷六〇六引《风俗通》：“刘向《别录》：杀青者，直治竹作简书之耳。新竹有汁，善折蠹，凡作简者皆于火上炙干之。陈、楚之间谓之‘汗’，汗者去其汁也；吴越曰‘杀’，亦治也。”《后汉书·吴佑传》李贤注曰：“杀青者，以火炙简令汗，取其青易书，复不蠹，谓之杀青，亦谓汗简，义见刘向《别录》也。”所谓“杀青”，就是在剖析竹筒之前，用火把圆竹筒中的水分烘烤而使竹内的有机脂类凝固，当新鲜竹筒失去水分后，表皮则由青变黄，青色被“杀”掉，故言“杀青”。因为火烤之时，水分从竹上渗出，如人流汗，故又谓“汗青”。

需要说明的是，目前出土的竹简，未去青皮者不少，所以杀青应主要指去其青色，即去其水分，使表皮由青变黄。杀青（汗简）的目的在于防止竹简日后腐朽，并使文字写上去后不至于晕开。[①] 竹简上的文字一般写在竹里一面（《说文》称“笨”，俗称“篾黄”、“竹黄”），一些标题及背面皆书写者则写于竹青面（俗称“篾青”、“竹青”），个别也有篾黄、篾青两面书写的。此外，比较正规、质地较好的简牍往往在书写之前还要使用一种带有胶质的液体进行涂染，表面略有光泽，使字的墨迹不会晕开化开。陈梦家说：“武威出土竹简，书写于竹里（即所谓笨）的一面，经久未有虫蛀伤，出土后风化劈裂，裂处暴起成丝。此可证书写以前一定经过杀青的手续。同时出土木简，除少数因坠入棺侧受潮弯曲以外，十分之九以上平直不曲，则

① 参见张显成《简帛文献通论》，中华书局2004年版，第115—116页。

此等简亦经先风干而后上书的。”[①] 由此可见，目前出土的埋于两千年前的竹、木简很多都未腐朽，有的甚至完好如新，这与当时杀青等风干保腐技术所发挥的作用是分不开的。

证之上述竹简的制作，以及《北堂书钞》卷一〇四、《太平御览》卷六〇六引刘向《别传》曰“《孙子》，书以杀青简，编以缥丝绳”之语，可知诸多书录中的“以杀青书可缮写”之文，过往大都以“书”字属下读，断为“以杀青，书可缮写”，显然是错误的，而应断为“以杀青书，可缮写”，“杀青书（简）”就是指用经过杀青（汗简）来书写。[②] 通过以上对竹简制作方式的认识和对书录文字断句的分析，可以肯定刘向上奏成帝的“稿本”是书写在竹简上，此对了解“缮写新书”的过程有不可忽略的意义。

至于“可缮写”者，则是指抄写于简书上的“稿本”已经过校定，可以抄写成“新本”之意，此是第二次的“缮写新书”。《说文解字》云：“缮，补也。”《一切经音义》引《三苍》云：“‘缮，治也。’盖言已书于竹简，可就加缮治传写也。”又引《珠丛》云：“凡治故造新皆谓之缮也。”由此可见，“治故”为缮（补），“造新”亦谓之缮（制）。黄生《字诂》云：“《说文》：写，传置也。《礼记》：器之不溉者不写，其余皆写，注谓传之器中是也。盖传此器之物于他器，谓之写。因借传此本书书于他本，亦谓之写。”因此“缮写”之意，即于原书之外另抄他本录副[③]。

《太平御览》卷六〇六引《风俗通》曰：“刘向事孝成皇帝典校书籍二十余年，皆先书竹，改易刊定。可缮写者，以上素也。”指的就是这道程序，当中还可能包括对“稿本”进行修正的工作。《风俗通》所谓的“以上素”，余嘉锡认为是书于缣帛[④]，而王重民则以为“刘向时代缮写清本的材料主要还是竹简，也可能杂用一些缣帛”[⑤]。从目前长沙子弹库和马王堆出土的帛书来看，至少在战国至西汉初年缣帛与竹简已经同样广泛用作书写材

① 陈梦家：《汉简缀述·由实物所见汉代简册制度》，中华书局 1980 年版，第 295 页。

② 参见杜泽逊《“以杀青书可缮写”意义考辨》，《文献》1994 年第 1 期；李升民《〈别录〉书录文句的断句问题新探》，《德州学院学报》2001 年第 1 期。

③ 参见李升民《〈别录〉书录中的“缮写”考论》，《德州学院学报》2001 年第 3 期。

④ 余嘉锡：《书册制度补考》，见氏著《余嘉锡论学杂著》下册，中华书局 1963 年版，第 540 页；又见《余嘉锡说文献学·目录学发微》，上海古籍出版社 2001 年版，第 34 页。

⑤ 王重民：《中国目录学史论丛》，中华书局 1984 年版，第 20 页。

料（考虑到缣帛易于腐烂，所以实际使用应较出土者为多）。此外，《汉书·文帝纪》记载赐帛于群臣、吏民者有3次，《武帝纪》有6次，《昭帝纪》有4次，《宣帝纪》有14次，《元帝纪》有8次，每次数量相当多，说明当时朝廷府库积存有大量缣帛，所以刘向校书时以缣帛抄写定本完全是有可能的，从朝廷的财力物力上看，也是不成问题的①。当然刘向校定之书不可能全部以缣帛来抄写，也有部分是抄于简书之上②。其中供成帝"常置旁御观"③的经传、诸子，以及各种图谱之书，应多抄于缣帛；而数术、方技之书，则可能更多地抄于简书。

据《汉书·叙传》所载，班斿曾与刘向共校秘书，"每奏事，斿以选受诏进读群书，上器其能，赐以秘书之副"。说明校定上奏的图书，成帝多有阅览，且往往由专人为其讲读。从班斿作为校书一员的身份来看，成帝对于刘向校书工作颇为重视，时时欲了解内中详情以及图书内容、书录评论等。刘向校书活动非偶然而起，也不仅是纯粹的学术工作，于此亦可见一斑。

经过层层严谨繁复、细致有序的流程，最后上奏成帝，副录入藏，一书校订的工作宣告完成。刘向校书工作的具体实践、各项条例的制定和执行，成果的处理方式，以及操作过程的理论总结，皆为后世的古籍整理提供了可资借鉴的宝贵经验，树立了足以依循的完备范例，因此全面深入地还原分析其各个细微的工作环节，既有助于了解刘向校书的贡献、价值和作用，也可为中国古文献学史作出溯源性的清理研究。

① 参见李升民《〈别录〉书录中的"缮写"考论》，《德州学院学报》2001年第3期。

② 《后汉书·儒林传》云："初，光武迁还洛阳，其经牒秘书载之二千余两，自此以后，参倍于前。及董卓移都之际，吏民扰乱，自辟雍、东观、兰台、石室、宣明、鸿都诸藏典策文章，竞共剖散，其缣帛图书，大则连为帷盖，小乃制为縢囊。及王允所收而西者，裁七十余乘，道路艰远，复弃其半矣。后长安之乱，一时焚荡，莫不泯尽焉。"其中"典策文章，竞共剖散"者，是指竹书而言，而"缣帛图书"连为帷盖、制为縢囊者，则是指帛书而言。由此说明，东汉之末仍是竹、帛兼用，所以可以推想，西汉末年亦应如是。

③ 《晏子书录》。

第五章　刘向校书与古代图书的编纂流传

自商、周迄清，古代图书文献的流传已历三千年之久，一定的典籍在问世以后，由于经过后人非止一次的编次整理，往往在内容和形式上都会发生或多或少的变化，这种变化尤以汉代和宋代两个时期最为明显。宋代因为雕版印刷的盛行，使古书从钞本过渡到印本阶段，典籍的形态和内容得以相对地凝固下来，且有宋版图书作为实物证明，故此宋代在古代文献流传史上所占的重要地位，易于受到注意、得到肯定。相比而言，对于汉人在公元前一世纪左右，能够把散乱无序的先秦西汉著作进行系统的保存、整理和注释，第一次使得传世文献的形态和内容较大规模地相对稳定下来，则事实上还未得到应有的重视。

第一节　刘向校本的整理模式

刘向校书之时，对西汉末年以前的图籍进行了尽可能的清查整理，《七略》著录之书，无不经由刘向、刘歆等人编纂写定。当时图书多为单篇（或多篇）流传、书无定型，所以刘向需对散乱无序的一人之作或一家之书进行筛选排比，然后定著而成新书，这在古代图书编纂史上无疑是空前之举。细考今存刘向校本以及相关记载，参考出土文献所见古书面貌，比对若干图书校定前后的变化，可以发现刘向在具体工作中针对所校之书的客观状况，灵活有效地采用了多种不同的整理模式，而最值得提出的是在“定著新书”过程中所最终形成的三种模式。

一、校定传本

流传至汉初的某些先秦典籍，在西汉以前已经有了相对稳定的传本。如《汉志·六艺略》著录的大部分经书，在春秋末期至战国初年间早已从单篇文献过渡成为定本典籍，并有了私学的教授和传习。经历秦火，汉初流传的经书尽管有各家不同的“传本”，但是这些典籍早在西汉以前已经有了相对定型的本子是不容怀疑的。刘向在整理此类先王典籍时，极为尊重它们的原有面貌，绝不轻易改动其编次。至于各家不同的“传本”，往往与中书藏本进行比勘，力求整理出完整的本子。因此，刘向校订的这部分“新本”与西汉“传本”，基本上没有什么区别。

以《易》为例，《汉书·儒林传》云：“及秦禁学，《易》为筮卜之书，独不禁，故传受者不绝也。”由此可见，《易》以其“为筮卜之事”[①] 的特殊内容，属于“所不去者，医药卜筮种树之书”[②]，而幸免于焚书之祸，一直流传于世。《史记·仲尼弟子列传》云：“孔子传《易》于瞿（商瞿），瞿传楚人馯臂子弘，弘传江东人矫子庸疵，疵传燕人周子家竖，竖传淳于人光子乘羽，羽传齐人田子庄何，何传东武人王子中同，同传菑川人杨何。何元朔中以治瞿为汉中大夫。”（《史记·儒林列传》、《汉志·六艺略》略同）《易》之由孔门以迄汉初的传授系统历历可考，这在五经当中是较为突出的。当然，战国及其以后的一段时间《易》学流布既广，承传者必多有人在，商瞿一系只是北方儒门传《易》的主要代表而已（如燕地还有韩氏（韩婴）《易》学）。在南方则另有《易》学传统，以马王堆帛书《六十四卦》、《系辞》及《二三子问》等五篇《易》说为代表，流行于楚地。南北相异之处，主要在于传本的卦序和文字方面[③]，而两者的主导思想和治学旨趣则基本趋向一致。此外，实用性很强的蓍龟家《易》学，在社会上也较为活跃。

《汉志·六艺略》著录“《易经》十二篇，施、孟、梁丘三家。”颜注

---

① 《汉志·六艺略》。

② 《史记·李斯列传》。

③ 帛书《易》晚于今传世本，应是传《易》者出于对规律性的爱好而改编经文的结果。参详李学勤《周易溯源》，巴蜀书社2006年版，第305页。

曰："上、下经及十翼，故十二篇。"说明汉世所习之《易》，包括《周易》古经和"十翼"（《易传》）两个部分。"《易》家类"小序云："汉兴，田何传之。迄于宣、元，有施、孟、梁丘、京氏，列于学官。而民间有费、高二家之说。"据《汉书·儒林传》所载，沛人施雠、东海兰陵人孟喜、琅邪诸人梁丘贺，早年俱从丁宽门人田王孙受《易》。丁宽从田何学《易》，作《易说》3万言。可见施、孟、梁丘3家《易》皆出自田何，宣、元之时立于学官。3家之外，京氏（京房）亦立于学官。京房早年受《易》于孟喜弟子焦延寿。孟喜倡言"卦气"说，焦延寿《易》说"长于灾变，分六十四卦，更直日用事，以风雨寒温为候，各有占验"①。京房于焦延寿的"占候"《易》说，"用之尤精"，并多用以附会政事。《汉志》著录有《孟氏京房》11篇、《灾异孟氏京房》66篇，其所倡"纳甲"、"纳支"、"八宫"、"卦气"、"五行"、"飞伏"、"互体"等说，标志着西汉今文象数《易》学体系的最终建立和完善。因此，刘向在考察诸家《易》说后，"以为诸《易》家说皆祖田何、杨叔元（何）、丁将军（宽），大谊略同，唯京氏为异，党焦延寿独得隐士之说，托之孟氏，不相与同"②。至于民间费（直）、高（相）二家，则"皆未尝立于学官"。刘向校书，"以中古文《易经》校施、孟、梁丘经，或脱去'无咎'、'悔亡'，唯费氏经与古文同。"③于此证明刘向在整理《易》的三家官学传本时，仅以中书古文《易》进行对校，力图恢复各家经文的完整面貌，并没有改动各家传本的编次。

需要附带说明的是中古文《易经》。《汉志》谓中书所藏古文《易经》与费氏经同，《汉纪·孝成皇帝纪》引刘向云"费氏经与鲁古文同"。可见中书古文《易》是有别于田何一系之外的古文《易》派，其或出于鲁地。《后汉书·儒林列传》云："（费直）传《易》，授琅邪王横，为费氏学。本以古字，号《古文易》。"（又见《隋志》）费直"长于卦筮，亡章句，徒以《彖》、《象》、《系辞》十篇文言解说上、下经"（施、孟、梁丘三家今文经皆有《章句》），显然是以"十翼"解经之法，保留了战国遗风，故其所传

① 《汉书·眭两夏侯京翼李传》。
② 《汉书·儒林传》。
③ 《汉志》。

经文与古文《易》大体相同，是很容易理解的[①]。《汉志》未有著录古文《易》[②]，《七略》是否如此，已不可考。顾实以为古文《易》与今文经篇章无大异，而文字则大有不同[③]，其说近是。东汉以后，费氏《易》大兴，陈元、郑众皆传其学，马融为其作传，以授郑玄，郑玄作《易》注。荀爽又作《易传》。魏时王肃、王弼亦为之注，今《十三经注疏》中的《周易正义》即为王弼所传之费氏学。

与《易》相同的还有对《书》的整理。西汉《书》的流传极为兴盛复杂，既有今文，又有古文，诸多问题迄今缠讼不休。简而言之，今文方面是伏生始传的《书》28篇，逐渐形成欧阳（欧阳生）和大、小夏侯（夏侯胜、胜从兄子建）两个主干派别，并衍生出诸多支派。武帝时，欧阳氏立于学官，为"五经博士"之一；宣帝时，大、小夏侯立于学官。古文方面则先后有出于孔壁、为孔安国（家）所献（《史记·儒林列传》、《汉志》），河间献王所得（《汉书·景十三王传》），民间所得《泰誓》（刘歆《移让太常博士书》），河内老屋所发（《论衡·正说篇》）等的多种古文《尚书》[④]。《汉志·六艺略》著录"《经》二十九卷。大、小夏侯二家。《欧阳经》三十二卷。"颜注曰："此二十九卷，伏生传授者。"所谓的"《经》二十九卷"，是指伏生所传28篇，加上后得的《泰誓》1篇（此从孔颖达《〈尚书序〉正义》之说）。欧阳氏所传经本为32卷（按，当为"三十一"之误，《汉志》有《欧阳章句》31卷，可证），或为分篇不同，然本之伏生，应无疑问。至于从不同渠道先后汇集到中秘的古文《尚书》，《汉志》著录为"《尚书古文经》四十六卷。为五十七篇"。刘向校书时，"以中古文校欧阳、大小夏侯三家经文，《酒诰》脱简一，《召诰》脱简二。率简二十五字者，脱亦二十五字，简二十二字者，脱亦二十二字。文字异者七百有余，脱字数十"[⑤]。于此同样证明刘向在整理《书》的3家官学传本时，仅以中秘古文《尚书》

---

① 清季以来，康有为等先后怀疑费氏《易》只是今文另一派别，非传古文，却没有直接证据，难以令人信服。

② 五经及《论语》、《孝经》中，唯《易》无古文经，《诗》家有《毛诗》29卷，即古文经。

③ 顾实：《汉书艺文志讲疏》，上海古籍出版社1987年版，第22页。

④ 详参董治安《两汉〈书〉的承传与〈书〉学的演化——〈两汉群经流传概说〉之一》，见氏著《两汉文献与两汉文学》，上海古籍出版社2005年版，第67—77页。

⑤ 《汉志·六艺略》。

进行对校，补苴罅漏，校正讹误，而没有改动各家传本的编次。

致力保存各家经学传本的原有面貌，尽量展示各派的学术旨趣，这种整理原则在刘向校订《论语》时表现得更为明显。《汉纪·孝成皇帝纪》载刘向曰："《论语》有齐、鲁之说，又有古文。"皇侃《论语义疏序》则称刘向曰："鲁人所学谓之《鲁论》，齐人所学谓之《齐论》，古壁所传谓之《古论》。"两处应皆出自《别录》，是刘向对于《论语》今古文经本来源和流传的说明。《汉志·六艺略》分别著录"《论语》古二十一篇。出孔子壁中，两《子张》。""《齐》二十二篇。多《问王》、《知道》。""《鲁》二十篇，《传》十九篇。"何晏《〈论语集解〉序》载有刘向描述3家经本篇章差异的文字，其曰：

> 《鲁论语》二十篇，皆孔子弟子记诸善言也。太子太傅夏侯胜、前将军萧望之、丞相韦贤及子玄成等传之。
>
> 《齐论语》二十二篇，其二十篇中，章句颇多于《鲁论》，琅邪王卿及胶东庸生、昌邑中尉王吉皆以教之，故有《鲁论》，有《齐论》。
>
> 鲁恭王时尝欲以孔子宅为宫，坏，得古文《论语》。
>
> 《齐论》有《问玉》、《知道》，多于《鲁论》二篇。《古论》亦无此二篇，分《尧曰》下章"子张问"以为一篇，有两《子张》，凡二十一篇，篇次不与齐、鲁《论》同。

此段文字应分别来自《论语》3家经本的书录，它不仅补充了《汉志·六艺略》"《论语》家类"小序所缺关于古文《论语》的部分[①]，更说明了刘向在整理《论语》的齐、鲁、古文三种传本时，刻意保留了它们的不同编次，而没有强行统一。

《孝经》的整理情况也同于《论语》。《汉志·六艺略》著录有"《孝经古孔氏》一篇。二十二章。""《孝经》一篇。十八章。长孙氏、江氏、后氏、翼氏四

---

① "《论语》家类"小序云："汉兴，有齐、鲁之说。传《齐论》者，昌邑中尉王吉、少府宋畸、御史大夫贡禹、尚书令五鹿充宗、胶东庸生，唯王阳名家。传《鲁论语》者，常山都尉龚奋、长信少府夏侯胜、丞相韦贤、鲁扶卿、前将军萧望之、安昌侯张禹，皆名家。张氏最后而行于世。"序文对《齐论》、《鲁语》传授的记述较详，唯缺古文《论语》部分。

家。”“《孝经》家类”小序云：“汉兴，长孙氏、博士江翁、少府后仓、谏大夫翼奉、安昌侯张禹传之，各自名家。经文皆同，唯孔氏壁中古文为异。‘父母生之，续莫大焉’，‘故亲生之膝下’，诸家说不安处，古文字读皆异。”至于“《孝经古孔氏》一篇”，颜注曰：“刘向云古文字也。《庶人章》分为二也，《曾子敢问章》为三，又多一章，凡二十二章。”[①] 由此可见，刘向曾经详细比勘过《孝经》的今文4家传本，得出“经文皆同”的结果；同时又以古文比勘今文，发现两者不仅在篇章分合多寡上有所不同，而且文字也多有差异。不过，从这些说明文字来看，刘向既不以古文就今文，也不以今文律古文，而是同样保留今、古文5家经本的篇次，以供后人选择去取。

除了大部分经书以外，少量先秦西汉诸子、史书著作在产生之初，本身已经具有特定的结构，对于这些著作，刘向也同样只做了文字校雠的工作，而没有对其篇章作增删改动。以《孙卿书》的整理为例，据《史记·孟子荀卿列传》所载，荀卿“推儒、墨、道德之行事兴坏，序列著数万言而卒”。所谓“序列著”，不论是释以“序列论著”（依次撰作），还是“序列所论”（依次编排所作），都强调了荀子的刻意安排和论著本身具有一定的系统性。以此推测荀卿书的流布，一开始就应具有某种汇编的形式，并且早在战国末年可能已经出现了初始的传本。荀卿在西汉普遍受到尊崇，刘向对于荀卿一生深表同情和钦佩，认为“其书比于记传，可以为法”[②]。荀卿书在西汉广为流传，从刘向校书的实际工作来看，复重篇（290）约为定著篇（32）的9倍，此不仅说明传写本非止一种，而且可以想见各本必有相当数量的篇章实际并无差别。同时，刘向在校雠《孙卿书》之时，只用汉朝收藏丰富的“中书”，而没有动用“外书”，原因应是西汉荀卿书的诸多写本之间，彼此的篇目歧异较少，不必再用“外书”参校[③]。故此刘向所校订的“新本”应该大体是在西汉成帝时期传世荀卿书诸本所见篇目的“第录”，而没有作很大的调整。

再以《吕氏春秋》为例，《汉志·诸子略》著录“《吕氏春秋》二十六

---

① 《经典释文·叙录》云：“《孝经》今文凡十八章，又有古文二十二章，刘向校书定为十八。”

② 《孙卿书录》。

③ 参见董治安《先秦文献与先秦文学·荀卿书若干问题的探讨》，齐鲁书社1994年版，第281—300页。

篇。秦相吕不韦辑智略士作。”《吕氏春秋》是唯一一部写作年代明确的先秦子书，《吕氏春秋·序意》曰：“维秦八年，岁在涒滩，秋甲子朔。朔之日，良人请问《十二纪》。”据孙星衍考证，“维秦八年”为秦灭周后8年，即秦始皇六年(前241)，而非秦始皇八年（《问字堂集·太阴考》)。《史记·吕不韦列传》云：“吕不韦乃使其客人人著所闻，集论以为《八览》、《六论》、《十二纪》，二十馀万言。以为备天地万物古今之事，号曰《吕氏春秋》。”《史记·十二诸侯年表》云：“吕不韦者，秦庄襄王相，亦上观尚古，删拾《春秋》，集六国时事，以为《八览》、《六论》、《十二纪》，为《吕氏春秋》。”今本《吕氏春秋》的编次为《十二纪》、《八览》、《六论》，高诱序云：“不韦乃集儒书，使著其所闻，为《十二纪》、《八览》、《六论》，训解各十余万言，备天地万物古今之事，名为《吕氏春秋》。……然此书所尚，以道德为标的，以无为为纲纪，以忠义为品式，以公方为检格，与孟轲、孙卿、淮南、扬雄相表里也，是以著在《录》、《略》。”今本即高诱注本，高本则是根据《录》（《别录》)、《略》（《七略》）所著录之本，也就是刘向校本。

今本编次与《史记》所载不同，学者或以为今本是经过改定的，主要理由是被公认为全书自序的《序意》排于《十二纪》之后，符合当时著书的通例，所以《十二纪》在后才是原来的编次。[①] 然而《序意》只有叙论《十二纪》之文，完全没有涉及《八览》、《六论》，这恐怕并非因为书简有缺，而是《序意》唯序《十二纪》，非序全书。实则《十二纪》成篇在先，《八览》、《六论》继出[②]，原各自为帙。《史记·太史公自序》谓“不韦迁蜀，世传《吕览》”，也说明了《八览》曾经单独流传。所以《史记》所载《八览》、《六论》、《十二纪》的次序，或只是司马迁对三者前后次序的个人理解，而非《吕氏春秋》原本即为此编次。《吕氏春秋》的《十二纪》，每纪五篇，计有60篇；《八览》除首览《有始览》为七篇外，每览八篇，计有63篇；《六论》，每论六篇，计有36篇；又有《序意》一篇。各部分井然有序，显然是经过精心设计，自成一个完整的系统，这在先秦子书中是

① 张岱年：《中国哲学史史料学》，三联书店1982年版，第78页。

② 刘咸炘《〈吕氏春秋〉发微》曾指出《序意》篇首文辞完整，并无脱误之迹，因此下文就算脱去关于《八览》、《六论》的部分，也应以《十二纪》为首，其说可参。

绝无仅有的。因此，刘向校书时，没有可能对其内部篇章次序进行改动，只是在校正文字之余，进一步确定《纪》、《览》、《论》的编次而已。

与《吕氏春秋》相同的还有对《淮南子》和《史记》的整理。《汉志·诸子略》著录有《淮南内》21篇、《淮南外》33篇，《汉书·淮南衡山济北王传》云："（刘安）招致宾客方术之士数千人，作为《内书》二十一篇，《外书》甚众，又有《中篇》八卷，言神仙黄白之术，亦二十集万言。"今本《淮南子》即《淮南内》21篇，高诱序曾言明其是经过"光禄大夫刘向校定撰具"之本。《淮南子·要略》开篇即谓"故著二十篇，有《原道》，有《俶真》，有《天文》，有《墬形》，有《时则》，有《览冥》，有《精神》，有《本经》，有《主术》，有《缪称》，有《齐俗》，有《道应》，有《氾论》，有《诠言》，有《兵略》，有《说山》，有《说林》，有《人间》，有《修务》，有《泰族》也"，并详述各篇的撰作主旨。今本各篇次序与之一一相合，说明刘向没有对之重加编次，所做仅限于文字校定的工作。

又如《史记》，《汉志·六艺略》著录"《太史公》百三十篇"。司马迁在撰成《史记》后，将其"藏之名山，副在京师"[①]，《史记索隐》曰："言正本藏之书府，副本留京师也。"《史记》的正本归于中秘所藏，不易流布。副本则为家族所保存，因此在司马迁"死后，其书稍出。宣帝时，迁外孙平通侯杨恽祖述其书，遂宣布焉"[②]。刘向校书，取中秘藏本进行整理，其中虽然或有残缺[③]，但是《史记·太史公自序》分列130篇篇目，并叙各篇

① 《史记·太史公自序》，《报任安书》作"藏诸名山，传之其人"。

② 《汉书·司马迁传》。

③ 《后汉书·班彪列传》载班彪《后传·略论》云："（司马迁）作本纪、世家、列传、书、表百三十篇，而十篇缺焉。"《汉志·六艺略》班固自注谓《史记》"十篇有录无书"，《汉书·司马迁传》又云："而十篇缺，有录无书"。说明至少班氏父子时《史记》已有缺残，三国时魏人张晏更详列十篇亡书篇名（始见于《汉书·司马迁传》颜注，其后《史记集解》、《史记索隐》亦于为《太史公自序》作注时加以转述）。然而此十篇亡于何时，《汉志》著录本是否已经缺残，这个关乎《史记》的原貌和补窜，以及早期流传真相的重要问题，是研究《史记》必须解决的前提，所以历代学者莫不予以高度关注，可惜歧说漫衍，莫衷一是。近代以来，余嘉锡《太史公书亡篇考》（见《余嘉锡论学杂著》上册，中华书局1963年版，第1—108页）引证繁博，其后张大可《史记缺残与补窜考辨》（载氏著《史记研究》，华文出版社2002年版，第151—176页）续有新说，皆是此方面的力作。易平《刘向班固所见〈太史公书〉考》（《南昌大学学报》1999年第2期）认为《汉志》著录本（即刘向定著本）为130篇完帙，而班固所见的东汉兰台本已缺10篇，又有4篇重复，班氏校理时遂删省之。其说可参。

大意，又解释全书的结构，说明十二本纪、十表、八书、三十世家、七十列传的撰述宗旨，更明言“凡百三十篇，五十二万六千五百字，为《太史公书》”。对于这部体大思精，结构严密，层次分明的“实录”式伟大史著，刘向在惊服赞叹、深受影响之际[①]，是无论如何也不会去改动其寓旨深刻的篇章结构的，恐怕甚至连文字也不敢轻易改易。

西汉经学昌盛，五经的各家传本在元、成之时，部分已经流传近200年以上。而且，汉人重师法、家法，“师之所传，弟之所受，一字毋敢出入”[②]之说虽略嫌夸张，但对于本派经本的尊重，还是显得十分坚持的。作为经学名家的刘向，自然充分理解经本差异于各家各派之间的意义，所以无论是今文还是古文经本，“其篇数多寡不同，则两本并存，不删除复重。”[③] 与此同时，刘向又多方考虑所校之书的实际状况，对于某些具有独特结构和篇章无缺的著作，予以应有的尊重，客观地保留原本的完整性，除上述的《淮南子》和《史记》外，相信还应包括一些西汉时产生的官私著作。这种“征实”的校雠精神，显然对典籍的保存及流布具有重大的积极意义。

二、新编别本

某些先秦典籍在西汉以前已非止一本，或在西汉时有不同的“传本”；然而出于学术旨趣的不同，刘向在校定“传本”之余，有时还会新编一个“别本”。以今文《礼》经为例。相传由孔子编定，经孔门弟子递相传授的《礼》经，历经秦火和秦汉之际的战乱，至汉初仅存十七篇。当时“诸学者多言《礼》，而鲁高堂生最本”，“于今独有《士礼》，高堂生能言之”[④]。此外，鲁人徐生善为容，文帝时为礼官大夫，传子至孙徐延、徐襄。“襄以容为汉礼官大夫，至广陵内史。延及徐氏弟子公户满意、桓生、单次，皆尝为汉礼官大夫。”[⑤] 不过徐襄不通《礼》经，徐延颇能，亦未善，因此徐氏仅“能言《礼》为容”，不以传经名家。而高堂生传《士礼》17 篇于瑕丘人萧

---

① 参见韩淑举《浅论〈史记〉对〈别录〉、〈七略〉形成的影响》，《贵图学刊》1989 年第 2 期。

② 皮锡瑞著，周予同注释：《经学历史》，中华书局 2004 年版，第 46 页。

③ 余嘉锡：《古书通例·卷三　论编次第三·叙刘向之校雠编次》。

④ 《史记·儒林列传》。

⑤ 《汉书·儒林传》。

奋，萧奋“以《礼》为淮阳太守”。东海人孟卿“事萧奋，以授后仓、鲁闾丘卿。仓说《礼》数万言，号曰《后氏曲台记》，授沛闻人通汉子方、梁戴德延君、戴圣次君、沛庆普孝公。孝公为东平太傅。德号大戴，为信都太傅；圣号小戴，以博士论石渠，至九江太守。由是《礼》有大戴、小戴、庆氏之学”[①]。宣帝之时，3家立于学官[②]。由此可知，今文《礼》经的本子在西汉至少应有后仓、大戴（德）、小戴（圣）、庆普4个本子，其中大小戴、庆普皆出自后仓。

《汉志·六艺略》著录：“《经》十七篇。后氏、戴氏。”贾公彦《〈仪礼·士冠礼〉注疏》所引郑玄《三礼目录》载有大、小戴本的篇目，沈文倬认为大戴本用后仓篇次，即高堂生递传下来的原编次第。戴圣与后仓、戴德立异，将17篇重行编排，所以《汉志》著录的后氏、戴氏，就是后仓本与小戴本，其说近是[③]。与此同时，《三礼目录》又载有刘向所编《别录》本《礼》经，刘向本虽同为17篇，但篇次却与大、小戴本不尽相同，明显是一个经过重新排列的“别本”。今存本《仪礼》即为刘向《别录》本，并经郑玄校定。

1957年7月，在甘肃省武威市磨咀子汉墓中出土了9篇《礼》经的木、竹简469枚，共计3种。甲本为木简，字大简宽，凡7篇。根据每一篇第一、第二简背所题篇次、篇题，可知与大、小戴及刘向本均不相同。乙本亦为木简，字小简窄，仅《服传》一篇，题为第八。丙本为竹简，仅《丧服》1篇，简背无篇题，不知篇次。据陈梦家推定，武威汉简是失传的庆普《礼》经的残本，其中丙本《丧服》是汉初即已经传用的经记本，甲、乙本则为昭、宣之世出现的删定本，并复原了全书的篇次[④]。不过，也有学者认

① 《汉书·儒林传》。

② 《汉志·六艺略》“《礼》家类”小序云：“汉兴，鲁高堂生传《士礼》十七篇。讫孝宣世，后仓最明。戴德、戴圣、庆普皆其弟子，三家立于学官。”

③ 沈文倬：《从汉初今文经的形成说到两汉今文〈礼〉的传授》，载氏著《宗周礼乐文明考论》，杭州大学出版社1999年版，第218页。

④ 参见中国科学院考古研究所、甘肃省博物馆编著《武威汉简》，文物出版社1964年版，第10—52页。

为简本《礼》经并非庆普本，而是今古文以外的古文或本，为郡国文学弟子所传习①，此说可资参考。下面是《礼》经4个本子的篇章次第（加有六角括号者，为汉简甲本所无）：

刘向《别录》本		大戴（德）本	小戴（圣）本	汉简（庆普）本
1	士冠礼第一	士冠礼第一	士冠礼第一	〔士冠礼第一〕
2	士婚礼第二	士婚礼第二	士婚礼第二	〔士婚礼第二〕
3	士相见礼第三	士相见礼第三	士相见礼第三	士相见之礼第三
4	乡饮酒礼第四	士丧礼第四	乡饮礼第四	〔乡饮礼第四〕
5	乡射礼第五	既夕礼第五	乡射礼第五	〔乡射礼第五〕
6	燕礼第六	士虞礼六	燕礼第六	〔士丧礼第六〕
7	大射礼第七	特牲馈食礼第七	大射礼第七	〔既夕礼第七〕
8	聘礼第八	少牢馈食礼第八	士虞礼第八	服传第八
9	公食大夫礼第九	有司彻第九	丧服第九	〔士虞礼第九〕
10	觐礼第十	乡饮酒礼第十	特牲馈食礼第十	特牲第十
11	丧服第十一	乡射礼第十一	少牢馈食礼第十一	少牢第十一
12	士丧礼第十二	燕礼第十二	有司彻第十二	有司第十二
13	既夕礼第十三	大射仪第十三	士丧礼第十三	燕礼第十三
14	士虞礼第十四	聘礼第十四	既夕礼第十四	泰射第十四
15	特牲馈食礼第十五	公食大夫礼第十五	聘礼第十五	〔聘礼第十五〕
16	少牢馈食礼第十六	觐礼第十六	公食大夫礼第十六	〔公食大夫礼第十六〕
17	有司彻第十七	丧服第十七	觐礼第十七	〔觐礼第十七〕

4种本子的编次，前3篇都相同，以后14篇则互异。大戴本由于符合《礼记·昏义》“夫礼始于冠，本于昏，重于丧祭，尊于朝聘，和于乡射，此礼之大体也”的次序，故较为后世学者所推重，东汉熹平石经所用的便是大戴本。刘向《别录》本也自成体系，贾公彦曾指出刘向本之次，“皆尊卑吉凶次第伦叙”，而大、小戴本则“皆尊卑吉凶杂乱”②，因此郑玄作注从

① 详见沈文倬《宗周礼乐文明考论·汉简〈士相见礼〉今古文错杂并用说》，杭州大学出版社1999年版，第126—129页。

② 《〈仪礼·士冠礼〉注疏》。

刘而不从大、小戴。贾公彦之说也许有些牵强，如按吉凶之次说，《少牢馈食礼》与《有司彻》旨属吉礼，当置于《丧服》之前，但却置于篇次之末；若依尊卑之次说，则《觐礼》之后不应再出现士之丧礼，而士之丧礼之后，又不当出现卿大夫之礼。然而，刘向本大体上还是按先吉礼后凶礼的次序，且显然是由三条线索组成，即从成人到成婚、再到社交活动，从士大夫到诸侯、再到天子，从生到死，系统性十分鲜明，正好反映了刘向有别于 3 家的礼学观。大、小戴及庆普《礼》已经先后失传，刘向本因郑玄为之作注而一直流习至今，可见其在《礼》流传史上占有特殊重要的地位。

此外，《汉志·六艺略》在“《国语》二十一篇”后，紧接着又著录了“《新国语》五十四篇”。班固自注曰：“刘向分《国语》。”由此可知，刘向在校定 21 篇本《国语》之后，曾经另外编定 54 篇的“别本”。《新国语》今虽不存，不过篇数既为《国语》的两倍以上，两书又分别著录，应该不仅限于篇章分合的差异，而是有一定内容、篇次上的不同。

至于先秦诸子书，由于大部分以单篇（或多篇）的形式流传，篇章任意分合，全书尚未定型。刘向校书，裒集中外藏本，定著篇章，始成一书，所以过往学者认为“凡诸子传记，皆以各本相校，删除重复，著为定本”[①]，这应该说是基本符合历史的客观情况。然而，个别子书或在撰写之初，或在汉初已有了相对稳定的本子，刘向遂在此基础之上予以统合，编成“别本”。这与完全集散篇为新著，显然还有所不同。

以《晏子》一书为例，《晏子》原称《晏子春秋》（《史记·管晏列传》），是一部独立的、先秦时代的著作[②]。书中最早的材料应该出自晏子逝世后不久的春秋末期，或《左传》成书前的战国初期，是经由多人非止一时一地编写而成的。其后人们根据这些材料用加添、删节、拼凑、浅化及改写等手法，不断孳乳衍生，使得有关晏子言行的故事越来越丰富、越来越繁多[③]。从目前的出土文献来看，上海博物馆藏战国楚竹书的若干材料证明晏子故事早在战国中期就已经广为传播，而八角廊汉简《儒家者言》、阜阳汉

① 余嘉锡：《古书通例·卷三　论编次第三·叙刘向之校雠编次》。

② 参见董治安《先秦文献与先秦文学·说〈晏子春秋〉》，齐鲁书社 1994 年版，第 353—374 页。

③ 详参郑良树《论〈晏子春秋〉的编写及成书过程》，见氏著《诸子著作年代考》，北京图书馆出版社 2001 年版，第 21—57 页。

简的篇题木牍、居延新简中的相关材料则说明西汉时各种编辑形式的晏子书已经广泛流传①。至于银雀山汉墓简本的出土，更加无可辩驳地证明了《晏子春秋》于刘向以前已经存在的事实。故此，司马迁言曾见《晏子春秋》，并谓“其书世多有之”②，是坚实可信的。刘向整理《晏子春秋》的过程，在《晏子书录》中有详细的记载：

> 所校中书《晏子》十一篇，臣向谨与长社尉臣参校雠，太史书五篇、臣向书一篇、臣参书十三篇，凡中外书三十篇，为八百三十八章。除复重二十二篇六百三十八章，定著八篇二百一十五章。外书无有三十六章，中书无有七十一章，中外皆有以相定。……其书六篇，皆忠谏其君，文章可观，义理可法，皆合六经之义。又有复重，文辞颇异，不敢遗失，复列以为一篇。又有颇不合经术，似非晏子言，疑后世辩士所为者，故亦不敢失，复以为一篇。

刘向广集中、外书以及大臣、个人的藏书进行校雠，可知当时《晏子春秋》的篇次十分混乱，而且“外书无有三十六章，中书无有七十一章”，说明中、外书的差异也很大，因此刘向唯有取“中外皆有”者作为编校的标准。若以简本作为参照，进行比较，或可对刘向的整理工作有进一步的认识。简本共分为16章，除“仲尼之齐”章章首无圆点外，其余15章章首皆有黑色圆点标识符号，每章各自起迄，没有篇题，也没有题撰集人姓名。经过整理，简本16章的内容散见于今本《晏子春秋》8篇之中的18章，相当于《内篇谏上》第三、九、二十、二十二章，《内篇谏下》第十八章，《内篇问上》第三、十、十七、十八、二十、二十一章，《内篇问下》第二十二、二十三章，《内篇杂上》第二章，《内篇杂下》第四章，《外篇第七》第十九章，《外篇第八》第一、十八章。篇章分合也与今本不尽相同，如简本第十章，今本析为《内篇问上》之第二十、第二十一两章；简本第十一章，今本析为《内篇问下》之第二十二、第二十三两章。简本虽然不一定

① 参见刘娇《从相关出土材料看晏子书的流传》，《中国典籍与文化》2008年第3期。

② 《史记·管晏列传》。

是一个“节选本”[①]，但可以肯定是当时众多的晏子书之一，且已有了一定的篇章组合。

值得指出的是，简本仅余16章，且于各篇的分布并不均匀，说明了刘向确曾把包括简本（或与之相类）在内的各种晏子书进行过统合编排，而且在章数上也刻意做了划一。内篇6篇分为谏、问、杂3类，每类又分上、下。谏上、下各25章，共50章；问上、下各30章，共60章；杂上、下各30章，共60章。如此整齐的篇章数，在先秦诸子书中可谓绝无仅有，显然是刘向基于某种考虑而作出的安排。更重要的是刘向将流传于西汉的晏子书传本重新编排为6篇170章后，又将“有复重，文辞颇异”者分列一篇，“颇不合经术，似非晏子言，疑后世辨士所为者”，亦“复以为一篇”，形成外篇2篇，这是与各种晏子书在体例上最大的差异（从简本可知，此部分内容于“旧本”晏子书并未予以区分）。于是从此出现了分为内、外篇的8篇本，并更名为《晏子》。此时的《晏子》已经不同于包括简本在内的各种西汉以前的“旧本”晏子书，也不同于司马迁所见的本子，是一个完完全全的“新本”。

与经书的情况不同，个别先秦诸子之书在汉初虽已有了相对稳定的传本，但刘向整理编定的“新本”一经出现之后，各种“旧本”随之被淘汰殆尽，再也不复存在。因此，刘向曾经利用若干子书的“旧本”进行重新统合，另编“别本”的模式，便被完全集散篇为新著的整理模式所掩盖。现今借助出土文献展示的先秦西汉古书真实面貌，得以还原校书工作中的此种模式，显然有助于进一步理解刘向校本的形成和价值。

三、勒成新书

除了编定一批先秦著作的“别本”外，刘向又利用当时散见的某些先秦和西汉的材料编辑成“新书”。这里所谓的“新书”，是指在校书之前虽然已经有了某类文献材料，但刘向对其进行重新的编排整理，所编成的“新书”与原有材料之间在体例和性质上有较大的差异，《战国策》的编纂可谓典型例子。《战国策书录》曾对《战国策》编纂的经过以及所利用的材

① 骈宇骞：《晏子春秋校释·前言》，书目文献出版社1988年版，第3页。

料有过详细的说明：

> 所校中《战国策》书，中书余卷，错乱相糅莒；又有国别者八篇，少不足。臣向因国别者，略以时次之，分别不以序者以相补，除复重，得三十三篇。……中书本号，或曰《国策》，或曰《国事》，或曰《短长》，或曰《事语》，或曰《长书》，或曰《修书》。臣向以为战国时游士辅所用之国，为之筴谋，宜为《战国策》。

从上可知，在刘向编定《战国策》之前，中书藏有多批内容相近零散材料，它们有着6种不同的名称，分别是《国策》、《国事》、《短长》、《事语》、《长书》、《修书》，还有以“国别”为次的同类材料8篇，内容主要是战国时游士的游说辞令策谋，游士在学习揣摩时的习作，以及一些战国史事的文字。

由于战国游士材料的失传，过往对于中书所藏这批材料的具体情况所知不多，1972年马王堆汉墓出土了一种有关战国游士的帛书，整理者定名为《战国纵横家书》，正好为此提供了一些线索。该书抄写在长192厘米，宽24厘米的半幅绢帛上，共存325行，约11，000字。抄写字体是由篆变隶过程中的古隶体，文字避高祖刘邦讳而不避惠帝刘盈讳，因此抄写年代应在汉高祖后期或惠帝时（195年前后）。全书共27章，每章章首皆有黑色圆点标识符号，每章不提行。根据内容可以分为3个部分。第一部分为第一章至第十四章，大都是苏秦给燕昭王和齐愍王的书信和游说辞，内容彼此互相关联，体例也相同，自成一个整体。第二部分为第十五章至第十九章，每章结尾都有统计数字，第十九章章末还有这五章的总计字数，显然是有另一个来源，主要内容是战国游说故事的记录。第三部分为第二十章至第二十七章，章末没有总计字数，内容彼此无甚关联，其中也有苏秦的游说辞，但所用的文字与第一部分不同，应该是另一种辑录战国游说故事和纵横家游说言论的作品。

帛书《战国纵横家书》是一部十分重要的战国后期历史材料，尤其是第一部分14章最可宝贵，足以纠正《史记》有关苏秦事迹的一些记录。此外，第二、三部分的第十五、十六、十八、十九、二十、二十一、二十三、二十四章，除了一些脱误衍倒的文、句歧差之外，与今本《战国策》中的相应内容几乎完全相同。帛书虽然早在文帝前元十二年（前168）已被埋入墓中，很可能连司马迁也没有见过。[①] 然而，与其相类的战国纵横家材料在当时应该尚不乏见，否则司马迁无以采录来作《史记》，中秘也没有可能藏有如此之多且各具书名的作品，所以可据其对中书藏本的情况略作推测。通过帛书与《史记》、《战国策》相同部分的比对，大约可知中书各本是一批编录游士辞令的零散材料，所重在记言，编次既无一定，记事也没有时间和先后次序。这些材料的来源可能不尽相同，存在一事两传的情况[②]，彼此"错乱相糅莒"，甚为混乱重复，又多错讹。在此情况下，刘向既不能像《孙卿书》那样只作文字上的校订，又不能像《晏子春秋》那样重加编次整理，唯有推倒重来，利用这些材料另外编成一种"新书"。

首先，刘向依"国别"体例，把"以时次之"的部分材料加以初步编排；然后再取"不以序者"的其余部分以相增补，编排入"国别"的框架之内。如此，刘向就在一大堆杂乱无章关于战国游士材料的基础上，编成了一部条理清晰，记载"春秋以后，讫楚汉之起，二百四十五年间之事"的全新史籍[③]，并命名为《战国策》。刘向集合多种材料编成的《战国策》，不仅是对战国一代策士活动资料的简单重组，而是有意把此书纳入历史著作的范围，表现出史家的识力。

应该承认，从一个方面来说，策士的活动属于"九流十家"中之"纵横家"一派。今见著录于《汉志·诸子略》"纵横家类"的著作有《苏子》30篇、《张子》10篇、《庞暖》2篇、《阙子》1篇等，"共十二家，百七篇"；《兵书略》"兵权谋类"又有"《庞暖》二篇"，皆说明刘向对先秦以及西汉的纵横家著作是十分重视的。然而，刘向着眼于纵横家者"皆高才秀士，度时君之所能行，出奇策异智，转危为安，运亡为存"的历史作用，

---

① 唐兰：《司马迁所没有见过的珍贵史料——长沙马王堆帛书〈战国纵横家书〉》，载马王堆汉墓帛书整理小组《长沙马王堆汉墓帛书——战国纵横家书》，文物出版社1976年版，第123—153页。

② 详参何晋《〈战国策〉研究·第二章 刘向编定本之前的"战国策"·对中书的推测》，北京大学出版社2001年版，第25—59页。

③ 参考郑杰文《战国策文新论·第二章 战国策文的产生和传播·第三节 〈战国策〉的部类和文体》，山东人民出版社1998年版，第109—118页。

非常醒目地把《战国策》排列到《汉志·六艺略》“《春秋》家类”之内，紧接在“国别体”的《新国语》和“记古史官记黄帝以来讫春秋时诸侯大夫”的《世本》之后，明确地确立了它的史书地位。《隋志》建立经、史、子、集四部分类法，《战国策》被归入“史部”的“杂史类”，旧新《唐志》因之，《战国策》作为史部著作的地位，历两千年而不变。虽然，由于原有材料的性质关系，从南宋晁公武《郡斋读书志》开始便有《战国策》究竟归属史部还是子部的争论[①]，但是传统上把《战国策》认定为史书的观点仍占主流，如清代有广泛学术影响的《四库全书总目》，依旧把《战国策》归入史部“杂史类”，并指出“当为史类，更无疑义”。

与《战国策》类似的还有《楚辞》的编辑。东汉王逸曾在《楚辞章句·离骚后叙》中明白交代屈原辞“凡二十五篇”，“后世雄俊莫不瞻慕，舒肆妙虑，缵述其词。逮至刘向典校经书，分为十六卷。”因此，后人公认《楚辞》一书是由刘向最早辑集的，王逸只是在刘向本上增加自己所作的《九思》，并对全书施之“章句”，遂成今本《楚辞》。《四库全书总目》云：

> 裒屈、宋诸赋，定名《楚辞》，自刘向始也。初向裒集屈原《离骚》、《九歌》、《天问》、《九章》、《远游》、《卜居》、《渔父》，宋玉《九辨》、《招魂》，景差《大招》，而以贾谊《惜誓》，淮南小山《招隐士》，东方朔《七谏》，严忌《哀时命》，王褒《九怀》，及向所作《九叹》，共楚辞十六篇（卷），是为总集之祖。

然而问题是作为“总集之祖”的“楚辞”，在刘向之前是否存在过，若有，又与刘向所编的《楚辞》在性质上有没有区别，这就牵涉到“楚辞”的流传和早期结集的重要问题。

自从屈原自沉汨罗江之后，“其辞为众贤所悼患，故传于后”[②]，“楚人高其行义，玮其文采，以相教传”[③]。由此说明，在屈原死后，其作品诸如

---

① 详参何晋《〈战国策〉研究》，北京大学出版社2001年版，第132—154页。

② 班固：《离骚赞序》。

③ 《楚辞章句·离骚后叙》。

《离骚》、《九歌》、《天问》、《九章》等早已在楚地广泛流传，并出现了“宋玉、唐勒、景差之徒者，皆好辞而以赋见称；然皆祖屈原之从容辞令，终莫敢直谏”① 的“楚辞”作家群。屈原作品的流传虽因秦灭楚而一度受阻，但刘邦以楚人而得天下，加上楚人在反抗秦朝过程中起着决定性的作用，西汉初年楚文化得到复兴，屈原作品的传习又兴盛起来。汉初受屈原作品影响极深的思想家、文学家贾谊，所作《吊屈原赋》和《鹏鸟赋》都是追慕屈原、深受屈原作品影响的名作，而《吊屈原赋》中的语句更有脱化自《离骚》、《怀沙》的明显痕迹。

与此同时及稍后，吴王刘濞、淮南王刘安等分封在楚国故地的诸侯王，掀起了另一次传习“楚辞”的高潮。《汉书·地理志》云：

> 汉兴，高祖王兄子濞于吴，招致天下之娱游子弟枚乘、邹阳、严父夫子之徒，兴于文景之际。而淮南王安亦都寿春，招宾客著书。吴有严助、朱买臣，贵显汉朝，文辞并发，故世传楚辞。

此段记述揭示出文、景、武三朝传受“楚辞”的两条线索：一是以吴王濞诸士为主，枚乘的《七发》、严夫子（按，即庄忌，因避东汉明帝讳，改“严”为“庄”）的《哀时命》都是代表。另外，庄忌子庄助曾荐朱买臣，所以《史记·酷吏列传》谓“买臣以楚辞与助俱幸”。二是淮南安及其门下之士，刘安精通“楚辞”，到长安时武帝曾“使为《离骚传》，旦受诏，日食时上”②。刘安的《离骚传》早已失传，不过在班固《离骚赞序》、《史记·屈原贾生列传》中保留了部分内容。

武帝好文，尤好辞赋，于是“楚辞”得以通过庄助、朱买臣、刘安等人在帝都长安集中起来，司马迁曾在《史记·屈原贾生列传》中既摘载《渔父》的主要事辞，又录《怀沙》全文，篇末赞语更说“余读《离骚》、《天问》、《招魂》、《哀郢》，悲其志”，证明汉廷藏有不少屈原作品。针对楚辞在汉初的传流情况，近世学者提出刘向只是《楚辞》纂辑者之一，并

---

① 《史记·屈原贾生列传》。

② 《汉书·淮南衡山济北王传》。

不是最早的编辑者，认为在汉初曾经有多个不同的“楚辞”辑本。

刘向编《楚辞》本和王逸《楚辞章句》的北宋以前的本子皆已不存，流传下来的只有南宋初年的《楚辞补注》。汤炳正据今本《楚辞补注》所引的《楚辞释文》篇次，以及晁公武《郡斋读书志》、陈振孙《直斋书录解题》所列的篇次，与今本《楚辞章句》对勘，推测《楚辞》一书既非出于一人之手，也不出于一个时代，而是不同的时代和不同的人们逐渐纂辑增补而成的[①]。此说提出了一些值得进一步思考和探索的问题，但由于没有直接的材料和现存刊本的证明，学界大多对此持保留态度。一般仍从王逸以迄《四库全书总目》的成说，认为今本《楚辞》的最先编辑者应当为刘向。当然肯定刘向始辑《楚辞》，“并不排斥他是在前人的基础上所做的工作，也不排斥他以前有过辑本”[②]，其中以刘安或其宾客曾辑有“楚辞”，最为部分学者所接受[③]。

值得探究的是，刘安所传的屈、宋作品与刘向本之间的关系问题。综合考察《史记》、《汉书》的有关记载以及学者的推论，刘安所传只是屈、宋部分作品，即使他确有“楚辞”辑本，所载也主要是屈原的作品[④]，因此基本上属于“屈原辞”的“别集”性质。反观今存17卷本《楚辞章句》，书面标明“汉护左都水使者光禄大夫臣刘向集”、“后汉校书郎臣王逸章句”，王逸又在《楚辞章句·离骚后序》中云屈原辞“凡二十五篇”，“逮至刘向典校经书，分为十六卷”。16卷包括屈原辞7卷25篇之外，还增收有宋玉、贾谊、淮南小山、东方朔、严忌、王褒、刘向的作品，在收录范围扩大的同时，也意味着性质的转变，由收录屈原辞的“别集”转变为选录屈原辞以

---

① 详参汤炳正《〈楚辞〉成书之探索》，载褚斌杰编《屈原研究》，湖北教育出版社2003年版，第475—496页。

② 褚斌杰：《楚辞要论》，北京大学出版社2003年版，第110页。

③ 详参李大明《楚辞文献学史论考》，巴蜀书社1997年版，第24—40页。

④ 汤炳正认为汉初流传着屈原、宋玉代表作《离骚》、《九辨》的合集本，刘安及其宾客在此基础上增辑了他们收集、认定，并进行研读的屈原作品《九歌》、《天问》、《九章》、《远游》、《卜居》、《渔父》诸篇，合为一编，而且按照先秦以来的惯例，在卷末附以编纂者的拟作《招隐士》。就屈原作品而言，计有《离骚》1篇、《九歌》11篇（《东皇太一》、《云中君》、《湘君》、《湘夫人》、《大司命》、《少司命》、《东君》、《河伯》、《山鬼》、《国殇》、《礼魂》），《天问》1篇，《九章》9篇（《惜诵》、《涉江》、《哀郢》、《抽思》、《怀沙》、《思美人》、《惜往日》、《桔颂》、《悲回风》），《远游》1篇，《卜居》1篇，《渔父》1篇，共25篇。也就是汉末刘向校定，并为《七略》、《汉志》所著录的“屈原赋二十五篇”。此说多为后来学者所从，今姑信之。

及战国末年至西汉期间追慕屈原、以事名篇的拟骚体作品的“总集”。从这个角度来看，刘向 16 卷本《楚辞》与刘安辑本就有了性质和体例上的区别，完全可以视为一种“新书”了。

需要附带说明的是，《汉志·诗赋略》只有“屈原赋二十五篇”，何以未出现《楚辞》之名？此问题有一个重要的讨论前提，即是否所有刘向的著作或经刘向编辑的图书，都必然见著于《七略》。从目前所见史料来看，答案显然是否定的。如《汉书·律历志》记载刘向“作《五纪论》”，《三礼目录》所载《别录》本《礼》经，《汉志》皆无。准此，若《七略》不收《楚辞》，则《汉志》自然不见著录。至于《七略》不收《楚辞》的主要原因，恐怕还是因为“屈原赋二十五篇”就是《楚辞》中的“屈原辞二十五篇”，而《汉志·诗赋略》前三类一般是以个人作品作为著录单位的，限于体例，加上为避免重复，不再著录带有“总集”性质的《楚辞》，也是理所当然的，故不应藉此否定今本《楚辞》为刘向编辑的历史事实。

由于刘向在编纂校订工作中方法科学、态度认真，使得整理后的各种“新本”一般具有很高的权威性。班固在《汉书·东方朔传》中判别东汉流传的东方朔作品时，曾谓“凡刘向所录朔书具是矣，世所传他事皆非也”，就是以刘向校本作为标准来判断东方朔作品的真伪。此外，自刘向将众多西汉以前的典籍编辑校定之后，六艺经传及《晏子》、《荀子》、《管子》等的“新本”在东汉广为流传；至于《战国策》、《楚辞》等此前所无的“新书”，就更不在话下了。

第二节　刘向校书与古书形态及流传方式的变化

刘向对先秦西汉典籍所进行的“定著篇章”、确定内容的工作，为后世提供了大量可以共同遵循的标准本子。它们的出现极大地改变了此前的古书形态和流传方式，使图书的保存和流布迈进了一个新的阶段。

一、古书形态及流传特点的成因

刘向校书之前，部分先秦西汉典籍虽已有了较为稳定的传本，然而单篇或多篇任意组合的形式仍是当时图书的最常见形态和流传方式，并且存在书无定型、著者不明的现象。造成这些现象的原因是多方面的，首先是受制于图书载体的物质特点。如上章所述，作为主要书写材料的简牍以及缣帛广泛应用于东周以后，由于简牍繁重、携带不便，缣帛昂贵稀有，很大程度上限制了图书的流传规模，所以篇章较多的图籍往往只能以单篇或多篇，甚至摘抄的形式流传，这种情况在民间尤为突出。

另一方面，单篇（或多篇）流传、书无定型的现象也与古书的形成过程有着密切关系，如先秦子书就往往由一人之作逐渐发展成一家之书。以《墨子》为例，《汉志·诸子略》著录"《墨子》七十一篇"，今存15卷53篇，亡逸18篇。今本《墨子》从内容和性质来看，显然可以分为五组。第一组为卷一《亲士》等7篇，文中均无"子墨子曰"，其中前三篇有儒家的内容，后四篇则属墨学概要，学界一般以为时代较晚。第二组为卷二至卷九共24篇，包括《尚贤》、《尚同》、《兼爱》、《非政》、《节用》、《节葬》、《天志》、《明鬼》、《非乐》、《非命》等墨家十大社会政治理论主张，每篇分为上、中、下（间有缺佚），开头都有"子墨子曰"，应是弟子记录墨子的言论，或墨子的"讲演辞"。第三组为卷十《经》、《说》上、下和卷十一《大取》、《小取》共6篇，学界对此6篇的著者、作时的分歧较大，一般以为《经》上、下为墨子自著（当然不排除有后学的增补），《经说》上、下当是墨子后学或后期墨家对《经》上下的解说。第四组为卷十一《耕柱》至卷十三《公输》共5篇，记载墨子的言行，是弟子或后学所记述。第五组为卷十四《备城门》至卷十五《杂守》共11篇，是墨子与其弟子守城之法，很可能是战国后期秦国墨家的作品①。《墨子》一书内容的复杂，说明了其非全为墨子所著，而是经墨家后学众人之手，历时数代而成的。由此不难想见，当时墨子书应是分成多种形式，各自流传。

又如《管子》一书，孙星衍曾于《燕丹子序》中指出："古之爱士者，率有传书。由身没之后，宾客纪录遗事，报其知遇，如《管》、《晏》、《吕氏春秋》皆不必其人自著。"②《管子》应是由齐地尊崇管仲的学者所创作编

① 详参刘文英主编《中国哲学史史料学》，第83—85页；李学勤《秦简与〈墨子〉城守各篇》，载氏著《简帛佚籍与学术史》，江西教育出版社2001年版，第119—133页。

② 无名氏、葛洪：《燕丹子　西京杂记》，中华书局1985年版，第1页。

辑而成的，且与当时稷下学宫之士有一定的关系。《史记·管晏列传》云："太史公曰：'吾读管氏《牧民》、《山高》、《乘马》、《轻重》、《九府》。'"刘向校书时，"中《管子》书三百八十九篇、大中大夫卜圭书二十七篇、臣富参书四十一篇、射声校尉立书十一篇、太史书九十六篇"[①]，说明了司马迁、刘向所见的管子书皆曾以单篇（或多篇）的形式流传。与此同时，今本《管子》的若干内容可能原属于另外的一些著作，后被分别割裂、增益、拼凑而成今本的篇章。如《弟子职》，《汉志·六艺略》"《孝经》家类"著录有"《弟子职》一篇"，颜注引应劭曰："管仲所作，在《管子》书。"罗根泽疑其出于汉代儒家所作[②]，郭沫若则指"《弟子职》当是齐稷下学宫之学则，故被收入《管子》书中"[③]。无论孰是孰非，《弟子职》曾是独立的著作，后来被编入《管子》一书，则是可以肯定的。又如银雀山汉简中有《王兵》篇，内容分别见于《管子》的《参患》、《七法》、《兵法》、《地图》等篇，简书整理者经过对比发现"《参患》等篇大概是根据《王兵》或与《王兵》同类的作品改编而成的。《王兵》篇的成书年代应该比《管子》各篇为早"[④]。

从目前所见出土简帛来看，与此相类的情况并不鲜见。如湖南省慈利县城关石板村战国楚墓出土的一批简书，内容可以分为两类：一类是有传世文献可资对比的，如《吴语》、《逸周书·大武》等，但残损严重；另一类是《管子》、《宁越子》等书的佚文或古佚书。其中的《吴语》基本见于今本《国语·吴语》，包括了黄池之盟、吴越争霸等史事，也有不见于今本的内容[⑤]，故此今本《国语·吴语》很可能是根据慈利简书《吴语》或同类的某种单独著作改编而成的。此外，河北省定县八角廊汉简中的《哀公问五义》见于今本《荀子·哀公》、《大戴礼记·哀公问五义》、《孔子家语·五仪解》，《保傅传》见于贾谊《新书》、今本《大戴礼记·保傅》；郭店楚简、

---

① 《管子书录》。

② 罗根泽：《罗根泽说诸子·〈管子〉探源》，上海古籍出版社2001年版，第353—354页。

③ 郭沫若：《郭沫若全集（历史编　第七卷）·管子集校（三）》，人民出版社1984年版，第387页。

④ 详参《银雀山汉墓竹简·附录：〈王兵〉与〈管子〉相关各篇对照表（后记）》，载银雀山汉简整理小组《银雀山汉墓竹简》，文物出版社1985年版，第158—160页。

⑤ 详参张春龙《慈利楚简概述》，《新出简帛研究》，文物出版社2004年版，第4—11页。

《上海博物馆藏战国楚竹书（一）》中的《缁衣》见于今本《礼记·缁衣》；《上海博物馆藏战国楚竹书（二）》中的《民之父母》见于今本《礼记·孔子闲居》、《孔子家语·论礼》；《上海博物馆藏战国楚竹书（七）》中的《武王践阼》见于今本《大戴礼记·武王践阼》。以上皆可说明，当时某些单独流传的古书，后来可能以不同的形式为其他古书所改造和吸收。这种存在于古书的成书和流传过程中的现象，随着出土文献的日渐增多，将会得到更为丰富和有力的证明。

值得注意的是，先秦古书形成过程中的随意割裂、分合，甚至重组、改写以及不断的附益、编辑，说明了早期古书的某些读者、使用者、传播者，不仅对古书的流传起着重要的作用，并且实际上高度介入和参与了古书的写作过程。从这个角度来看，先秦古书应是在一个漫长的时段里，由不同的人群在不同的时间，基于不同的原因集体创作编辑而成的。因此，古书的流传往往呈现出多样性、复杂性和变动性，即便是某一已经基本定型的著作，不同时期、不同地域的人们在使用和传承时也会根据各自的需要而进行改动。郭店楚简、马王堆帛书的《老子》，上海博物馆藏战国楚竹书《周易》，马王堆帛书《六十四卦》、《系辞》，阜阳汉简的《周易》、《诗经》，武威汉简的《仪礼》，与今本《老子》、《周易》、《诗经》、《仪礼》的差异，正好说明了先秦西汉时期图书流传的这一特点。西汉经学各家各派在经本篇次上的差异，从其承传来源角度来看，也是战国至汉初典籍变动、分化的结果（当时不能排除战乱、禁毁等外来客观因素）。这种变动、分化后来又因各家各派为争立学官，彼此寻求经本的对立性区别而愈演愈烈。

最后，古人著作权意识的淡薄，也间接或直接导致了古书在流传过程中存在著者不明的现象。《易》、《书》、《诗》、《礼》等商周王官典籍，“皆先王之政典”[①]，历代相传，故皆不题撰人。战国以后，诸子蜂起，各逞其智，张扬己见，私家著述如雨后春笋，大量涌现，一篇作品的著作权归属，便成为古书流传中的新鲜事物。然而积习未改，古人对此一时并没有太多的自觉意识，所以作品往往不自署名，流传之时也就自然不题撰人了。《史记·老子韩非列传》云：“（韩非）作《孤愤》、《五蠹》、《内外储说》、《说林》、

① 章学诚：《文史通义·易教上》。

《说难》十余万言。……人或传其书至秦，秦王见《孤愤》、《五蠹》之书曰：‘嗟乎！寡人得见此人与之游，死不恨矣’李斯曰：‘此韩非所著书也。’”秦王读《孤愤》、《五蠹》而不知为韩非所作，便是作品流传时未署著者的显例。这种风气一直延续至西汉，如《史记·司马相如列传》云：“蜀人杨得意为狗监，侍上。上读《子虚赋》而善之，曰：‘朕独不得与此人同时哉！’得意曰：‘臣邑人司马相如自言为此赋。’上惊，乃召问相如。”此亦说明了当时古书亦多不题撰人。证之现今众多的出土文献，尚未见署名之书，可知古人确无明显的著作权意识。

当然也不能因此认为古书的著者完全无从考究。因为某些作品在出现之后，便有其他文献对其著者进行记述。此外，诸子之间相互驳难，常引他家之说以作批判，就为后人认定古书的著者提供了许多可靠的证据。更为重要的是，大多数战国古书早期皆由著者的门人弟子相与编录而成，故仍可推求得知。不过，由于弟子“各以所见，有所增益，而学案、语录、笔记、传状、注释，以渐附入。其中数传以后，不辨其出于何人手笔，则推本先师”[①] 而已。一家之内，各篇的著者尚且不明，更有甚者，时有将它家之作混入其中（如《墨子》中有儒家之作，《庄子》中有名家之书），一并传授，流传既久，又因不加题署，遂致后人无从辨识区别，因而引起了不少混乱，在一定程度上妨碍了古书正常有序地流传。

二、刘向校本与古书定本的流传

刘向主持的校书活动基本上结束了先秦西汉典籍的单篇（或多篇）流传、书无定型、著者不明的散乱形态，进入勒成一书、编排有序的定本流传阶段。如上述《墨子》一书，至刘向编校定著为 71 篇之后，遂成定本，流传于世。《吕氏春秋·仲春纪·当染》高诱注曰：“墨子名翟，鲁人，作书七十一篇。”[②] 由此可见，东汉之世的《墨子》就是刘向所定之本，后世合

① 余嘉锡：《古书通例·卷一 案著录第一·古书不题撰人》。

② 《吕氏春秋·慎大览·慎大》高诱注曰：“墨子名翟，鲁人也，著书七十篇，以墨道闻也。”此与《当染》篇注异，当有脱文，或指其约数。

为15卷[①]，并有亡失，然源出自刘向定本则是人所共知的事实。同样，经过刘向集合“中外书五百六十四篇，以校，除复重四百八十四篇，定著八十六篇”之后，《管子》便开始进入定本流传的阶段。《管子》今存76篇，亡佚10篇，然10篇篇题皆在，可知其为刘向所定之本无疑。此外，今本《韩非子》的编定者也应是刘向[②]。众多的先秦子书，经刘向、刘歆等人整理之后，便以一个全新且各成体系的面貌出现。

通过《汉志·诸子略》与《隋志》子部的对比，更可证明大量先秦子书经刘向整理定著之后，便一直以定本的形式流传。如儒家类之书，《汉志》有《晏子》8篇、《子思》12篇、《曾子》18篇、《公孔尼子》28篇、《孟子》11篇、《孙卿子》33篇、《董子》1篇、《鲁仲连子》14篇，《隋志》则有《晏子春秋》7卷、《子思》7卷、《曾子》2卷、《公孔尼子》1卷、《孟子》14卷、《孙卿子》12卷、《董子》1卷、《鲁连子》5卷；道家类之书，《汉志》有《鬻子》26篇、《管子》86篇、《文子》9篇、《庄子》52篇、《列子》8篇、《鹖冠子》1篇，《隋志》则有《鬻子》1卷、《管子》19篇、《文子》13卷、《庄子》20卷、《列子》8卷、《鹖冠子》3卷；法家类之书，《汉志》有《商君》29篇、《慎子》42篇、《韩子》55篇，《隋志》则有《商君》5卷、《慎子》10卷、《韩子》20卷；名家类之书，《汉志》有《邓析子》2篇、《尹文子》1篇，《隋志》则有《邓析子》1卷、《尹文子》2卷；墨家类之书，《汉志》有《随巢子》6篇、《胡非子》3篇、《墨子》71篇，《隋志》则有《随巢子》1卷、《胡非子》1卷、《墨子》15卷；杂家类之书，《汉志》有《尉缭》29篇、《尸子》20篇、《吕氏春秋》26篇，《隋志》则有《尉缭》5卷、《尸子》20卷、《吕氏春秋》26卷；农家之书，《汉志》有《氾胜之》18篇，《隋志》则有《氾胜之书》2卷[③]。

---

① 南朝梁庾仲容辑钞《子钞》时《墨子》已为“十六卷”，其中应包括目录1卷，即《隋志》著录的“《墨子》十五卷，目一卷”，其后旧新《唐志》皆作“十五卷”。

② 参见周勋初《〈韩非子〉札记·〈韩非〉的编者——刘向》，江苏人民出版社1980年版，第13—20页。

③ 《汉志》著录之书的数量单位有时用篇，有时用卷，有时篇、卷混用，而《隋志》则一律作卷（除《史部·职官类》中《汉官解诂》三篇外）。以上引之书为例，多为合数篇为一卷，亦有篇数即卷数者（如《董子》、《列子》、《尸子》、《吕氏春秋》），亦有篇数少于卷数者（如《尹文子》），此类情况原书当有佚失。

凡此说明，当时单篇（或多篇）流传、来源分散、篇章散乱、书无定型的先秦子书，经由刘向编成定著之后，便确立了一个可供后人共同遵循的标准本子。后世或有分合、散佚，然皆以定本形式流传则是毋庸置辩的事实。当然古书的某些篇章以单篇形式流传的情况不会戛然而止，甚至还出现了从全本中析出单篇另行[①]。但就历史发展大势而言，古书在形态上基本摆脱了散乱无序，而在流传方式上则迈进定本时代。这一改变使大量先秦西汉典籍得以较为完整地保存下来，减低了散失的机会，使典籍的保存和流布迈进一个新的阶段。

综上所述，刘向校书以及由此形成的众多先秦西汉典籍新本，标志着古代文献从单篇（或多篇）转向定本的流传，其在古籍编纂和流传史上的承先启后作用，应予以充分肯定和高度重视。

附带一说，在作为标准本性质的刘向校本出现之后，若干典籍的旧本可能逐渐被淘汰。《老子》一书的变化，颇能透露出一些消息。从《韩非子·解老》、《喻老》和《庄子》所引《老子》，郭店楚简、马王堆帛书《老子》、严遵《老子指归》等来看，在刘向校书之前，《老子》已有若干个篇章、文字皆不尽相同的本子[②]。其中以《韩非子·解老》、《喻老》和马王堆帛书《老子》的《德经》在前、《道经》在后的本子，与今本差异最大[③]。但自“刘向校雠中《老子》书二篇，太史书一篇、臣向书二篇，凡中外书五篇一百四十二章，除复重三篇六十二章，定著二篇八十一章。上经第一，三十七章；下经第二，四十四章”[④] 之后。《道经》37 章在前、《德经》44 章在后的 81 章本《老子》，便成定本流传。东汉《老子河上章句》、《老子

① 此类情况以礼书较多，如《汉志·六艺略》“《礼》家类”著录有“《中庸说》二篇”，而《隋志》经部《礼》类则著录有一定数量的《仪礼》、《礼记》中某些单篇的注解之作。

② 《汉志·诸子略》著录的“《老子邻氏经传》四篇”、“《老子傅氏经说》三十七篇”、“《老子徐氏经说》六篇”、“刘向《说老子》四篇”，今皆亡佚，无以详知。

③ 张政烺以为帛书本是古本（见《在长沙马王堆汉墓帛书座谈会上的发言》，载氏著《张政烺文史论集》，中华书局 2004 年版，第 455 页）；高亨主张《道经》在前、《德经》在后，为道家传本，《德经》在前、《道经》在后，为法家传本（见高亨、池曦朝《试谈马王堆汉墓中的帛书〈老子〉》，《文物》1974 年第 11 期）；饶宗颐则指出《道经》居于《德经》之前，更符合《老子》一书所反映的思想（见氏著《书〈马王堆老子写本〉后》，《道家文化研究》第三辑，上海古籍出版社 1993 年版，第 297—298 页）。

④ 《混元圣纪》卷三引刘歆《七略》。

想尔注》、三国魏人王弼《老子注》以及后来各家注本，在经文文字上虽稍有不同，但《道经》、《德经》的次序和分章皆与刘向定本相同。或可说明刘向本《老子》在面世后不久，便取得了经典化的地位[①]，而其他各本则日渐湮没，不复存世。东汉末年，郑玄据刘向《别录》本《仪礼》作注，其后大小戴、庆氏（武威汉简）本失传，似亦应可作如是观。可惜文献不足，其他典籍的具体流传情况已难详考矣。

另一方面，如上章所述，刘向在"定著篇章"之时，十分注意作品的著者归属问题，尽量采取各种方法进行辨析，并在此基础上采用"以人名书"、"以类名书"、"以家名书"等命名方式来解决著者不明的困扰。虽然受到个人认识和时代条件的限制，其结果未必完全乎合历史真相；但经过此次大规模的考查工作，使数量庞大的先秦西汉作品的著作权获得初步的认定，并在书录留下一些可供后人继续追寻的线索，其于图书编辑上的示范性意义就显得格外突出了。其中对西汉子书（如《陆贾》、《贾谊》、《董仲舒》）、诸家赋作（详见《汉志·诗赋略》）的编辑，直接启发了东汉以后个人文集的编纂，而《楚辞》则对总集的出现起了导夫先路的作用。因此，从文献编辑的角度而言，谓后世整个集部的兴起皆受刘向校书的沾溉，亦非虚言。

刘向定本不仅对于文献的保存厥功甚伟，更有力地促进了图书的广泛交流传播。西汉当权者对于中秘之书曾经极为珍视，不轻易外传。如成帝时东平思王刘宇来朝，"上疏求诸子及《太史公书》，上以问大将军王凤，对曰：'臣闻诸侯朝聘，考文章，正法度，非礼不言。今东平王幸得来朝，不思制节谨度，以防危失，而求诸书，非朝聘之义也。诸子书或反经术，非圣人；或明鬼神，信物怪；《太史公书》有战国纵横权谲之谋，汉兴之初谋臣奇策，天官灾异，地形厄塞：皆不宜在诸侯王。不可予。'……对奏，天子如凤言，遂不与。"[②] 这里固然明显包含了防范诸侯之意，但也说明了对中秘

---

① 葛兆光曾经指出：刘向"负责西汉官方的校书，实际上是思想史上一个重要的'经典化'的工作。很多经过他校定的文献，成了经典的文献；很多本来不在一起的文献，经过他一缀合，成了一个整体的文本"。见氏著《思想史研究课堂讲录：视野、角度与方法》，生活·读书·新知三联书店2005年版，第54页。

② 《汉书·宣元六王传》。

之书的控制是十分严密的。然而，刘向校定之书，也许在当时已经外传，据《汉书·叙传》所载，班斿“与刘向校秘书”，“以选受诏进读群书，上器其能，赐以秘书之副”，所谓的“秘书”当指刘向校定之书。班斿弟班穉“幼与从兄嗣共游学，家有赐书，内足于财，好古之士自远方至，父党扬子云以下莫不造门”。此外，王充“到京师，受业太学，师事扶风班彪”①，班彪为班穉之子，《论衡》中高度推崇刘向的博学，当是源于王充受学班氏门下时得睹刘向校本之故。由此可见，刘向校书的成果很早便经由班氏家族外传于扬雄、王充等民间学人，从而初步带动了官方图书向民间的流传。

刘向校本的进一步扩散应是在刘歆依附王莽以后，如第三章所述，刘歆在王莽之时仍然校书不辍，周围聚集了郑兴、扬雄、桓谭②等一批著名学者，他们对于刘向校定之书，应该说是十分熟悉的。就于此时，出现了中国历史的第一个书肆——槐市，《太平御览》卷八二六引《三辅黄图》云：“元始四年，起明堂、辟雍长安城南，北为会市，但列槐市数百行为队，无墙屋，诸生朔望会此市，各持其郡所出货物及经书传记、笙磬器物，与卖买，雍容揖让，或论议槐下。”当时众多的太学生是刘歆策划建明堂、辟雍、灵台，立古文经学博士的主要参与者，他们当然有机会接触、传抄中秘所藏的图书，并会借槐市之便互相借阅、买卖，从而推动了刘向校本的广泛传播。

东汉以后，刘向校本已经逐渐成为了官方和民间的共同文化资产。朝廷之上，班固、贾逵、张衡等人时时称引，班固亦据之撰作《汉书》；在民间更出现了赵岐《孟子章句》，高诱《吕氏春秋注》、《淮南子注》，王逸《楚辞章句》等，以刘向定本为底本的先秦西汉典籍注本。东汉末年，郑玄遍作经注，《尚书》、《仪礼》用的便是刘向校本，而《三礼目录》则记载了刘向本《礼记》的编次。

---

① 《后汉书·王充王符仲长统列传》。

② 《后汉书·桓谭冯衍列传》云：“（桓谭）能文章，尤好古学，数从刘歆、扬雄辩析疑异。”

第六章　刘向校书对古文献学的建构与影响

刘歆在《别录》基础上增删编成的《七略》，共分为《辑略》、《六艺略》、《诸子略》、《诗赋略》、《兵书略》、《术数略》（《汉志》改作《数术略》）、《方技略》七大部分。《辑略》是全书（即其他“六略”）的“总序”，叙述天下图书的学术源流。六略都有“大序”，叙述各大类图书的学术源流。其下再分子目，总共 38 家，这 38 个小类中至少 33 个有“小序”（《汉志·诗赋略》5 个小类皆无小序），叙述各小类图书的学术源流。《别录》、《七略》共同建立了一套全书有“总序”、大类有“大序”、小类有“小序”、每书有“提要”（书录）的“周知一代学术及一家一书之宗趣”①的庞大而且完备的体系，成为了古代目录学著作的楷模。

因此《校雠通义·互著第三》云：“盖部次流别，申明大道，叙列九流百家之学，使之绳贯珠联，无少缺逸，欲人即类求书，因书究学。……古人最重家学，叙列一家之书，凡有涉及此一家者，无不穷源至委，竟其流别，所谓著作之标准，群言之折衷也。”可见章学诚对于刘向、刘歆开创的群书分类体例推崇备至，并以其作为古代目录学的宗旨，以及衡量汉以下目录著作水平高下的标尺。

清人金榜云：“不通《汉书·艺文志》，不可以读天下书。艺文志者，

---

① 张尔田：《刘向校雠学纂微·序》，苏州四益宧刻本，1923 年，第 1 页。

学问之眉目，著述之门户也。”[①] 现代西方汉学家，如英国学者鲁唯一亦指出刘向、刘歆“确立了中国传统长期遵行的著述目录和知识类别”[②]。后人对于删取《别录》、《七略》而成的《汉志》评价如此之高，除了因为《七略》著录了先秦西汉各个门类的学术著作外，主要的原因还在于刘向校书不仅是为文献整理而整理文献，而是在学术需要、学术思考的指导下进行整理工作。《别录》、《七略》是开启后世文献整理与学术总结相结合宝贵传统的先驱，唐代《隋志》、清代《四库全书总目提要》莫不以其为模仿对象，形成了古代目录著作与学术史紧密结合的“辨章学术，考镜源流”的优良传统。

更加值得注意的是，刘向、刘歆通过对六略 38 家之书的分类著录，以及众多书录及《七略》的撰作，评骘群书、叙述各类图书的学术源流，并藉此区分天下学术，诠论各派学失，其中存在意欲一统学术的理想。由刘向、刘歆所建立的学术体系和话语方式，承上启下，不同程度地影响了东汉以后整个古代中国学术史的发展，意义殊为深远。

第一节 古文献学框架的初步建立

刘向校书的实践几乎涉及当时所见图籍的各个品类，在工作中积累了丰富的经验，又不断深化认识，从而创立起一套从统筹全局、分工校书到定著图籍的合理流程。最为重要的是刘向在接触、认识大量具体现象的基础上，注意理论提升，逐渐形成理性思考，初步建立起古文献学的分支学科，诸如编纂学[③]、版本学、校勘学、目录学、辨伪学等的基础框架。理论的构建表现出可贵的自觉性，已与此前零散的、个别的、自发的文献整理和文字校正有着本质的不同。因此，刘向校书工作的主要成就在于承上启下，把古文献学的发展由早期形态推进至一个新的阶段。

---

① 王鸣盛：《十七史商榷》，凤凰出版社 2008 年版，第 125 页。

② 鲁唯一著，王浩译：《汉代的信仰、神话和理性》，北京大学出版社 2009 年版，第 207 页。

③ 关于刘向校书对图书编纂的贡献，详见第四、五章，下文不再赘述。

一、版本学与校勘学

“版本”始称于宋代，沈括《梦溪笔谈》云：“板（版）印书籍，唐人尚未盛行之。自冯瀛王始印五经，已后典籍，皆为板（版）本。”[①] 由此可见，“版本”一词本指相对于五代以前的抄本，专指雕版印刷的书籍。后来范围逐渐扩展，除雕版印本外，还包括活字本、写本、钞本、稿本、批校本等在内，泛指同一种书在编辑、传抄、刻板、印刷、装订乃至流通过程中所产生的各种形态的本子。古籍版本学以版本鉴别为核心内容，而鉴定的目的则在于从一书的不同版本中判出优劣，考订出不同版本之间的相互关系、流传过程、篇卷分合以及内容增损等，藉此揭示图书的刊刻（或传写）者、印刷（或制作）时地、版本异同、版本源流、版本优劣等。应该指出的是，严格意义上的版本学是在雕版印刷兴盛以后才逐渐成熟的。但是，区分一书的不同本子，判别各种本子的价值，以及在图书整理实践中重视版本的选择，实则起源较早。

刘向在校书之时，已经开始注意到一书各种本子的广泛收集、认真辨别以及区别使用。刘向校书的主要任务是整理汉朝“中秘”所藏的先秦西汉图籍，为王朝提供可靠的、完整的、可用的标准性文本。如第四章所述，面对数量庞大而又混乱不堪的“中秘”藏书，刘向的第一步工作是收集、鉴别各类图籍的不同本子，即章学诚所谓的“广储副本”[②]。刘向在注意典籍不同传本的汇集，并有意加以审查的同时，更加明确地认识到各类本子的性质和价值上的差异，把它们分别放在不同的地位上来使用。

由于图籍来源、载体的不同、内容的差异，尤其是同一种典籍各个传本的面貌不尽相同，使得“底本”的选定成为了刘向校书的基础和前提。经过辨别，刘向发现“中书本”的篇卷数量往往较多，也较为完整。因此，一般而言，刘向是以“中书本”为“底本”，以“外书本”为“对校本”或“参校本”来进行校雠工作的（详见第四章）。这就确定了重视鉴别本子的优劣，选定优良底本以作校雠的基本原则，为后世版本学打下基础。

---

① 沈括撰，胡道静校注：《新校正梦溪笔谈》，（香港）中华书局1975年版，第184页。

② 《校雠通义·校雠条理第七》。

校正图书文字是刘向文献整理工作的主要内容，古往今来，学者们对此作过大量的论述。中国传统文献学被称为校雠学，就是因为刘向首先使用“校雠”一词来指称图书校理而得名的。但是，校雠学并非仅限于校正文字，而是兼指研究书籍的版本、校勘、目录、编纂、流传、收藏、辑佚、注释等各个方面，如郑樵的《通志·校雠略》、章学诚的《校雠通义》所讨论的范围，都属于广义上的校雠学。因此，为了便于区分，后人往往将校正文字的狭义校雠学称为校勘学。刘向对校勘学的贡献在于通过图书整理的实践，总结出从“校雠”（校勘）的定义，书面错误的类型和产生原因，到校勘的方法和成果的处理等一套相对完整的认识体系，从而确立了校勘学在整个古文献学学科中的重要地位。

图书在流传广泛与时间长久之后，就必然会产生差异和错讹。校勘的功用首先在于恢复古书的本来面目，有益于文献整理。其次，还在于纠讹订误，扫除文字障碍，为读通古书提供帮助。此外，校勘还可使古书中涉及的史实或作者本意的讹误得到订正，为学术研究提供可靠的文献依据。先秦西汉图书的流布依赖手工抄写，此本与彼本之间难以从同，一经流传，差异错误随之产生，故有所谓“书三写，鲁为鱼，虚为虎”[①] 之说。

先秦之时，人们就已经注意到这个问题了，据《吕氏春秋·慎行论·察传》所载：子夏之晋，过卫。有读史记者曰：“晋师三豕涉河。”子夏曰：“非也，是己亥也。夫‘己’之与‘三’相近，‘豕’与‘亥’相似。”至晋问之，则曰“晋师己亥涉河也”。因为在古文中“己”与“三”、“豕”与“亥”，字形十分近似，于是造成“形近之误”。在此，子夏不仅正确地校正了错字，指出了造成错误的成因，还提示了一种导致讹误的类型。然而，子夏校史只是出于他个人读书经验的丰富积累，而并未有提出任何文字依据（即后世所谓的“版本”依据），因此从校勘学方法论来看只属于“理校”。刘向则是历史上第一个提出“校雠”的概念，并对其作出清晰界定的人。下面是有关刘向“校雠”的经典论述[②]：

① 见《抱朴子内篇·遐览》，《意林》卷四引作“帝为虎”。
② 有关以下两段文字是否刘向《别录》佚文的辨析，详见第二章。

1. 案刘向《别录》：雠校，一人读书，校其上下，得谬误为校。一人持本，一人读书，若怨家相对。①

2. 雠校者，一人持本，一人读析，若怨家相对，故曰雠也。②

于此，刘向确立了改正图书流传中的文字错误是谓“雠校（校雠）”这一重要定义，并为后世所沿袭与发展。至于刘向何以使用“校雠”一词来作为校正图书文字之意，过往习以为常，少有细心追究，下面略作解说。

先说“雠”。“雠”有相合、匹配之义，《尔雅·释诂》曰：“仇、雠、敌、妃、知、仪，匹也。”《尚书·召诰》曰：“予小臣，敢以王之雠民百君子，越友民，保受王威命明德。”伪《孔传》“雠”作“匹”，“言民在下，自上匹之”。孔颖达《正义》引王肃曰：“雠训为匹。”又引郑玄曰：“嫌‘匹’为齐等，故云‘民在下，自上匹之’。”《汉书·霍光金日磾传》曰：“卒不得遂其谋，皆雠有功。”颜注：“晋灼曰：‘雠，等也。’师古曰：‘言其功相等类也。’”孙星衍在注解《晏子书录》中“校雠”一词时即取此义，其云：“《尔雅·释诂》曰：雠，匹也。匹，合也”③。“雠”又有仇敌之义，如《尚书·微子》曰：“卿士师师非度，凡有辜罪，乃罔恒获。小民方兴，相为敌雠。”《战国策·秦策二》曰：“三人者，皆张仪之雠也。”高诱注曰：“雠，仇也。”④ 此外，“怨”亦称“雠”，《毛诗·邶风·谷风》曰：“不我能慉，反以我为雠。”孔颖达《正义》曰：“雠者，至怨之称。”《楚辞·九章·惜诵》曰：“又众兆之所雠。”王逸注曰：“交怨曰雠。”刘向用“一人持本，一人读书，若怨家相对”⑤ 来解释“雠”，显然是兼用以上三义，即谓两人持书读对，彼此求其对应文字之相同，状若仇家怨怼，可谓既字义明晰，又生动传神。

从出土文献来看，使用“雠”字来表示校正文字之意，至少可以追溯

① 《文选·左太冲〈魏都赋〉》李注引《风俗通》。

② 《太平御览》卷六一八引刘向《别传》。

③ 《晏子春秋音义》卷上。

④ 刘向集录：《战国策》，上海古籍出版社1998年版，第143—144页。

⑤ “书”，《太平御览》作“析”，钱玄疑“析”为“札”之误（见氏著《校勘学》，江苏古籍出版社1988年版，第1页），其说可参。

到秦代。1975年12月湖北省云梦县睡虎地11号秦墓出土了一批简书，简文内容主要是法律、行政文书及关于吉凶时日的占书，包括《编年记》、《语书》、《秦律十八种》、《效律》、《秦律杂抄》、《法律答问》、《封诊式》、《为吏之道》、《日书》甲乙种。《编年记》分上、下两栏书写，逐年记载了秦昭王元年（前306）至秦始皇三十年（前217）间秦统一六国战争的大事及墓主“喜”的生平经历等，故此可知简书的抄写年代应在秦统一六国前后。《秦律十八种》共201枚，每条律文末尾都记有律名或其简称，包括《田律》、《厩苑律》、《仓律》、《金布律》、《关市》、《工律》、《工人程》、《均工》、《徭律》、《司空》、《军爵律》、《置吏律》、《效》、《传食律》、《行书》、《内史杂》、《尉杂》、《属邦》等，内容涉及农业、仓库、货币、贸易、徭役、置吏、军爵、手工业等方面。《尉杂》计有两条，其中一条为“岁雠辟律于御史”（另一条缺字过多，无法全部译释，从略），整理者认为应指廷尉到御史处核对法律条文①，此条简文是目前所见最早以“雠”字作为文字校正之意的文献。由于简书中部分律文的内容早于秦王政时期，可以推想，“雠”字的此种用法应不晚于战国晚期，且见于法律文书，应是当时的通行用语。

在汉简的抄写中同样使用了“雠”字。1983年12月至1984年1月湖北省江陵县张家山247号汉墓出土了一批简书，包括《二年律令》、《奏谳书》、《盖庐》、《脉书》、《引书》、《筭数书》以及历谱、遣册等，内容涉及汉代政治、经济、军事、医学、数学等各个方面。其中《筭数书》是三道编纶的简册，正文多写于第一道编纶与第三道编纶之间，在简一的第三道编纶下写有“杨”，此外“杨”字还出现在简三、简九八、简一〇一、简一〇五、简一〇七、简一〇九、简一一一、简一二三，而简五六则作“杨已雠”。同时，简四二的简末写有“王已雠”，而简八八、简一一九则作“王”。整理者认为“杨”是“抄写或校对人之姓”，“简文‘杨’字前有黑圆点，以示与上文区别”，而“王”亦为“校雠人姓”②，整理者意见正确。

---

① 睡虎地秦墓竹简整理小组编：《睡虎地秦墓竹简》，文物出版社1978年版，第110页。

② 张家山二四七号汉墓竹简整理小组编著：《张家山汉墓竹简〔二四七号墓〕（释文修订本）》，文物出版社2006年版，第132、137页。

据墓中所出历谱可知墓主去世当在吕后二年（前186）或其后不久，由此说明，西汉初年“雠”字已经成为了图书抄写校正中的专门术语。

再说“校”。《说文解字》木部曰：“校，木囚也。”《周易·噬嗑》初九：“屦校灭趾，无咎。”王弼注云：“校者，以木绞校者也，即械也，校者取其通名也。”由此可见，“校”最早是指木制刑具，亦各类枷具之通称。在先秦文献中，“校”字是个多义词，而作为改正文字之意，最早见于《国语》。《鲁语下》云：“昔正考父校商之名《颂》十二篇于周大师，以《那》为首。”此处的“校”字，当理解为改正文字错误。但是《史记·宋微子世家》曰：“（宋）襄公之时，修行仁义，欲为盟主。其大夫正考父美之，故追道契、汤、高宗，殷所以兴，作《商颂》。”然则，司马迁以为《商颂》是正考父所“作”而非“校”。不过，《毛诗·商颂·那》小序云：“《那》，祀成汤也。微子至于戴公，其间礼乐废坏。有正考甫者，得《商颂》十二篇于周太师，以《那》为首。”《诗谱·商颂》对此说得更为清楚，其云：“自从政衰，散亡商之礼乐。七世至戴公，时当宣王，大夫正考夫者，校商之名《颂》十二篇于周大师，以《那》为首，归以祀其先王。”因此，司马贞《史记索隐》辨之曰：“（《商颂》）今五篇存，皆是商家祭祀乐章，非考夫追作也。又考父佐戴、武、宣，则在襄公前且百许岁，安得述而美之？斯谬说耳。”孔颖达《正义》云：“考父恐其舛误，故就太师校之也。”明确指出正考父的《商颂》12篇，其来有自，他只在周太师处做过改正文字的工作，可惜当时的具体情况已不可知了。

《商颂》非正考父所作，唐代以后几成定论。但是，到了清代中叶以后，魏源、皮锡瑞、王先谦等人力主《商颂》为宋诗，王国维虽然不同意《商颂》为正考夫所作，却“疑《鲁语》‘校’字当读为‘效’，效者献也，谓正考父献此十二篇于周太师”，并通过《商颂·殷武》“陟彼景山，松柏丸丸”中的“景山”是山名等的考证，以及甲骨卜辞的旁证，提出“《商颂》盖宗周中叶宋人所作以祀其先王，正考父献之于周太师，而太师次之于《周颂》之后，逮《鲁颂》既作，又次之于鲁后”之说①。近代以来，

① 王国维：《〈观堂集林〉卷二·〈说商颂〉上下》，见《王国维遗书》第1册，上海书店出版社1983年版，第127—132页。

王氏之说影响甚广，然而随着《商颂》研究的日渐深入①，尤其是以甲骨资料所反映的商代历史、社会、词汇等与《商颂》进行比对，《商颂》为宋诗说受到前所未有的挑战②。王国维将“校”解作“献”，自然无可避免地受到质疑。其实，《鲁语》言正考父“校”《商颂》与《史记》主正考父“作”《商颂》，自为两说，无论孰是孰非，也不论《商颂》是否宋诗，文献本来如此，完全没有必要对《鲁语》中的“校”字强作新解，故此当从旧说，解作改正文字之意。今存刘向以前的战国西汉文献，鲜有以“校”字作为改正文字之意来使用③，而今本《国语》则是经刘向之手校定的，或许刘向对“校”字的用法正从《鲁语》此句而来。

值得指出的是，因为刘向曾分别对“雠”、“校”进行解说，后人遂将两者截然分开，如清人何焯《义门读书记》卷四五云：“一人刊误为校，二人对校为雠。”④ 周寿昌《思益堂日札》卷五亦云：“今人校书，皆一人校其上下。据此，雠书若今之对读矣。俗误以校、雠为一事，失考。”⑤ 至于臧琳《经义杂记》卷三则云：“据《风俗通》知刘子政用二人对校。盖一人并看两本，恐有漏略，故一人读书，一人持本，视听两用，庶可无失。然犹虑有音同文异者，故必一人先校。此校、雠之不同，然阙一不可也。”⑥ 虽然看法稍为周延圆通，不过仍然主张严格区分“校”、“雠”两事。其实《别录》所言，只是在于指出图书整理的两种方法：一为一人独自进行，谓之校；一为两人共同协作，谓之雠。参之今存书录，刘向或用“校”，或用“校雠”（未有单独用“雠”之例），故此两者应属“对文则别，散文则通”的同训，在具体使用时应该并无大别⑦。从“雠”、“校”二字在先秦西汉的

---

① 详参陈桐生《〈诗经·商颂〉研究的百年巨变》，《文史知识》1999年第3期。

② 详参刘毓庆《〈商颂〉非宋人作考》，《山西大学学报》1980年第1期；陈炜湛《商代甲骨文金文词汇与〈诗·商颂〉的比较》，《中山大学学报》2002年第1期；江林昌《甲骨文与〈商颂〉》，《福州大学学报》2010年第1期。

③ 《故训汇纂》“校”字条所收刘向以前先秦西汉文献的故训旧注亦无此义，见宗福邦等主编《故训汇纂》，商务印书馆2003年版，第1103—1104页。

④ 何焯：《义门读书记》下册，中华书局1987年版，第866页。

⑤ 周寿昌：《思益堂日札》，见《续修四库全书》第1541册，上海古籍出版社1995年版，第58页。

⑥ 臧琳：《经义杂记》，见《续修四库全书》第172册，上海古籍出版社1995年版，第58—59页。

⑦ 参见傅荣贤《简帛文献中的校雠学义例》，《中国图书馆学报》2007年第3期。

使用情况来看，或可作以下推测："雠"字在秦汉简书中已是专门之语，刘向沿用旧习的同时，又采用了《鲁语》中"校"字之意，合成"雠校（校雠）"一词。因为是新创的概念，所以刘向特别发凡起例，对其专门意义进行界定，并且将此种用法贯彻于书录的撰写之中，使其作为图书整理专门术语的地位得到进一步巩固。由于刘向校书的特殊意义和巨大价值，以致"雠校（校雠）"一词在东汉以后为人所广泛使用，并于后世用以指称图书文献事业。

附带说明的是，关于"一人持本，一人读书"中的"本"和"书"，清人叶德辉《书林清话》卷一《书之称本》谓"不曰持卷，而曰持本，则为摺本可知"①。从文献所载和今见出土简帛可知叶氏之说纯系臆断，并不符合西汉简帛书籍的制度。然而，这是"本"字有图书意义之始，又是古籍版本学中"版本"释名的首要问题，所以引起了众多学者的讨论。诸家之说大致可以归纳为三种观点：一是余嘉锡《书册制度考》等主张的"本"是底本，"书"是誊写之卷；二是姚伯岳《版本学》等主张的"本"是誊写本，"书"是底本；三是曹之《中国古籍版本学》主张的"本"是据以抄写的定本，"书"是"本"据以生成的原著②。各家或从《说文解字》立论，或从简册制度而言，或从校雠过程推考，皆有一定的理据。然而，今存刘向书录中的"书"字泛指各类图书（如中书、外书、太史书、臣某书、民间书等），而《列子书录》"及在新书有栈，校雠从中书"之语，说明"新书"亦是可以改订的（详见第四章），所以"书"不一定是指誊写后之书，也可以指据以抄写的定本。至于作为图书文献意义的"本"，因未见诸书录，故难以从中查考其义。

细审"一人持本，一人读书，若怨家相对，故曰雠"的文意，可以想见，持本者显然是可以改订其"本"的，而读书者则否。这还可从出土文物中得到印证，1958 年湖南省长沙市金盆岭 9 号晋墓出土了瓷质对书俑，两人头戴晋贤冠，身穿交领长袍，相对而坐。中置书案，案上有笔、砚、简

① 叶德辉：《书林清话》，上海古籍出版社 2008 年版，第 11 页。

② 以上三种观点的具体内容，详见金甦《"一人持本，一人读书"考辩》（《闽江学院学报》2005 年第 1 期），该文赞同曹之的观点。另外，刘学林《"本"探》以为"本"是指抄写新书之前的底稿（《图书馆杂志》1983 年第 1 期），也与曹之的观点相近。

册及一小箱。一人执笔在板上书写，另一人手执一板，上置简册，若有所语，神态栩栩如生，正是“怨家相对”的“雠”。一旦发现错误，执板者便用刮刀将简牍上的字刮掉，重新填写，案上笔、砚就是为了重新填而写备置的（见下图）。

由此可见，“本”不应是指底本、定本或誊写本，泛而言之，“本”与“书”同是指校雠时所据的各种图书材料。不过，考虑到刘向校书时需合校众本而成一书，所以从操作过程来看，必会先选定一种本子（具体来说，应该是某种本子的某一篇章）作为“工作本”来进行改定，再抄写成稿本（定本），最后才是缮写新书。如此看来，若将“本”理解为“工作本”的概念，似亦可通。可能正是因为“本”（工作本）在实际的校雠操作中相对于“书”（同书或同一篇章的另一个或多个文本）来说，更具有根本性的作用，所以刘向取“本”字来加以命名。

校雠工作的主要对象是图书流传中所产生的文字错误，区分错误的类型，归纳其产生原因，便成为了校勘学的必然命题。如第四章所述，先秦古书多用“古文”，战国时山东六国的文字又各不相同，秦时复有篆书，西汉变为隶书，在几百年间汉字字形发生了很大的变化。再者，汉初先秦典籍复出时经历由“古文”转写为“今文”的“隶定”过程，无可避免地增加了脱误的机会；加上传抄者水平参差，古人又好私意改书。因此，西汉典籍传本中的通假错讹往往触目皆是，这可从目前出土的西汉简帛图书中得到充分的证明。图书文字的错误类型归纳起来无碍是“讹”、“脱”、“衍”、“倒”4种，今所见刘向校书的材料，对4者皆有所涉及。

“讹”是最常见的，各篇书录多有言及。如《战国策书录》中的“本字多误脱为半字，以‘赵’为‘肖’，以‘齐’为‘立’，如此字者多”。又如《晏子书录》中的“中书以‘夭’为‘芳’，‘又’为‘备’，‘先’为‘牛’，‘章’为‘长’，如此类者多”。此外，《北堂书钞》卷一〇一引刘歆《七略》云：“（《尚书古文经》）古文或误以‘见’为‘典’，以‘陶’为‘阴’，如此类多。”三处所指皆属错误类型中的“讹”。“脱”即漏掉文字，先秦西汉古书的载体以简牍为主，脱掉一简，即脱掉若干文字，刘向称之为“脱简”。《汉志·六艺略》云：“刘向以中《古文易经》校施、孟、梁丘经，或脱去‘无咎’、‘悔亡’。”又云：“刘向以中古文校欧阳、大小夏侯三家经文，《酒诰》脱简一，《召诰》脱简二。率简二十五字者，脱亦二十五字，简二十二字者，脱亦二十二字。文字异者七百有余，脱字数十。”“脱简”之语后世一直沿用，亦是刘向对校勘术语的重要贡献。

通过近百年来的考古发掘，今天得见战国秦汉时的简帛文献实物，其中文字错乱甚为普遍，遥想刘向校书时必然会遇到“衍”和“倒”的情况，《列子书录》所谓的“章乱布在诸篇中”，《说苑书录》所谓的“章句相溷，或上下谬乱”，显然包含了大量的“衍”和“倒”现象。至于造成文字错误的原因，如第四章所述，刘向总结归纳为三种：其一为因字形残缺而致误，如上举《战国策》之例。其二为因形近而致误，如上举《古文尚书》之例；又《晏子》有以“夭”为“芳”，以“先”为“牛”者。其三为声近而误，如《晏子》有以“又”为“备”，以“章”为“长”者；又《列子》有以“尽”为“进”，以“贤”为“形”者。幸亏刘向校书时广储众本，否则如此复杂的脱误问题，显然是无法解决的。

刘向校书的方法主要是“对校法”，此为校勘图书最基本而又最主要的方法。今存书录在指出所校之书的“中书本”、“外书本”以及大臣藏书的篇卷数量之后，多有“以相校”①、“以校”② 的文字，说明刘向校书时必以一书的各种传本进行“对校”，即所谓“一人持本，一人读书，若怨家相对”者。从上述刘向校《周易》、《尚书》各家经文，以及《汉志·六艺略》所载“（《孝经》）汉兴，长孙氏、博士江翁、少府后仓、谏大夫翼奉、安昌侯张禹传之，各自名家。经文皆同，唯孔氏壁中古文为异。‘父母生之，续莫大焉’，‘故亲生之膝下’，诸家说不安处，古文字读皆异”的记录来看，刘向十分注意不同家派经本之间的文字异同。由此可见，校书过程中肯定广泛地使用了“对校法”，可能甚至一如后世校勘家般“遇不同之处，则注于其旁”③，先行整理出各书不同传本的异文，之后再作校定缮写。

其次，刘向还使用了“本校法”，即“以本书前后互证，而抉摘其异同”，在一书内部找证据来校订文字的错误，故此才有“一人读书校其上下，得谬误为校”之语。而且《列子书录》云：“至于《力命》篇，一推分命；《杨子》之篇，唯贵放逸。二义乖背，不似一家之书。”说明了刘向并没有忽略一书之内的差异，所以“本校法”应是校书之时普遍使用的方法。再次，在《邓析书录》中，刘向引用《春秋左氏》以驳“传记”中关于“子产杀邓析”的记载，由此可见，刘向校书之时常以他书与所校之书比对，即后世所谓的“他校”之法。虽然“此等校法，范围较广，用力较劳”；但是刘向广校群书，具备充分的客观条件，所以“他校法”应是当时常用的方法。另外，刘向在定著新书之时，必然遇到“无古本可据，或数本互异而无所适从”的情况，在判断其是非时也不排除会使用“理校法”。

凡此说明，陈垣在《校勘学释例》所总结的“对校”、“本校”、“他校”、“理校”的古书校勘法四例，早在刘向校书时已经基本运用了。当然，在实际校书工作中，刘向往往需要针对具体情况将以上四法结合起来运用，则是完全可以想见的。至于文本异文与校勘成果的处理，刘向一般以通行正

---

① 《孙卿书录》、《邓析书录》。

② 《管子书录》、《列子书录》。

③ 陈垣：《校勘学释例》，中华书局1959年版，第144页。

字来纠正讹夺通假的文字，整理出内容完备、便于阅读的典籍定本，因此经校定之书被称为“新书”（详见第四章）。

综上所述，刘向校书时一方面建立了广备异本、互相参校，校正字句、刊订脱误的校勘程序。另一方面，后代校勘学的一些专门术语、实践原则与操作方法，早在刘向校书时已经初步确立并开始运用。认识到这两点，对于正确评价刘向校书的历史贡献，甚至全面总结古代校勘学史的发展，都是不无一定意义的。现在虽然看不到刘向将总结出来的规律用理论性的文字系统表述，但是各篇书录中都有相关的说明，所以刘向始创校勘学的历史功绩还是应该充分肯定的。

二、目录学与辨伪学

“目录”一词始见于刘向校书之时，《文选·任彦升〈为范始兴作求立太宰碑表〉》李注引刘歆《七略》曰：“《尚书》有青丝编目录。”此处的“目录”当指刘向、刘歆所撰写的书录。如第四章所述，书录包括“条其篇目”的“目”和“撮其指意”的“叙言”两个部分，其中“目”就是指经整理定著后一书的书名和各篇篇题（篇名）。关于古书的篇题和书名，《文史通义·繁称》云：“古人著书，往往不标篇名，后人校雠，即以篇首字句名篇；不标书名，后世校雠，即以其人名书。”章学诚在此指出先秦时期出现和流传的文献大多没有篇题和书名，今见的篇题和书名往往是在整理过程中产生或确定的。此说较早归纳了古书篇题、书名的产生和出现的规律，值得引起注意。然而，审以今存古书和出土文献，情况显然并非如此简单。

先说篇题。今见的先秦古书篇题大概有两类，一类是从篇首撷取二三字为篇题，如《诗经》、《论语》、《孟子》的篇题即属此类，相信多为后人所加而非原有，符合章氏之说；另一类则是围绕篇章的具体内容来确定的，如经书中的《周礼》、史书中的《国语》、兵书中的《孙子兵法》的篇题。战国子书篇题属于此类者，亦不乏见，如《墨子》、《荀子》、《吕氏春秋》，以及《庄子》、《韩非子》部分篇章的篇题，相信是著者（或写定之初）的原题而非后人所加。对此，余嘉锡曾指出“《诗》、《书》之篇名，皆后人所题。诸子之文，成于手著者，往往一意相承，自具首尾，文成之后，或取篇中旨意，标为题目。至于门弟子纂集问答之书，则其纪载，虽或以类相从，而先后初无次第。故编次之时，但约略字句，断而为篇，而摘首句二三字以为之目”①。其说较章学诚又进一步，分析细致之处，更为符合今见古书篇题之例。

从出土文献来看，战国简书中比较确切知道篇题属于上述第二类的子书有《上海博物馆藏战国楚竹书》（四）中的《内豊（礼）》②。这是一篇儒家文献，内容多与《大戴礼记·曾子立孝》等有关。第一简背有篇题“内豊”，首句作“君子立孝，爱是用，豊是贵”。由此可见，“内豊”明显不是取自篇首字句，而是据文立题的。反观《曾子立孝》首句曰：“曾子曰：‘君子立孝，其忠之用，豊之贵。’”可见篇题“曾子立孝”，当是摘自篇首无疑。整理者以为“内豊”或与《礼记·内则》有关③。至于秦汉简帛文献中，属于子书的马王堆帛书《衷》、《经法》、《经（十大经）》；属于诗赋的尹湾汉简《神乌赋》；属于兵书的银雀山汉简《孙膑兵法》、《尉缭子》、《六韬》、《守法守令等十三篇》；属于占卜之书的睡虎地秦简《日书》甲乙种，周家台秦简《日书》，东海尹湾汉简《刑德行时》、《行道吉凶》；属于医书的马王堆帛书《足臂十一脉灸经》、《五十二病方》、《养生方》；属于法令文书的睡虎地秦简《秦律十八种》、《秦律杂抄》、《封诊式》，张家山汉简《二年律令》；属于算术之书的张家山汉简《筭数书》等。这些文献的篇题也是根据篇章内容来命名的，它们的产生时期当不晚于秦汉之际。

另一方面，《上海博物馆藏战国楚竹书（三）》中的《亙先》，马王堆帛书中的《缪和》、《昭力》等的篇题，则是取篇首二字，即上述的第一类。至于双古堆汉墓的篇题木牍，更是此种命名方式的集中体现。考虑到简帛文献出土时大多并不完整，所以此类篇题命名方式的作品，应当尚有不少。

综上所述，可以发现早期的先秦古书大多没有篇题，后人整理时往往取篇首字句命名。但是到了晚期（约春秋末年至战国初年），开始有了著者

---

① 《古书通例·卷一　案著录第一·古书书名之研究》。

② 在讨论出土文献的篇题时，有两点需要加以限定：一是篇题是简帛文献上原有的，而非整理者所加；二是该篇作品的首句完整，没有残缺。为了保证结果的科学性，只有同时符合上述两种条件的简帛文献作品，才会纳入讨论范围。

③ 马承源主编：《上海博物馆藏战国楚竹书》（四），上海古籍出版社2000年版，第219页。

（或写定之初）据文立题的情况出现，战国晚期以后，逐渐积习成风。与此同时，撷取篇首字句命名的方式仍旧被长期沿用，并没有很快消失，所以两种命名方式在相当一段时期内同时混合使用（这种情况也反映到今存的某些古书之上，如《庄子》、《列子》各篇的篇题就是显例）。直至西汉以后，以篇首字句命名的方式才慢慢地退出了历史舞台，而刘向所校之书的篇题亦不出上述两类。至于篇题的位置，从出土文献来看，或在正文之前，或在之后，情况较为复杂，并无一定的成规①。

刘向校书之于目录学的贡献，首先在于所撰书录中包括了条列一书篇题的“目（篇目）”这个部分。虽然在刘向以前，古籍的“一书之目”的编制已经有了初步的萌芽。清人卢文弨《钟山札记》卷四云：“古书目录，往往置于末，《淮南》之《要略》、《法言》之十三篇《序》皆然。吾以为《易》之《序卦传》非六十四卦之目录欤？《史》、《汉》诸序，殆昉于此。”② 现代学者多承其说，如余嘉锡谓“《周易·十翼》有《序卦传》，篇中条列六十四卦之名，盖欲使读者知其篇第之次序，因以著其编纂之意义，与刘向著录‘条其篇目撮其旨意’之例同。目录之学，莫古于斯矣”③。虽然以上所及的《周易·序卦传》（与此相类的还有《毛诗·小序》）、《淮南子·要略》、《史记·太史公自序》等，均对刘向编制书录的工作有所启发。然而，《周易·序卦传》属于《易传》（“十翼”）之一，是对《周易》64卦顺序予以主观的解说，《毛诗·小序》则是简述《诗经》各篇的主题、作者和写作背景，它们都是后人对经书文本的解释和阐发之作。至于《淮南子·要略》叙述了各篇的写作原由和全书的编排，《太史公自序》中《史记》130篇的小序则是司马迁在写毕《史记》之后，交代全书体系和各篇主旨。它们的出现也许是受到了《序卦传》、《毛诗·小序》的影响，但是彼此的差别在于：后者出于著者之手，属于全书的有机组成部分。以上4种著作的共同特点是，虽有解释篇章的内容，却未有把全书的篇题另外钞录下来，这就与后来刘向书录内条列一书篇题的“篇目”尚有重要的区别了。

---

① 详参张显成《简帛书籍标题研究》，见氏著《简帛文献论集》，巴蜀书社2007年版，第457—513页。

② 卢文弨：《钟山札记　龙城札记　读史札记》，中华书局2010年版，第100页。

③ 《目录学发微卷三·目录学源流考上·周至三国》。

从出土文献来看，在刘向校书之前已经存在集中一书篇题的“篇目”。在上海博物馆所藏的战国楚竹书中，有一篇歌曲或乐曲的“篇目”。其简文的格式是，“先出律名，后列曲目。律名，作‘某宫’、‘某商’、‘某角’、‘某征’、‘某羽’。曲目，或与《诗经》同，如《硕人》，但多数都不见于《诗经》”，李零认为可以题名为《曲目》。[①] 至于秦汉简帛文献，如第四章所述，银雀山汉墓1号出土有《孙子兵法》的篇题木牍，同时该墓2号还出土了《守法守令等十三篇》的篇题木牍，木牍正面分成上、中、下三排，各排五行，分别抄写了《守法》、《要言》、《库法》、《王兵》、《市法》、《守令》、《李法》、《王法》、《委法》、《田法》、《兵法》、上扁（篇）、下扁（篇）13个篇题，篇题末尾还写有“凡十三”3字，是记录木牍所抄篇题的总数。木牍中腰两侧各刻有一个小缺口，出土时还残存一些系在缺口上的绳迹。木牍上所写的13个篇题的竹简在入墓时当卷为一卷书册，木牍则应系在该卷简书的外面。在出土的竹简中发现了木牍所抄的《守法》、《库法》、《王兵》、《李法》、《委法（简书正文中的篇题作“委积”）》、《兵令》等6个篇题，而且这些篇题都抄在竹简的正面，单占一简。此外，3、4、5号墓亦出土了3块篇题木牍，上面所抄写的篇题多数能够在出土残简中找到相应的内容。双古堆1号汉墓也出土了3块篇题木牍，1号牍出土时比较完整，在正面和背面纵向各分上、中、下三栏，由右至左竖行抄写了47个篇题。2号木牍出土时严重残破，经拼接缀合后发现，木牍的正面和背面皆纵向分上、中、下三栏，由右至左竖行抄有篇题。正面上栏仅存5行，中栏存7行，下栏存9行；背面上栏和下栏漫漶不清，仅各存2行，中栏存7行；还有一些难以拼接的残片，两面共存7行；总计存有37个篇题。3号木牍出土时也残损严重，至今尚未发表。

此外，文书类的出土文献也有一书“篇目”的发现，如青海省大通县上孙家寨汉墓所出简书，其中有几枚带有数位的残简：“首捕虏□□论廿一”（简250），“□虏以尺籍廿二　私车骑数卌”（简350、093），“私卒仆养数廿八　从马数使私卒卌六　车□”（简341），“□言皆□□予钱廿九”（简254），“所毋为卌七　材官□”（简088）。这显然是一种文书的目录，

---

① 李零：《简帛古书与学术源流》，生活·读书·新知三联书店2004年版，第334页。

目录与正文都写在“用木片削制而成”的“云杉属”木质简片之上①。“现在保存下来的目录，只有第廿一、廿二、廿八、廿九、卅、卅六、卅七、卌四、卌五等章的标题。其中最后二章，因简残缺，只留下‘车□’、‘材官□’几个字，然从位置推断，当为卌四、卌五两章目录无疑”，由此可以想见，“这种文书至少包括两卷，第一卷应有十六章，第二卷至少有二十九章。”②

《孙子兵法》篇题木牍摹本（1号木牍）

《守法守令等十三篇》篇题木牍摹本（2号木牍）

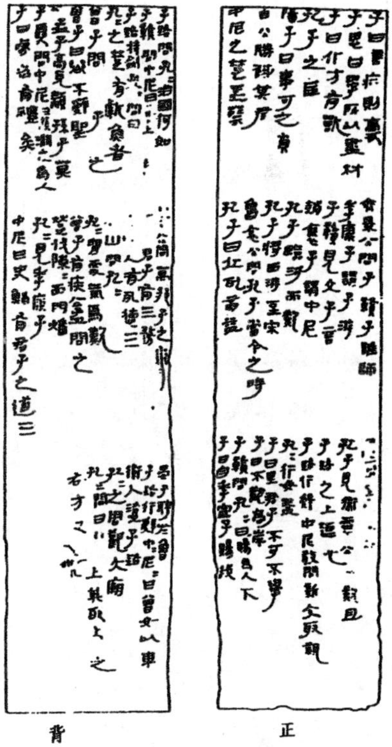

阜阳双古堆汉墓1号木牍摹本

除了简书的篇题木牍外，马王堆帛书《五十二病方》和《养生方》也

① 青海省文物考古工作队：《青海大通县上孙家寨——五号汉墓》，《文物》1981 年第 2 期。
② 详参朱国炤《上孙家寨木简初探》，《文物》1981 年第 2 期。

抄写有篇（章）题的篇目。《五十二病方》是目前已发现的最古老的一部医学方书，它与同墓出土的《足臂十一脉灸经》、《阴阳十一脉灸经》、《脉法》、《阴阳脉死候》4种医书同抄在一幅帛上。帛书出土时残损严重，现存共有462行及一些残片，每行文字多少不等。每种疾病都有抬头病名章题（节名），药方正文低于病名章题二个字左右，每方开首用"—"横画来表示。《五十二病方》的"篇目"抄写在帛书的卷首，纵向分4栏，第一、三栏横向分16竖行，第二栏分15竖行，第四栏分6竖行，从右至左抄写，末尾有总章题数"凡五十二"4字。篇目所记的章题皆为病名，即正文中抬头书写的病名章题，除个别有差异外，两者基本一致。原无书名，今名是整理小组根据篇目所记章数拟定的。《养生方》单独抄写在一幅帛上，当为单独的一种医书，原无书名，今名为整理小组所拟定。《养生方》的"篇目"抄写位置与《五十二病方》截然相反，在正文抄写完后，紧接着抄写该书的章题。该篇目纵向分4栏，每栏8个病名，从右至左抄写，共存32个。抄写者为使日后阅读时能清楚地分辨开正文和篇目，特意在篇目与正文之间纵向划了一道竖线，以示区分。

简册书籍的篇目，往往是用另外一块木牍来抄写，当时应与简册书籍系在一起的。为了保护简册，卷起的简册或放在竹笥一类的贮藏器内，或用丝质的书囊套在上面，出土的篇题木牍可能原来是同简书一起装在书囊里或以某种方法附着在书囊上面。帛书的篇目，从目前发现的两种来看，或抄写在全书正文的前面，或抄写在后面，置前置后在当时似无一定规律[①]。与此同时，在其他大量出土的古书上并没有出现"篇目"的情况来看，"一书之目"尚未形成统一的体制。

从上可知，古书体制上另钞篇题而成"篇目"的创立，应在刘向校书之前。然而，先秦西汉书籍多为单篇（或多篇）流传，随意组合，书无定型，刘向校书的目的在于全面整理先秦西汉图籍并定著成新本，所以新本应该包括哪些篇章就成了编校工作的头等大事。于是确定各篇的篇题，另外钞录以便进行工作，便显得顺理成章了。其后，刘向又借鉴此前已有的模式，在新本的书录之中另行条列全书篇题，以达到便于稽检、避免错乱、防止散

① 详参骈宇骞、段书安编著《二十世纪出土简帛综述》，文物出版社2006年版，第92—103页。

失等目的。如上章所述，刘向校书的“定著篇章”是促使先秦西汉图书迈向书本定型的转换点，而书录载有篇目之举，则是对已经定型之书予以进一步的规范，使图书在往后的流传过程中有所依据。

如《孙卿书录》载有32篇篇目①，《隋志》则著录“《孙卿子》十二卷”，至杨倞作注时，“以文字烦多，故分旧十二卷三十二篇为二十卷，又改《孙卿新书》为《荀子》。其篇第亦颇有移易，使以类相从云。”② 以下为《孙卿书录》与杨注本的篇目对照表：

	《孙卿书录》篇目	杨注本篇目
1	劝学篇第一	劝学篇第一
2	修身篇第二	修身篇第二
3	不苟篇第三	不苟篇第三
4	荣辱篇第四	荣辱篇第四
5	非相篇第五	非相篇第五
6	非十二子篇第六	非十二子篇第六
7	仲尼篇第七	仲尼篇第七
8	成相篇第八	儒效篇第八
9	儒效篇第九	王制篇第九
10	王制篇第十	富国篇第十
11	富国篇第十一	王霸篇第十一
12	王霸篇第十二	君道篇第十二
13	君道篇第十三	臣道篇第十三
14	臣道篇第十四	致士篇第十四
15	致仕篇第十五	议兵篇第十五
16	议兵篇第十六	强国篇第十六
17	强国篇第十七	天论篇第十七
18	天论篇第十八	正论篇第十八
19	正论篇第十九	礼论篇第十九

① 《汉志·诸子略》著录“《孙卿子》三十三篇”，王应麟《汉书艺文志考证》曰：“当云三十二篇。”可从。

② 杨倞：《荀子注序》。

续表

	《孙卿书录》篇目	杨注本篇目
20	乐论篇第二十	乐论篇第二十
21	解蔽篇第二十一	解蔽篇第二十一
22	正名篇第二十二	正名篇第二十二
23	礼论篇第二十三	性恶篇第二十三
24	宥坐篇第二十四	君子篇第二十四
25	子道篇第二十五	成相篇第二十五
26	性恶篇第二十六	赋篇第二十六
27	法行篇第二十七	大略篇第二十七
28	哀公篇第二十八	宥坐篇第二十八
29	大略篇第二十九	子道篇第二十九
30	尧问篇第三十	法行篇第三十
31	君子篇第三十一	哀公篇第三十一
32	赋篇第三十二	尧问篇第三十二

从上表可知杨氏对原篇次的改易情况，如《成相篇》原为第八，杨注本改为第二十五；《儒效篇》至《正论篇》原为第九至第十九，杨注本改为第八至第十八；《礼论篇》原为第二十三，杨注本改为第十九；《赋篇》原为第三十二，杨注本改为第二十六；《尧问篇》原为第三十，杨注本改为第三十二，等等。其中以最后 10 篇的改易最多，两者完全没有相同的篇次。由于《孙卿书录》保存了刘向整理本的篇次，所以通过与杨注本的比较，不仅可以得知《荀子》流传至唐时基本没有散佚，还可清楚地发现汉唐间《荀子》一书篇次前后变化的痕迹，这个例子很好地说明了书录所载篇目的价值。

此外，刘向书录所载篇目，往往成为后人考察某些作品内容真伪的标准。如《汉书·东方朔传》云："朔之文辞，此二篇（按，指《答客难》、《非有先生论》）最善。其余《封泰山》、《责和氏璧》及《皇太子生禖》、《屏风》、《殿上柏柱》、《平乐观赋猎》，八言、七言上下，《从公孙弘借车》，凡刘向所录朔书具是矣。世所传他事皆非也。"颜注曰："刘向《别录》所载。"由此可见，班固在判别东汉流传的东方朔作品时，即以载于

《别录》的“东方朔书录”内的篇目为据。因此，明人胡应麟在《四部正讹》总结考覈伪书八种方法的第一条，便是“覈之《七略》，以观其源”，此所言之《七略》，当然应该包括《别录》所载的书录在内。孙德谦亦曾指出，古书“苟非（刘）向条其篇目，将至今日而荡焉无迹”[①]。20世纪以来，古书辨伪取得了辉煌成果，加上出土文献的陆续发现，使得学术界对古书的形态及其流传有了更丰富的认识，其中一个重要的进展，就是针对古书年代的研究由全书整体的判断细化至具体篇章的查考。先秦西汉之书于今十不存一，一书篇目的得以保存，对考辨古书至为关键。由此观之，两千多年前刘向在书录中条列篇题，并从此形成了图书编纂整理的定制，为后世所遵循，其于目录学史上的不朽功绩及图书流传研究上的重大价值，就显得毋庸低估了。

在篇目之前，刘向书录还有书名。六经等商周典籍，战国时人常常称引，此外各类图书的书名亦不乏见[②]，可知书名的产生时代甚早。至于战国子书，余嘉锡以为“其初仅有小题，并无大题”；且“多单篇别行，本无专集，往往随作数篇，即以行世。传其学者，各以所得，为题书名”[③]。余氏据传世文献所载，对汉魏以上古书书名（大题）、篇题（小题）所作的分析，有一定的道理，应予充分肯定。不过从出土文献来看，部分简帛书籍已有书名，个别者甚至书名、篇题皆有。如睡虎地秦简《语书》的书名独立书于全书末简（简15）背面；《效律》的书名“效”，独立书于首简（简1）背面；《封诊式》的书名独立书于末简（简98）背面，而25篇的篇题皆提行书写；《日书》乙种的书名独立书于末简（简260）上方，而各篇皆有篇题。又如马王堆帛书《经法》的书名书于全书之末，而9篇的篇题皆写于篇末。又如张家山汉简《二年律令》的书名独立书于开篇第1简的背面，而各章的章题（律名）皆写于章末；《奏谳书》的书名独立书于全书末简（简228）的背面；《筭数书》的书名独立书于第6简背面，而69章的章题皆写于章首天头（即高于正文）；《盖庐》的书名独立书于全书末简（简

---

① 孙德谦：《刘向校雠学纂微·条篇目》，苏州四益宧刻本，1923年，第9页。

② 详参姚名达《中国目录学史》，上海古籍出版社2002年版，第22—26页。

③ 《古书通例·卷一　案著录第一·古书书名之研究》。

55）的背面；《引书》的书名独立书于开篇第1简的背面。由此可见，过往一般以为“大题在上，小题在下”①，是以后世图书之例推测古书，并不符合历史的实际情况。不过，刘向书录中先题书名，兼列篇目的做法，显然深化了前人对于“目”的认识，有助于古书的流传，其历史意义仍未可轻易忽视。至于刘向新本书名的命名方式，详见第四章，此不赘述。

刘向校书之于目录学的另一个贡献是，书录在“目”之后，更有“叙言”的部分。应该指出的是，上文所提及的《周易·序卦传》、《毛诗·小序》、《淮南子·要略》、《史记·太史公自序》，虽然与书录中“目”的编制没有太多的直接关系，但是此种解释篇章的著述体例对于书录中“叙言”的撰作，无疑具有一定的诱导作用。王重民曾指出“《六经》中，《易经》的《序卦》是说明六十四卦的排列次序和内在联系的叙录，《书经》和《诗经》的小序是说明各篇的‘作意’的叙录”②。然而，从篇章的解释到全书的批评，重视著者的生平事功和学术渊源，突出图书的学术个性和历史价值，以及强调以经治国和政治智慧，使得图书批评摆脱琐碎的篇章分析、说明，上升到“历史—现实”的文化考察和价值阐发，刘向书录的“叙言”就展现出一种迈越前人的一书整体批评观念（详见第四章），明显将图书评论的方式和实践推至一个全新的历史高度，因此书录也成为了后世提要体目录学著作的开山之作、不祧之祖。

综上所论，在古代目录学史上，无论是“目”（合书名与篇目）的编制，还是“录”（合篇目与叙言）的撰作皆成熟、定制于刘向校书之时，并且率先明确地将之称为“目录”。当然，“目录”有“一书目录”和“群书目录”之分。《汉书·叙传》云：“刘向司籍，九流以别，爰受目录，略序洪烈，述《艺文志》第十。”所指的“目录”，就是群书之目录（书目）。武帝时，杨仆所奏的《兵录》虽有可能是文献所载最早的群书目录，可惜内容已无从查考。刘向所撰写的书录，分则为一书之目录，汇集各篇书录而

① 叶德辉：《书林清话》卷一。

② 王重民：《中国目录学史论丛》，中华书局1984年版，第7页。至于有的学者藉此推导出“孔子是中国目录学的开山之祖”（陈隆予：《论孔子在我国目录学史上的地位》，《信阳师范学院学报》1997年第4期）的论断，则显然过于夸大，学界对此早有所论，详参周九常《孔子与目录学起源辨》，《图书馆学刊》1994年第6期。

成的《别录》则为最早的群书提要目录，而刘歆删取《别录》而成的《七略》便是现在所知具体内容的最早群书分类目录（详见下节）。正是因为刘向对于中国早期目录学建设工作中的综合性创新，从而确立了规范的操作模式，并在历史上产生前所未有的深广影响，所以后世誉之为“目录学始祖”，是完全符合其应有的历史地位的。

辨伪学是指考证古籍书名、作者和著作年代，以及内容真伪的研究工作。伪书的出现有其社会背景和历史原因，作伪的程度也各有不同，有的伪题作者和书名，有的时代混淆，有的在内容上真假杂糅等等。因此，辨伪工作可以包括两方面的内容：一是关于古籍书名、作者、著作年代真伪等的考辨；一是关于古籍内容（如史实、论说等的真伪）的考辨。前者可称为“辨伪书”，后者可称为“辨伪事”，两者重点不同，但是彼此相互关连。“五四”时期激荡起中国历史上最磅礴的“疑古”思潮，由顾颉刚主持的《古史辨》对中国上古史的考辨，就是建立在古籍辨伪的基础之上。顾颉刚于1923年提出了“层累地造成中国古史”的著名论断，认为：时代越后，传说的古史期越长，传说中的古史中心人物材料越多，形象越大；故此古史中自然包含了大量虚假的成分，必须考辨其真伪。此说一出，震动极大，胡适、钱玄同、傅斯年、周予同、罗根泽等纷纷支持顾颉刚的观点，当然反对者也不少，在当时引发了一场规模空前的大论战，并形成了现代学术上著名的“古史辨派”。“古史辨派”将过去儒家学者只考辨伪书发展到还要考辨伪史，使中国辨伪学发展到了一个新阶段①。

追本溯源，古代的作伪与辨伪早在先秦时已经出现，孟子所谓“尽信《书》，则不如无书，吾于《武成》，取二三策而已矣。仁人无敌于天下，以至人伐至不仁，而何其血之流杵也”②。就是对《尚书·武成》所载武王伐纣时“血流漂杵”一事的史实提出质疑。孟子以其对“仁义之师”的理想来怀疑《武成》篇的记载，固然陷于以理求真之失，武王伐纣战事的惨烈，《逸周书·克殷解》可作佐证③。然而，孟子表现出的疑古思想，却开创了

① 详参刘重来《中国二十世纪文献辨伪学述略》，《历史研究》1999年第6期。

② 《孟子·尽心下》。

③ 今本伪古文《尚书》有《武成》篇，当非孟子所见原貌，然《逸周书·世俘解》与《尚书·武成》则有密切的关系，参见黄怀信《〈逸周书〉源流考辨》，西北大学出版社1992年版，第106—108页。

古书辨伪的先河，具有重要的理论意义。

汉初，人们对于作伪有了更进一步的认识，总结出“尊古贱今”的作伪原因。《淮南子·修务训》指出：“世俗之人，多尊古而贱今，故为道者，必托之于神农、黄帝，而后能入说。”《淮南子》中不仅探究了伪书产生的原因，而且对古史的记载也提出了怀疑。如《缪称篇》云：“三代之称，千岁之积誉也。桀、纣之谤，千岁之积毁也。”[①] 显然认为尧、舜、禹、汤、文王、武王等的圣明之君，以及夏桀、商纣的残暴之主的形象，实际上都是经后人所不断渲染和丑化的结果。至司马迁撰写《史记》时，有所谓“厥协六经异传，整齐百家杂语”[②]，则开创了对史料进行去伪存真的工作。由于司马迁只是把辨伪作为撰写《史记》时考察史料的一种手段，所以他的辨伪成果都融化于《史记》之内，很少留下专门的辨伪之语。然而，真正建立一套从辨伪方法、作伪原因、伪书情况、伪书处理的认识体系实始自刘向校书之时[③]。

从今存书录、《别录》佚文及《汉志》所载来看，刘向的辨伪方法主要有以下几个方面：①从文辞方面辨伪。《诸子略》“杂家类”有《大禹》37篇，班固自注云：“传言禹所作，其文似后世语。”又“小说家类”有《伊尹说》27篇，班固自注云：“其语浅薄，似依托也。”②从史实方面辨伪。《诸子略》“道家类”有《文子》9篇，班固自注云：“老子弟子，与孔子并时，而称周平王问，似依托者也。”③从内容因袭上辨伪。据《汉书·儒林传》所载，成帝时东莱张霸分古文《尚书》29篇为数十，又采《左氏传》、《书序》为作首尾，凡百二篇，伪称为《百两》以征，以中书校之，非是。《经典释文·叙录》云：“成帝时，刘向校之，非是。”由此可知，以中书校《百两》者实为刘向也。④从思想体系上辨伪。《晏子书录》云：“又有颇不合经术，似非晏子言，疑后世辨士所为者，故亦不敢失，复以为一篇。”又如《诸子略》“小说家类”有《黄帝说》四十篇，班固自注云：“迂诞，依托。”

---

① 此处上句应承自子贡所云“纣之不善，不如是之甚也。是以君子恶居下流。天下之恶皆归焉”（《论语·子张》）之语。

② 《史记·太史公自序》。

③ 此前对刘向辨伪的研究成果，主要有张舜徽的《校雠广略》和《中国文献学》，见《张舜徽集·广校雠略　汉书艺文志通释》，华中师范大学出版社2004年版，第79—80页；又《中国文献学》，中州书画社1982年版，第185—188页。以下所论略有借鉴张氏之说，然考说方式则不尽相同。

刘向对于伪书本身的问题也有所考定，有的指出了作伪的时代和作伪者。如《诸子略》"农家类"有《神农》20篇，颜注引《别录》云："疑李悝及商君所说。"又如"道家类"有《杂黄帝》58篇，班固自注云："六国时贤者所作。"又如"阴阳家类"有《黄帝泰素》20篇，班固自注云："六国时韩诸公子所作。"有的作伪者不详，则仅说明其所属的时代。如《诸子略》"道家类"有《黄帝君臣》10篇，班固自注云："起六国时也。"又如"道家类"有《力牧》22篇，班固自注云："六国时所作也。"也有一部分虽知其为伪书，却未知其作伪的时代和作伪者，于是泛言"依托"、"后世所加"之类。如《诸子略》"小说家类"有《鬻子说》19篇，班固自注云："后世所加。"又如《兵书略》"阴阳类"有《封胡》5篇、《风后》13篇、《力牧》15篇、《鬼容区》3篇，班固自注皆云："黄帝臣，依托也。"

对于作伪的原因，刘向亦作了分析，主要有两种：一是不满现状，假托上古圣人以传书。如《诸子略》"农家类"有《神农》20篇，班固自注云："六国时，诸子疾时怠于农业，道耕农事，托之神农。"二是后学假托始祖以传书，如"道家类"有《太公》237篇，班固自注云："吕望为周师尚父，本有道者。或有近世又以为太公术者所增加也。"至于伪书的处理方法，则有二种：一是全书皆伪，校定后指出其为伪作，如上述诸书。二是部分为伪作，校定后指出伪作的篇章，如上述《晏子》一书。又如《列子书录》云："至于《力命篇》一推分命，《杨子》之篇唯贵放逸，二义乖背，不似一家之书。"即指出伪作之篇章，以资识别。

综上所述，可以发现刘向对于辨伪学的理论建构表现出可贵的自觉性，与此前零散的、个别的文献辨伪工作已有了本质的区别。然而，刘向并不一律排斥伪作，在整理、编定及著录伪篇伪书之后，一一指出伪作的具体情况、作伪的时代、作伪者的身份、作伪的可能原因等，且一再只称之为"依托"，表明了刘向对早期文献中多集一家之言而成一书，以及后学假托先师传书的成书方式和流传规律，已经有了一定的认识[①]。

---

① 从作伪历史的发展过程来看，战国时出现的伪作伪篇与汉代以后刻意伪冒他人作品（如《汉书·东方朔传》所载"后世好事者因取奇言怪语附着之朔"。又如《西京杂记》卷三云："长安有庆虬之，亦善为赋。尝为《清思赋》，时人不之贵也，乃托以相如所作，遂大见重于世。"）的情况尚有不同，所以刘向使用"依托"一词，而不直斥其伪，说明了刘向对两者的区别应有一定的思考。

从今出土文献来看，一些过去被判定为伪书的先秦古籍（如《文子》、《尉缭子》、《鹖冠子》、《晏子春秋》、《六韬》等），通过王国维所提倡的“二重证据法”的考察，已经证明其书不伪或至少部分不伪，而是存在一个相当复杂的形成和演变过程①。因此，目前古书辨伪的工作逐步发展至对古书（包括具体篇章，甚至个别段落）的写成年代、学派归属以及流传改造的研究。由此观之，刘向在西汉末年所开展的大规模古书年代考订和学派划分的工作，在古书考辨上的历史地位和理论意义，就不得不有重新审视的必要。

同时应该指出的是，刘向对于某些古书（包括具体篇章）的辨伪考真尚嫌不足（如《管子》、《墨子》），甚至过分强调书中主要人物与篇章之间的直接关系（如《晏子春秋》）等。此外，从今存史料来看，刘向辨伪较少涉及六艺经传之书，这固然与他的儒家经学信仰有关。而且，当时正藉“书缺简脱，礼坏乐崩”，遗书散落四方之际，刘向未有对经书广作考辨，显然不无竭力保存先儒著作的个人苦心孤诣和时代学术文化需要。

刘向之后，东汉学者对于辨伪都很关注，《论衡》中《书虚》、《语增》、《儒增》、《艺增》、《佚文》、《正说》、《案书》诸篇系统地对当时一些经史要籍中记载的史实提出了质疑，经学家马融对《尚书·泰誓》篇真伪的追考，王逸《楚辞章句》对《楚辞》中某些篇章作者的疑辨之辞，以及贾逵、郑玄、蔡邕等人的辨伪工作，可以说都是在刘向校书影响下发展的结果。

总之，刘向在版本学、校勘学、目录学、辨伪学等几个领域的开拓之功与创新贡献，大大超越前人，从而构建了中国古文献学的基本框架。刘向就像一个建筑大师，为中国古文献学的巍巍大厦竖起了各根顶梁之柱，并让各根柱子彼此依存、相互构筑成一个有机的整体。刘向的贡献标志着这门学科的发展进入了一个全新的历史阶段，因此应当充分地肯定：刘向是中国古文献学学科的真正奠基人。

---

① 详参裘锡圭《中国出土古文献十讲·中国出土简帛古籍在文献学上的重要意义》，复旦大学出版社2004年版，第79—91页。

第二节　类分图书与学术总结

目前对于刘向校书与先秦西汉图书分类及学术总结的论析，主要依据包括各篇较为完整的书录在内的《别录》佚文，以及包括《汉志》在内的《七略》佚文。如第三章所述，《汉志》的蓝本是刘歆在上奏哀帝的《七略》基础上新集撰编的书目，故此《汉志》各略大序和各家小序所保留的《七略·辑略》内容，可能更为集中地反映了刘歆的一些学术观点。其中，对古文经学的推崇（如《六艺略》"《春秋》家类"小序中关于《左传》的看法），恐怕与刘向的经学主张未必完全一致[①]。然而，校书的主体工作是在刘向主持下完成的，因此《七略》基本体系的确立应该出自刘向，刘歆也许只是做了一些修改补充和局部调整而已。而且，从《汉志》各大小序来看，某些内容与今存刘向著作（尤其是各篇书录）有十分密切的关系，兹举数例如下。

如《战国策书录》云："至秦孝公，捐礼让而贵战争，弃仁义而用诈谲，苟以取强而已矣。夫篡盗之人，列为侯王；诈谲之国，兴立为强。是以传相放效，后生师之，遂相吞灭，并大兼小，暴师经岁，流血满野。父子不相亲，兄弟不相安，夫妇离散，莫保其命，愍然道德绝矣。晚世益甚，万乘之国七，千乘之国五，敌侔争权，盖为战国。贪饕无耻，竞进无厌；国异政教，各自制断；上无天子，下无方伯；力功争强，胜者为右；兵革不休，诈伪并起。"而《汉志·兵书略》则云："汤、武受命，以师克乱而济百姓，动之以仁义，行之以礼让，《司马法》是其遗事也。自春秋至于战国，出奇设伏，变诈之兵并作。"《七略》显然是将《战国策书录》对战国时期兼并战争的批判思想，转化为对兵书的政治道德评价。

又如《列子书录》云："道家者，秉要执本，清虚无为。及其治身接物，务崇不竞，合于六经。"《汉志·诸子略》"道家类"小序云："道家者流，盖出于史官，历记成败存亡祸福古今之道，然后知秉要执本，清虚以自

---

① 《汉书·楚元王传》云："（刘）歆以为左丘明好恶与圣人同，亲见夫子，而公羊、穀梁在七十子后，传闻之与亲见之，其详略不同。歆数以难（刘）向，向不能非间也，然犹自持其《穀梁》义。"

守，卑弱以自持，此君人南面之术也。”两者对道家思想的概括基本一致，且用语也相同，明显存在沿袭关系。由于过往怀疑《列子》为伪书，连带殃及《列子书录》，所以对此未予应有的重视，甚为可惜。

又如《汉书·楚元王传》载刘向《论星孛山崩疏》云：“高宗、成王亦有雊雉拔木之变，能思其故，故高宗有百年之福，成王有复风之报。”《说苑·辨物》亦云：“《易》曰：‘天垂象，见吉凶，圣人则之。’昔者高宗、成王感于雊雉、暴风之变，修身自改而享丰昌之福也。”刘向在著作中一再强调在灾异降临之时，只要修德善政，便可化不祥为福报，并以殷高宗、周成王为例。而《汉志·数术略》“杂占类”小序云：“《春秋》之说訞也，曰：‘人之所忌，其气炎以取之，訞由人兴也。人失常则訞兴，人无衅焉，訞不自作。’故曰：‘德胜不祥，义厌不惠。’桑谷共生，大戊以兴；雊雉登鼎，武丁为宗。”由此可见，《七略》与刘向的思想完全一致，且所举之例也相同，两者之间的沿袭关系不言而喻。

又如《汉志·数术略》“天文家类”小序云：“天文者，序二十八宿，步五星日月，以纪吉凶之象，圣王所以参政也。《易》曰：‘观乎天文，以察时变。’然星事殉悍，非湛密者弗能由也。夫观景以谴形，非明王亦不能服听也。以不能由之臣，谏不能听之王，此所以两有患也。”在此，《七略》除了指出天文星事的参政作用外，更加慨叹此类隐秘之术必须“湛密者”得遇“明主”，才能发挥效用。刘歆在奏《七略》之前，官职低微，难以接近皇帝，虽有其术，亦无由得献所论。反观刘向“专积思于经术，昼诵书传，夜观星宿，或不寐达旦”，并且多次借天变之机上书成帝，《汉书·楚元王传》曾载刘向《论星孛山崩疏》云：“今日食尤屡，星孛东井，摄提炎及紫官，有识长老莫不震动，此变之大者也。其事难一二记，故《易》曰‘书不尽言，言不尽意’，是以设卦指爻，而复说义。《书》曰‘伻来以图’，天文难以相晓，臣虽图上，犹须口说，然后可知，愿赐清燕之闲，指图陈状。”可是成帝“辄入之，然终不能用也”。两者互相参看，如非刘向本人，《七略》何来这种切肤之痛的论述。

附带一说，《七略·术数略》其他各家小序恐怕或多或少都与刘向的某些著作（如《洪范五行传论》等）有关，可惜文献不足，目前难以进一步推论。此外，《汉志·六艺略》“《论语》家类”小序亦应来自《论语书录》

（见何晏《论语集解序》所引"汉中垒校尉刘向言"），第四章已有所论，此不赘述。

综上可知，《七略·辑略》部分内容当是刘歆摘取自包括众多书录在内的刘向各种著作，甚或刘向生前已有相关的存稿。另一方面，刘向的《洪范五行传论》、《列女传》、《新序》、《说苑》等都是"种类相从"① 之书，说明了刘向的类别思想已经十分成熟，这也不能与《七略》完全无关。

总之，在讨论刘向校书工作与先秦西汉图书分类及学术总结时，既要注意分辨刘向、刘歆之间学术观点的差异，也应将校书过程产生的所有成果视为一个整体，不宜过多强调其间的分歧，只有这样才能够更为通盘地考察评价刘向校书的历史地位和学术意义。

一、《七略》的部次群书

从本质属性来看，《七略》是一部群书目录学著作，所以考察它如何部次群书是评估其学术价值的关键问题。由于刘向校书工作史无前例，《七略》又是中国历史上第一部群书目录学著作，空无依傍。而且《七略》已佚，目前仅能从《汉志》得其大概。此外，《七录序》、《隋志》等，虽然高度推崇《七略》，并依"刘向故事"来进行后续的图书分类工作（详见下节），但是鲜有对《七略》的分类作过理论性的总结和分析。因此，推考《七略》的分类原则、立类依据，以及各略小类的次第等，无疑存在一定的困难。

另一方面，郑樵曾经指责，"刘氏章句之儒，胸中元无伦类"，"孟坚初无独断之学，惟依缘他人以成门户"②，明确地对《七略》（《汉志》）的分类体例提出尖锐的批评。虽然章学诚《校雠通义》、姚振宗《汉书艺文志条理》都曾予以反驳，却仍未得要领。其后，姚名达既认为《七略》是"依学术性质分类"，却又指出《七略》"分类之法，并不精密。《诸子略》以思想系统分，《六艺略》以古书对象分，《诗赋略》以体裁分，《兵书略》以作用分，《术数略》以职业分，《方技略》则兼采体裁作用，其标准已绝

① 《列女传书录》。
② 《通志·校雠略》。

对不一，未能采用纯粹之学术分类法”[1]。姚氏所论远接郑樵，又以现代学术眼光剖判，值得引起重视。就其所谓六略图书是“依学术性质分类”，应该说是符合《七略》基本分类原则的。至于“分类之法，并不精密”，则是指六略之下各家的区分没有共同的遵循标准，揭示了《七略》的上位分类与下位分类之间的标准并不一致，尤其是下位分类标准于六略中彼此各异、混乱不一的客观事实。此说的意义在于启示后人探讨《七略》的分类标准，必须采取实事求是的客观态度，既要考虑某些一以贯之的原则、精神，更要注意到《七略》的分类存在多重标准，彼此互异的复杂现象[2]。

当代学者对于《七略》中的六略之分，多从西汉末年的学术文化状况及刘向、刘歆的学术旨趣来推论，颇得出一些新见。或者以为是“当时思维潮流的阴阳五行模式的全盘移置”[3]；又有认为“以儒家思想为中心，运用阴阳五行观念，以《周官》‘六官’的模式来图解书籍文化”[4]；也有认为与西汉“尚六”之风有关[5]；更有以为是类比《周礼》(《周官》) 的“建邦六典”[6]。上述诸说较有代表性，它们拓阔了《七略》六分法的思考范围，具有一定的启发性。不过，有一个事实必须认真注意和予以澄清。刘向校书处于西汉后期，阴阳五行之说泛滥，刘向、刘歆亦为五行学说的大家，刘向著有《洪范五行传论》，从《汉书·五行志》所载来看，刘歆亦应有《五行传》之类的著作，且父子二人的观点多有不同[7]。但是，并不能因此而断定《七略》的六分之法是源于阴阳五行学说，其中最重要的一点是：既然源于五行，就应该是五分法，而不是六分法。有鉴于此，有学者提出阴阳为一类，五行为五类，共分六类，以应《七略》的六分法。这样虽然勉强解决了五行说与六分法之间的矛盾，可是依然不能说明阴阳、五行与六略之书的

---

① 姚名达：《中国目录学史》，上海古籍出版社 2002 年版，第 42、46 页。

② 从现代图书分类法的角度来看，《七略》显然并不完善，姚名达已有批评，详见氏著《中国目录学史》，上海古籍出版社 2002 年版，第 55—57 页，此不赘述。

③ 李国新：《论中国传统目录结构体系的哲学基础》，《北京大学学报》1991 年第 4 期。

④ 张升：《对刘歆“六分法”的重新检视》，《江苏图书馆学报》1994 年第 2 期。

⑤ 傅荣贤：《〈七略〉六分论》，《图书馆杂志》2003 年第 4 期。

⑥ 邹贺：《〈七略〉六分法探源》，《长江论坛》2008 年第 2 期。

⑦ 详参汪高鑫《刘向灾异论旨趣探微：兼论刘向、刘歆灾异论旨趣的不同及其成因》，《安徽大学学报》2003 年第 2 期；黄启书《试论刘向、刘歆〈洪范五行传论〉之异同》，《台大中文学报》2007 年第 27 期。

相配关系，所以难令人完全信服。

至于认为《七略》六分法与《周官》“六官”有关，思考的前提应是刘歆推崇古文经学，议立《周官》于学官，以《周官》为王莽新朝建制服务等。但据《汉志》所载：“（成帝）诏光禄大夫刘向校经传、诸子、诗赋，步兵校尉任宏校兵书，太史令尹咸校数术，侍医李柱国校方技。”由此可见，六艺经传、诸子、诗赋、兵书、数术、方技的图书六分之法很可能在校书之初便已经确立，至少不会迟于校书开展后不久，所以余嘉锡曾指出：“向、歆类例，分为六略，盖有二义：一则因校书之分职，一则酌篇卷之多寡也。”[①] 就其所论第一点而言，史有明文，确然无疑。既然六分法早在刘向校书之初便已确立，所以将六分法与刘歆的学术旨趣过多地联系起来，恐有求之过深之嫌，并不符合客观的历史事实。而且，认为“六官”中“天官与其余五官是一统五的关系，或者说是五辅一的关系”，并用以比附“六艺之于其余五类，有统摄群书的地位，其余书籍皆为‘六艺之支与流裔’”的说法，也并不完全准确，加上东汉以来从无此说，所以仍嫌说服力不足[②]。总之，阴阳五行学说、《周官》虽与《七略》并非互不相涉（详见下文），但是它们与六分法之间并不存在直接的对应关系，则是可以推想而知的。

此外，西汉之时，上承秦制[③]，虽有“尚六”之说（如贾谊《新书》有《六术》篇、司马谈有《论六家要旨》、翼奉有“六情”之说[④]）。但是，自《尚书·洪范》以五行（水火木金土）配五事（貌言视听思）之后，战国以来，以五行配五方（东南中西北）、五帝（太皞炎帝黄帝少皞颛顼）、

---

① 《目录学发微卷四·目录类例之沿革》。

② 至于以《周礼》“六典”比类六略之书（即治典：六艺略；教典：诸子略；礼典：诗赋略；政典：兵书略；刑典：术数略；事典：方技略），牵强附会之处更为明显，毋庸辩说。

③ 《史记·秦始皇本纪》云：“始皇推终始五德之传，以为周得火德，秦代周德，从所不胜。……数以六为纪，符、法冠皆六寸，而舆六尺，六尺为步，乘六马。”

④ 翼奉说《诗》并有“五性”、“六情”之论，《汉书·眭两夏侯京翼李传》载翼奉云：“故《诗》之为学，情性而已。五性不相害，六情更兴废。观性以历，观情以律。”颜注引晋灼曰：“翼氏五性：肝性静，静行仁，甲己主之；心性躁，躁行礼，丙辛主之；脾性力，力行信，戊癸主之；肺性坚，坚行义，乙庚主之；肾性智，智行敬，丁壬主之也。”又引张晏曰：“情谓六情，廉贞、宽大、公正、奸邪、阴贼、贪狼也。律，十二律也。”

五佐（句芒朱明后土蓐收玄冥）、五时（春夏四方秋冬）、五星（岁星荧惑镇星太白辰星）、五兽（苍龙朱鸟黄龙白虎玄武）、五音（角征宫商羽，以上皆见《淮南子·天文训》）、五畜（牛犬猪羊鸡，见《黄帝内经·灵枢·五味》）、五脏（心肾肝肺脾，见《黄帝内经·灵枢·热病》）、五味（酸苦甘辛咸，见《黄帝内经·素问·金匮真言论》）、五帝德（虞土夏木殷金周火，见《淮南子·齐俗训》高诱注引《邹子》）、五色（青赤黄黑白，见《史记·天官书》）、五常（仁智信义礼）、五官（司农司马司营司徒司寇，以上皆见《春秋繁露·五行相生》）等等，逐渐形成一套"以木、火、土、金、水五种物质与其作用统辖时令、方向、神灵、音律、服色、食物、臭味、道德等等，以至于帝王的系统和国家的制度"①。纵观西汉一代（尤其是武帝以后）阴阳五行之风弥漫，所以"尚五"才是主流，可证《七略》的六分法与"尚六"之风当无重要关系。

综上可见，在讨论《七略》的分类标准、立类依据、部类次第以及其与学术观念之间的关系时，应该充分考虑以下三个方面的因素：当时图书典籍的客观存藏情况，汉朝的校书传统及刘向校书的实际操作；战国秦汉的学术发展及西汉末年的学术风气；刘向、刘歆的学术理念及政治态度。三者互相影响，又彼此制约，并且同时或显或隐、或轻或重地反映在六略和各家的具体排列之上。正因如此，《七略》的部次设置和次第安排，才会显得既有迹可寻，又混乱不一。古人今贤或蔽于一曲，遂致迄今对于《七略》的若干解读，仍是众说纷纭、莫衷一是的局面。

实事求是地说，从目前所见的文献材料来看，《七略》六分法的建立，主要应是基于当时典籍存藏的实际情况，以及汉朝校书的悠久传统。如第三章所述，在刘向校书之前，汉朝已对若干类图书进行过整理。如兵书先后有张良、韩信序次兵法，杨仆纪奏《兵录》。又如，数术之书，有所谓"旧书"②，无论是否编有书目著作，都说明了汉廷曾经对数术之书进行过整理。此外，《汉志》云："（武帝）建藏书之策，置写书之官，下及诸子传说，皆充秘府。"此处既谓"下及诸子传说"，当是省去六艺经传之书未言，故陈

① 顾颉刚：《秦汉的方士与儒生》，上海古籍出版社2005年版，第1页。

② 《汉志·数术略》云："盖有因而成易，无因而成难，故因旧书以序数术为六种。"

国庆指“言下及者，可见武帝所重在《经》，不在诸子传说诸书”[①]。由此可见，武帝之时，汉朝中秘已经开始区分六艺经传、诸子传说、兵书、术数之书等各类图书，同时又有各类官守典藏之书[②]。从上可知，六略之书，部分在此前已经有过非止一次的整理汇编，并形成了各自相对独立的系统。刘向校书之时基于对前人成果的尊重，以及加快工作进度，自然不能无视上述各种业已存在的图书类别体系，这也是兵书、术数、方技三类图书由专门之官担任主纂的重要原因之一。

综上所述，从图书内容来看，《七略》的六分之法固然是“依学术性质分类”。然而，这种分类应源于当时校书的分职，而校书分职则既是对汉朝的文献收藏体系和整理传统的继承，又兼顾到主持校书工作的刘向、刘歆、任宏、尹咸、李柱国等人的学术专长和本官职守。由此可见，《七略》中六分法的确立，应该更多地出于对文献整理工作的实际考虑。

至于在六略的先后次第上，《七略》突出地表现了强烈的宗经意识。

六经原是商周旧典，对于这些典籍的传习与研究，孔子、孟子、荀子以及一大批儒门弟子，都曾起到过积极的作用。西汉自武帝接受董仲舒的建议，卓然罢黜百家，独尊儒术，表彰六经之后，经学得以复兴，今古文经书相继迭出。在王朝的提倡、“禄利之途”的诱导下，对于诸经的研究更形成规模空前、“天下学士靡然向风”[③]之势，并初次出现了“经学”的说法[④]。经过昭、宣、元三朝，经学和儒家思想逐渐成为了汉朝政治和学术的主导意识形态，各家各派解经著作蔚为大观。刘向、刘歆皆为当世大儒，校书之时，又投入了大量的精神、时间和人力，对先秦西汉的儒家经书传说进行全面的整理，并试图建立一套以儒家经典文本和阐释致用的经学为中心包罗百家的学术体系。因此，以《六艺略》为先，显然是西汉学术的时代风气以及刘向、刘歆学术旨趣双重作用下催生的必然产物（其中以六经次第的新

---

① 陈国庆编：《汉书艺文志注释汇编》，中华书局1983年版，第4页。

② 近有学者提出《汉志·诗赋略》前三类的编次，大致依据书籍的藏书地位而划分（详见吴光兴《关于〈汉书·艺文志〉“诗赋略”的分类及小序之有无的问题》，《文史》2010年第2辑），其说可参。

③ 《汉书·儒林传》。

④ 《汉书·公孙弘卜式兒宽传》云：“（宽）见上（武帝），语经学，上悦之。”此是“经学”之名见于现存文献记载之始。

见，最能反映刘向、刘歆的经学思维，详见下节）。

更为关键的是，对于《六艺略》以外五略之书，《七略》显然是以它们与经学关系之远近来排列其先后次第的。如“九流十家”之书，刘向、刘歆以为“各推所长，穷知究虑，以明其指，虽有蔽短，合其要归，亦六艺之支与流裔”，着重强调经、子之间的源流互补关系，所以次列《诸子略》。至于《诗赋略》，刘向、刘歆以为“春秋之后，周道寖坏，聘问歌咏不行于列国，学《诗》之士逸在布衣，而贤人失志之赋作矣。大儒孙卿及楚臣屈原离谗忧国，皆作赋以风，咸有恻隐古诗之义”。《七略》将辞赋定位为“学《诗》之士”的失志之作，所以认为其创作精神上承“古诗”的讽喻之义（班固《两都赋序》所谓“或曰：赋者，古诗之流也”，盖即指此）。而对继起于辞赋的汉代歌诗之作，《诗赋略》则云：“自孝武立乐府而采歌谣，于是有代赵之讴，秦楚之风，皆感于哀乐，缘事而发，亦可以观风俗，知薄厚云。”在此，刘向、刘歆认为汉代乐府歌谣是上古采诗制度的遗风，由于所作“皆感于哀乐，缘事而发”，所以其主要价值与“古诗”的“观风俗，知得失，自考正”是彼此一致的。由此可见，《七略》对于辞赋歌诗之作，主要是采取一种“以《诗》观赋（诗）”的态度，将其纳入经学的视野，予以诠论，旨在强调其与“古诗”在政教意义上的联系，故此《诗赋略》位列第三。此外，《兵书略》、《术数略》、《方技略》之书，刘向、刘歆以为皆“王官之一守”，遂列于后。总之，《七略》中六略图书的排序，反映了西汉末年经学意识的独尊，也体现了多元学术统合的历史语境，在汉代学术发展过程上具有重要的标志性意义。

在以宗经意识为主导的同时，六略群书序次，还存在一种先“学”后“术”的分类原则，而背后隐藏的则是以“学”喻“政”的思想。

刘向校书的主要目的在于通过典籍整理来总结先秦西汉的学术文化，构建一套完备的体系，为成帝的统治提供理论依据和历史借鉴。因此《七略》往往先是强调理论性著作的价值，然后才次及各类技术性图书。六略之中，《六艺略》、《诸子略》、《诗赋略》属于思想指导性的理论性著作，而《兵书略》、《术数略》、《方技略》则是技术类之书[①]。汉朝统治者视儒家经典

① 参见李零《简帛古书与学术源流》，三联书店2004年版，第356页。

为古代圣人的精意制作，是治理国家和规范天下思想的工具；儒生也推崇“六艺者，王教之典籍，先圣厉以明天道，正人伦，致至治之成法也”①，强调经书的非凡来历及其政治功能和教化作用。“经书”出自圣人，可为天下大纲大法，可以说是汉人的基本思想观念。《七略》以六艺经传为先，不仅体现了当时的尊经意识，也反映了以经治国的政治设想。《汉志·六艺略》对此虽没有明确的记载，但在《诸子略》中指出：“（儒家者流）游文于六经之中，留意于仁义之际，祖述尧、舜，宪章文、武，宗师仲尼，以重其言，于道最为高。孔子曰：‘如有所誉，其有所试。’唐、虞之隆，殷、周之盛，仲尼之业，已试之效者也。”由此可见，《七略》的尊经崇儒显然带有强烈的思想和政治意味，若再结合刘向所撰书录的评论取向，以经学融会百家，用于治道，正是刘向校书的主要指导思想（详见第四章），《七略》的部次原则当然与之一致。

诸子之作，刘向、刘歆以为“皆起于王道既微，诸侯力政，时君世主，好恶殊方，是以九家之术蜂出并作，各引一端，崇其所善，以此驰说，取合诸侯”。它们作为经国之论，是不言而喻的。而且，《七略》以为诸子出于王官，九流十家之书为“六经之支与流裔”，所以“若能修六艺之术，而观此九家之言，舍短取长，则可以通万方之略”。由此可见，诸子百家不仅是经书的附庸，更是经世治国者不可以不参照的重要理论著作。至于诗赋之作，如上所述，继承古诗“风谕之义”，具有“观风俗，知薄厚”的作用，充分说明了它们于政教的价值，所以诗赋理所当然地成为不可忽视的政治借鉴性著作。

在注重六艺经传、诸子、诗赋等理论性著作之余，《七略》又将兵书、术数、方技三类技术应用之书依次排列于后。

章学诚曾指出：“《七略》以兵书、方技、数术为三部，列于诸子之外者，诸子立言以明道，兵书、方技、数术皆守法以传艺，虚理实事，义不同科故也。”② 章氏所说有一定的道理，然而刘向、刘歆在考虑此三类图书与

---

① 《汉书·儒林传》。
② 《校雠通义·校雠条理第七》。

六艺经传、诸子、诗赋之间的道器关系之外[①]，应还涉及对它们各自的学术意义和政治价值的认识。刘向、刘歆以为“兵家者，盖出古司马之职，王官之武备也”，可知兵书亦属治国之重典，不过大部分（形势、阴阳、技巧三类）毕竟属于军事技术性质的图书，其与经传、诸子、诗赋等尚有本质的区别，故此次列其后。另一方面，在“国之大事，在祀与戎”[②] 的春秋战国时期，军事争战是“死生之地，存亡之道”[③]，兵书则是关系到一国安危之作，刘向、刘歆当然不会等闲视之。更为重要的是，《七略》以儒家经学的眼光来看待兵书，指出“汤、武受命，以师克乱而济百姓，动之以仁义，行之以礼让，《司马法》是其遗事也。自春秋至于战国，出奇设伏，变诈之兵并作”[④]。这种指摘春秋以后，各诸侯国违反古代礼制（仁义、礼让），设伏突袭，争战兼并的思想，反映了刘向、刘歆藉对战国以来兼并战争的残酷性的批判，刻意强调古礼的道德价值，力图将兵书置于政治伦理的视域下予以评论。综上所述，就不难发现将兵书安排在技术类图书之首，是《七略》以“学”喻“政”思想所导致的结果了。

术数、方技皆与古代的职业知识有关，传承性很强。如《术数略》云：“数术者，皆明堂羲和史卜之职也。史官之废久矣，其书既不能具，虽有其书而无其人。……春秋时鲁有梓慎，郑有裨灶，晋有卜偃，宋有子韦。六国时楚有甘公，魏有石申夫。汉有唐都，庶得麤觕。”术数之学独异精微，有很强的隐秘性，因此其书必须亲传，口授指划，书人之间的关系极为密切。方技的传播也多是师徒相授，老师传授讲解，学者传习训诂而已。《方技略》云：“方技者，皆生生之具，王官之一守也。太古有岐伯、俞拊，中世有扁鹊、秦和，盖论病以及国，原诊以知政。汉兴有仓公。”《史记·扁鹊仓公列传》载仓公以公乘阳庆为师，习黄帝、扁鹊的脉书“受读解验之，可一年所”，“受读”即训习其义，“解验”即操验其术。从上可知，术数、方技之书是更多地带有技术性质的著作，所以再次于兵书之后。

① 参见傅荣贤《〈汉书·艺文志〉图书分类特征论》，《图书馆工作与研究》1996 年第 3 期。

② 《左传·成公十三年》。

③ 《孙子兵法·计篇》。

④ 今本《司马法·仁本》云：“古者，以仁为本，以义治之之为正，正不获义则权，权出于战，不出于中（忠）人（仁）。”此或即《七略》所本，录以备参。

至于刘向、刘歆的先术数后方技之序，则是基于对两者政治价值高低的考虑来决定的。刘向、刘歆精通天文、律历、五行、占卜，然而他们更多地着眼于借助各种术数之学参勘天人，以归于治道，故谓“天文者，序二十八宿，步五星日月，以纪吉凶之象，圣王所以参政也”；“历谱者，序四时之位，正分至之节，会日月五星之辰，以考寒暑杀生之实。故圣王必正历数，以定三统服色之制，又以探知五星日月之会。凶厄之患，吉隆之喜，其术皆出焉。此圣人知命之术也”；“蓍龟者，圣人之所用也”。由此可见，术数之书显然具有寻求天人之道以启示王者如何统治天下的重要作用，所以它们比起“论病以及国，原诊以知政”的方技之书，对于政治的应用价值毋疑更高。

此外，基于重视理论著作的指导性作用，所以《七略》在某些大类（略）中往往先置“总论”之书，然后分列“专论”之书。

如《兵书略》之首为“兼形势，包阴阳，用技巧者”的“兵权谋”，然后才是“兵形势”、“兵阴阳”、“兵技巧”之书。又如《方技略》之首为“医经”之书，“医经者，原人血脉经落骨髓阴阳表里，以起百病之本，死生之分，而用度箴石汤火所施，调百药齐和之所宜”，所著录的《黄帝内经、外经》、《扁鹊内经、外经》、《白氏内经、外经、旁篇》等书，都是具有总体理论性质的医学典籍，而“经方”、“房中”、“神仙”三家则显然属于专门性质的医书。章学诚曾高度赞扬《兵书略》、《方技略》的分类，认为“兵书略中孙吴诸书，与方技略中《内外》诸经，即诸子略中一家之言，所谓形而上之道也。兵书略中形势、阴阳、技巧 3 条，与方技略中经方、房中、神仙 3 条皆著法术名数，所谓形而下之器也。任、李二家，部次先后，体用分明，能使不知其学者，观其部录，亦可了然而窥其统要，此专官守书之明效也”①。章氏于《七略》多有慧解，此亦一例。

需要附带讨论的是，章学诚又以为“方技之书，大要有四，经、脉、方、药而已。经闻其道，脉运其术，方致其功，药辨其性；四者备，而方技之事备矣。今李柱国所校四种，则有医经、经方二种而已。脉书、药书，竟缺其目”。“按司马迁《扁鹊仓公传》，公乘阳庆传黄帝、扁鹊之脉书，是西京未尝无脉书也。又按班固《郊祀志》‘成帝初有本草待诏’，《楼护传》

① 《校雠通义·补校汉艺文志第十》。

当密切的关系。

以上所论如有可取的话，则连带为解决《七略》中的某些问题提供了新的思考角度。例如，由于经学意识的独尊，影响了《七略》中某些部类的设置，史籍没有独成部类，只附于《六艺略》“《春秋》家类”，便是颇受后人非议的问题之一。郑樵曾在《通志·校雠略》云：“《汉志》以《世本》、《战国策》、秦大臣《奏事》、《汉著记》为春秋类，此何义也?”这显然是针对《七录序》中所谓“刘氏之世，史书甚寡，附见《春秋》，诚得其例”所提出的质疑。其后马端临重申阮说，《文献通考·经籍考》史部总序云：“班孟坚《艺文志》无史类，以《世本》以下诸书附于六艺《春秋》之后，盖《春秋》即古史。而《春秋》之后唯秦汉之争，编帙不多，故不必特立史部。”章学诚、姚振宗等清代学者承之，多从此说。余嘉锡亦谓“因史家之书，自《世本》至《汉大年纪》仅有八家四百一十一篇，不能独为一略，只可附录。附之他略皆不可，改推其学之所自出，附之《春秋》”①。

需要指出的是，余氏统计有误，《六艺略》“《春秋》家类”自《议奏》39篇以下，有《国语》21篇、《新国语》54篇、《世本》15篇、《战国策》33篇、《奏事》20篇、《楚汉春秋》9篇、《太史公》130篇、冯商所续《太史公》7篇、《太古以来年纪》2篇、《汉著记》190卷、《汉大年纪》5篇，共12家史籍，计335篇又190卷，占整个“《春秋》家类”23家948篇的一半之多。若以数量而言，已经超过《六艺略》的“《书》家类”（9家412篇）、“《诗》家类”（6家416篇）、“《乐》家类”（6家165篇）、“《孝经》家类”（11家59篇）、“小学家类”（10家45篇），亦超过《诸子略》的法家类（10家217篇）、名家类（7家36篇）、墨家类（6家86篇）、农家类（9家114篇），《兵书略》的兵形势家类（11家92篇），《术数略》的形法家类（6家122卷），《方技略》的医经家类（7家216卷）、经方家类（11家274卷）、房中家类（8家186卷）、神仙家类（11家250卷），因此，仅从图书的数量来看，12家史籍完全可以独立为一类。所以姚名达云：“若谓史书甚少，不必独立；则其他各种，每有六七家百余卷即成一种者；而谓以

① 《目录学发微·卷四·目录类例之沿革》。

十二家五百余篇之史书反不能另立一种乎?”[1] 可见《七略》中史籍未有独成部类，不仅只是因为图书数量的问题，而应有着更深层次的原因。

汉代以前的史学传统非常悠久，作为史学传播者和史书编纂者的史官的设立，为时极早。杜佑《通典》卷二一云：“史官肇自黄帝有之，自后显苦，夏太史终古，商太史高势，周则日太史、小史、内史乙外史，而诸侯之国亦置其官。”史书除了记录客观史实外，也往往于事见理，予人以教诫；更重要的是，需要上升到历史哲学的高度，阐明历史的发展进程，总结其内在规律。从这个方面来说，史学也应属于一门经世致用之学[2]。春秋末年，孔子修《春秋》，藉撰作史书来进行政治道德的批判，以期达到振兴礼制的目的，故孟子谓“孔子成《春秋》而乱臣贼子惧”[3]。孔子晚年以《春秋》在内的六经教授门人，受到后世儒者的尊崇，武帝立五经博士，《春秋》即在其内。《春秋》亦经亦史的特质，对西汉史学发挥着超乎寻常的作用。

司马迁早年从经学大师董仲舒、孔安国受业，他撰著《史记》就是“窃比《春秋》”[4]。《史记·太史公自序》载有司马谈的遗嘱：“幽厉之后，王道缺，礼乐废，孔子修旧起废，拾《诗》、《书》，作《春秋》，则学者至今则之。自获麟以来四百有余岁，而诸侯相兼，史记放绝。今汉兴，海内一统，明主贤君忠臣死义之士，余为太史而弗论载，废天下之史文，余甚惧焉，汝其念哉!”由此可见，司马谈理想的《太史公书》，是要从孔子《春秋》绝笔之年写起，以展现王道由中断到接续、再到中兴的历史过程，并论载这一过程中明主贤君忠臣死义之士的辉煌业绩。因此司马迁云：“先人有言：‘自周公卒五百岁而有孔子。孔子卒后至于今五百岁，有能绍明世，正《易传》，继《春秋》，本《诗》、《书》、《礼》、《乐》之际?’意在斯乎！意在斯乎！小子何敢让焉。”继《春秋》创一代大典，可以说是司马谈、司马迁父子创撰《史记》的根本动机。

另一方面，司马迁于六经多予颂扬，尤其对《春秋》更是推崇备至，

---

① 姚名达:《中国目录学史》，上海古籍出版社2002年版，第56—57页。

② 参见张涛《〈七略〉中史籍未能独立成部类的根本原因》，《文史哲》1992年第6期。以下所论，多有参考此文，谨此说明。

③ 《孟子·滕文公下》。

④ 《文史通义·和州志列传总论》。

称它为“王道之大者”，“礼义之大宗”[①]。在《史记》的写作过程中，司马迁贯穿经传，多取资于经学著作；并提出“考信于六艺”[②]，“折中于夫子”[③] 的原则。又专为孔子及其弟子设世家和列传，为治经儒者立列传，所作十二本纪及述事“至于麟止”，亦是仿《春秋》之例。更为重要的是，司马迁吸收了孟子的观点，强调孔子在《春秋》中的“微言大义”。《史记·太史公自序》云：“《春秋》文成数万，其指数千，万物之散聚皆在《春秋》。”指的就是《春秋》的微言大义，所以《史记》有意识地承继《春秋》“贬天子，退诸侯，讨大夫”的褒贬精神。同时，司马迁深受《春秋》公羊学派大师董仲舒在《天人三策》中提出的“更化”政治主张的影响，将《史记》定位在《春秋》王道文化传统之上，《史记》自觉地承继孔子删述六经的文化事业，“厥协六经异传，整齐百家杂语”，实际上是自孔子之后又一次对王官六经和诸子百家学说进行全面的清理和整合。[④]《史记》对《春秋》的仿效和继承精神，对其后史书的撰作产生了深刻的影响。

《史通·外篇·史官建置》云：“司马迁既殁，后之续《史记》者，若褚先生、刘向、冯商、扬雄之徒。”西汉后期，经学大盛，续写《史记》诸人皆为儒家经生[⑤]，“以别职来知史务”，因此进一步以经衡史，史学为经学附从的地位日益明显。刘向于史书的编纂也是强调接续《春秋》的，如《战国策》便是“其事继《春秋》以后，讫楚、汉之起”[⑥]。此外，刘向“采取《诗》、《书》所载贤妃贞妇，兴国显家可法则，及孽嬖乱亡者”而作的中国历史上第一部妇女专史《列女传》，矛头指向女主干政、外戚专权的政治现实。在《列女传》中，刘向对《春秋》的褒贬精神做了更确切、更具体的发挥，道德教化色彩浓重。由此可见，在刘向而言，无论《史记》、《史记》续书，还是《战国策》、《列女传》皆是《春秋》的流裔，其他史籍当然亦作如是观。

---

① 《史记·太史公自序》。

② 《史记·伯夷列传》。

③ 《史记·孔子世家》。

④ 参见安平秋等主编《史记教程》，华文出版社 2002 年版，第 61—69 页。

⑤ 褚少孙以经术为郎，后为博士；冯商“治《易》，事五鹿充宗，后事刘向”；更遑论刘向、扬雄了。

⑥ 《战国策书录》。

综上所述，经学地位的独尊，以经衡史意识的流行，导致史学处于经学附庸的地位，才是12家史籍于《七略》中未能独成部类的根本原因，这也是《七录序》所谓"诚得其例"的真确之义。不过，必须说明的是，以《七略》的分类思想而言，将12家史籍附于《六艺略》的"《春秋》家类"，是充分肯定它们的价值，认为它们具有与经书同样的地位，丝毫没有贬损之意。至于东汉以后，史书创作蔚为大观，"不能悉隶以《春秋》家学"①，而且史学观念卓然独立。史籍逐步摆脱经学的羁绊，遂由晋代荀勖《中经簿》、李充《四部书目》开其端，《隋志》收其绪，终于图书分类中得以特立一部。

又如，《六艺略》有"《易》家类"，《术数略》又著录有《周易》38卷、《周易明堂》26卷、《周易随曲射匿》50卷、《大筮衍易》28卷、《大次杂易》30卷、《易卦八具》等书；《诸子略》有"阴阳家类"，《兵书略》又有"兵阴阳"之设，《术数略》也多阴阳五行之书。对此章学诚就曾指出："术数一略，分统七条，则天文、历谱、阴阳、五行、蓍龟、杂占、形法是也。以道器合一求之，则阴阳、蓍龟、杂占三条，当附易经为部次，历谱当附春秋为部次，五行当附尚书为部次。"② 其实，《术数略》的《周易》类之书，应是以《易》为占筮之作，它们与作为解经著作的《六艺略》各家《易传》并不相同。《诸子略》中的"阴阳家者流"，显然属于治国为政的理论性著作，而"兵阴阳"以及《术数略》之书，则是专门技术应用类图籍。章学诚何尝不知两者"同名异术，偏全各有所主"，其源或同而性质实异③，只是拘泥于"道器合一"的传统观念，才有此论。如上所述，《七略》大体上采取了先"学"后"术"的分类序次原则，因此在个别部类的设置以及某些图书著录中，出现有"道""器"分列的现象，也就不足为怪了。

此外，章学诚又谓"刘向父子校雠诸子，而不以阴阳诸篇付之太史尹

---

① 章学诚：《校雠通义·宗刘第二》。

② 《校雠通义·补校汉艺文志第十》。

③ 《校雠通义·汉志诸子第十四》云："阴阳二十一家，与兵书阴阳十六家，同名异术，偏全各有所主。……盖诸子略中阴阳家，乃邹衍谈天、邹奭《雕龙》之类，空论其理而不征其数者也；数术略之天文历谱诸家，乃《泰一》、《五残》、《日月星气》，以及《黄帝》、《颛顼》、《日月宿历》之类，显征度数而不衍空文者也。其分门别类，固无可议。"

咸，以为七种之纲领，固已失矣。叙例皆引羲和为官守，是又不精之咎也”；“第诸子阴阳之本叙，以谓‘出于羲和之官’；数术七略之总叙，又云‘皆明堂羲和史卜之职也’。今观阴阳部次所叙列，本与数术中之天文、五行不相入，是则刘、班叙例之不明，不免后学之疑惑矣”[①]。对于此说，清人文廷式早曾予以反驳，其《纯常子枝语》卷四云：

> 余尝推九流之说盖皆欲以冶天下也。阴阳家者流既与儒、道、名、法并列，则与数术六种之书名，必不相类。班孟坚以为盖出于羲和之官，敬顺昊天，历象日月星辰，敬授民时，寻绎其说，则《明堂阴阳》一篇乃古阴阳家之正宗也；《礼记》之《月令》，《管子》之《幼官》，乃阴阳家之遗说也，贾谊之《五曹官制》殆此类也。其广言之，则以一代之兴，必秉五德，由是而有《邹子终始》、《黄帝泰素》诸书，盖皆欲以阴阳家言定一朝之制作也，其所以异于兵阴阳家及数术六种者，必繇于此。章实斋《校雠通义》不得其故，奋然改作叙例云：阴阳家者流，其原盖出于《易》云云。夫推本于《易》，已大非《汉志》原本官守之义，且如此，则与数术家何别欤？章氏精于目录之学，何至此懵然不察欤？[②]

文氏之说至为详审，可以进一步补充说明的是，《七略》的部类次第和图书著录，一方面确实受制于汉朝校书传统以及校书工作中官守分职等客观原因；另一方面，由于《辑略》原本独立于六略之外，撰写时具有较大的弹性。更为重要的是，《辑略》以高屋建瓴的角度，力图通过典籍的诠释来建构一套综合天人之道、剖判百家、用于治道的理论体系，所以并没有完全为六略的部次和著录所限，因此两者之间就难免时有互相矛盾、彼此不一的情况。总之，基于全书体例和撰作意图等主客观原因，造成了《七略》在理论表述与实际部次之间存在既合又分的游离现象[③]。这恐怕也是古往今来众

① 《校雠通义·汉志诸子第十四》。

② 见章学诚撰，王重民通解《校雠通义通解》，上海古籍出版社 2009 年版，第 99 页。

③ 《七略》的这种情况属于群书目录著作草创之时的特殊现象，其后的《隋志》等已经逐渐转变，至于《四库全书总目》的各大小序，则主要在于说明部类的分合和图书著录等问题。由此可见，以后代群书目录的标准来衡量和解读《七略》，显然并不完全合适。

多学者在借助《辑略》分析六略群书时，常常感到迷惑的原因之一。

最后，必须指出的是，除上文所论外，《七略》的部次群书应当还有若干原则。如《诸子略》“九流十家”之序，相信是基于它们在西汉时所占的学术和政治地位来考虑的（详见下文）。又如《术数略》，应是以职业分类，其中前三家是上取于天文律历（天文、历谱、五行），后三家是下取于人间万物（蓍龟、杂占、形法）。此外，《七略》部分小类的图书著录，显然存在一定的时序原则，姚名达就曾指出“同类之书约略依时代之先后为次：例如杂家，虽知‘孔甲’、‘盘盂’似非黄帝之史，亦必列于篇首。余皆以次顺列，最后始为汉代之书”①。另一方面，由于文献失载，有些重要问题，如《诗赋略》的分类序次原则②，又如章学诚所提出的著名见解——互著、别裁，是否属于《七略》的图书著录方式之一③，历来争论不休，学界至今未有一致的共识，需要进一步加以辨析考究。

二、《七略》六经次第新议

在《七略》的六略诸家序次中，最惹人注目的是六经次第的新见。《六艺略》“序六艺为九种”，分别是：《易》13家、《书》9家、《诗》6家、《礼》13家、《乐》6家、《春秋》23家、《论语》12家、《孝经》11家、小学10家。这种包罗9种103家经书传说的体系，不仅前所未有，而且六经的次第也与此前所见不同，既属于刘向、刘歆的创建，又带有浓厚的时代色彩。

关于六经的次第，始见于《庄子》一书。《天运》云：“孔子谓老聃曰：‘丘治《诗》、《书》、《礼》、《乐》、《易》、《春秋》六经，自以为久矣，孰知其故矣。’”《天下》又云：“《诗》以道志，《书》以道事，《礼》以道行，《乐》以道和，《易》以道阴阳，《春秋》以道名分。”此外，《徐无鬼》亦言

---

① 姚名达：《中国目录学史》，上海古籍出版社2002年版，第42页。关于《七略》此一序次原则，详参傅荣贤《〈七略〉图书分类理据中的时序原则》，《图书馆理论与实践》1995年第2期。

② 关于此一问题的意见分歧，详参陈刚《〈汉书·艺文志·诗赋略〉赋之分类研究述略》，《文献》2011年第2期。

③ 关于《七略》存在互著、别裁之法，章学诚《校雠通义·互著第三》、《别裁第四》首倡其说，王重民《校雠通义通解》曾经予以辨析，今人亦各有所论，详参吕绍虞《中国目录学史稿》，安徽教育出版社1988年版，第30—34页；倪晓健：《互著别裁方法考略》，《图书馆研究与工作》1981年第3期；杨新勋《七略“互著”“别裁”辩正》，《史学史研究》2001年第4期。

及《诗》、《书》、《礼》、《乐》。可见六经于《庄子》的排列顺序十分一致，皆以《诗》、《书》、《礼》、《乐》、《易》、《春秋》为次第。战国至西汉的传世文献以及出土文献多有述及六经的相关资料，次第略有不同，表列如下：

书名（篇题）＼次第	1	2	3	4	5	6
《左传》僖公二十七年载赵衰所言	诗	书	礼	乐		
郭店楚简《性自命出》	时（诗）	箸（书）	豊（礼）	乐		
郭店楚简《六德》	峕（诗）	箸（书）	豊（礼）	乐	易	春秋
郭店楚简《语丛一》①	易	诗	春秋	豊（礼）	乐	（书）
《庄子·天运》	诗	书	礼	乐	易	春秋
《庄子·天下》	诗	书	礼	乐	易	春秋
《庄子·徐无鬼》	诗	书	礼	乐		
《商君书·农战》	诗	书	礼	乐		
《商君书·去彊》	诗	书	礼	乐		
《礼记·经解》载孔子所言	诗	书	乐	易	礼	春秋
《礼记·王制》	诗	书	礼	乐		
《荀子·劝学》	礼	乐	诗	书	春秋	
《荀子·儒效》	诗	书	礼	乐		
马王堆帛书《要》篇	诗	书	礼	乐		
陆贾《新语·道基》	春秋	诗	易	书	礼	乐
贾谊《新书·六术》	诗	书	易	春秋	礼	乐
《淮南子·泰族训》（六经之失）	易	书	乐	诗	礼	春秋
《淮南子·泰族训》（六经之用）	诗	书	易	礼	乐	
《春秋繁露·玉杯》	诗	礼	乐	书	易	春秋
《史记·孔子世家》	诗	书	礼	乐	易	春秋
《史记·滑稽列传》载孔子所言	礼	乐	书	诗	易	春秋

① 由于简书《语丛一》出土时有所残损，所以学者对于其中六经次第各有不同看法，此处据简书整理小组和裘锡圭的意见。参见荆门市博物馆编《郭店楚墓竹简》，文物出版社 1998 年版，第 194—195、200 页。此外，廖名春以为应是诗、书、礼、乐、易、春秋，见氏著《论六经并称的时代兼及疑古说的方法论问题》，《孔子研究》2000 年第 1 期。李零则以为应是礼、乐、书、诗、易、春秋，见氏著《郭店楚简校读记》，北京大学出版社 2002 年版，第 160 页。

续表

次第 书名（篇题）	1	2	3	4	5	6
《史记·太史公自序》载董生（仲舒）所言	易	礼	书	诗	乐	春秋
	礼	乐	书	诗	易	春秋
《汉书·眭两夏侯京翼李传》载翼奉之奏	诗	书	易	春秋	礼	乐
刘向《战国策书录》	诗	书	礼	乐		
《七略·六艺略》	易	书	诗	礼	乐	春秋

从上表来看，先秦时期，无论是传世文献还是出土文献，所载六经次第与《庄子》基本相同，偶有差异（如《礼记·经解》、《荀子·劝学》）也属个别情况。虽然目前无法看到所有的先秦文献，但是儒、道、法各家对于六经次第的一致性倾向，还是十分明显的，说明在战国之时六经的次第已经定型，似乎属于当时知识界的一种共识。

然而，进入汉初以后，却发生了一些显著的变化。第一，各家所述六经的次第各不相同，甚至一家之中（如《淮南子》、董仲舒、《史记》）也时有不同。第二，各家的六经次第打破了战国以来《诗》《书》并称、《礼》《乐》合言的惯例，较为混乱。以上两点，说明了战国之时六经次第的成规已经被打破，学者各以己意为序（只有《史记·孔子世家》以及《战国策书录》与战国时同），并不一律。第三，在各种次第中，《春秋》始终位末，因此《易》地位的升降最值得引起注意。

对于《六艺略》的六经次第，陆德明以为本于“著述早晚”之旨，《经典释文·叙录》云：

> 五经六籍，圣人设教，训诱机要，宁有短长？然时有浇淳，随病投药，不相沿袭，岂无先后？所以次第互有不同。如《礼记·经解》之说，以《诗》为首；《七略》、《艺文志》所记，用《易》居前；阮孝绪《七录》亦同此次；而王俭《七志》，《孝经》为初。原其后前，义各有旨。今欲以著述早晚，经义总别，以成次第。……《周易》：虽文起周代，而卦肇伏羲，既处名教之初，故《易》为七经之首。……

> 《古文尚书》：既起五帝之末，理后三皇之经，故次于《易》。……《毛诗》：既起周文，又兼《商颂》，故在尧、舜之后，次于《易》、《书》。……三《礼》：《周》、《仪》二《礼》，并周公所制，宜次文王；《礼记》虽有戴圣所录，然忘名已久，又记二《礼》阙遗，相从次于《诗》下。……古有《乐》经，谓为“六籍”，灭亡既久，今亦阙焉。《春秋》：既是孔子所作，理当后于周公，故次于《礼》。

陆氏之说，验之《六艺略》各家小序，一一相合，可知实依《七略》之文推论。由于此说最古，又符合《六艺略》所记，具有一定的权威性，故后世多从之。

现代学者则有不同见解，如周予同以为战国之时六经的排列顺序与《六艺略》之间的差异，是出于今古文经学家的不同。他指出：“古文家的排列是按《六经》产生时代的早晚，今文家却是按《六经》内容程序的浅深。”古文家“以为《六经》都是前代的史料——所谓《六经》皆史说——孔子是‘述而不作，信而好古’的圣人，他不过将前代史料加以整理，以传授后人而已。简言之，就是他们认为孔子是史学家”。今文家则“认为孔子是政治家、哲学家、教育家，所以他们对于《六经》的排列，是含有教育家排列课程的意味。他们以《诗》、《书》、《礼》、《乐》是普通教育或初级教育的课程；《易》、《春秋》是孔子的哲学、孔子的政治学和社会学的思想所在，非高材不能领悟，所以列在最后，可以说是孔子的专门教育或高级教育的课程。又《诗》、《书》是符号（文字）的教育，《礼》、《乐》是实践（道德）的陶冶，所以《诗》、《书》列在先，《礼》、《乐》又列在其次”①。周氏之说，影响甚大。然而，这种立足于汉代今古文经学对立的申论，证之文献，如上表所列战国诸子之说，显然难以成立。如公认为古文经学的《左传》之文，以及郭店楚简《性自命出》、《六德》，马王堆帛书《要》篇等皆“以《诗》为首”，因此《诗》、《书》、《礼》、《乐》的次第当为先秦旧说，并不能简单地指为今文经学家之说。此外，《淮南子·泰族

---

① 周予同：《经今古文学》，见氏著《周予同经学史论著选集（增订本）》，上海人民出版社 1996 年版，第 6—8 页。

训》、《史记·太史公自序》所载汉代《春秋》公羊学大师董仲舒之言，亦有“用《易》居前”的例子，可见此种六经的次第亦不能完全认为出于古文经学家。

关于此一问题，学界近来颇有新见，如王葆玹提出六经次第的不同，反映了战国后期至西汉前期今文经学内部鲁学与齐学的分歧。[①] 廖名春根据马王堆帛书《要》篇对孔子晚年“好《易》”以及推崇《易》的记载，认为六经次第的变化，实与孔子晚年前后经学思想的变化密切相关[②]。此说结合传世文献和出土文献推论，具有重要的启发意义。胡明想则据刘歆《移让太常博士书》中“（汉兴）时独有一叔孙通略定礼仪，天下唯有《易》卜，未有它书。……至孝文皇帝，始使掌故朝错从伏生受《尚书》。……《诗》始萌芽。天下众书往往颇出，皆诸子传说，犹广立于学官，为置博士。……至孝武皇帝，然后邹、鲁、梁、赵颇有《诗》、《礼》、《春秋》先师，皆起于建元之间”之文，提出“刘歆认为《易》等卜筮之书是汉代最先流传的典籍，然后是《书》，再才是《诗》及天下众书”，所以《七略》的六经次第亦以此为序[③]。此说结合《移让太常博士书》为论，有一定的说服力，值得充分重视。不过，从汉初中期诸家所引六经次第的混乱情况来看，其间还应有复杂曲折的过程。

六经次第的变化，从先秦诸子以《诗》、《书》、《礼》、《乐》、《易》、《春秋》为成规[④]，到西汉初中期的混杂无序，最后以《六艺略》的《易》、《书》、《诗》、《礼》、《乐》、《春秋》为定式，实质上是一个由崩解到重构的过程，反映了西汉儒生对六经价值的认识和儒学体系的重构。纵观《七略》六略各家的顺序，背后往往受某种观念所支配，所以《六艺略》中的

---

① 详见王葆玹《今古文经学新论》，中国社会科学出版社1997年版，第95—99页。

② 详参廖名春《“六经”次序探源》，《历史研究》2002年第2期。

③ 详参胡明想《〈七略〉六经次序考》，《书目季刊》第39卷第1期，（台北）书目季刊社，2005年6月。

④ 综观先秦儒家著作，不仅“以《诗》为首”，且多引《诗》、《书》，而引《易》则较少。如《论语》引《诗》、《书》共19次，引《易》仅1次；《孟子》引《诗》43次，引《书》13次，未见引《易》；《荀子》引《诗》97次，引《书》27次，引《易》不超过3次。郭店出土的儒家类简书也有类似的情况，如《成之闻之》引《书》6次，未见引《易》；《五行》引《诗》7次，未见引《易》；《缁衣》引《诗》22次，引《书》14次，未见引《易》。这是一个值得引起注意的现象，需要进一步思考。

六经次第，在“著述早晚”、“复出先后”的背后，更应反映了刘向、刘歆的经学思想以及西汉学术观念的某些特征。

对于《六艺略》“用《易》居前”的六经次第，需要结合“《易》为之原”的观念来进行分析。《六艺略》云：

> 六艺之文：《乐》以和神，仁之表也；《诗》以正言，义之用也；《礼》以明体，明者著见，故无训也；《书》以广听，知之术也；《春秋》以断事，信之符也。五者，盖五常之道，相须而备，而《易》为之原。故曰“《易》不可见，则乾坤或几乎息矣”，言与天地为终始也。至于五学，世有变改，犹五行之更用事焉。

此段文字本于《七略》，其中以五经配五常（仁、义、礼、知、信），并认为《易》“与天地为终始”，故为之原，充分体现了刘向、刘歆对六经地位和价值的认识，是深入探讨《六艺略》六经次第的关键。

《汉书·五行志》云：“《易》曰：‘天垂象，见吉凶，圣人象之；河出图，雒出书，圣人则之。’刘歆以为虙羲氏继天而王，受《河图》，则而画之，八卦是也；禹治洪水，赐《雒书》，法而陈之，《洪范》是也。……昔殷道弛，文王演《周易》；周道敝，孔子述《春秋》。则《乾》、《坤》之阴阳，效《洪范》之咎征，天人之道粲然著矣。”由此可见，刘歆是以《周易》中的八卦为《河图》，《洪范》中的五行之文为《雒书》，从而以“《乾》、《坤》之阴阳”、“《洪范》之咎征”的天人感应之道，来构筑其《五行传》的思想基础，可谓与《六艺略》之说互通。

同时，《汉书·律历志》载《三统历谱》云：“《经》元，一以统始，《易》太极之首也。春秋二以目岁，《易》两仪之中也。于春每月书王，《易》三极之统也。于四时虽亡事必书时月，《易》四象之节也。时月以建分、至、启、闭之分，《易》八卦之位也。象事成败，《易》吉凶之效也。朝聘会盟，《易》大业之本也。故《易》与《春秋》，天人之道也。”说明了刘歆也是以《易》和《春秋》作为天人之道的反映，而其中《易》是“太极之首”，天道至尊，不仅与《五行志》相同，与《六艺略》的思想也是一以贯之的。从上可知，《七略》中“《易》为之原”的观念，主要是基于刘歆认为《易》之乾坤（阴阳）是万物之原。

至于“与天地为终始”，则明显是受到《易传》思想的影响。《系辞上》云：“一阴一阳之谓道，继之者善也，成之者性也。……生生之谓易，成象之谓乾，效法之谓坤，极数知来之谓占，通变之谓事，阴阳不测之谓神。……（乾坤）广大配天地，变通配四时，阴阳之义配日月，易简之善配至德。”《系辞下》云：“子曰：‘乾坤，其《易》之门耶?’乾，阳物也；坤，阴物也。阴阳合德，而刚柔有体。以体天地之撰，以通神明之德。……《易》之为书也，广大悉备。有天道焉，有人道焉，有地道焉。”《易传》的这种思想在战国晚期至汉初有很大的影响力，如《庄子·天下》就曾谓“《易》以道阴阳”。

《史记·孔子世家》曾云：“孔子晚而喜《易》，序《彖》、《系》、《象》、《说卦》、《文言》。读《易》，韦编三绝。曰：‘假我数年，若是，我於《易》则彬彬矣。’。”《易传》（“十翼”）是否孔子所作，历来争论不休，但是孔子晚年确实喜好《周易》，《论语·述而》云：“子曰：‘加我数年，五十以学《易》，可以无大过矣。’”帛书《要》篇亦载：

> 夫子老而好《易》，居则在席，行则在囊。子赣曰：“夫子它日教此弟子曰：‘德行亡者，神灵之趋；知谋远者，卜筮之蘩。’赐以此为然矣。以此言取之，赐缗行之为也。夫子何以老而好之乎?”夫子曰：“君子言以矩方也，前羊而至者，弗羊而巧也。察亓要者，不趣亓福。《尚书》多仒矣，《周易》未失也，且又古之遗言焉。予非安亓用也。”……“赐闻诸夫子曰：‘孙正而行义，则人不惑矣。’夫子今不安亓用而乐亓辞，则是用倚于人也，而可乎?”子曰：“校哉，赐！吾告女，《易》之道……。夫《易》刚者使知瞿，柔者使知刚，愚人为而不忘，慚人为而去诈。文王仁，不得而亓志，以成其虑。纣乃无道，文王作，讳而辟咎，然后《易》始兴也。予乐亓知之……。”子赣曰：“夫子亦信亓筮乎?”子曰：“《易》，我后亓祝卜矣，我观亓德义耳也。幽赞而达乎数，明数而达乎德，又仁〔守〕者而义行之耳。赞而不达于数，则亓为之巫。数而不达于德，则亓为之史。史巫之筮，乡之而未也，好之而非也。后世之士疑丘者，或以《易》乎？吾求亓德而已，

吾与史巫同涂而殊归者也。君子德行焉求福，故祭祀而寡也；仁义焉求吉，故卜筮而希也。祝巫卜筮亓后乎？”①

这里帛书通过孔子与子贡的对话，反映了孔子晚年“好《易》”的一些情况。孔子认为《易》是“古之遗言”，产生于“纣乃无道”之时，是周文王“不得而亓志”，“讳而辟咎”之作，因而蕴涵了文王的仁义思想（“文王仁”）和忧患意识（“以成其虑”），故此《易》具有使“刚者使知瞿，柔者使知刚，愚人为而不忘，慚人为而去诈”的教化作用。孔子之所“乐亓辞”，乃是因为《易》的价值，不仅在于巫、史通过观象、推数来明了气数、运数，预测吉凶占筮的功用，更重要的是其中蕴涵了丰富的“德义”。帛书所载孔子强调《易》的义理意义超越于象数功用的思想，与《论语》中所反映的孔子《易》学精神是基本一致的。

至于孔子以为《易》属“文王作”的观点，则与《系辞下》云：“《易》之兴也，其于中古乎？作《易》者其有忧患乎？”“《易》之兴也，其当殷之末世，周之盛德邪？当文王与纣之事邪？是故其辞危。”彼此一致，可见《易》为文王所作之说，应出自孔子，或至少是孔门广泛流传的孔子之言。其后《史记·周本纪》的“（西伯）囚羑里，盖益《易》之八卦为六十四卦”，以及《六艺略》“《易》家类”小序的“至于殷、周之际，纣在上位，逆天暴物，文王以诸侯顺命而行道，天人之占可得而效，于是重《易》六爻，作上下篇”，应本于此。

帛书《要》篇又载孔子曰：

夫《损》、《益》之道，不可不审察也。吉凶之〔门〕也。《益》之为卦也，春以授夏之时也，万勿之所出也，长日之所至也，产之室也，故曰《益》。授者，秋以授冬之时也，万物之所老衰也，长□〔之〕所至也，故曰产。道穷焉而产，道□焉。《益》之始也吉，亓冬也凶；《损》之始凶，亓冬也吉。《损》、《益》之道，足以观天地之

① 廖名春：《马王堆帛书周易经传释文》，《续修四库全书》第1册，上海古籍出版社1995年版，第37—38页。

变而君者之事巳。是以察于《损》、《益》之变者，不可动以忧憙。故明君不时不宿，不日不月，不卜不筮，而知吉与凶，顺于天地之心，此胃《易》道。《易》又天道焉，而不可以日月生辰尽称也，故为之以阴阳。又地道焉，不可以水火金土木尽称也，故律之以柔刚。又人道焉，不可以父子君臣夫妇先后尽称也，故为之以上下。又四时之变焉，不可以万勿尽称也，故为之以八卦。故《易》之为书也，一类不足以亟之，变以备亓请者也，故谓之《易》。又君道焉，五官六府不足尽称之，五正之事不足以至之，而《诗》、《书》、《礼》、《乐》不□百扁，难以致之。不问于古法，不可顺令以辞令，不可求以志善。能者繇一求之，所胃得一而君毕者，此之胃也。《损》、《益》之道，足以观得失矣。

在此，孔子认为《易》的《损》、《益》之卦，是"吉凶之〔门〕"，《益》象征了"万勿（物）之所出也"，而《损》则象征了"万物之所老衰也"（此或与《杂卦》"《损》、《益》盛衰之始也"有关），所以《损》、《益》的吉凶变化合乎四时万物循环的规律。由《损》、《益》之变而明乎《易》道，顺乎天地的自然法则，可不求于术数，故此"足以观天地之变而君者之事"。孔子同时又指出《易》有天道、地道、人道（四时之变）、君道，故"得一而君（群）毕"，甚至较《诗》、《书》、《礼》、《乐》更具特殊的意义。

虽然《要》篇的成书时代，学者存在不同的看法①，但以上所引中涉及阴阳、五行、四时、八卦等，颇与道家思想以及西汉《易》学的"卦气说"有关，则是可以推想而知的②。汉初之时，儒生"说《易》皆主义理、切人事而不言阴阳术数"，到了中后期，《易》学一方面阐发《周易》经传中天人之道的微言大义，另一方面与道家、阴阳五行思想结合在一起，"阴阳灾异为《易》之别传"③。《淮南子·要略》云："今《易》之《乾》、《坤》

① 廖名春等主战国中期，王葆玹、邢文以及日人池田知久等主西汉初期。详参廖名春《论六经并称的时代兼及疑古说的方法论问题》，《孔子研究》2000年第1期。由于文献不足，两说皆为推论，并无实证。

② 详参李学勤《周易溯源》，巴蜀书社2006年版，第376—390页。

③ 参见皮锡瑞著，周予同注释《经学通论》，中华书局2004年版，第16—18页。

足以穷道通义也，八卦可以识吉凶、知祸福矣。”而“始推阴阳，为儒者宗”的今文学大师董仲舒亦一再申明“天之大道在阴阳”[①]，“《易》著天地阴阳四时五行，故长于变”[②]。此时出现了大量“说《易》阴阳”之书[③]，并进一步发展出传自“《易》候阴阳灾变书”的孟喜、京房的今文象数《易》学体系。刘向、刘歆“始皆治《易》”，刘伋“以《易》教授，官至郡守”，可谓《易》学世家，他们对汉初以来的《易》学风气必定深有感受。

刘向的奏议、封事及《列女传》、《新序》、《说苑》等著作有引《易》说《易》之文凡40余处，大致可分为三类：第一类，是直接引用《周易》文句阐述某种见解，对《周易》引文不加解释；第二类，是在所引述的他人话语中出现《周易》书名及其文句，以及他人关于《易》义的解说；第三类，是直接引用《周易》文句，并加训诂、解说。其中第三类较为重要的，刘向引《易》说《易》，多取人事大义，目的在于劝戒元、成二帝修身养德，刚明循中，最可代表其《易》学的鲜明特色[④]。

与此同时，《说苑·辨物》曾云：

> 《易》曰：“仰以观于天文，俯以察于地理，是故知幽明之故。”……是故古者圣王既临天下，必变四时，定律历，考天文，揆时变，以望气氛。……夫占变之道，二而已矣。二者，阴阳之数也。故《易》曰：“一阴一阳之谓道。”道也者，物之动莫不由道也。是故发于一，成于二，备于三，周于四，行于五。是故玄象著明，莫大于日月；察变之动，莫著于五星。天之五星，运气于五行，其初犹发于阴阳，而化极万一千五百二十。……五星之所犯，各以金木水火土为占。春秋冬

---

① 《汉书·董仲舒传》。

② 《史记·太史公自序》。

③ 如《六艺略》著录的《古五子》18篇；《淮南道训》2篇；《古杂》80篇，《杂灾异》35篇，《神输》5篇，图1等。《数术略》又著录有《周易》38卷，《周易明堂》26卷，《周易随曲射匿》50卷，《大筮衍易》28卷，《大次杂易》30卷，《於陵钦易吉凶》23卷，《任良易旗》71卷，《易卦八具》等。

④ 参见王风《刘歆与〈周易〉最高经典地位的确立》，载《中国经学思想史》第二卷，中国社会科学出版社2003年版，第318—319页。

夏，伏见有时。失其常，离其时，则为变异；得其时，居其常，是谓吉祥。

此处与《系辞上》“二篇之策，万有一千五百二十，当万物之数”云云，可谓若合符节，也与《京房易传》卷下“分六十四卦，配三百八十四爻，序万方一千五百二十策，定天地万物之情状”① 之说相通、相同，充分说明了刘向对《易》学中占筮原理的熟悉，也表现出他对《周易》天人之道的认同。刘向曾经“总六历，列是非，作《五纪论》”，准备修订历法，未成而卒。刘歆继承父志，“究其微眇，作《三统历》及《谱》以说《春秋》，推法密要”②，又有《钟律书》之作。《三统历谱》、《钟律书》体现了刘歆“根据《周易》，以‘太极元气’为第一范畴，建立了一个以《周易》的原理和数论为核心的庞大的哲学、象数学体系，把《周易》提升为当时自然哲学和社会制度的最高根据”③。《钟律书》作于平帝之时④，《三统历谱》校于莽新之朝⑤，皆在上奏《七略》之后。由此可知，刘歆对《周易》的尊崇，当始于随父校书之时，初成于《七略》之作。

刘向、刘歆高度尊崇《周易》的天人之道，还有一个重要的原因，就是孔子与《易传》的关系。《系辞下》云：“古者包牺（伏羲）氏之王天下也，仰则观象于天，俯则观法于地，观鸟兽之文与地之宜，近取诸身，远取诸物，于是始作八卦，以通神明之德，以类万物之情。”最早提到伏羲作八卦，遂成定论。《系辞下》又云：“《易》之兴也，其于中古乎？作《易》者其有忧患乎？……《易》之兴也，其当殷之末世，周之盛德邪？当文王与纣之事邪？是故其辞危。”此将卦爻辞的产生大体定在殷周之际，但未指

① 郭彧：《〈京房易传〉导读》，齐鲁书社2002年版，第132页。

② 《汉书·律历志》。

③ 王风：《刘歆与〈周易〉最高经典地位的确立》，见《中国经学思想史》第二卷，中国社会科学出版社2003年版，第320页。

④ 《汉书·律历志》云：“汉兴，北平侯张苍首律历事，孝武帝时乐官考正。至元始中，王莽秉政，欲耀名誉，征天下通知钟律者百余人，使羲和刘歆等典领条奏，言之最详。”

⑤ 《后汉书·郑范陈贾张列传》云：“郑兴字少赣，河南开封人也。少学《公羊春秋》。晚善《左氏传》，遂积精深思，通达其旨，同学者皆师之。天凤中，将门人从刘歆讲正大义，歆美兴才，使撰条例、章句、传诂，及校《三统历》。”

明推演八卦为六十四卦者为何人。到了西汉武帝之时，《淮南子·要略》谓“伏羲为之六十四变，周室增以六爻”，也没有将文王和《周易》经文联系起来。不过，司马迁在《史记·周本纪》提到“（文王）囚羑里，盖益《易》之八卦为六十四卦”（《史记·太史公自序》、《报任安书》略同），又认为孔子作《易传》（详见前引《史记·孔子世家》之文）。证之前引帛书《要》篇之文[①]，可知司马迁之说是有所依据的，因此李学勤以为“孔子不仅是《易》的读者，也是一定意义上的作者，这正是因为他作了《易传》”[②]。若再结合《易传》中的《文言》和《系辞》上、下3篇中30个“子曰”来看，至少可以说明包括《文言》、《系辞》等在内的《易传》与孔子是有联系的，很可能包含了孔子论《易》的若干遗说，而经弟子及后学加以整理。

刘向、刘歆承继了《易传·系辞》、帛书《要》篇[③]、司马迁等认为宓戏（伏羲）作八卦、文王作《周易》、孔子作《易传》的观念。故此《六艺略》“《易》家类”小序云：

> 《易》曰：“宓戏氏仰观象于天，俯观法于地，观鸟兽之文，与地之宜，近取诸身，远取诸物，于是始作八卦，以通神明之德，以类万物之情。”至于殷、周之际，纣在上位，逆天暴物，文王以诸侯顺命而行道，天人之占可得而效，于是重《易》六爻，作上下篇。孔氏为之《彖》、《象》、《系辞》、《文言》、《序卦》之属十篇。故曰《易》道深矣，人更三圣，世历三古。

其中“人更三圣，世历三古”一语，将《周易》推到至高无上的地位。《七

① 帛书《要》篇载孔子曰：“后世之士疑丘者，或以《易》乎？吾求亓德而已，吾与史巫同涂而殊归者也。”这里孔子的口吻，与《孟子·滕文公下》记孔子作时曰：“知我者其惟《春秋》乎？罪我者其惟《春秋》乎？”颇为相似。

② 李学勤：《周易溯源》，巴蜀书社2006年版，第379页。

③ 刘向、刘歆是否见过帛书《要》篇，目前无法推知，但刘向在《神宝旧畤议》中曾引《易大传》曰：“诬神者殃及三世。”（《汉书·郊祀志》）此语不见于今本《易传》，因此刘向、刘歆见过帛书《要》篇（包括帛书《易之义》、《二厽子》等）或类似的易学文献，尚不可轻易否定。

略》开篇谓“昔仲尼没而微言绝，七十子丧而大义乖”，提纲挈领，直接明白地指出整部《七略》的目的在于追寻孔子的“微言”、“大义”。《周易》既然是宓戏、文王二圣相继之作，更是孔子晚年参悟天人之道的依归，《易传》是孔子发扬“微言”、“大义”的伟大著作，位于群经之首，自是理所当然，完全符合汉儒尊孔崇经的主导思想。

另一方面，《七略》各大小序中共引书16种70次，其中六艺经传占10种62次，《易》则有18次，居于群经之首，足以说明《七略》对《易》的重视态度。而且，各序处处发挥《周易》（尤其是《易传》）的思想，如《六艺略》“《书》家类”小序云：“《易》曰：‘河出图，洛出书，圣人则之。’故《书》之所起远矣，至孔子纂焉，上断于尧，下讫于秦，凡百篇，而为之序，言其作意。”此可与上引《汉书·五行志》之文参看，在于强调《书》的神圣，“圣人”指的就是孔子，故此孔子纂《书》百篇、又为之序。又如《诸子略》大序又以《系辞下》“天下同归而殊涂，一致而百虑”之语，来说明诸子百家“合其要归，亦六经之支与流裔”的学术观念。此外，《六艺略》“《礼》家类”小序云：“《易》曰：‘有夫妇父子君臣上下，礼义有所错。’而帝王质文世有损益，至周曲为之防，事为之制，故曰：‘礼经三百，威仪三千。’”“《乐》家类”小序云：“《易》曰：‘先王作乐崇德，殷荐之上帝，以享祖考。’故自黄帝下至三代，乐各有名。孔子曰：‘安上治民，莫善于礼；移风易俗，莫善于乐。’二者相与并行。”“小学家类”小序云：“《易》曰：‘上古结绳以治，后世圣人易之以书契，百官以治，万民以察，盖取诸《夬》。’‘夬，扬于王庭’，言其宣扬于王者朝廷，其用最大也。”《兵书略》大序：“《易》曰‘古者弦木为弧，剡木为矢，弧矢之利，以威天下’，其用上矣。”凡此，皆藉《易》立言，用以说明该类图书之大义。

《术数略》各家小序也大量引用《易》，如“天文家类”小序云：“《易》曰：‘观乎天文，以察时变。’然星事殉悍，非湛密者弗能由也。”又如“蓍龟家”小序云：“蓍龟者，圣人之所用也。《书》曰：‘女则有大疑，谋及卜筮。’《易》曰：‘定天下之吉凶，成天下之亹亹者，莫善于蓍龟。’‘是故君子将有为也，将有行也，问焉而以言，其受命也如向，无有远近幽深，遂知来物。非天下之至精，其孰能与于此！’及至衰世，解于齐戒，而娄烦卜筮，神明不应。”又如“杂占家类”小序云：“杂占者，纪百事之象，候善恶之征。《易》曰：‘占事知来。’众占非一，而梦为大，故周有其官。”各序反复引用《易》，在于说明历算、卜筮之事属于“圣人之所用”、“圣人知命之术”（“历谱类家类”小序），天人之道，“非天下之至材”能窥，更不可肆意妄为，“苟非其人，道不虚行”（《数术略》大序引《系辞下》），否则“以不能由之臣，谏不能听之王”（“天文家类”小序），不仅神明不应，而且君臣皆有患。刘歆在此藉《易》将天道、德行、人事三者紧密地联系在一起，从而构成一种复杂的天人观念。从上可见，《易》学思想贯通着《七略》的各个部分，是支配整部《七略》的内在精神观念。

最后，必须指出的是，《七略》的以五经配五常，是在战国西汉对六经功用的认识基础之上，进一步推衍经书的神圣意义。《汉志·六艺略》云：

> 六艺之文：《乐》以和神，仁之表也；《诗》以正言，义之用也；《礼》以明体，明者著见，故无训也；《书》以广听，知之术也；《春秋》以断事，信之符也。五者，盖五常之道，相须而备，而《易》为之原。故曰“《易》不可见，则乾坤或几乎息矣”，言与天地为终始也。至于五学，世有变改，犹五行之更用事焉。

此段文字有若干异文，《初学记》卷二一引刘歆《七略》曰：“《尚书》，直言也。”又曰：“《诗》以言情，情者，信之符。《书》以决断，断者，义之证。”《太平御览》卷六〇九所引同[①]。由此可见，《七略》原文或与《汉志》有异[②]，原因何在，今已不可知矣。又《白虎通》卷九云：“经所以有五何？经，常也。有五常之道，故曰《五经》。《乐》仁、《书》义、《礼》

---

① 《太平御览》卷六〇九引刘歆《七略》曰：“《诗》以言情，情者，信之符也。《书》以决断，断者，义之证也。”与《初学记》所引同。但是清人严可均、姚振宗等辑本，“信之符”作“性之符”，章太炎以为“‘性’字疑本作‘信’，音近致伪也”（《七略别录佚文征》）。今查中华书局影印宋本《太平御览》，即作“信之符”，可知章氏之说精准，清人所据《太平御览》当为后出之本。

② 刘咸炘谓“今本信之符，义之用，二句倒”。如此则原文当云：“《诗》以正言，信之符也。《春秋》以断事，义之用也。”其说可参，详见锺肇鹏《〈汉书·艺文志〉释疑》，《国学研究》第7卷，北京大学出版社2000年版，第30—31页。

礼、《易》智、《诗》信也。人情有五性，怀五常不能自成，是以圣人象天五常之道而明之，以教人成其德也。”① 其说似近于《七略》佚文，然三者关系如何，尚待详考。虽然《汉志》与《七略》佚文所记略有不同，但是刘向、刘歆以五经配五常，则是完全可以肯定的。

对于六经的教化作用，《礼记·经解》首倡其说，云：

> 孔子曰：入其国，其教可知也。其为人也温柔敦厚，《诗》教也；疏通知远，《书》教也；广博易良，《乐》教也；絜静精微，《易》教也；恭俭庄敬，《礼》教也；属辞比事，《春秋》教。故《诗》之失，愚；《书》之失，诬；《乐》之失，奢；《易》之失，贼；《礼》之失，烦；《春秋》之失，乱。其为人也，温柔敦厚而不愚，则深于《诗》者也。疏通知远而不诬，则深于《书》者也。广博易良而不奢，则深于《乐》者也。絜静精微而不贼，则深于《易》者也。恭俭庄敬而不烦，则深于《礼》者也。属辞比事而不乱，则深于《春秋》者也。

《史记·滑稽列传》亦载孔子曰：“六蓺于治一也。礼以节人，乐以发和，书以道事，诗以达意，易以神化，春秋以义。”其后《庄子·天下》（详见前引）以及《荀子·劝学》、《儒效》继之②，西汉初中期陆贾、《淮南子》续有所说③，今文经学大师董仲舒亦多次论及六经之教，如《春秋繁露·玉杯》云：

---

① 陈立：《白虎通疏证》，中华书局1994年版，第449页。

② 《荀子·劝学》云：“故《书》者，政事之纪也；《诗》者，中声之所止也；《礼》者，法之大分，类之纲纪也，故学至乎《礼》而止矣。夫是之谓道德之极。《礼》之敬文也，《乐》之中和也，《诗》、《书》之博也，《春秋》之微也，在天地之间者毕矣。……《礼》、《乐》法而不说，《诗》、《书》故而不切，《春秋》约而不速。”《儒效》云：“《诗》言是，其志也；《书》言是，其事也；《礼》言是，其行也；《乐》言是，其和也；《春秋》言是，其微也。”

③ 《新语·道基》云：“春秋以仁义贬绝，诗以仁义存亡，乾、坤以仁和合，八卦以义相承，书以仁叙九族，君臣以义制忠，礼以仁尽节，乐以礼升降。”《淮南子·泰族训》云：“温惠柔良者，《诗》之风也；淳庞敦厚者，《书》之教也；清明条达者，《易》之义也；恭俭尊让者，礼之为也；宽裕简易者，乐之化也；刺几辩义者，《春秋》之靡也。”

《诗》、《书》序其志，《礼》、《乐》纯其美，《易》、《春秋》明其知，六学皆大，而各有所长。《诗》道志，故长于质；《礼》制节，故长于文；《乐》咏德，故长于风；《书》著功，故长于事；《易》本天地，故长于数；《春秋》正是非，故长于治人。能兼得其所长，而不能遍举其详也。

此外，《史记·太史公自序》又载董生曰："《易》著天地阴阳四时五行，故长于变；《礼》经纪人伦，故长于行；《书》记先王之事，故长于政；《诗》记山川谿谷禽兽草木牝牡雌雄，故长于风；《乐》所以立，故长于和；《春秋》辩是非，故长于治人。是故《礼》以节人，《乐》以发和，《书》以道事，《诗》以达意，《易》以道化，《春秋》以道义。"以上各家之说，皆为《七略》所论的取资对象，并在它们的基础上予以重新组合排列。

更为重要的是，《七略》第一次用《乐》、《诗》、《礼》、《书》、《春秋》配以仁、义、礼、知、信。"五常之道"是董仲舒在汉武帝一次策问中提出的，他认为"仁谊（义）礼知信五常之道，王者所当修饬也；五者修饬，故受天之晁，而享鬼神之灵，德施于方外，延及群生也"[①]。董仲舒的对策旨在指出"五常之道"是王者必须躬行的五种德行，只有这样皇朝才会受到上天鬼神的庇佑，并从而以五常之道作为整个社会的伦理本位和道德价值的标准。《七略》的以五经配五常，显然是对董仲舒这种思想的进一步发扬，刘向、刘歆将五常之道具体对应五部儒家经书，目的在于推崇经书为天地人间大纲大法（即《白虎通》所谓"经，常也"之义）的神圣地位[②]，属于以经治国思想的理论演绎。值得注意的是，董仲舒所提的五常之道是与五行相当的，并转而与五官相配。《春秋繁露·五行相生》云：

东方者木，农之本，司农尚仁，进经术之士，道之以帝王之路，将顺其美，匡救其恶。

南方者火也，本朝，司马尚智，进贤圣之士，上知天文，其形兆未

---

① 《汉书·董仲舒传》。

② 刘勰：《文心雕龙·宗经》谓"经也者，恒久之至道，不刊之鸿教也"，正是这种观念的表述。

见，其萌芽未生，昭然动见存亡之机。

中央者土，君官也，司营尚信，卑身贱体，夙兴夜寐，称述往古，以厉主意。

西方者金，大理司徒也，司徒尚义，臣死君而众人死父。

北方者水，执法司寇也。司寇尚礼，君臣有位，长幼有序。

董仲舒以五常与五行相配，是受命于天、取法于天观念的贯彻，而在政治制度上则落实为五官之义（木—司农—仁，火—司马—智，土—司营—信，金—司徒—义，水—司寇—礼）。对于这种思维模式，《七略》同样予以发挥，所以《六艺略》提到“至于五学，世有变改，犹五行之更用事”。姚明煇《汉书艺文志注释》以为“五学，谓《乐》、《诗》、《礼》、《书》、《春秋》。据学者而言，故曰五学”。“五行”则是指水、火、木、金、土，《术数略》“五行家类”小序云：“五行者，五常之形气也。《书》云‘初一曰五行，次二曰羞用五事’，言进用五事以顺五行也。”因此，这里的“五行”也就是董仲舒、刘向、刘歆等藉《尚书·洪范》所推衍的阴阳五行学说。总之，以《易》为阴阳，并以五经→五常→五行的逐次相配，可以说是《七略》尊崇儒家经书并将其神圣化的理论方式。

综上所论，《七略·六艺略》的“用《易》居前”，主要基于刘向、刘歆发扬战国以来推崇《易》的阴阳衍化观念，并藉群书的评议来构建天人之道的结果。至于六经的具体次第，如上文所述，在《七略》的图书著录中存在一定的时序原则，所以陆德明的“著述早晚”之说，仍不失为一种通达的见解。

三、刘向校书与先秦西汉学术的总结

上古文化起源早远，夏商之时，随着王朝制度的初步建立，学术文化开始逐步发展。西周立国之初，文王、武王和周公针对“殷礼”进行“损益”，借助“天意”、“民心”、“德”等富含人文意蕴的意识形态和政治权力话语，剥离殷商文化中尊神礼鬼的成分，塑造出政治伦理色彩浓厚的“周礼”，又制订一套体系庞大的周官制度。所谓“以九两系邦国之民：一曰牧，以地得民。二曰长，以贵得民。三曰师，以贤得民。四曰儒，以道得民。五曰宗，以族得民。六曰主，以利得民。七曰吏，以治得民。八曰友，以任得民。九曰薮，以富得民”①，应该说已经形成了系统的王官文化。其中，设置一系列职官分掌各类图籍以典守“周礼”，可以说是西周王官文化的一大特点，对于后世学术文化的发展产生了重要的影响。东周以后，周天子权力下降，诸侯兴起，以“礼乐”为象征的周礼文化，受到了空前强大的冲击，礼崩乐坏，出现了“天下无道，则礼乐征伐自诸侯出”② 的局面。而且，早在春秋后期，已经开始出现“天子失官，学在四夷”③ 的情况，原有的王官文化系统遭受到严重的破坏。

战国之时，列强争胜，兵革不休，王官文化濒临解体。另一方面，兼并战争导致知识阶层的下移，士人崛起，各国为求图强，竭力罗致人才。当此之际，处士横议，百家驰说，私学兴盛，成就了古代学术史上璀璨缤纷的一幕。到了战国末年，经过百多年的诸子争鸣，学术上逐渐出现了通过批判百家，反思各派得失的趋势。《庄子·天下》在指出“天下之治方术者多矣，皆以其有为不可加矣”之后，将战国的学术思想划分为：儒家（邹鲁之士、搢绅先生），墨翟、禽滑厘，宋钘、尹文，彭蒙、田骈、慎到，关尹、老聃，庄周，惠施、桓团、公孙龙，并对各家学说进行了批评。④《天下》篇从学术发展由“道术”分裂为“方术”的角度，以体现“道术”的程度来逐次批判各家，最后突出庄周是体现“道术”的最高境界。其后《尸子》卷上《广泽》也谈到各家的主张，指出“墨子贵兼，孔子贵公，皇子贵衷，田子贵均，列子贵虚，料子贵别囿”⑤。

《荀子·非十二子》是继《庄子·天下》之后又一批判诸子百家的重要著作，荀子将当时的学术分为 7 种 14 子，分别是：它嚣、魏牟，陈仲、史

① 《周礼·天官冢宰》。

② 《论语·季氏》。

③ 《左传·昭公十四年》。

④ 《天下》篇见于今本《庄子·杂篇》，梁启超认为是《庄子》全书的自序，罗根泽亦主张《天下》篇为庄子自著；然而，一般认为《天下》既属于《杂篇》，且言及《庄子》一书的写作手法和行文风格，应出于庄子后学之手，有的学者甚至认为可能晚至秦汉乃至魏晋时期。不过，从《庄子·天下》篇所论各家学说来看，其为先秦的著作无疑，或当在战国末年。参见冯友兰《中国哲学史新编》第 2 册，人民出版社 1982 年版，第 464 页。

⑤ 尸佼著，汪继培辑，朱海雷撰：《尸子译注》，上海古籍出版社 2006 年版，第 37 页。

鳍，墨翟、宋钘，慎到、田骈，惠施、邓析，子思、孟轲，仲尼、子弓。《非十二子》篇对它嚣、魏牟等前6种12子都是从"非"（即否定）来阐述各个学说及其代表人物，尤其是对第六种的子思、孟子，更是彻头彻尾在否定中进行评说，而对孔子、子弓则是全面肯定、颂扬。此外，《荀子·天论》又以为"慎子有见于后，无见于先"；"老子有见于诎，无见于信"；"墨子有见于齐，无见于畸"；"宋子有见于少，无见于多"。"有后而无先，则群众无门。有诎而无信，则贵贱不分。有齐而无畸，则政令不施。有少而无多，则群众不化。"《解蔽》篇亦谓"墨子蔽于用而不知文"，"宋子蔽于欲而不知得"，"慎子蔽于法而不知贤"，"申子蔽于势而不知知"，"惠子蔽于辞而不知实"，"庄子蔽于天而不知人。"结合《非十二子》篇来看，荀子尽管对于儒家内部的某些人物表现出激烈的批评态度，但其肯定儒家，非议其他各家的基本立场，还是十分鲜明的。

荀子学生的韩非则藉批判孔、墨之流对王者的影响来阐述其法治思想，对儒墨两派及其后学子张、子思、颜氏、孟氏、漆雕氏、仲良氏、孙氏、乐正氏之儒，相里氏、相夫氏、邓陵氏之墨进行了猛烈的批判（参见《韩非子·显学》）。秦相吕不韦集合门客所著，为秦一统天下提供治国理论依据的《吕氏春秋》，其中《审分览·不二》以极为精炼的语言，归结战国诸子的特点："老耽贵柔，孔子贵仁，墨翟贵廉，关尹贵清，子列子贵虚，陈骈贵齐，阳生贵己，孙膑贵势，王廖贵先，儿良贵后。"《不二》篇是先秦对诸子学术总结的最后一篇作品，其强调"一则治，异则乱；一则安，异则危"，说明了一统学术的必要性，无疑是为了适应秦朝大一统的需要而提出的，带有很强的政治目的性。

秦始皇横扫六合，一统天下，崇尚法家，实行以法为教、以吏为师的专制统治文化，焚书灭学，二世而亡，学术的发展曾经一度遭到断裂。汉兴初期，民生凋零，内忧外患，与民休息与黄老之治相辅而行。此时，上承战国余绪，诸子之学率先复兴，"师异道，人异论，百家殊方，指意不同"[①]。然而，在政治一统的大背景下，战国末年总结诸子学派的得失、谋求学术上统一的趋势不仅未有间断，而且更具现实意义。汉武帝时期出现了两篇总结先

① 《汉书·董仲舒传》。

秦学术的作品，《淮南子·要略》以黄老之学自我标榜，着重从社会和政治的背景来论述太公（姜尚）、儒学、墨学、管子、晏子、纵横、刑名、商鞅之学的产生和特点。司马谈的《论六家要旨》则首次全面分述了儒者、墨者、法家、名家、道家的优点和缺点。这两篇作品都带一定的黄老道家色彩，体现了武帝之前的学术风尚。

综上可见，先秦西汉诸子在总结前代学术时，往往各持己见，从自身学说的角度来分析批评其他学术流派的源流得失，带有鲜明的学派意识和时代特点；而司马谈《论六家要旨》则进一步认为道家包容诸子，开始显示出以一家统摄百家的企图。自武帝罢黜百家、独尊儒术、表彰六经之后，以儒家经书为代表的周礼文化开始复兴，为批判先秦诸子、一统学术上提供重要的理论依据。经过昭、宣、元三朝，经学和儒家思想逐渐成为汉朝政治和学术的主导意识形态，并在吸收春秋战国以来各种新兴思想的基础之上进行整合革新，逐渐开始建立一套既继承而又有别于周礼的汉家制度。儒家以外的诸子之学，虽然没有被完全禁绝，但却不断被消融转化，沦为经学的附庸。

刘向、刘歆生于西汉后期，承上启下，正处两汉文化发展的中转时期。在时代风气的感召之下，他们毅然自觉地承担起总结先秦西汉学术，构拟汉朝文化理论体系的历史使命。由于刘向、刘歆的理论表述是建筑在遍校群书这一工作的基础之上，因而与一般的经书传说、诸子之作，在体例上有很大的区别，呈现出一种较为特殊的形态。另一方面，战国至汉初的学术总结基本上集中在诸子百家之学的范围内，而刘向、刘歆通过《别录》、《七略》的撰作，全面清理西汉以前的学术，确立了一套以儒家经典文本和阐释致用的经学为中心包罗百家的学术体系，较战国至汉初的学术总结要全面、系统和完备得多。因此，章学诚曾高度赞扬刘向父子"部次条别，将以辨章学术，考镜源流，非深明于道术精微，群言得失者，不足与此"[①]。当然，必须承认的是，刘向、刘歆对于先秦西汉学术的总结，显然是在前人的基础上直接发展改造而来的。

在刘向、刘歆的学术总结体系中，以《七略·诸子略》中的"诸子出于王官"之说最为后人所重视，并且触发了近代学界对于先秦学术史的大

① 《校雠通义·序》。

讨论，迄今余波未息。更为重要的是，对于《诸子略》中若干问题的分析，为准确理解刘向、刘歆的学术总结思想提供了一个至为重要的切入点，有必要深入讨论，从而抉发若干涉及《七略》整体学术观念的关键性问题。

《诸子略》对于众多子书和诸子学派的源流得失深有辨析，其主要特点首先在于将先秦西汉诸子百家归纳为“九流十家”。从上所述可知，早期对诸子百家进行批评的论作（如《庄子·天下》、《尸子·广泽》等）往往是针对具体的代表性人物，鲜有涉及学派之论。《荀子·非十二子》分 14 子为 7 种，两两对举，合而论之，尤其是在指责子思、孟轲时云：“略法先王而不知其统，犹然而材剧志大，闻见杂博。案往旧造说，谓之五行，甚僻违而无类，幽隐而无说，闭约而无解。案饰其辞而只敬之曰：此真先君子之言也。子思唱之，孟轲和之。世俗之沟犹瞀儒，嚾嚾然不知其所非也，遂受而传之，以为仲尼、子游为兹厚于后世，是则子思、孟轲之罪也。”其中的“子思唱之，孟轲和之”，世俗沟犹瞀儒受而传之，虽然没有明确地将他们归于一个学派，但隐隐然已有此义。此外，又云：“上则法舜、禹之制，下则法仲尼、子弓之义，以务息十二子之说。”也说明了荀子视子弓（冉雍字仲弓，一般认为即子弓）与孔子一脉相承。综上可见，《非十二子》篇已经开始有了朦胧的学派观念。

至于《韩非子·显学》云：“世之显学，儒墨也。儒之所至，孔丘也。墨之所至，墨翟也。……故孔墨之后儒分为八，墨离为三，取舍相反、不同，皆自谓真孔、墨。孔、墨不可复生，将谁使定世之学乎?”韩非在此不仅指出在当时儒、墨的势力和影响都很大，而且提到孔、墨之后儒、墨的分裂，这就显然认识到儒、墨分别是两个各自具有先后传承、发展变化的学派，首开以“派”论“学”的先河。景、武之时的《淮南子·要略》，文中论及“太公之谋”、“儒者之学”、“墨子”、“管子之书”、“晏子之谏”、“纵横修短”、“刑名之书”、“商鞅之法”，则是人物、学派、著作、制度等概念杂而用之，还缺乏进一步的梳理。

真正完全从学派的角度对诸子百家进行总结的是《论六家要旨》。其开篇即云：“夫阴阳、儒、墨、名、法、道德，此务为治者也，直所从言之异路，有省不省耳。”以下分别批评了儒者、墨者、法家、名家、道家“六家”，其中并没有列举具体的人物。司马谈的这种方式，与此前集中对诸子中代表性人物的批评有了很大的不同。司马谈处于景、武之世，距离诸子争鸣的时代已有百年以上，诸子之间互相指名道姓的辩驳情况早已成为了历史的烟尘。另一方面，先秦时期，表示思想团体的“家”至少有两种含义，一种是针对有学术师承、学术渊源的学派而言的；一种是针对有相近的学术宗旨、学术兴趣、学术问题的学者群而言的，不必然有师承渊源。前者为本意，后者为引申义，外延较前者宽泛。然而，无论就哪种意义而言，战国之时，诸子之说师徒相从，后学发挥先师之说，转相标榜（尤其是像儒家、墨家这样旗帜鲜明的学派），毕竟是一段客观的历史存在。司马谈作为一名太史令，强烈的历史意识促使他对先秦学术进行综合归纳区别，遂有六家之论。尽管《论六家要旨》对于诸子百家的复杂情况作了一定程度上的简化处理，所分各家亦未必完全恰当[①]；但是，其在学术批评史上的价值和历史哲学上的意义，还是应该充分肯定的。[②]

《论六家要旨》对后来《诸子略》“九流十家”之说的创立影响甚大。《论六家要旨》中的六家顺序，有三种排列方式：（1）阴阳、儒、墨、名、法、道；（2）儒、墨、法、名、道、阴阳；（3）阴阳、儒、墨、法、名、道。这三种分类，不管怎样的次序，都是由三大类组成：儒、墨是一类，名、道是一类，阴阳是一类。它和《天下》篇的叙述顺序很接近，主要区别是《天下》篇没有阴阳家[③]。从《诸子略》“九流十家”的次第来看，刘向、刘歆所增加的纵横家、杂家、农家、小说家四家，是紧随在司马谈所论六家之后，可见刘向、刘歆是在《论六家要旨》所奠定的基础上进行扩展补充的。

---

① 当代一些学者针对诸子百家的复杂情况，对《论六家要旨》提出质疑，认为先秦本来没有“六家”（参见任继愈《先秦哲学无“六家”——读司马谈〈论六家要旨〉》，载氏著《中国哲学史论》，上海人民出版社1981年版，第431—435页），而是“司马谈自己创造了汉初的‘六家’概念及其抽象的类目”（参见［美国］苏德恺《司马谈所创造的“六家”概念》，《中国文化》1992年秋季号）。这种观点固然有一定的道理，但是不应因此而忽视司马谈的贡献。关于此一问题，详参李锐《“六家”、“九流十家”与“百家”》，《中国哲学史》2005年第3期。

② 关于司马谈的六家之说，冯友兰有《论“六家”》一文（载氏著《三松堂全集》第12卷《中国哲学史论文二集》，河南人民出版社2001年版，第279—288页），甚为详审，可资参考。

③ 李零：《先秦诸子的思想地图——读钱穆〈先秦诸子系年〉》，见氏著《何枝可依——待兔轩读书记》，三联书店2009年版，第82页。

需要加以说明的是，《诸子略》之所以采取司马谈以学派的方式来区分先秦西汉诸子之学的可能性原因，除了因为《论六家要旨》已经提供了一个既高度概括、又可供后续发展的框架之外，不可忽视的是，《诸子略》属于群书目录性著作——《七略》的一个组成部分，既然如此，图书分类便是一个不可回避的问题。刘向遍校诸子群书，汇编定著而成“百八十九家，四千三百二十四篇”[①] 的著作，从图书命名的角度来看，大体上是“以人名书”的，可见刘向是以一家著作作为最基本的著录单位[②]。因此，将彼此有师徒门户、思想传承关系，或旨意相近的若干家著作归入一类，自然是顺理成章再合适不过的事情。而且，《诸子略》是以“流”的概念来指称此十个学派（就算未有“可观”者，也称为“小说家者流”），说明了刘向、刘歆意欲较为清楚地区分“流”和“家”的上下位关系。这就既考虑到先秦以来的称呼习惯，又创造性地改造了《论六家要旨》中“家”这一概念，所以其在学术史上的贡献深为后世所普遍认同和接受。

与此同时，刘向又曾为诸子之书撰写书录。从整体学术发展分合的角度，以《诸子略》的“九流十家”来概括分析，具体一家的著作，以书录形式来提要批评，既各自为主，又层次分明，可谓条理井然，体大思精。故此，当代包括西方学界在内的一些学者虽然未必完全同意《诸子略》对各家著作的分类归属[③]，但是基本上仍然沿用“九流十家”的概念来分析先秦哲学，足以证明了刘向、刘歆体系的合理性和可操作性。个别轻率的否定意见[④]，显然缺乏客观深入的理解，也有欠公允。

值得进一步讨论的是，“九流十家”的次第安排。《诸子略》的顺序是：儒家者流、道家者流、阴阳家者流、法家者流、名家者流、墨家者流、纵横家者流、杂家者流、农家者流、小说家者流。若以其与《庄子·天下》等

---

① 《汉志·诸子略》。

② 当然，刘向是深明一家之书中，很可能包括先师、后学甚至他家的作品，如《晏子书录》、《列子书录》便有清楚的表述。详参第四章，此不赘述。

③ ［英国］鲁唯一曾经指出：“刘向和刘歆所编的书目，作为遗产，所留下的对中国哲学进行重大划分的分类却往往是错误的。”参见崔瑞德、鲁唯一编《剑桥中国秦汉史》，社会科学出版社 1992 年版，第 696 页。此一说法涉及对先秦学术的理解问题，不同学者拥有各自的认识，应该予以接受。不过，若将《诸子略》的分类和著录等同整个先秦西汉的哲学，则似有值得商榷之处。

④ 夏乃儒主编：《中国哲学史三百题》，上海古籍出版社 1988 年版，第 36、38 页。

作品进行比较的话，可以发现有以下几个特点：（1）战国以来儒、墨风靡一时，所以这两家历来都是并称的，但是《诸子略》却将它们分开，又将墨家置于较后的位置；（2）阴阳家、法家、名家始见于《论六家要旨》，纵横家始见于《淮南子·要略》，都是汉代新出的名称，其中阴阳家更一跃而上第三位；（3）杂家、农家、小说家，皆出于《诸子略》的创造。

综观“九流十家”，大致可以分为三组：（1）儒家、道家、阴阳家；（2）法家、名家、墨家；（3）纵横家、杂家、农家、小说家。至于先后次第，相信是基于它们在西汉时所占的学术和政治地位来考虑的。儒家位首，毋庸申说。道家居次，既上承战国余绪，且汉初以黄老之治为主，是“君人南面之术”，所以黄老道家具有很高的地位，《诸子略》收有《黄帝四经》4篇、《黄帝铭》6篇、《黄帝君臣》10篇、《杂黄帝》58篇等黄帝书，加上道家是刘向、刘歆的家学（详见第一章），因此仅次儒家之后。阴阳家第三，主要是因为以邹衍等开创的阴阳五行学说，自战国末年直至秦汉不仅在学术上异军突起，更是干预政治的重要手段之一；刘向、刘歆是董仲舒以后的阴阳五行学说大家，侈谈灾异即为他们耀眼的学术特色之一（详见第一章）。因此，《诸子略》继《论六家要旨》之后，进一步提升阴阳家的地位，使其与儒、道两家共同成为当时的主流学术。

在法家、名家、墨家三家中，隶于法家的商鞅、申不害、慎到，隶于名家的邓析、公孙龙、惠施等早见于《天下》篇等作品，《诸子略》只是上承《要略》篇、《论六家要旨》，合而论之而已。由于刑名法术属于“霸王道杂之”的汉家制度的重要组成部分，具有较强的现实政治意义，因此位列第三、第四。不过，因为刘向对名家诸子如邓析、公孙龙等评价不高（参见《邓析书录》、《公孙龙子书录》佚文），加上从《诸子略》的著录来看，名家已无汉人著作，微而不显，所以先法而后名。

与阴阳家的飙升相反的是，墨家的急剧下降。墨家与儒家同称显学，从《要略》篇、《论六家要旨》可知其在汉初仍有一定的地位，而且墨子之书在西汉广泛流传，学者文人多有称引。从小序对于墨家“见俭之利，因以非礼，推兼爱之意，而不知别亲疏”的批评中，可知儒、墨两家的重要分歧在于简礼非乐还是重礼重乐，在于推行人伦等差之爱还是无等差之爱。但是，在叔孙通为汉家定礼制乐之后，简礼非乐还是重礼重乐之争已无社会现实意义；在董仲舒提倡“天人感应”的神学论并因汉武帝的推动而大行天下后，墨家出于“天志”的兼爱论与儒家出于血缘的等差爱之间的理论差距正在缩小。因此，儒、墨两家在学理上有了更多可沟通处，所以不论在黄老占主流思想地位的西汉中前期，还是在儒家占思想统治地位的西汉后期，甚至东汉时期，有更多人主张“儒墨相通”[①]。正是这种“视墨同儒”的学术观念，使得墨家之学在西汉逐渐失去独立性，所以西汉之时已无墨家之书。由此可见，在学理上为儒家思想所消融，在政治上没有突出标榜的价值，都是造成墨家排于较后位置的重要原因。不过，刘向、刘歆仍然重视墨家的历史价值，将其与法家、名家并列，表现出学术取舍上的卓识。

至于纵横家、杂家、农家、小说四家之设，因为西汉之时“苏张一派，传书不少，既于六家一无所合”[②]，而且刘向颇重纵横家权谋对于政治斗争的参考意义（参见《战国策书录》），所以上承《要略》篇将纵横家立为一类。杂家之书，从《诸子略》的著录来看，其中固然有“兼儒、墨，合名、法”的《吕氏春秋》、《淮南》内外等书。另一方面，很可能是因为若干学派面貌不甚明显的著作，“不能隶前七家者入焉，为编录方便起见”[③]，故以杂家包容之。而且，杂家较多西汉之书，内容也比较杂乱，所以一并附入。这是图书分类中的不得已之法，毋需深究。农家在战国也自成一派，本以技术为主，但亦有政治主张，小序批评“无所事圣王，欲使君臣并耕，誖上下之序”的许行[④]，便是战国农家学者，因此不入《方技略》，而于《诸子略》设立一类。但是，因为学术和政治的价值都较低，又多不知著者之书，所以位于九流之末。小说家则属“街谈巷语，道听途说”的“刍荛狂夫之议”。这些民间智慧之于治国大道，本来在刘向、刘歆而言，实在毫不足观；不过，由于篇卷众多（共 15 家 1380 篇，是《诸子略》中篇数最多的一类），因此附于九流之后，作为第十家。

其次，《诸子略》确立了一套总结先秦西汉“九流十家”的论述方式：

---

① 参见郑杰文《中国墨学通史》上册，人民出版社 2006 年版，第 5 页。

② 梁启超：《汉书艺文志诸子略考释》，载氏著《饮冰室合集》第 10 册，中华书局 1989 年版，第 2 页。

③ 梁启超：《汉书艺文志诸子略考释》，见《饮冰室合集》第 10 册，中华书局 1989 年版，第 2 页。

④ 见《孟子·滕文公上》。

先是指明各家出于某王官，然后“各推所长，穷知究虑，以明其指”，再而指出所失[①]。这种将先秦诸子的源流与得失结合起来的分析，渗透着深刻的历史衍化观和理论建构的意图，是深入分析刘向、刘歆学术总结思想的一柄钥匙。其中“诸子出于王官”之说，由于《汉志·诸子略》承之，遂为后世所沿袭，如《隋志》子部就将先秦诸子的起源严格地与《周礼》中具体的职官相互对应。其后，郑樵《通志·校雠略》、章学诚《校雠通义》、龚自珍《古史钩沉论》皆有所推衍，可见影响之大。

近代以来，章太炎力主维护此说，其《诸子略说》云：“古之学者多出于王官，世卿用世之时，百姓当家，则务农商畜牧，无所谓学问也。其欲学者，不得不给事官府为之胥徒，或乃供洒扫为仆役焉。”[②]《国故论衡》又云：“九流皆出王官，及其发舒，王官所不能与；官人守要，而九流究宣其义，是以滋长。”[③] 吕思勉的《先秦学术概论》也支援章说[④]，而刘师培的“古学出于官守论”则是在“诸子出于王官”的基础上，加以发挥推论的[⑤]。与此同时，胡适、傅斯年、钱穆等学者却对此提出强烈的质疑。胡适于1917年《太平洋杂志》第一卷第七号发表了《诸子不出于王官论》，直斥“诸家所自出，皆属汉儒附会揣测之辞，其言全无凭据，而后之学者乃奉为师法，以为九流果皆出于王官”。“夫言诸家之学说，间有近于王官之所守，如阴阳之近于占候之官，此犹可说也。即谓古者学在官府，非吏无所得师，亦犹可说也。至谓王官为诸子所自出，甚至以墨家为出于清庙之守，以法家为出于理官，则不独言之无所依据，亦大悖于学术思想兴衰之迹矣。”又谓：“如云纵横之术出于行人之官，不知行人自是行人，纵横自是纵横。一是官守，一为政术，二者岂为渊源耶?”“古者学在王官，是一事。诸子之

---

① 这种批评方式亦见于《六艺略》大序，以及《数术略》、《方技略》各家小序，可见其为《辑略》的通例。

② 章太炎：《诸子略学说》，广西师范大学出版社2010年版，第3页。

③ 章太炎：《国故论衡》，上海古籍出版社2003年版，第101—102页。

④ 吕思勉：《先秦学术概论》，中国大百科全书出版社1985年版，第16—18页。

⑤ 刘师培于1905年至1906年间撰有《古学起源论》、《古学出于史官论》、《补古学出于史官论》、《古学出于官守论》等一系列文章，收入氏著《刘师培全集》第3册，中共中央党校出版社1997年版。关于刘氏所论的情况，详参李孝迁《刘师培“古学出于史官论”探悉》，《社会科学辑刊》2001年第5期。

学是否出于王官，又是一事。吾意以为即令此说而信，亦不足证诸子出于王官。盖古代之王官，定无学术可言。《周礼》伪书本不足据。”“诸子自老聃、孔丘至于韩非，皆忧世之乱而思有以拯济之，故其学皆应时而生，与王官无涉。”[①] 胡氏之说，轰动一时，学者多所趋之。傅斯年受其启发，进一步提出战国诸子除墨子以外皆出于职业之论[②]。此外，钱穆亦谓“王官之学衰而诸子兴可也，谓诸子之学一一出于王官则不可也”[③]，并从而提出诸子出于“孔门”的观点。

不过，当时学界也不是没有反对声音的，如冯友兰在《先秦诸子之起源》的演讲中，重申《汉志》的观点“大致不错，只有小错”；又补充认为“诸子不一定出于王官，也许出于大夫之家”，还把观点明确为儒家出于相礼乐之士（文士），墨家出于武士，阴阳家出于巫祝方士，名家出于讼师，法家出于法术之士，道家出于隐士等。[④] 此外，钟泰的《中国哲学史》亦坚持“百家渊源于王官六艺之学”[⑤]。对于分析先秦诸子的学术渊源，胡适等人一反《七略》、《汉志》以来的成说，可谓发聋振聩，深富启发意义。然而，套用胡适的话，也可指出：诸子之学是否出于王官是一事，《七略》以为诸子出于王官又是一事。当然，两者之间具有重要的联系关系，但是从探讨“诸子出于王官”之说的出现及其背后的学术意义来看，还是应该将两者严格区分开来，否则治丝而棼，终不得其解。

在讨论“诸子出于王官”之说之前，有一个理解前提必须注意，就是过往论者都忽略了“出于”之前的“盖”字，故此未能全面考虑所谓“出于”的含义。关于先秦诸子的兴起，《庄子·天下》以为是“道术将为天下裂”的结果，《淮南子·要略》则谓“皆起于救时之弊，应时而兴”[⑥]。然

① 胡适：《诸子不出于王官论》，收入氏著《胡适文集》第2册《胡适文存》，北京大学出版社1998年版，第180—186页。

② 傅斯年：《论战国诸子除墨子外皆出于职业》，收入氏著《傅斯年“战国子家”与〈史记〉讲义》，天津古籍出版社2007年版，第6—13页。

③ 钱穆：《国学概论》，商务印书馆1997年版，第34页。

④ 冯友兰：《原儒墨》，见《三松堂全集》第11卷，河南人民出版社2001年版，第343—344页。

⑤ 钟泰：《中国哲学史》，（台北）商务印书馆1967年版，第9页。

⑥ 胡适：《诸子不出于王官论》，见《胡适文集》第2册《胡适文存》，北京大学出版社1998年版，第181页。

而，《诸子略》谓“（诸子十家）皆起于王道既微，诸侯力政，时君世主，好恶殊方，是以九家之术蜂出并作，各引一端，崇其所善，以此驰说，取合诸侯”。刘向、刘歆是在战国时期列强争雄的宏大背景下，从主客观两个方面来考察诸子的兴起，其说近于《要略》篇，更加符合历史的真实情况，可见他们对此一问题是有着深刻了解的。以此反观《诸子略》各家小序，不难看出“盖出于”显然不同于“皆起于”。细揣文意，“皆起于”是实指，即诸子兴起的具体背景，而“盖出于”是虚指，所以它不仅是一种溯源式的表述，还应带有一定的特殊含义①。因此，“诸子出于王官”不能一般地理解为“始自”、“起源”，更需考虑到此说出现的特定历史背景和主观撰作动机。

对于《诸子略》首倡“诸子出于王官”之说的原因，有学者指是出于刘歆为了抬高《周官》（《周礼》）的地位，意图在于说明：诸子出于周官，周官出于六艺，六艺出于圣人，借以强调古文经的权威性。② 此一观点很具启发性，值得引起重视。众所周知，“诸子出于王官”之说的特点，在于将先秦诸子“九流十家”与上古王官一一对应起来，因此检视其所列各个王官与《周礼》的关系，成为讨论上述观点的重要前提，以下依次略作分析。

《诸子略》谓“儒家者流，盖出于司徒之官”。“司徒”一名屡见于《尚书》③、《诗经》、《左传》、《礼记》以及《孟子》等经书，《尚书·周书》云：“司徒掌邦教，敷五典，扰兆民。”《周礼》更有专篇讲述司徒之官的设置，《地官司徒》云：“地官司徒，使帅其属而掌邦教，以佐王安扰邦国。”又云：“大司徒之职，掌建邦之土地之图与其人民之数，以佐王安扰邦国。……以乡三物教万民而宾兴之：一曰六德：知、仁、圣、义、忠、和。二曰六行：孝、友、睦、姻、任、恤。三曰六艺：礼、乐、射、御、

① 牟宗三曾经指出：“‘诸子出于王官’的‘出’是指历史的‘出’，是表示诸子的历史根源（historical origin），而不是逻辑的出，不是逻辑根源（logical origin）。所以，说诸子出于何官何官，大都是联想，并不是很严格的。”见氏著《中国哲学十九讲》，上海古籍出版社2005年版，第44页。其说可参；然而事实恐怕不仅如此，有关论述详见下文。

② 参见熊宪光《纵横家之兴考辨》，《文献》1997年第1期。

③ 属于今文《尚书》的有《牧誓》、《洪范》、《梓材》、《立政》，属于古文《尚书》的有《舜典》、《周礼》、《君牙》。

书、数。”由此可见，儒家学派的许多主要观念与司徒之官的职守一脉相承，因此认为儒家出于司徒之官，是《诸子略》受到《周礼》的影响，应该说有一定的理据。

又谓“道家者流，盖出于史官。”“史官”一名不见于《周礼》，但在《周礼》所载的王官系统中有大量名为“史”的官职，且多为各种属官，所以“史”可能是一种中下级官员的称谓①。《六艺略》“《春秋》家类”小序云：“古之王者世有史官，君举必书，所以慎言行，昭法式也。左史记言，右史记事，事为《春秋》，言为《尚书》，帝王靡不同之。”说明了刘向、刘歆不仅明确地指出“史官”属于上古以来王官系统的一个组成部分，并且十分重视“史官”对于治道的作用。《周礼·春官宗伯》载有大史、小史、内史、外史、御史之官，其云：“大史掌建邦之六典，以逆邦国之治。……小史掌邦国之志，奠系世，辨昭穆。……内史掌王之八枋之法，以诏王治。……外史掌书外令，掌四方之志，掌三皇五帝之书，掌达书名于四方。……御史掌邦国、都鄙及万民之治令，以赞冢宰。”《诸子略》中的“史官”观念，与《周礼》存在不可忽视的关系，还是显而易见的。

此外，曹耀湘《墨子笺》曾指道家者流出于史官之论的提出，“不过因老子为柱下史及太史公自叙之文，而傅会此说耳。”② 然而，《诸子略》云：“（道家）历记成败存亡祸福古今之道，然后知秉要执本，清虚以自守，卑弱以自持，此君人南面之术也。”由此可见，刘向、刘歆应是考虑到道家著作中多有总结历代治乱兴衰的道论内容③。而且，《诸子略》于“道家类”之首，著录的《伊尹》51 篇、《太公》237 篇、《辛甲》29 篇、《鬻子》22 篇、《管子》86 篇、《文子》9 篇等，皆是托名商周以来的名臣贤相之作，从诸书的今存文本以及相关出土文献来看，内中包含不少历代史事、统治经验的内容。由此推想，刘向、刘歆很可能是从道家与史官的某种内在联系的角度（具体来说，道论思想是在史官的书记、撰史等政治职能的基础之上进一步推衍而成的一种意识形态），来提出道家出于史官之论的。

---

① “史”屡见于《周易》、《诗经》、《仪礼》、《左传》、《论语》、《孟子》以及《礼记》等经书，说明上古“史官”的建置甚早，且具有广泛而重要的职能。

② 李致忠：《三目类序释评》，北京图书馆出版社 2002 年版，第 333 页。

③ 参见张舜徽《周秦道论发微》，中华书局 1982 年版。

又谓“阴阳家者流，盖出于羲和之官，敬顺昊天，历象日月星辰，敬授民时，此其所长也。”“羲和”一名不见于《周礼》，在《周礼》的王官系统中，掌管历象时岁属于冯相氏和保章氏之职。《春官宗伯》云：“冯相氏掌十有二岁，十有二月，十月二辰，十日，二十有八星之位，辨其叙事，以会天位。……保章氏掌天星，以志星辰、日月之变动，以观天下之迁，辨其吉凶。”然而，《尚书·尧典》云：“乃命羲和，钦若昊天，历象日月星辰，敬授人时。”伪《孔传》曰：“重黎之后羲氏、和氏世掌天地四时之官，故尧命之，使敬顺昊天。”马融注云：“羲氏掌天官，和氏掌地官，四子掌四时。”《史记·五帝本纪》亦云：“乃命羲和敬顺昊天，数法日月星辰，敬授民时。”由此可见，《诸子略》之文实本诸《尚书》、《史记》，而与《周礼》所载的王官系统无涉。

春秋战国初期出现了一批著名的术数之士，“春秋时，鲁有梓慎，郑有裨灶，晋有卜偃，宋有子韦；六国时，楚有甘公，魏有石申夫”①。他们观星象、望气氛，预言兴亡灾祸，其理论根据是天上的星象与地上列国的分野相关相应，可以说是战国阴阳家的前驱②。不过，从《诸子略》的著录来看，“阴阳家者流”主要是指战国中晚期，“明于五德之传”的邹衍、邹奭等人。追本溯源，“邹子养政于天文”③，阴阳五行学说衍化自天象历数之学，所以阴阳家出于羲和之官的说法，也不是完全没有依据的。

又谓“法家者流，盖出于理官”。“理官”一名不见于《周礼》与其他先秦经史诸子之书。《后汉书·郭陈列传》云：“及为理官，数议疑狱。”据此，一般以为理官即刑狱之官④。《周礼·秋官司寇》云：“刑官之属：大司寇，卿一人；小司寇，中大夫二人；士师，下大夫四人；乡士，上士八人，中士十有六人，旅下士三十有二人。”郑玄注云：“士，察也，主察狱讼之事者。郑司农说以《论语》曰：‘柳下惠为士师。’乡士，主六乡之狱。”贾公彦疏云：“训‘士’为‘察’者，义取察理狱讼，是以刑官多称士。……

① 《汉志·数术略》。

② 詹剑峰：《老子其人其书及其道论》，湖北人民出版社1982年版，第167—168页。

③ 《文心雕龙·诸子》。

④ 顾实云：“理、李古字通，狱官也，今犹曰大理院。”见《汉书艺文志讲疏》，上海古籍出版社1987年版，第137页。

上代以来，狱官之名有异。是以《月令》乃‘命大理瞻伤察疮’，郑注云：‘有虞氏曰士，夏曰大理，周曰大司寇。’天子诸侯同，故鲁有司寇，晋魏绛亦云‘归死于司寇’。至于衰世，国异政，家殊俗，官名随意所造。故僖二十八年，晋有士荣为大士；文十年，楚子西云‘臣归死于司败’；《论语》云‘陈司败’；昭十四年，士景伯如楚，叔鱼摄理：是后官号不同者也。”由此可见，古人亦以为大理之官为刑官，刑官即理官。章太炎曾指出：“法家有两派：一派以法为主，商鞅是也；一派以术为主，申不害、慎到是也。惟韩非兼善两者，而亦偏重于术。”[①] 因此，法家出于理官之说，从客观历史来看，可以说带有一定的片面性。然而，《晋书·刑法志》云：“魏文侯师李悝，撰次诸国法，著《法经》六篇，商君受之以相秦。”《诸子略》于“法家类”之首，著录《李子》32 篇、《商君》29 篇，显然是以李悝、商鞅为法家的祖师，所以推本溯源，强调法家出于理官。

又谓“名家者流，盖出于礼官”。“礼官”在《周礼》中属于一个庞大的王官系统，《春官宗伯》云：“礼官之属：大宗伯，卿一人。小宗伯，中大夫二人。肆师，下大夫四人、上士八人、中士十有六人。旅，下士三十有二人、府六人、史十有二人、胥十有二人、徒百有二十人。”其中“小宗伯之职，掌建国之神位，右社稷，左宗庙。……辨庙祧之昭穆，辨吉凶之五服、车旗、宫室之禁。掌三族之别，以辨亲疏。其正室皆谓之门子，掌其政令。毛六牲，辨其名物而颁之于五官，使共奉之；辨六齍之名物与其用，使六宫之人共奉之；辨六彝之名物，以待果将；辨六尊之名物，以待祭祀宾客。掌衣服、车旗、宫室之赏赐，掌四时祭祀之序事与其礼。”这种礼仪之官的职守，显然是基于“古者名位不同，礼亦异数”的思想而出现的，因此很可能是刘向、刘歆所指名家产生的源头。[②] 然而，春秋战国之时，邓析、公孙龙、惠施等名家代表性人物，他们的学说着重讨论“名”、“实”关系，既有藉此来进行政治斗争活动，也有纯粹的逻辑讨论，甚至有对自然科学的思考。因此，名实关系之学虽然孕育于上古社会的等级制度（礼制），但是与《周礼》所记王官系统中的“礼官”已有了本质的区别，所以

---

① 章太炎：《诸子学略说·诸子略说》，广西师范大学出版社 2010 年版，第 79 页。
② 李致忠：《三目类序释评》，北京图书出版社 2002 年版，第 361 页。

《诸子略》此一说法受到后人的猛烈批评[1]，也是无可厚非的。

又谓“墨家者流，盖出于清庙之守”[2]。“清庙”一名不见于《周礼》，《诗经·周颂》有《清庙之什》，楚简《孔子诗论》云：“清庙，王德也，至矣。敬宗庙之礼，以为丌本；秉文之德，以为丌业；肃雍……”[3]《诗谱》则云：“《清庙》，祀文王也。周公既成洛邑，朝诸侯，率以祀文王焉。”郑玄注云：“清庙者，祭有清明之德者之宫也，谓祭文王也。”此外，《左传·桓公元年》载臧哀伯谏鲁公曰：“君人者将昭德塞违，以临照百官，犹惧或失之。故昭令德以示子孙：是以清庙茅屋，大路越席，大羹不致，粢食不凿，昭其俭也。”杜预注云：“是以清庙茅屋，以茅饰屋，著俭也。清庙，肃然清净之称也。”孔颖达《正义》曰：“清庙者，宗庙之大称。《诗·颂·清庙》者，祀文王之歌，故郑玄以文王解之，言天德清明，文王象焉，故称清庙。此则广指诸庙，非独文王，故以清静解之。”[4] 由此可见，清庙本为祭祀文王的宫室，及后泛指祭祀有清明之德者的场所，其初始或即生前所居的宫室，因此“清庙之守（官）”亦应属于西周王官系统之一。刘向、刘

---

① 胡适《诸子不出于王官论》云：“古无名家之名也。凡一家之学，无不有其为学之方术。此方术即是其‘逻辑’。是以老子有无名之说，孔子有《正名》之论，墨子有三表之之法，‘别墨’有墨辩之书（即今《墨子》书中之《经》上、下，《经说》上、下，《大取》《小取》诸篇），荀子有《正名》之篇，公孙龙有名实之论，尹文子有刑名之论，庄周有《齐物》之篇：皆其‘名学’也。古无‘名学’之家，故‘名家’不成为一家之言。惠施、公孙龙，皆墨者也。观《列子·仲尼》篇所称公孙龙之说七事，《庄子·天下》篇所称二十一事，及今所传《公孙龙子》书中《坚白》、《通变》、《名实》诸篇，无一不尝见于《墨译》（晋人如张堪、鲁胜之徒颇知此理。至于惠施主兼爱万物，公孙龙主偃兵，尤易见），皆其证也。其后学术散失，汉儒固陋，但知掇拾诸家之伦理政治学说，而不明诸家为学之方术，于是凡‘苛察缴绕’（司马谈语）之言，概谓之‘名家’。……刘歆、班固承其谬说，列名家为九流之一，而不知其非也。”见《胡适文集》第2册《胡适文存》，北京大学出版社1998年版，第182—183页。

② 杨树达谓：“宋翔凤《过庭录》云：《隋·经籍志》亦作清庙之守。案守疑官字之误。……余嘉锡《四库提要辨证》云：守字乃官字之误。《汉纪》二十五叙诸子源流作清庙之官，唐赵蕤《长短经·正论篇》全录《汉志》，《广弘明集》卷八及《佛祖通载》卷十一载北周释道安《二教论》引《艺文志》亦并作官，知唐以前《汉书》古本如此，守字乃宋以后刻本之误。”见氏著《汉书管窥》，上海古籍出版社2006年版，第235—236页。其说有据有理，可以信从。

③ 马承源主编：《上海博物馆藏战国楚竹书》（一），上海古籍出版社2000年版，第131—132页。

④ 郭店楚简《语丛一》有云：“宾客，清庙之文也。”见《郭店楚墓竹简》，文物出版社1998年版，第197页。不过，李家浩《说“青庙”——关于郭店竹简〈语丛一〉88号的解释》一文以为“清（青）庙”应该读为“情貌”（见台湾大学中国文学系、武汉大学简帛研究中心、芝加哥大学顾立雅古文字学研究中心编《2007中国简帛学国际论坛》，2007年11月），其说可参。

歆之所以认为墨家出于清庙之守（官），很可能是因为清庙以茅饰屋，以俭著称，切合于墨家的节用、节葬、非乐等主张，故推溯合论之，傅会之迹十分明显。

又谓“纵横家者流，盖出于行人之官”。“行人”一名屡见于《周易》、《诗经》、《左传》、《论语》以及《礼记》等经书，《周礼·秋官司寇》也有讲述行人之职之文，其云：“大行人，中大夫二人。小行人，下大夫四人。”又云：“大行人掌大宾之礼，及大客之仪，以亲诸侯。……小行人掌邦国宾客之礼籍，以待四方之使者。”春秋之时，各诸侯国也有行人之官，往来聘问，奔走不绝，甚为活跃，他们的事迹多见于《左传》，其职略近于外交使者。纵横家重视外交活动，他们中的大多数确实是当时在外交舞台上大显身手的说客策士。从活动的方式和履行的职能来看，纵横家与所谓“行人之官”确有某些相类似之处。因此，从这个意义说来，称纵横家“出于行人之官”，肯定二者之间存在着一定的传承关系，也不是没有理由的。虽然这一论断忽略了纵横家之兴与战国乱世特定历史条件的不可分割关系，未能揭示出本质的因素，不免片面和拘泥。[①] 但是，《诸子略》将纵横家者与行人之官联系起来，无疑与《周礼》有关，则是可以肯定的。

又谓“杂家者流，盖出于议官”。“议官”一名不见于《周礼》与其他先秦经史诸子之书，应该是一个泛称。战国之时，齐威王在都城临淄的稷门附近创设“稷下学宫”，宣王、襄王等继之。当时“驺衍、淳于髡、田骈、接予、慎到、环渊之徒七十六人，皆赐列第，为上大夫，不治而议论。是以齐稷下学士复盛，且数百千人”[②]。由此可见，稷下先生颇有议官的色彩。加上稷下学宫曾经汇聚了多个学派的代表性人物[③]，所著所论各有特色，此与“兼儒、墨，合名、法”的《吕氏春秋》、《淮南子》等杂家名作有一定的相似性。因此，如谓杂家者出于议官之说，盖来自这种联想，也不是完全没有可能的。

---

① 详参熊宪光《纵横家之兴考辨》，《文献》1997 年第 1 期。

② 《史记·田敬仲完世家》。

③ 《盐铁论·论儒》云：“齐宣王褒儒尊学，孟轲、淳于髡之徒，受上大夫之禄，不任职而论国事，盖齐稷下先生千有余人。”《史记·孟子荀卿列传》云：“田骈之属皆已死齐襄王时，而荀卿最为老师。齐尚修列大夫之缺，而荀卿三为祭酒焉。”据此，儒家大师孟子、荀子或皆曾到过稷下学宫。

又谓“农家者流，盖出于农稷之官”。“农稷”一名不见于《周礼》以至其他先秦经史诸子之书。相传周之始祖弃幼时善种麻、菽，成人之后“好耕农，相地之宜，宜谷者稼穑焉，民皆法则之”。帝尧命弃为农师，帝舜封弃于邰，号曰后稷。后稷之嗣世为农官，虽然一度在夏朝失官，至公刘又复修后稷之业①，故此农业之官谓之农稷。《左传·昭公二十九年》载晋太史蔡墨云：“稷，田正也。在烈山氏之子曰柱，为稷，自夏以上祀之。周弃亦为稷，自商以来祀之。”《礼记·祭法》又云：“夏之衰也，周弃继之，故祀以为稷。”由此可见，农稷也是农神，历代祭祀不绝，以求风调雨顺，五谷丰登。“农家类”著录之书，除了《神农》20 篇、《野老》17 篇、《宰氏》17 篇为六国时的著作外，其余皆为汉人之作。因此，谓农家出于农稷之官，显然是从图书内容的角度加以联想的。不过，由于重农是周族的传统，西周天子每年都须行“籍礼”，所以西周王官系统中有农稷之官的存在，可以说是毫无疑问的。此外，“农家类”著录《氾胜之》18 篇，《〈汉志〉颜注》引《别录》云“氾胜之时为议郎，使教田三辅，有好田者师之，徙为御史”。由此可知，氾胜之亦曾任农官之职。总之，《诸子略》所谓“农稷之官”是周秦以来农官的一种统称，而农家出于农稷之官，则全然是一种事理上的推想。

至于谓“小说家者流，盖出于稗官”。“稗官”一名不见于《周礼》与其他先秦文献。《汉志》颜注引如淳曰：“《九章》‘细米为稗’。街谈巷语，其细碎之言也。王者欲知闾巷风俗，故立稗官使称说之。今世亦谓偶语为稗。”颜注则曰：“稗官，小官。《汉名臣奏》唐林请省置吏，公卿大夫至都官稗官各减什三，是也。”由于除《汉志》外，传世汉晋文献提到“稗官”的就只有《汉名臣奏》一种，所以历来各家对“稗官”的理解不尽一致，尤其集中在“稗官”的秩级、职能等问题上。顾实上承颜注之说，认为“稗官者，闾胥里师之类也”②。余嘉锡则指“小说家所出之稗官，为指天子之士”，可能是《隋志》所引《周官》的诵训、训方氏之职。汉代官制中无

① 详见《史记·周本纪》。

② 顾实：《汉书艺文志讲疏》，上海古籍出版社 1987 年版，第 166 页。

士这一名目，因此所谓“稗官”指400石以下吏。[①] 袁行霈怀疑此说，认为“天子之士长居天子身边，官秩虽低，也不应称小官”，因而从“稗的本义为野生的稗禾”相阐发，推测“稗官应指散居乡野的、没有正式爵秩的官职，他们的职责是采集民间的街谈巷语，以帮助天子了解里巷风俗、社会民情”，所以“稗官”就是闾里间乡长、里长之类的父老。[②] 潘建国也指颜注之说有误，以稗为“鄙野俚俗”之义，“土训、诵训、训方氏”是周官系统的“稗官”，“待诏臣”、“方士侍郎”之类，也就是汉代所谓的“稗官”。[③] 罗宁则谓“汉代大小官之别是十分确定的，一般以六百石为界限，六百石及六百石以上可视为公卿大夫，而六百石以下则可视为小官”，“而作小说家言的稗官，很可能就是指郎官一类的谏议官以及更低级的待诏，尤其是后者”[④]。上述学者大都在传世文献的基础上推考，或认为“稗官”是闾胥里师，或认为是乡长、里长，或认为是天子之士，或认为是“待诏臣”、“方士侍郎”之类，或认为是以上两种或几种官的总称等等。虽然取得了一定的进展，但是对于“稗官”的具体情况仍然较为模糊。

考证“稗官”的突破，主要还是依靠出土文献。早在上个世纪70年代末，饶宗颐在《秦简中“稗官”及如淳称魏时谓“偶语为稗”说——论小说与稗官》中，指出“稗官”不等于士，并且率先根据新出土的云梦睡虎地秦简中“令与其稗官卒，如其事”一语，以为“《汉志》远有所本，稗官，秦时已有之”[⑤]，可惜其未有作进一步的论述。近年陈洪的《稗官说考辨》利用出土秦简及相关研究，不仅对饶宗颐已涉及的秦简材料作了较为深入的讨论，并补充论证了另外一条龙岗秦简的材料，得出“秦汉以来之‘稗官’，是对县令至于乡长等各级附属小官吏的泛称，其职能也是广泛的，其中有职掌文书的。据此上推，则《汉志》所谓先秦之‘稗官’，也应当是泛指一些低级的小官微吏。因此，如淳、颜师古注说《汉志》中‘稗官’

---

① 余嘉锡：《余嘉锡论学杂著·小说家出于稗官说》上册，中华书局1963年版，第265—270页。
② 袁行霈：《〈汉书·艺文志〉小说家考辨》，《文史》第7辑，中华书局1979年版。
③ 潘建国：《“稗官”说》，《文学评论》1999年第2期。
④ 罗宁：《小说与稗官》，《四川大学学报》1999年第6期。
⑤ 饶宗颐：《文辙——文学史论集》上册，（台北）学生书局1991年版，第253—260页。

是细吏、小官，大致不错”[①]。曹旅宁则在出土云梦秦简、张家山汉简的基础上，提出“稗官”为秩级在160石的小官的通称，其中可能有人具有为天子采访闾巷风俗的法定职责。因此，有关《汉志》“稗官”的诸家解释中，《汉名臣奏》的见解是正确的。余嘉锡认为是天子之士（中央官员，即使级别不高）应当是比较正确的见解。[②] 虽然同样是根据出土文献立论，然而三家的结论并不一致，不过“稗官”的真实面貌已经呼之欲出了。

最近，赵岩、张世超的《论秦汉简牍中的“稗官”》，全面考察了出土的秦汉简帛文献，指出睡虎地秦简中的“稗官”是指官啬夫的佐、史、士吏等职官，地位在令史以下，龙岗秦简中的“稗官”是可能指乡啬夫或其属吏。而在汉简中的“都官之稗官”俸禄为160石，大致与官啬夫、乡啬夫相当。另一方面，朱骏声《说文通训定声》云：“《说文》：‘稗，禾别也’，《汉书·艺文志》‘盖出于稗官’，注‘偶语为稗’，按别种非正之意，故小贩谓之稗贩。”“稗官”之“稗”，在秦汉皆含有“别”义，在几处简牍中的“稗官”都是与“正官”相对的“别官”。因此，由“别”而产生“小”的意义，所以颜师古解释为“小官”，亦有合理之处。[③] 至此，“稗官”的真相可谓大白于世。由此可见，“稗官”只是秦汉以来地方上的一种小官，其与《周礼》所载的西周王官系统丝毫无涉，所以小说家出于稗官，当是一种以今律古的臆想之说。

从上可知，《诸子略》所论列的各个王官，并不都见于《周礼》一书，其中部分与《周礼》有直接或间接的关系，部分则属于西周的王官系统，还有个别显然与《周礼》完全没有关系。需要注意的是，刘歆在上奏《七略》以后，为争立古文经而作的《移让太常博士书》中，并未论及《周礼》。可见当时刘歆对于《周礼》的态度，明显与后来王莽主政时期的高度重视有一定的差距。因此，单纯从刘歆推崇《周礼》的角度来考虑“诸子出于王官”之说，带有一定的片面性，未能充分揭示此说的创立企图和真实意义。

---

① 参见赵岩、张世超《论秦汉简牍中的“稗官”》，《古籍整理研究学刊》2010年第3期。

② 曹旅宁：《张家山汉律职官的几个问题》，见氏著《张家山汉律研究》，中华书局2005年版，第195页。

③ 赵岩、张世超：《论秦汉简牍中的“稗官”》，《古籍整理研究学刊》2010年第3期。

以上论断，并不是要全面否定《周礼》对于“诸子出于王官”之说的影响。沈文倬曾在《略论宗周王官之学》中指出：“刘歆论战国诸子出自官学，自指周王之官。”“宗周官学的特点在‘学在官府’。……官学教、学的内容是根据官责首明职掌的原则，确定每个官所担负的事务及其履行之法。凡官总有任免交接，接任者应该接受前任者处理所担任事务的整套做法，加上自己多年履行时所得的经验，通过口耳相传，一一告诉后继者，做到不遗不漏。这种百官在任职实践中长期积累起来的经验，经过不断修订，不断条理化，汇集起来，即成宗周官学”。由此推知，“宗周存在过世官制度”，“某些学术或技能较强的职位，往往被某氏所独擅，史某、师某这种世官将非他姓所能问津，世官也有可能成为世学。”而且，“宗周王官之学不是局限于胡适氏所说的学术思想——哲学思想、政治思想、经济思想等等，而是门类十分繁富的。从总体上说，是指国家在当时所能涉及（广度）和所能达到的（深度）的百科之学”。当然，需要指出的是，“西周以至晚周官制的创建、增置以至改制，无论王朝或侯国，都是根据王的意志，也就是根据他的需求而随时设置和任意废弃的”[①]。沈氏之论，对于了解宗周学官（世官）制度具有重要的价值，值得充分重视。

从目前所见文献来看，先秦时期的典籍保存制度和传习方式，最早可以溯源于西周以不同职官分掌各类典籍的制度，《周礼》对此所载尤多，如谓“太史掌建邦之六典”，“小史掌邦国之志”，“保章氏掌天星”，“内史掌王之八枋之法”，“外史掌书外令，掌四方之志，掌三皇五帝之书，掌达书名于四方”[②]，“小行人掌邦国宾客之礼籍”[③]，“大司徒之职，掌建邦之土地之图”[④]，“司书掌邦之六典丶八法、八则、九职、九正、九事，邦中之版，土地之图”[⑤]，“大胥掌学士之版”[⑥]，“司士掌群臣之版，以治其政令”[⑦]，“大

① 详见沈文倬《菿闇文存》上册，商务印书馆2006年版，第427—441页。
② 以上皆见《春官宗伯》。
③ 见《周礼·秋官司寇》。
④ 见《周礼·地官司徒》。
⑤ 见《周礼·天官冢宰》。
⑥ 见《周礼·春官宗伯》。
⑦ 见《周礼·夏官司马》。

师掌六律、六同以合阴阳之声。……教六诗：曰风、曰赋、曰比、曰兴、曰雅、曰颂"，"大卜掌三《易》之法，一曰《连山》，二曰《归藏》，三曰《周易》"①。此外，《礼记·王制》亦云："乐正崇四术，立四教，顺先王《诗》、《书》、《礼》、《乐》以造士。春秋教以《礼》、《乐》，冬夏教以《诗》、《书》。王大子，王子，群后之大子，卿大夫元士之适子，国之俊选，皆造焉。"降及春秋时期，仍然沿袭周初的建制，《国语·周语上》载召公谏周厉王弭谤曰："故天子听政，使公卿至于列士献诗，瞽献曲，史献书，师箴，瞍赋，蒙诵，百工谏，庶人传语。"由此可见，东周王室的各种图籍，分由不同的职官别掌，并且彼此形成各自独立的藏书系统了。

诸侯国的情况也应相仿，如《国语·楚语上》曾载申叔建议楚庄王以九类典籍教育太子，其云："教之春秋，而为之耸善而抑恶焉，以戒劝其心；教之世，而为之昭明德而废幽昏焉，以休惧其动；教之诗，而为之导广显德，以耀明其志；教之礼，使知上下之则；教之乐，以疏其秽而镇其浮；教之令，使访物官；教之语，使明其德，而知先王之务用明德于民也；教之故志，使知废兴而戒惧焉；教之训典，使知族类，行比义焉。"此处的春秋、世、诗、礼、乐、令、语、故志、训典，应指各类不同的图书。又如《左传·哀公元年》云："司铎火，火逾公宫，桓僖灾，救火者皆曰：'顾府。'南宫敬叔至，命周人出御书。……子服景伯至，命宰人出礼书。……命藏象魏，曰：'旧章不可亡也。'"象魏为"县教令之法"一类的法令文件，可见在鲁国的御书、礼书、象魏三类典籍分由周人、宰人等官员掌管。章学诚对此曾大加发挥，《校雠通义·原道》云："有官斯有法，故法具于官；有法斯有书，故官守其书；有书斯有学，故师传其学；有学斯有业，故弟子习其业。官守学业皆出于一，而天下以同文为治，故私门无著述文字。私门无著述文字，则官守之分职，即群书之部次，不复别有著录之法也。"这种制度在很大程度上为秦汉王朝所继承（详见第三章），刘向、刘歆史无前例地将先秦西汉之书分为六略 38 家，固然是具体校书工作的必然结果，同时也与先秦西汉的典籍保存制度、传习方式有着密切的渊源关系。因此，"诸子出于王官"之说，很可能是受到《周礼》所载各个王官分掌典职、世

① 以上皆见《周礼·春官宗伯》。

代相传的宗周学官制度（世官）的启发，并且结合战国以来的学术发展而提出的。

如果进一步纵观《七略》各大小序，可以轻易发现王官之学的制度，对于《七略》的学术思想和学术体系的构建，起着关键的作用。《六艺略》的“《诗》家类”小序云：

> 古有采诗之官，王者所以观风俗，知得失，自考正也。

“《礼》家类”小序云：

> 《易》曰：“有夫妇父子君臣上下，礼义有所错。”而帝王质文世有损益，至周曲为之防，事为之制，故曰：“礼经三百，威仪三千。”及周之衰，诸侯将逾法度，恶其害己，皆灭去其籍，自孔子时而不具，至秦大坏。

“《乐》家类”小序云：

> 《易》曰：“先王作乐崇德，殷荐之上帝，以享祖考。”故自黄帝下至三代，乐各有名。

“《春秋》家类”小序云：

> 古之王者世有史官，君举必书，所以慎言行，昭法式也。左史记言，右史记事，事为《春秋》，言为《尚书》，帝王靡不同之。

“小学家类”小序云：

> 古者八岁入小学，故《周官》保氏掌养国子，教之六书，谓象形、象事、象意、象音、转注、假借，造字之本也。

《诗赋略》大序云：

传曰："不歌而诵谓之赋，登高能赋可以为大夫。"言感物造端，材知深美，可与图事，故可以为列大夫也。

《兵书略》大序云：

兵家者，盖出古司马之职，王官之武备也。

《术数略》大序云：

术数者，皆明堂羲和史卜之职也。

"杂占家类"小序云：

杂占者，纪百事之象，候善恶之征。《易》曰："占事知来。"众占非一，而梦为大，故周有其官。

《方技略》大序云：

方技者，皆生生之具，王官之一守也。

从上可见，《七略》的核心学术观念当为"学术出于王官"，而"诸子出于王官"只不过是其中一个分支理论而已。因此，《七略》实际上是借助六略图籍的整理和分类，全面接续宗周王官的"百科之学"，并且意图重建汉朝的学术谱系。

西汉立国以后，随着大一统时代的来临，文化的重建工作开始进入士人的思考范围。上承战国余绪，汉初陆贾、叔孙通、贾谊等人在儒家思想的基础之上，杂有不少诸子遗风。与此同时，黄老之风盛行，上行下效，影响甚大。到了景、武之时，以黄老道家为主调，"兼儒、墨，合名、法"的《淮南子》以及“厥协六经异传，整齐百家杂语”的《史记》，正式揭开了综合先秦以来综合各家学术、重整汉朝文化秩序的帷幕。[1] 然而，武帝“卓然罢黜百家、表章六经”，并立五经博士之举，使汉朝文化的构建出现了重大转折。从此以后，儒家经学成为了汉朝的主导意识形态，不仅五经传说依经而作，各种私家著述也无不以儒家思想为依归。

另一方面，先秦百家之学亦逐渐被吸收，用以诠释经书、丰富儒学。董仲舒的《春秋》公羊学、翼奉的《诗》说、京房的《易》说，皆有以阴阳、术数之学解说附会经学的特点；而黄老道家之说对于汉代儒家的天人观念、仁义学说，皆有一定渗透。至于申韩刑名等法家和名家学说，虽然与儒家思想互相矛盾，却是所谓汉家制度（“霸王道杂之”）的重要组成部分，所以汉儒多有揣摩，其中《春秋繁露》的“名分”学说便明显地吸收了先秦以来的名、法家思想成分[2]。

元、成以后，儒家经学进一步发展，占领了学术文化的各个领域。诸子百家思想已被全面吸纳转化，各种学说几乎都成为了儒家经学的附庸，可以说《别录》、《七略》就是这种特定历史和思想背景下的重要产物。从本质上说，“诸子出于王官”是刘向、刘歆站在儒家经学的立场来吸收融会诸子百家的结果。因此，在《诸子略》各大小序中，充分反映了“以经观子”的批评方式以及“融子入经”的理论意图。《诸子略》序开宗明义地提出：“今异家者各推所长，穷知究虑，以明其指，虽有蔽短，合其要归，亦六经之支与流裔。使其人遭明王圣主，得其所折中，皆股肱之材已。……方今去圣久远，道术缺废，无所更索，彼九家者，不犹瘉于野乎！”由此可见，刘向、刘歆一方面认定诸子百家是“六经之支与流裔”[3]，同时又以为凡是可

---

① 《淮南子·假真训》云：“百家异说，各有所出。若夫墨、杨、申、商之于治道，犹盖之一橑，而轮之一辐，有之可以备数，无之未有害于用也。己自以为独擅之，不通于天地之情也。”司马迁《报任安书》自言《史记》之作，乃为“究天人之际，通古今之变，成一家之言”。皆可说明两书的撰述宗旨和追求目标。

② 参见王铁《汉代学术史》，华东师范大学出版社 1995 年版，第 3 页。

③ 章学诚曾据此加以推衍，《文史通义·诗教上》云：“《老子》说本阴阳，《庄》、《列》寓言假像，《易》教也。邹衍侈言天地，关尹推衍五行，《书》教也。管、商法制，义存政典，《礼》教也。申、韩刑名，旨归赏罚，《春秋》教也。其他杨、墨、尹文之言，苏、张、孙、吴之术，辨其源委，挹其旨趣，九流之所分部，《七录》之所叙论，皆于物曲人官，得其一致，而不自知为六典之遗也。”

以辅助和补充儒家经学的诸子学说内容，皆可纳入当时经学的庞大体系。这种观念，明白地宣示了《七略》对诸子百家的态度。此外，“儒家类”小序云：“（儒家者流）助人君顺阴阳明教化者也。”此句明显出于《论六家要旨》，司马谈云：“（道家）其为术也，因阴阳之大顺，采儒墨之善，撮名法之要，与时迁移，应物变化，立俗施事，无所不宜，指约而易操，事少而功多。”小序将本来关于道家的评语移为说明儒家的宗旨，目的在于突出“顺阴阳”属于儒家的主要学术特点，隐含了儒家足以兼容天地、融会百家的思想，可谓与大序所论互相呼应。

其他各家小序则更集中地揭示“九流十家”中可为儒家经学所吸纳的内容，并批判有违于儒家思想的主张。如“道家类”小序云：“（道家者流）历记成败存亡祸福古今之道，然后知秉要执本，清虚以自守，卑弱以自持，此君人南面之术也。合于尧之克攘，《易》之嗛嗛，一谦而四益，此其所长也。及放者为之，则欲绝去礼学，兼弃仁义，曰独任清虚可以为治。”此段可与《列子书录》的“道家者，秉要执本，清虚无为，及其治身接物，务崇不竞，合于六经”互相发明。其主旨在于摘取道家清静无为的统治术，用以附会经学，补于治道。而对“放者”的批判，一般以为是针对庄子。《史记·老子韩非列传》云：“庄子散道德，放论，要亦归之自然。”《孙卿书录》亦谓“鄙儒小拘如庄周等，又滑稽乱俗”。因此，庄子属于“放者”之列，自是无疑。然而，“欲绝去礼学，兼弃仁义”之谓，也应包含对《老子》第十九章中“绝圣弃智，民利百倍，绝仁弃义，民复孝慈”[①] 的否定，所以可知“放者”的“者”，主要是指道家学说中的某些成分，而非专指某个人物或某种著作。其他各序之文，亦当如此类推。

又如“法家类”小序云：“（法家者流）信赏必罚，以辅礼制。《易》曰‘先王以明罚饬法’，此其所长也。及刻者为之，则无教化，去仁爱，专任刑法而欲以致治，至于残害至亲，伤恩薄厚。”在此，刘向、刘歆主张以

① 郭店楚简《老子》甲种云：“绝智弃辩，民利百倍。……绝伪弃慮，民复季〈孝〉子（慈）。”见《郭店楚墓竹简》，文物出版社 1998 年版，第 111 页。裘锡圭后来改释为“绝伪弃虑，民复季子”，详见氏著《中国出土古文献十讲·纠正我在郭店〈老子〉简释读中的一个错误——关于“绝伪弃诈”》，复旦大学出版社 2004 年版，第 230—241 页。

“信赏必罚”① 的法家思想来补充礼制的不足的同时，又批判法家过度崇尚刑法，急刻无恩的弊端。②《论六家要指》云：“法家严而少恩……不别亲疏，不殊贵贱，一断于法，则亲亲尊尊之恩绝矣。……若尊主卑臣，明分职不得相逾越，虽百家弗能改也。”小序承此而来，其中特别指出法家“刻者”的“无教化，去仁爱”，以说明其与儒家学说的对立。③ 至于“伤恩薄厚”，出自《礼记·大学》④，小序多采经传之语，也明显地表现了以儒家经学观念作为选择去取的态度。

“融子入经”的理论意图，在“墨家类”小序中表现得最为突出。其云：“墨家者流，盖出于清庙之守。茅屋采椽，是以贵俭；养三老五更，是以兼爱；选士大射，是以上贤；宗祀严父，是以右鬼；顺四时而行，是以非命；以孝视天下，是以上同：此其所长也。及蔽者为之，见俭之利，因以非礼；推兼爱之意，而不知别亲疏。”胡适曾指“此其所言，无一语不谬”。又云：“墨家贵俭，与茅屋采椽何关？茹毛饮血，穴居野处，不更俭耶？何不谓墨家为出于洪荒之世乎？养三老五更，尤不足以尽兼爱。墨家兼爱，本之其所谓‘天志’。其意欲兼而爱人，兼而利人，与陋儒之养老异矣。选士大射，岂属清庙之守？其说已为离本。至谓‘宗祀严父，是以右鬼，以孝视天下，是以上同’，则更荒谬矣。墨家爱无差等，何得宗祀严父？其上同之说，谓一同天下之义，与儒家之以孝治天下，全无关系也。墨家非命之说要在使人知祸福由于自召，丰歉有待耕耘，正攻儒家‘死生有命贵富在天’之说。若‘顺四时而行’，适成有命之说，更何‘非命’之可言。”⑤ 若就客观历史事实而论，胡氏之说可谓切中肯綮；但若就《诸子略》立论的动机而言，则似乎欠缺应有的理解。

如上所述，小序以为墨家出于清庙之守（官），可能是因为清庙以茅饰

---

① 《韩非子·外储说右上》载狐子曰：“信赏必罚，其足以战。”

② 清人周寿昌以为“盖专指秦商鞅、汉晁错为说”（见张舜徽《汉书艺文志通释》，华中师范大学出版社2004年版，第313页），其说可参。

③ “法家类”小序可与《申子书录》互相参看，详见第四章，此不赘述。

④ 《礼记·大学》云：“自天子以至于庶人，一是皆以修身为本。其本乱而末治者否矣。其所厚者薄，而其所薄者厚，未之有也。”

⑤ 胡适：《诸子不出于王官论》，见《胡适文集》第2册《胡适文存》，北京大学出版社1998年版，第181—182页。

屋，以俭著称，所以有此附会。“三老五更”见于《礼记·文王世子》[①]，《墨子》有《兼爱》篇，皆主表彰敬爱他人。“选士大射”见于《礼记·王制》、《仪礼·大射仪》[②]，《墨子》有《尚贤》篇，皆主崇尚贤能；“宗祀严父”见于《孝经·圣治章》[③]，《墨子》有《明鬼》篇，皆主祭祀尊敬祖先。至于以“顺四时而行[④]，是以非命”，是借墨家的非命论来诠释“皇天无亲，惟德是辅”[⑤]、“天命靡常”[⑥]的儒家命正之论[⑦]。“以孝视天下，是以上同”，则是以墨家强调同一（壹同天下）的政治主张来诠释西汉“以孝治天下”的国策[⑧]。小序这种以子注经的方式，实质上是以儒家的理想来观照墨家的主张，意图将墨家学说纳入经学的体系，表现出包容改造的勇气。尽管刘向、刘歆承继和发展了汉初以来“视墨同儒”的观念（详见上文），但是儒墨两家思想上的对立显然无法根本调和，所以小序集中批判墨家的“非礼”和“爱无等差”之论，以维护儒家的礼制思想，以及藉此建立的封建统治体制。其他各家小序的批评方式和立论意图[⑨]，与以上所论大体一致，此不赘述。

更为重要的是，如上所述，《七略》的核心观念实为“学术出于王官”。

---

① 《礼记·文王世子》云：“遂设三老、五更、群老之席位焉。”郑玄注曰：“三老、五更各一人也，皆年老更事致仕者也。天子以父兄养之，示天下之孝悌也。”这一制度到汉代还一直延续着，《汉书·礼乐志》云：“养三老、五更于辟雍。”

② 《礼记·王制》云：“命乡论秀士，升之司徒，曰选士。”《仪礼·大射仪》云：“大射之仪。君有命戒射，宰戒百官有事于射者。射人戒诸公、卿、大夫射，司士戒士射与赞者。”

③ 《孝经·圣治章》云：“人之行，莫大于孝。孝莫大于严父。严父莫大于配天，则周公其人也。昔者周公郊祀后稷以配天，宗祀文王于明堂，以配上帝。”

④ 《周易》乾卦《文言》云：“夫‘大人’者，与天地合其德，与日月合其明，与四时合其序，与鬼神合其吉凶，先天而天弗违，后天而奉天时。天且弗违，而况于人乎？况于鬼神乎？”

⑤ 《尚书·周书》。

⑥ 《诗经·大雅·文王》。

⑦ 关于儒家的命正论，参见张德苏《〈墨子〉非命与儒家的“命”》，《山东大学学报》2005年第3期。

⑧ 汉武帝的“孝治”国策，主要集中在两个方面，一是“令郡国举孝廉各一人”，一是以“推恩令”削弱各诸侯国的力量。宣帝时期，“孝治”得到进一步的推行，《汉书·宣帝纪》载地节四年诏云：“导民以孝，则天下顺。今百姓或遭衰绖凶灾，而吏徭事使不得葬，伤孝子之心，朕甚怜之。自今，诸有大父母、父母丧者勿徭事，使得收敛送终，尽其子道。”可见“孝治”已经成为汉朝各种政策的理论依据。

⑨ 《诸子略》各家小序与刘向所撰书录在思想认识上高度一致（详见第四章），由此可见，《七略》的这种取向并非刘歆所特有，而实为刘向、刘歆的共同主张。

这种带有浓厚复古色彩的论调，从表面上看，属于儒家经学的主要特色之一。若然结合刘向、刘歆欲藉六略图籍的整理和分类，建构汉朝学术谱系的意图，便可进一步发掘此说于西汉末年的理论意义和现实价值。"学术出于王官"在于指出包括诸子百家在内的一切学术文化的源头一统于上古王官之学（即为官学），而西汉官学的正宗则是五经学官，凡是得到汉朝认定并立于学官的各经各家之说，才能正式属于官学。因此，刘向、刘歆特别重视对五经学官建立过程的考察，所以在各篇书录[①]和《七略·辑略》（即今《汉志·六艺略》）中不厌其烦地一再缕述[②]，其根本目的在于确立五经学官的正统性（这也是刘歆为何在上奏《七略》之后，急于向哀帝求立古文经于学官的主要原因）。既然于古而言"学术出于王官"，那么于今而言，学术亦应一统于五经学官。准此，经过刘向、刘歆校定、《七略》著录的图书典籍，自然是与西汉王朝驾驭下的统一帝国相互呼应的[③]。所以不妨可以这样理解，在学理层面，"学术出于王官"的观念是将先秦以来的各种学说（包括方技、数术之学）纳入官学系统，同时刘向、刘歆利用"以经观子"的批评方式，旨在"融子入经"，说明诸子百家"亦六经之支与流裔"，以至一切学术皆可统摄于经学；而转至现实层面，则五经学官是汉朝的正统官学，因此各种学说必须无一例外地服从于王朝官学。这种古今相通互为转换的论述，也许就是刘向、刘歆意图建构以经学为主轴、实现汉朝学术大一统的主要思维模式。

最后，必须指出的是，刘向、刘歆借助校书活动进行的学术总结工作，在融会百家之学、建构汉朝学术一统之上，显然还存在着一套贯通天人的观念。《七略·辑略》云："昔仲尼没而微言绝，七十子丧而大义乖。"所谓"微言"者，精微之言也。《礼记·经解》云："絜静精微，《易》教也。"而《易传·系辞上》云："《易》与天地准，故能弥纶天地之道。……广大配天地，变通配四时，阴阳之义配日月，易简之善配至德。"由此可以想

---

① 刘向书录中有关五经学官的记述于今主要见于《汉纪·孝成皇帝纪》、《论语集解序》，详见第四章，此不赘述。

② 姚振宗《七略别录佚文叙》以为《汉书·儒林传》是采录自《七略·辑略》的，如果属实，则远较《汉志·六艺略》翔实，益见刘向、刘歆对此的特殊重视。

③ Mark Edward Lewis, *The Early Chinese Empires*: *Qin and Han* (Cambridge, Mass.: Belknap Press of Harvard University Press, 2007), p. 224.

知，整部《七略》是以《周易》作为思想基础的；而在《周易》的各种观念中，刘向、刘歆犹为重视天人之道。因此，《六艺略》一改先秦的传统，以《易》为群经之首，表现出一种《易》道广大、贯通天人、无所不包的观念（详见上文）。所以可以说，《六艺略》是在最高层面，确立天人之道的理论框架。

由于先秦诸子“百川异源，而皆归于海；百家殊业，而皆务于治”①。因此，《诸子略》集中强调诸子百家之学于治道（经学—学官）的辅补作用，其目的是要指出“若能修六艺之术，而观此九家之言，舍短取长，则可以通万方之略矣”。而《诗赋略》在于论述古诗的“风谕之义”，对于“观风俗，知薄厚”的意义。至于《兵书略》，则是从“武备”的角度，说明兵书对于王朝的保障作用。所以可以说，以上三略皆是着眼于天人之道中的人道（也即治道），具有强烈的现实意义。

《术数略》、《方技略》之书的承传，更多地带有王官（世官）之学的色彩。虽然属于技术之学，但却是沟通天人的一种重要手段，故各大小序对此一再说明。如《术数略》“天文家类”小序云：“天文者，序二十八宿，步五星日月，以纪吉凶之象，圣王所以参政也。”“历谱家类”小序云：“历谱者，序四时之位，正分至之节，会日月五星之辰，以考寒暑杀生之实，故圣王必正历数，以定三统服色之制，又以探知五星日月之会。”“蓍龟家类”小序云：“蓍龟者，圣人之所用也。杂占者，纪百事之象，候善恶之征。”“形法家类”小序云：“形法者，大举九州岛之势以立城郭室舍形，人及六畜骨法之度数、器物之形容以求其声气贵贱吉凶。”② 又如《方技略》序云：“方技者，皆生生之具。”《易传·系辞上》云：“生生之谓易。”所谓“生生之具”，就是指“阴阳万物变易之道”③。所以可以说，以上二略皆是对天

---

① 《淮南子·氾论训》。

② 关于《术数略》的天人之道，可参李朝晖《论〈汉志·数术略〉隐含的天人合一思想体系》，《广西师范大学学报》1993年第4期。

③ 高亨：《周易大传通说》，见《高亨著作集林》第2卷，清华大学出版社2004年版，第554页。此外，有关“生生之具”以及《方技略》的学术意义，可参金仕起《〈汉书·艺文志〉的方技史图象——从其学术立场与现实义涵的考察出发》，（台湾）《“国立政治大学”历史学报》第22期，2004年11月。

人之间的联系方式的具体阐述，用以抉发其于操作层面的价值。

综上所论，刘向、刘歆的校书工作在典籍整理、类分群书的基础之上，对先秦西汉以来的学术文化进行了一次通盘的思考。通过众多书录和《七略》的撰作，创建出一套贯通天人之道、以儒家经学融会百家之学、用于治道的庞大且完备的体系。因此，范文澜所说："（《七略》）不只是目录学、校勘学的开端，更重要的还在于它是一部极可珍贵的古代文化史。"[①] 诚非虚誉！

第三节　刘向校书对古文献学发展的深远影响

刘向校书之前，中国古文献学的发展已经有了久远的传统。文献整理是文献学的基础内容，于今所见最早从事文献整理的是周宣王时宋国大夫正考父。正考父为孔子的先祖。《国语·鲁语下》云："宋正考父校商之名《颂》十二篇于周大师，以《那》为首。"此处的"校"字，应是指校正文字的错误。《商颂》非正考夫所作，他只是在周大师处做过校理的工作，应该是没有问题的，可惜当时的具体情况已不可知矣（详见上文）。正考父校理《商颂》之后，典籍整理的活动相信仍然不断在进行着，主持者主要是掌握典籍的王官，目的在于妥善地保存文献。孔子亦曾对《易》、《书》、《诗》、《礼》等典籍进行过一定程度的整理，孔子为了整理典籍，可能还曾四出访寻图书。据《礼记·礼运》所载，孔子曰："我欲观夏道，是故之杞而不足征也，吾得《夏时》焉；吾欲观殷道，是故之宋而不足征也，吾得《坤乾》焉。"有学者认为，是孔子求书活动的原始记录[②]。战国之时，各诸侯国的史官等在典籍的保存和整理方面，继续发挥重要的作用；另一方面，民间私学兴盛、诸子驰说，在教授、著述的同时，也不断进行典籍的整理和传播工作（详见第二章）。西汉立国以后，图书的整理有了进一步的发展，而刘向校书活动则是在前人的基础上迈进一个全新的时代。

① 范文澜：《中国通史简编》，人民出版社1962年版，第126页。

② 靳青万：《因误训而掩盖的孔子两次求书活动》，《澳门语言学刊》第12、13期，2001年3月。

一、校书活动的创举意义与示范作用

刘向的校书工作全面汇集先秦西汉六艺经传小学之书103家、3100余篇，诸子“九流十家”著述189家、4300余篇，辞赋与歌诗106家、1300余篇，兵书53家、790篇、图43卷，术数之作190家、2800余卷，以及方技之作36家、868卷；并且分门别类加以整理、校订，从而使得中国古籍进入了定本流传的时期。这无疑是从文献学的角度对此前典籍积累和学术发展的一次总体审视和全面总结，难怪后人赞叹“汉之典文于斯为盛”①。由于刘向文献整理的实践范围远远超过以往，所以其于文献学的发明开创和垂范后世的重要意义不可低估。

刘向在生命中的最后十多年内，孜孜不倦、废寝忘食、坚持不懈，明显是将校书工作视为其毕生事业所在。刘向对校书事业的执著，还可从其命儿子参与和继承中深刻表现出来。刘向三子中以刘歆的学问最为深湛，早年即随父任校书之职，最后又继承父业总理校书之事，长子刘伋也可能参与了校书工作。父子之间亲密合作、前赴后继，这种安排说明刘向已经把校书事业视为历史大任、家族伟业。更为重要的是，刘向、刘歆力图通过整理典籍全面建立一套新的文化系统，从而把典籍整理的意义提升到前所未有的高度。

刘向校书规模盛大，计划周详，分工合理，众多高层次学者参与其事，并为图书的整理建立了一套较为合理和完整的工作流程。同时，刘向校书建构了古文献学分支学科如校勘学、目录学、辨伪学、图书编纂学的基础框架，把古文献学学科的发展由早期形态推进到一个新的阶段。段玉裁在《经义杂记序》中曾指出：“校书何放乎？放于孔子、子夏。自孔、卜而后，成帝时刘向、任宏、尹咸、李柱国各显其能。向卒，歆终其业，于是有雠，有校，有竹，有素，盖綦详焉。”刘向校书取得空前的成功，成为东汉以后校书之业的表率。《太平御览》卷二三三引《宋书·百官志》云：“昔汉武帝建藏书之册，置写书之官，于是天下文籍皆在天禄、石渠、延阁、广内、秘府之室，谓之秘书。至成、哀世，使刘向父子以本官典其事。至于后汉则图籍在东观，有校书郎。硕学达官往往典校秘书，如向、歆故事。”由此可

---

① 《隋书·牛弘传》。

见，刘向所开创的制度，为日后从事大规模古籍整理者所遵循和仿效。

《三国志·吴书·韦曜传》云："孙休践阼，（韦曜）为中书郎、博士祭酒，命曜依刘向故事，校定众书。"《晋书·荀勖传》亦云："勖领秘书监，与中书张华依刘向《别录》整理记籍。"尤其是晋人对于汲冢书的整理，在考校、写定、撰写叙录等方面，就是全仿刘向校书的流程和方法。北齐樊逊受命校书，即照刘向校书之法，又谓"向之故事，见存府阁"[①]。王重民认为"刘向故事就是专辑刘向在目录实践中所创造出来的经验、方法和理论上的文献纪录，是一部目录学上的专门著作"[②]。可见此前已经有人总结刘向校书的程序和经验，并且撰成《刘向故事》一书，以备整理典籍时参考之用。

唐代《群书四录》的编撰过程，也继承了刘向校书的优良传统，由学有专长的学者专门负责，大大地提高了工作成效。同时，部类有序、书有解题，亦是对《别录》、《七略》之法的弘扬。宋代的三次大型古籍整理活动，对所求之书予以全面的编纂、著录、校勘、编目等工作，均得益于刘向典籍整理的经验。[③] 清代乾隆年间，高宗下诏天下府州县官搜求购买各地图书。时任安徽学政的朱筠乘机上书，请从《永乐大典》中辑佚古书，从而肇启《四库全书》编纂之始。朱筠于奏折中云："臣请皇上诏下儒臣，分任校书之选，或依《七略》，或准四部，每一书上必校其得失，撮举大旨，叙于本书首卷，并以进呈，恭候乙夜之披览。"[④] 奏中所论之事，完全是仿效刘向校书的成规。其后的《四库全书》，从图书的编纂到提要的撰写，亦处处渗透着刘向校书的影响。

二、目录学发展的启示作用与先导意义

刘向所开创的目录编制和图书分类，不仅树立了校书事业的楷模，并在古代目录学的发展史上具有重要的启示作用和先导意义。叙述中国古典目录学史，从严格意义上说，应该从西汉后期的刘向开始。汇集刘向所撰众多书

① 《北齐书·文苑传》。
② 王重民：《中国目录学史论丛》，中华书局1984年版，第29页。
③ 李艳：《刘向校书对后世的影响》，《青岛教育学院学报》1999年第4期。
④ 中国第一历史档案馆编：《纂修四库全书档案》上册，上海古籍出版社1997年版，第21页。

录而成的《别录》，是中国最早的提要体书目。由于《别录》至迟于南宋已经散佚不存，所以难以确知其具体的编排次序；但从刘向校书时的明确分工、《七略》的分类来看，相信《别录》应是按《六艺略》、《诸子略》、《诗赋略》、《兵书略》、《术数略》、《方技略》的分类，只是没有《辑略》而已（详见第二章）。因此，《别录》又是中国最早的群书目录，首创中国图书分类法——六分法。《七略》的出现，可以说是直接来源自《别录》，是刘向校书活动的可贵总结，至此中国目录学的规模已经基本奠定，并且影响历两千多年而不衰。

明人祁承㸁《澹生堂藏书目》云："区别流品，始于《七略》，嗣此附后，代有作者。"东汉建国之后，十分重视图书的整理工作，明帝、章帝"尤重经术，四方鸿生巨儒，负帙自远而至者，不可胜数。石室、兰台，弥以充积"[①]。永平中班固被明帝召为校书郎，除兰台令史，后与傅毅、贾逵等典校秘书，对《七略》进行了"删去浮冗，取其指要"，编成《汉书·艺文志》。《艺文志》之体不见于《史记》，史无前例，始创自班固的《汉书》。《汉志》是《汉书》继《史记》创立纪传体后，对这种崭新体裁的史书在体例方面的改善之一，对以后历代史志目录的编制起了示范的作用。追本溯源，没有《别录》、《七略》的基础，《艺文志》根本无从说起，无论是体例还是分类，《艺文志》基本上保留了《七略》的原状，可以说是《七略》的缩影，《别录》、《七略》、《汉志》一脉相承，可见刘向校书的影响在不断地延续和扩大。

在刘向的启示之下，魏晋以后目录学之作蔚然成风，成为了这个学科由自发到自觉发展的重要标志。从图书分类的角度来看，魏晋以后目录学著作可以分为四分法和七分法两大类，两者都和《七略》的图书分类有着密切的关系。魏文帝时，秘书郎郑默"考核旧文，删省浮秽"，编撰了《魏中经簿》[②]。它是魏国的国家藏书目录，内容今已不可知，分类也没有明确的记载。西晋武帝时，荀勖编的《中经新簿》，是"因《魏中经簿》，更撰《新

① 《隋志》。
② 参见《后汉书·儒林列传》。

簿》，虽分为十有余卷，而总四部别之”[①]。由此推知，《魏中经簿》和《中经新簿》应均是四分法的。《中经新簿》共14卷，分为四部：（1）甲部，纪六艺及小学等书；（2）乙部，有古诸子家、近世子书、兵书、兵家、术数；（3）丙部，有史记、旧事、皇览簿、杂事；（4）丁部，有诗赋、图赞、汲冢书。四部合计29945卷[②]。《中经新簿》是现今确知的最早一部四部分类的目录学之作，甲部基本上是《七略》、《汉志》的《六艺略》，即后世的经部。乙部合并《诸子略》、《兵书略》、《数术略》三类而成，即后世的子部。丙部中的史记、旧事、杂事都是史书，《七略》、《汉志》把史书附于《六艺略》的“春秋类”，由于汉代以来纪传体史书日渐成熟，又开始了官修正史的传统，加上各类史书的不断增加，史书由附庸而成大国，独立一类，即后世的史部。丁部基本上是《七略》、《汉志》的《诗赋略》，另加图赞和汲冢中所出的竹书，即后世的集部。由此可见，四部分类是在《七略》六分法的基础上，适应图书和学术的发展而稍作分合的，刘向对古代图书分类的奠基之功昭然若揭。

东晋李充的《晋元帝四部书目》始定经、史、子、集四部[③]，其后四分法大行其道，南朝宋时殷淳的《四部书目》、谢灵运的《元嘉八年秘阁四部目录》、王俭的《宋元徽元年秘阁四部书目录》，齐时王亮、谢朏的《齐永明元年秘阁四部目录》，梁时丘宾卿的《梁天监四年书目》、殷钧的《梁天监六年四部书目录》、刘遵的《梁东宫四部目录》、刘孝标的《梁文德殿四部目录》，陈时的《陈天嘉六年寿安殿四部目录》、《陈德教殿四部目录》，以至《隋志》的图书分类均是四分法，此后四分法便成了古代图书分类的主流，刘向、刘歆的六分法完成了它的历史任务。但是，四分法脱胎自六分法，则是毋庸置疑的。

在四分法盛行的南朝，有学者对刘向、刘歆的六分法进行了改造，取《七略》之名，建立了七分法。齐时王俭“依《七略》撰《七志》四十

---

① 阮孝绪：《七录序》。

② 参见《隋志》、《七录序》。

③ 参考钱大昕《元史艺文志第一》，见《嘉定钱大昕全集》第5册《元史艺文志》，浙江古籍出版社1997年版，第1页。

卷”[1]，《七志》70 卷，分为（1）经典志：纪六艺、小学、史记、杂传；（2）诸子志：纪古今诸子；（3）文翰志：纪诗赋；（4）军书志：纪兵书；（5）阴阳志：纪阴阳图纬；（6）术艺志：纪方技；（7）图谱志：纪地域及图书，最后附佛经录、道经录。《七志》实际上是九分法，第一至六类本于《七略》的《六艺略》、《诸子略》、《诗赋略》、《兵书略》、《术数略》、《方技略》，尤其是将史记、杂传重新并入《经典志》，明显地体现出对《七略》的刻意模仿。

梁时阮孝绪的《七录》，是改造《七略》较为成功的七分法目录学著作。《七录》的目录在《广弘明集》中完整地保留下来，七类分别是：经典录内篇第一、纪传录内篇第二、子兵录内篇三、文集录内篇第四、术技录内篇第五、佛法录外篇第六、仙道录外篇第七。《七录》糅合了六分法和四分法的分类方法，首先在于它单列《纪传录》，又合并《诸子略》、《兵书略》为《子兵录》，《术数略》、《方技略》为《术技录》，这都和四分法的分类十分相似。但是，它分立《子兵录》、《术技录》，又另列《佛法录》、《仙道录》，则使其分类增至七类，符合《七略》之名，因此可以视《七略》的六分法为阮孝绪的七分法的前身。隋时又有许善心仿《七录》编成《七志》，不过终为《隋志》的四分法所取代。

综上所述，自刘向校书以后，目录学之作如雨后春笋，莫不受刘向的沾溉。无论是四分法还是七分法的目录学著作，都是直接从刘向的六分法中衍生出来，足以说明刘向在古典目录学史上开风气之先的地位，是有着客观事实做根据的。

还需特别指出的是，刘向所撰“条其篇目，撮其指意”的书录，以及汇集众多书录而成的《别录》，始创了提要体解题目录，成为了后世图书评论的主要方式之一，故此孙诒让《温州经籍志叙例》谓“中垒校书，是有《别录》，释名辨类，厥体綦详。后世公私书录，率有解题”[2]。东汉郑玄遍治群经，于注释、校勘之外，还对群经进行了综论和考辨，其中《三礼目录》（包括《周礼目录》、《仪礼目录》、《礼记目录》，今佚）即为三礼的篇

① 萧子显：《南齐书》，中华书局 1972 年版，第 433 页。
② 孙诒让：《籀庼述林》，中华书局 2010 年版，第 121 页。

目解题。从《经典释文》及《三礼》唐疏的引文来看，其在体制上，多有沿袭《别录》之处。晋人陈寿编有《诸葛亮集》，《三国志·蜀书·诸葛亮传》所载其《上〈诸葛亮集〉表》，开篇即云："臣寿等言：臣前在著作郎，侍中领中书监济北侯臣荀勖、中书令关内侯臣和峤奏，使臣定故蜀丞相诸葛亮故事。亮毗佐危国，负阻不宾，然犹存录其言，耻善有遗，诚是大晋光明至德，泽被无疆，自古以来，未之有伦也。辄删除复重，随类相从，凡为二十四篇，篇名如右。"这篇上表的行文体例和撰述内容，显然是仿刘向书录而成的。晋人束晰整理汲冢之书，所校诸书大都仿效《别录》之例，撰有书录，今传《穆天子传序》可作佐证。此外，《隋志》所载汉魏以来的集部之书，大多"有录一卷"，说明了撰写书录已成了后人编纂文集的一种惯例。

宋代随着刻书事业和考据学的发达，提要体解题目录层出不穷。"唐宋八大家"之一的曾巩，虽为文学家，思想上宗奉韩愈，但在学术上却仰慕刘向[①]。曾巩一生校书颇多，对刘向当年篇目完缺、辑补亡佚、删除复重、审订编次等校雠条例仿效尤多，他传下来的解题目录有：《新序目录序》、《梁书目录序》、《礼阁新仪目录序》、《战国策目录序》、《陈书目录序》、《南齐书目录序》、《唐令目录序》、《徐幹中论目录序》、《说苑目录序》、《列女传目录序》、《鲍溶诗集目录序》等11种（见《南丰类稿》卷一一）。内容体例悉仿刘向书录，皆先述及校书经过，次及思想内容，不过因受当时学术风气的影响，叙实较略而泛论较多。宋人黄伯思的《校定焦赣易林序》、《校定师春书序》等，亦全仿刘向书录的体制。此外，南宋晁公武的《郡斋读书志》、陈振孙的《直斋书录题解》，各篇内容皆有所侧重，或叙作者生平，或论书中要旨，或评学术渊流，或表篇章次第。虽然不及刘向书录的全面周到，但是深受其影响则是不言而喻的。清代《四库全书总目》是古代提要体解题目录中的集大成之作，据《凡例》所载，提要的撰写方法和主要内容是："先列作者之爵里，以论世知人；次考本书之得失，权众说之异同；以及文字增删、篇帙分合，皆详成考辨，巨细不遗。而人品学术之

---

① 王震：《南丰先生文集序》云："先生自负要似刘向，不知韩愈为何如尔。"见《曾巩集》下册，中华书局1984年版，第810页。

醇疵，国纪朝章之法戒，亦未尝不各昭彰瘅，用著劝惩。”这些原则在刘向书录中早已基本确立，因此《四库全书总目》的目录学思想，一定程度上说是刘向校书的学术回归。

总之，刘向校书开启了我国古文献学建构的先河，厥功甚伟，影响深广。清人朱一新云：“刘中垒父子成《七略》一书，为后世校雠之祖。”[1] 应该说是切合历史实际的最佳断语。

① 朱一新：《无邪堂答问》，中华书局2000年版，第75页。

附录　刘向研究论著目录

本目收录近代以来有关刘向及其著作的研究论著资料，分为四类：(1) 刘向著作，收入刘向著作的辑佚、考释、校证、选注、翻译之作，附及通检、索引之书；(2) 研究著作，收入有关刘向及其著作的专门研究论著；(3) 研究论文，收入有关刘向及其著作的研究论文，包括各地大学的博士、硕士学位论文；(4) 专书章节，收入各种专书中涉及刘向的专门章节（如属研究论文而收入专书者，则不再重复），以及重要辞书中有关刘向及其著作的条目。以发表和出版时间先后为序，如有多种版本，亦尽量详列。

一、刘向著作

赵万里：《说苑校补》，《国学论丛》第1卷第4期，1928年。

燕京大学图书馆引得编纂处：《说苑引得》，哈佛燕京学社1931年版；(台北) 成文出版社1966年版。

王绿友、牟祥农：《列女传补注校录》，《山东省立图书馆季刊》第1卷第1期，1931年。

[日] 公田连大郎：《译注刘向新序》，(东京) 东明出版社1932年版。

庄适选注：《新序　说苑》，商务印书馆1933年版。

石光瑛：《新序校释》，《语文学专刊》第1卷第3期，1937年。

王菉友：《列女传补注校录》，《山东图书馆刊》第1卷第1期，

1942年。

石光瑛：《新序校释卷第一》，《同声月刊》第3卷第8期，1942年。

石光瑛：《新序校释卷第一（2）》，《同声月刊》第3卷第9期，1942年。

张国铨：《新序校注》，茹古书局1944年版。

张舜徽：《敦煌手写本说苑残卷校勘记》（《积石丛稿》），开元印书馆印壮议轩本1946年版。

中法汉学研究所编：《新序通检》，中法汉学研究所1946年版；（台北）成文出版社1968年版。

刘文典：《说苑斠补》，云南人民出版社1959年版；安徽大学出版社、云南大学出版社1999年版。

陈用光校：《新序》，（台北）台湾商务印书馆1965年版。

金嘉锡：《说苑补正》，（台北）“国立台湾大学文学院”1965年版。

欧缬芳：《列女传校证》，《文史哲学报》第18期，1969年5月。

蒙传铭：《新序校记》，《新亚书院学术年刊》第12期，1970年9月。

梁荣茂：《新序校补》，（台北）水牛出版社1971年版。

左松超：《刘向说苑建本篇集证》，《人文学报》第3期，1973年12月。

左松超：《说苑集证》，（台北）文史哲出版社1973年版；（台北）“国立编译馆”2001年版。

左松超：《说苑证补（上）》，《国立中央图书馆刊》第7卷第2期，1974年9月。

左松超：《说苑证补（下）》，《国立中央图书馆刊》第8卷第1期，1975年3月。

卢元骏：《新序今注今译》，（台北）台湾商务印书馆1975年版；天津古籍出版社1987年版。

蔡信发：《新序集证（上）》，《女师专学报》第8期，1976年5月。

蔡信发：《新序集证（中）》，《女师专学报》第9期，1977年5月。

卢元骏：《说苑今注今译》，（台北）台湾商务印书馆1977年版。

蔡信发：《新序集证（下）》，《女师专学报》第10期，1978年6月。

蔡信发：《新序疏证》，（台北）嘉新水泥公司文化基金会1980年版。

［日］武井骥：《新序纂注》，（台北）广文出版社 1981 年版。

章太炎：《七略别录佚文征》，《章太炎全集》第一册，上海人民出版社 1982 年版。

赵仲邑：《新序选注》，湖南人民出版社 1983 年版。

赵善诒：《说苑疏证》，华东师范大学出版社 1985 年版；（台北）文史哲出版社 1986 年版。

范能船：《说苑选》，福建教育出版社 1986 年版。

马达：《新序译注》，湖南人民出版社 1986 年版。

向宗鲁：《说苑校证》，中华书局 1987 年版。

赵善诒：《新序疏证》，华东师范大学出版社 1989 年版。

曹亦冰：《新序说苑选译》，巴蜀书社 1990 年版；（台北）锦绣出版社 1993 年版。

周啸天主编：《诗经楚辞鉴赏辞典·九叹》，四川辞书出版社 1990 年版。

张涛：《列女传译注》，山东大学出版社 1991 年版。

［日］三桥正信、宫本胜：《列女传索引（附本文）》，（东京）东丰出版社 1992 年版。

王锳、王天海：《说苑全译》，贵州人民出版社 1992 年版；（台北）台湾古籍出版社 1996 年版。

刘殿爵、陈方正编：《新序逐字索引》，（台北）台湾商务印书馆 1992 年版。

刘殿爵、陈方正编：《说苑逐字索引》，（台北）台湾商务印书馆 1992 年版。

费振刚等辑校：《全汉赋·刘向》，北京大学出版社 1993 年版。

刘殿爵编：《古列女传逐字索引》，（台北）台湾商务印书馆 1994 年版。

李华年：《新序全译》，贵州人民出版社 1994 年版；（台北）台湾古籍出版社 1997 年版。

张敬：《列女传今注今译》，（台北）台湾商务印书馆 1994 年版。

滕修展等：《列仙传神仙传注译》，百花文艺出版社 1996 年版。

邱鹤亭：《列仙传今译　神仙传今译》，中国社会科学出版社 1996

年版。

叶幼明：《新译新序读本》，（台北）三民书局1996年版。

黄清泉：《新译列女传》，（台北）三民书局1996年版。

左松超：《新译说苑读本》，（台北）三民书局1996年版。

罗少卿：《新译说苑读本》，（台北）三民书局1996年版。

张金岭：《新译列仙传》，（台北）三民书局1997年版。

华晓林：《〈说苑〉的人生哲语》，（台北）大村文化出版事业有限公司1997年版。

刘晓东校点：《列女传　高士传》，辽宁教育出版社1998年版。

钱宗武：《白话说苑全译》，岳麓书社1998年版。

李剑雄：《列仙传全译　续仙传全译》，贵州人民出版社1999年版。

黄灵庚：《楚辞异文辩证·九叹》，中州古籍出版社2000年版。

石光瑛校释，陈新整理：《新序校释》，中华书局2001年版。

龚克昌等：《全汉赋评注·刘向》，（永和）花山文艺出版社2003年版。

何志华等：《〈古列女传〉与先秦两汉典籍重见资料汇编〈大戴礼记〉与先秦两汉典籍重见资料汇编》，（香港）香港中文大学2004年版。

费振刚等：《全汉赋校注·刘向》，广东教育出版社2005年版。

黄灵庚：《楚辞章句疏证·九叹》，中华书局2007年版。

陈茂仁：《〈新序〉校证》，花木兰文化出版社2007年版。

姚振宗辑录，邓骏捷校补：《七略别录佚文　七略佚文》，上海古籍出版社2008年版。

程翔：《说苑译注》，北京大学出版社2009年版。

邓骏捷整理：《两汉全书》第9册《刘向》，山东大学出版社2009年版。

二、研究著作

孙德谦：《刘向校雠学纂微》，苏州四益宧刻本，1923年版。

许素菲：《刘向新序研究》，（台北）学生书局1979年版。

许素菲：《说苑探微》，（台北）太白书屋1989年版。

［日］下见隆雄：《刘向〈列女传〉研究》，（东京都）东海大学出版社1989年版。

谢明仁：《刘向〈说苑〉研究》，兰州大学出版社2000年版。

刑培顺：《刘向散文研究》，中国戏剧出版社2004年版。

徐兴无：《刘向评传（附刘歆评传）》，南京大学出版社2005年版。

［韩］郑在书主编，［韩］崔丽红译：《东亚女性的起源：从女性主义角度解析〈列女传〉》，人民文学出版社2005年版。

吴全兰：《刘向哲学思想研究》，中国社会科学出版社2007年版。

张美樱：《〈列仙、神仙、洞仙〉三仙传之叙述形式与主题分析》，（永和）花木兰文化出版社2007年版。

郝继东：《刘向及〈新序〉述评》，线装书局2008年版。

陈丽平：《刘向〈列女传〉研究》，中国社会科学出版社2010年版。

王启敏：《刘向〈新序〉、〈说苑〉研究》，安徽大学出版社2011年版。

徐建委：《〈说苑〉研究——以战国秦汉之间的文献累积与学术史为中心》，北京大学出版社2011年版。

三、研究论文

章太炎：《刘子政左氏说》，《国粹学报》1908年第4卷第3—7期；《章氏丛书》本，浙江图书馆1917—1919年；右文社民国年间铅印本。

刘师培：《刘向撰〈五经通义〉〈五经要义〉〈五经杂义〉辨》，《国粹学报》1910年第6卷第8期。

梁启超：《论〈七略别录〉与〈七略〉》，天津《益世报副刊》1929年3月5日。

罗根泽：《〈别录〉阐微》，《图书馆学季刊》1929年第3卷第3期；收入《罗根泽说诸子》，上海古籍出版社2001年版，第387—388页。

钱穆：《刘向刘歆父子年谱自序》，《史学杂志》第2卷第6期，1930年3月；收入《两汉经学今古文平议》，（台北）东大图书公司1971年版，第1—7页；《钱宾四先生全集·两汉经学今古文平议》，（台北）联经出版社1994—1998年版，第1—7页。

钱穆：《刘向刘歆父子年谱》，《燕京学报》第 7 期，1930 年 6 月；《古史辨》第 5 册，朴社 1935 年版，第 101—249 页；收入《两汉经学今古文平议》，（台北）东大图书公司 1971 年版，第 1—163 页；《钱宾四先生全集·两汉经学今古文平议》，（台北）联经出版社 1994—1998 年版，第 9—179 页。

罗根泽：《新序说苑列女传不作始于刘向考》，《图书馆学季刊》第 4 卷第 1 期，1930 年；收入《诸子考索》，人民出版社 1958 年版，第 540—542 页。

王云渠：《楚辞十六卷是刘向所校集的吗?》，《北平晨报·学园》第 204—206 期，1931 年。

王云渠：《楚辞非刘向所集的一个新证据》，《北平晨报·学园》第 226—229 期，1932 年。

李蓉盛：《刘略研究之概要》，《文华图书馆学专科学校季刊》1932 年第 4 卷第 1 期。

汪辟疆：《〈七略〉四部之开合异同》，《国风半月刊》1933 年第 2 卷第 7 期。

张友梅：《四部与〈七略〉》，《图书展望》1935 年第 1 卷第 2 期。

程千帆：《〈别录〉〈七略〉〈汉志〉源流异同考》，《金大文学院季刊》第 2 卷第 1 期，1935 年；收入《闲堂文薮》，齐鲁书社 1984 年版，第 208—234 页。

姚璋：《刘向的思想鸟瞰》，《学术世界》第 1 卷第 2 期，1935 年 7 月。

曾运乾：《〈七略〉释例》，《中山大学文学院专刊》1936 年第 3 期。

[日] 潼辽一：《刘向の音乐论》，《东方学报》第 6 册，1936 年。

钟国楼：《〈七略〉与四部之变迁》，《书林》第 1 卷第 7 期，1937 年。

白丁：《〈七略〉四部之沿革》，天津《庸报副刊（文艺）》，1938 年 10 月 10 日。

余嘉锡：《刘向新序提要辨证》，《北平图书馆刊》第 3 卷 4 期，1940 年 6 月。

余嘉锡：《刘向新序提要辨证》（二），《北平图书馆刊》第 4 卷 1 期，1942 年 3 月。

葛启扬：《刘向之生卒及其撰著考略》，《史学年报》第1卷第5期，1944年8月。

段亦凡：《列女传本于韩诗考》（一），《国学月刊》第1卷第1期，1945年1月。

郑光仪：《列女传广注叙录》，《国学月刊》第1卷第1期，1945年。

李独清：《刘向〈七略〉考释》，《贵大学报》1946年第1期。

施之勉：《刘向习穀梁不得有十余年》，《大陆杂志》第7卷第3期，1947年5月。

周杲：《刘子政生卒年月及其著述考辨》，《文学年报》第2期，1947年5月。

［日］鎌田正：《刘向に于ける古文学の性格について》，《汉文学会会报》第15集，1954年。

张遵检：《中国古代卓越的目录学家——刘向、刘歆父子》，《图书馆工作》1957年第2期。

赵仲邑：《新序试论》，《中山大学学报》（社科版）1957年第3期。

［日］铃木隆一：《刘向父子の学术目录》，《图书馆の学ど历史》，1958年7月。

钱穆：《刘向列女传中所见之中国道德精神》，《人生杂志》17卷1期，1958年11月；收入《中国学术思想史论丛（二）》，（台北）东大图书公司1977年版，第32—43页；《钱宾四先生全集·中国学术思想史论丛》（二），（台北）联经出版社1994—1998年版，第75—89页。

施珂：《新序校证》，“国立台湾大学”硕士论文，1959年。

［日］伊藤漱平：《ある〈列女传〉》，《中国古典文学全集月报》30，［东京］平凡社1960年版。

金嘉锡：《说苑补正》，“国立台湾大学”硕士论文，1960年。

斐云：《唐写本说苑反质篇读后记》，《文物》1961年第3期。

赵仲邑：《新序校証》，《中山大学学报》（社科版）1961年第4期。

张涤华：《〈别录〉的亡佚及其辑本史》，《合肥师范学院学报》1963年第2期。

王重民：《论〈七略〉在我国目录学史上的成就和影响》，《历史研究》

1963 年第 4 期；收入《中国目录学史论丛 · 中国目录学史（先秦至宋末元初）· 第一章　我国目录学的发生、发展和系统目录的建成》，中华书局 1984 年版，第 28—33 页。

施之勉：《刘向卒于成帝绥和元年》，《大陆杂志》第 7 卷第 2 期，1964 年 3 月。

吕绍虞：《关于〈别录〉、〈七略〉的几个问题》，《图书馆学目录学论文集》，武汉大学出版社 1964 年版。

蒙传铭：《刘向新序之重新考察》，《图书馆学报》第 7 期，1965 年 7 月。

魏子云：《操弓不反于檠》，《联合报》1966 年 5 月 17 日。

施之勉：《〈说苑〉所引〈春秋〉说多同于〈公羊〉》，《大陆杂志》第 36 卷第 31 期，1968 年 6 月。

［日］田中麻纱巳：《刘向の灾异说につぃへ——前汉灾异思想の一面》，《集刊东洋学》第 24 号，1970 年 10 月。

梁荣茂：《刘向新序之著作问题》，《孔孟月刊》第 9 卷第 10 期，1971 年 6 月。

胡楚生：《目录学家“互著说”平议——关于〈七略〉〈汉志〉中有无“互著”一例之探讨》，《南洋大学学报》1971 年第 5 期。

陈香：《战国策与刘向》，《中央月刊》第 3 卷第 12 期，1971 年 10 月。

卢元骏：《新序与刘向》，《中央月刊》第 4 卷第 9 期，1972 年 7 月。

张敬：《列女传与其作者》，《中央月刊》第 4 卷第 12 期，1972 年 10 月。

邹景衡：《列女传织具考》，《大陆杂志》第 45 卷第 4 期，1972 年 11 月。

［日］板野长八：《灾异说より见た刘向と刘歆》，《东方学会创立二十五周年记念东方学论集》，1972 年，第 29—43 页。

卢元骏：《说苑与其作者》，《中央月刊》第 5 卷第 3 期，1973 年 1 月。

［日］冈田修：《〈说苑〉考》，《大东文化大学汉学会志》第 14 期，1975 年 3 月。

左松超：《说苑集证》，“国立台湾师范大学”博士论文，1975 年。

蔡信发:《新序疏证》,“国立台湾师范大学”博士论文,1975年。

[日]野间文史:《新序、说苑考——说话による思想表现の形式》,《广岛大学文学部纪要》第35期,1976年1月。

[日]町田三郎:《刘向觉书》,《日本中国学会报》第28期,1976年10月。

左松超:《说苑考佚》,《中国学术年刊》第1期,1976年12月。

徐复观:《刘向新序说苑的研究》,《大陆杂志》第55卷第2期,1977年8月;收入《两汉思想史》(卷三),(台北)学生书局1979年版,第49—102页。

[日]池田秀三:《刘向の学问と思想》,京都《东方学报》第50集,1978年2月。

严灵峰:《刘向〈说苑叙录〉研究》,《大陆杂志》第56卷第6期,1978年6月。

施之勉:《书刘向〈新序〉〈说苑〉的研究后》,《大陆杂志》第57卷第4期,1978年10月。

柏耀新:《关于〈别录〉的编次和〈别录〉与〈七略〉成书的先后》,《四川图书馆》1978年第11期。

来新夏:《〈别录〉与〈七略〉:目录学浅谈之三》,《图书馆工作与研究》1979年第3期。

[日]福永光司:《刘向と神仙——前汉末期におりナゐ神仙道教世界》,《中哲文学会报》第4期,1979年6月。

谢德雄:《从〈别录〉〈七略〉看我国古代目录学的正宗》,《图书馆工作》,1979年第4期。

[日]野间文史:《刘向春秋说考》,《哲学》(广岛哲学会)第31集,1979年10月。

秦文生:《刘向、刘歆整理典籍的重大贡献》,《衡阳师专学报》(哲社版)1980年第1期。

倪晓建:《刘向、刘歆和〈别录〉〈七略〉》,《图书情报知识》1980年第1期;收入《目录学与文献利用》,国家图书馆出版社2008年版,第1—4页。

文华:《刘向、刘歆父子在我国目录学史上的贡献》,《喀什师院学报》(哲社版)1980 年第 1 期。

倪晓建:《编撰〈七略〉的几个基本因素》,《图书情报知识》1980 年第 2 期;收入《目录学与文献利用》,国家图书馆出版社 2008 年版,第 5—10 页。

张白珩:《试论刘向〈新序〉成书之体例》,《四川师范大学学报》(社科版)1980 年第 3 期。

柏耀新:《〈七略别录〉质疑》,《江苏图书馆工作》1980 年第 3 期。

查启森:《关于〈别录〉〈七略〉关系的探讨》,《云南图书馆》1981 年第 1 期。

张涤华:《〈别录〉的作者及其撰辑的时期——〈别录〉考索之一》,《阜阳师范学院学报》(社科版)1982 年第 1 期。

张涤华:《〈别录〉的亡佚及其辑本——〈别录〉考索之二》,《阜阳师范学院学报》(社科版)1982 年第 2 期。

严寸心:《封建政治制度的一个根本缺陷——读〈说苑·君道〉》,《华东师范大学学报》(哲社版)1981 年第 3 期。

陈麦青:《从班固自注看〈汉书·艺文志〉对〈七略〉的继承和创新》,《图书馆研究与工作》1981 年第 3 期。

[日]北村良知:《刘向史学管见》,《东方学》第 62 期,1981 年 7 月。

陈浥凡:《〈七略〉成书年代质疑》,《图书馆学刊》1982 年第 3 期。

张涤华:《〈别录〉释名——〈别录考索〉之三》,《阜阳师范学院学报》(社科版)1982 年第 4 期。

徐波:《刘向及其〈新序〉——中外文学名家名作学习提要书稿选登》,《吉林大学社会科学学报》1982 年第 5 期。

[日]宫本胜:《刘向と列女传》,《中国哲学》第 11 号,1982 年。

[日]下见隆雄:《〈列女传〉孽嬖传注释及び解说》(2),《广岛大学文学部纪要》第 42 卷(特集号),1982 年。

刘学林:《“本”探》,《图书馆杂志》1983 年第 1 期。

袁逸:《试论类书之起源——兼析刘向〈说苑〉等三书》,《四川图书馆学报》1983 年第 1 期。

戴南海：《〈别录〉〈七略〉〈汉书·艺文志〉在目录学史上的地位》，《秦汉史论丛》1983年第2期。

石文渊：《刘向新序的研究》，《书府》第4期，1983年5月。

席臻贯：《“引商刻羽，杂以流征”考释》，《中国音乐》1983年第3期。

王德恒：《目录学的起源》，《历史知识》1983年第4期。

仲民：《刘向——中国古代著名“编辑”》，《人物》1983年第5期。

［日］宫本胜：《列女传の刊本及び颂图について》，《北海道大学文学部纪要》第32卷第1号，1983年11月。

王利器：《敦煌唐写本〈说苑·反质篇〉残卷校记跋尾》，《学林漫录》7集，中华书局1983年版。

山岩、柏森：《刘向的生平和事业》，《图书与情报》1984年第1期。

金采玲：《关于刘向、刘歆“叙录”之我见》，《云南图书馆学报》1984年第2期。

潘猛补：《刘向〈别录〉体例考辨》，《四川图书馆学报》1984年第2期。

林其锬：《刘向富国安民的经济思想》，《上海经济科学》第11期，1984年4月。

祝瑞开：《刘向、刘歆的思想》，《中国哲学》第12辑，人民出版社1984年版；收入《两汉思想史》，上海古籍出版社1989年版，第233—248页。

周丕显：《西汉时期的目录学——试论〈别录〉、〈七略〉和〈汉书·艺文志〉》，《青海图书馆》1984年第3期。

林维纯：《刘向编辑楚辞初探》，《暨南学报》1984年第3期。

林申清：《从刘向校书谈谈折本书的由来》，《江苏图书馆学报》1984年第4期。

陈蔚松：《〈史记〉〈新序〉校勘记》，《华中师院学报》（哲社版）1984年第5期。

王克奇：《论汉代的文献收藏和整理制度》，《史学月刊》1984年第6期。

吕立人：《〈说苑〉散论》，《新疆师范大学学报》（哲社版）1985年第1期。

潘猛补：《刘向父子校书助手述略》，《江苏图书馆学报》1985年第2期。

李更旺：《试论刘向等创立的图书校雠例》，《古籍整理研究学刊》1985年第2期。

屈守元：《向宗鲁先生遗著〈说苑校注〉序言》，《四川师范大学学报》（社科版）1985年第2期。

钟肇鹏：《七略别录考》，《文献》1985年第3期；收入《求是斋丛稿》，巴蜀书社2001年版，第105—121页。

古苔光：《列仙传的研究》，《淡江学报》第22期，1985年3月。

程磊：《〈七略〉六分法一析》，《图书馆学研究》1985年第4期。

吴枢：《目录学刘向和刘歆》，《资料工作通讯》1985年第4期。

孟宪恒：《刘向、刘歆书目工作动机异同辨》，《图书馆学研究》1985年第5期。

姜贤敬：《刘向列女传探微》，“国立台湾师范大学”硕士论文，1985年。

韩碧琴：《刘向学述》，“国立台湾师范大学”硕士论文，1985年；收入《师大国文研究所集刊》第29期，1985年6月。

姚宏峰：《我国古代最早的目录书籍》，《陕西图书馆》1986年第1期。

李岩：《〈说苑〉的比喻》，《新疆师范大学学报》（哲社版）1986年第1期。

古苔光：《试探刘向的思想（列仙传研究之二）》，《淡江学报》第24期，1986年4月。

林维纯：《试论〈楚辞章句〉“序文”的作者问题》，《暨南大学学报》1986年第2期。

左松超：《从说苑看刘向的思想》，《王静芝先生七十寿庆论文集》，（台北）文史哲出版社1986年版，第323—340页。

王艺：《〈别录〉、〈七略〉与〈七略别录〉》，《江苏图书馆学报》1986年第3期。

罗友松：《是“罢黜百家”、还是“九流以别”——浅谈对刘向〈别录〉、刘歆〈七略〉的两种不同评价》，《津图学刊》1986 年第 3 期。

王世伟：《刘向、刘歆父子校勘学初探》，《华东师范大学学报》第 5 期，1986 年 10 月；收入《历史文献研究》，国家图书馆出版社 2008 年版，第 32—39 页。

左松超：《论刘向编纂〈说苑〉》，《香港浸会学院学报》第 13 期，1986 年。

古苔光：《试探刘向的灾异论（列仙传研究之三）》，《淡江学报》第 25 期，1987 年 1 月。

薛新力：《〈七略〉互著别裁辩》，《津图学刊》1987 年第 1 期。

马达：《刘向〈说苑〉管窥》，《盐城师范学院学报》（社科版）1987 年第 1 期。

张靖远：《古籍今注今译之商榷——对新序、说苑今注今译之浅见》，《中华文化复兴月刊》第 20 卷第 3 期，1987 年 3 月。

吴敏霞：《刘向学术思想特点浅议》，《西北大学学报》（哲社版）1987 年第 2 期。

陈东：《也谈刘向、刘歆书目工作的动机——兼与孟宪恒同志商榷》，《图书馆学研究》1987 年第 2 期。

［日］宫本胜：《〈列女传〉の女性たち——邹の孟轲の母》，《北海道教育大学语学文学》第 25 号，1987 年 3 月。

李永宁：《敦煌文物研究所藏〈说苑·反质篇〉残卷校勘》，《1983 年全国敦煌学术讨论会文集（文史遗书编下）》，甘肃人民出版社 1987 年版，第 19—57 页。

范能船：《“越世高谈，自开户牖”——〈说苑〉论》，《东华理工学院学报》（社科版）1987 年第 3 期。

顾宏义：《〈七略〉没有收录今文经说吗?》，《江苏图书馆学报》1987 年第 4、5 期。

范能船：《〈说苑〉的成书及意义》，《文史知识》1987 年第 8 期。

姚福申：《对刘向编校工作的再认识——〈战国策〉与〈战国纵横家书〉比较研究》，《复旦学报》1987 年第 6 期。

［日］西川阳子：《刘向〈列女传〉における外戚观》，《学大国文》第30号，1987年。

谢明仁：《刘向说苑考论》，山东大学硕士论文，1987年。

崔文印：《漫说“以杀青书”》，《书品》1988年第1期；收入《古籍常识丛谈》，中华书局2009年版，第49—51页。

范能船：《说〈说苑〉》，《上海师范大学学报》（哲社版）1988年第1期。

童庆松：《我国古典目录、目录学起源和形成探讨》，《四川图书馆学报》1988年第2期。

白华：《〈七略〉中图书篇数与互著别裁问题新证》，《陕西图书馆》1988年第3期。

吴敏霞：《〈列女传〉的编纂和流传》，《人文杂志》1988年第3期。

谢明仁：《〈雍门周为孟尝君鼓琴〉不为桓谭所著——读刘向〈说苑〉札记一则》，《广西大学学报》（哲社版）1988年第3期。

管锡华：《从〈说苑〉述引前人文字看上古汉语的发展》，《安徽教育学院学报》（社科版）1988年第4期。

邢义田：《从〈列女传〉看中国式母爱的流露》，《历史月刊》1988年第4期。

查启森：《目录商释之二——试释杨仆〈兵录〉刘向〈别录〉之“录”字的意义》，《图书馆》1988年第4期。

吴小如：《从〈说苑校证〉谈起》，《书品》1988年第4期。

［日］坂本见偿：《〈汉书〉五行志の灾异说——董仲舒说と刘向说の资料分析》，《日本中国学会报》第40集，1988年10月。

胡一贯：《评〈新序今注今译〉》，《反攻》第460期，1988年12月。

［日］下见隆雄：《刘向〈列女传〉研究序说》，《广岛大学文学部纪要》第47卷第1特集号，1988年。

杨勇：《刘向、刘歆父子的典籍编辑初探》，《汉中师院学报》（哲社版）1989年第1期。

韩淑举：《浅论〈史记〉对〈别录〉、〈七略〉形成的影响》，《贵图学刊》1989年第2期。

张璋：《从刘向校书看〈管子叙录〉》，《管子学刊》1989年第3期。

顾宏义：《〈七略〉为何未收法律图书？——浅谈西汉法律图书的校理》，《贵图学刊》1989年第3期。

张涛：《刘向列女传的版本问题》，《文献》1989年第3期。

张涛：《略论刘向〈列女传〉的社会政治思想》，《山东大学学报》（哲社版）1989年第3期。

谢谦：《刘向著述考略》，《许昌师专学报》（社科版）1989年第4期。

唐有勤：《论刘向校书》，《西华师范学院学报》（哲社版）1989年第5期。

蒋凡：《刘向文学思想述评》，《复旦学报》（社科版）1989年第5期。

马健：《刘向的编辑活动——兼论两汉的校书之风》，《佳木斯师专学报》1989年第6期。

［日］池田秀三：《汉代の淮南学——刘向と许慎》，《中国思想史研究》第11号，1989年12月。

［日］山崎纯一：《刘向辑校〈古列女传〉三卷仁智传校异译试稿》，《樱美林大学中国文学论丛》第14号，1989年。

［日］宫本胜：《古代中国における生死观の一侧面——刘向〈列女传〉京师节女より》，《印度哲学佛教学》第4号，1989年。

石俊华：《〈别录〉〈七略〉形成原因初探——兼论我国古代目录学的产生》，《西藏民族学院学报》（哲社版）1990年第1期。

张涛：《刘向〈列女传〉及其妇女伦理观》，《中华女子学院山东分院学报》1990年第1期。

闻思：《刘向生卒年辨》，《文史》第32辑，中华书局1990年3月。

徐梓：《论刘向刘歆父子的文献整理工作》，《北京师范大学学报》（社科版）（增刊），1990年3月。

丁宏宣：《论刘向刘歆对我国目录学之贡献》，《图书情报论坛》1990年第2期。

王德亚：《总集乎别集乎——论刘向所编楚辞一书的属性及其他》，《中国韵文学刊》第4期，1990年5月。

杨钊：《刘向的〈列女传〉》，《史学集刊》1990年第4期。

丁宏宣：《论刘向及其著作在目录学上的贡献》，《图书馆》1990年第5期。

李解民：《〈七略别录佚文征〉校点商兑》，《古籍整理与研究》第5期，1990年10月。

闻思：《“贾氏所奏〈别录〉”辨》，《文史》第33辑，中华书局1990年10月。

［日］山崎纯一：《刘向辑校〈古列女传〉四卷贞顺传校异译试稿（上）》，《樱美林大学中国文学论丛》第15号，1990年。

何敏：《刘向的政治法律观》，《安徽大学学报》（哲社版）1991年第1期。

刘晓然：《〈列女传〉系列女性论》，《佳木斯教育学院学报》1991年第1期。

刘银红：《承前启后　袭古创今：浅论刘向父子、郑樵、章学诚在古典目录学上的继承关系》，《图书馆论丛》1991年第1期。

王立贤、时圣成：《刘向父子对中国历史文化的贡献》，《济宁师专学报》（社科版）1991年第1期。

王国强：《汉代目录学新论——中国目录学史新论之二》，《图书与情报》1991年第2期。

李恩军、宋珍民：《评〈七略·方技略〉》，《陕西中医学院学报》1991年第2期。

张涛：《试论〈榖梁传〉对刘向的影响》，《贵州文史丛刊》1991年第3期。

孟繁治：《刘向刘歆扬雄之比较》，《许昌师专学报》（社科版）1991年第3期。

胡益祥：《刘向、刘歆父子整理篇籍的贡献》，《河南师范大学学报》（哲科版）1991年第3期。

孟宪恒：《目录学与校雠学分水岭在何处：再论刘向、刘歆书目工作动机之异同》，《贵图学刊》1991年第3期。

闻思：《〈风俗通义〉佚文甄别》，《古籍整理与研究》第6期，1991年6月。

孟宪恒：《〈别录〉撰成于刘向说质疑：三论刘向、刘歆书目工作动机之异同》，《陕西图书馆》1991 年第 4 期。

张涛：《刘向婚姻思想初探》，《民俗研究》1991 年第 4 期。

薛麒麟：《从〈列女传〉到〈烈女传〉——兼论汉唐妇女地位的变迁》，《益阳师专学报》1991 年第 4 期。

丁宏宣：《论刘向及其著作》，《云南图书馆》1991 年第 4 期。

李国新：《论中国传统目录结构体系的哲学基础》，《北京大学学报》（社科版）1991 年第 4 期；收入《北京大学百年国学文粹·语言文献卷》，北京大学出版社 1998 年版，第 691—697 页。

张涛：《刘向〈列女传〉的史学价值》，《文史哲》1991 年第 5 期。

杜泽逊：《刘向刘歆文献学简论》，《古籍整理研究论丛》，山东大学出版社 1991 年版。

王承略：《评〈列女传译注〉》，《古籍整理出版情况简报》第 251 期，1991 年 11 月。

［日］山崎纯一：《刘向辑校〈古列女传〉七卷孽嬖传校异译试稿（上）》，《樱美林大学中国文学论丛》第 16 号，1991 年。

［日］山崎纯一：《〈列女传〉の撰者としての刘向の人と思想——〈古列女传〉の基础研究に关する一试论》，《东洋文化研究所纪要》（无穷会）第 11 辑，1991 年。

［日］下见隆雄：《刘向〈列女传〉より见る儒教社会と母性原理》，《广岛大学文学部纪要》第 50 卷（特集号），1991 年。

徐琨：《传统文化视角下的〈七略〉书目分类体系》，北京大学硕士论文，1991 年。

左松超：《马王堆帛书校说苑三则》，《香港中文大学中国文化研究所学报》第 22 期，1991 年；《马王堆汉墓研究文集——1992 年马王堆汉墓国际学术讨论会论文选》，湖南出版社 1994 年版，第 96—98 页。

傅荣贤：《〈七略〉、〈别录〉的经学意识及其成因》，《盐城师专学报（哲社版）》1992 年第 1 期。

其心：《典籍、天人之际学者的困惑——西汉学者刘向、刘歆父子的故事》，《中国典籍与文化》1992 年第 1 期。

马森：《中国文化中的女性地位——列女传的意义》，《国魂》第155期，1992年2月。

李解民：《顾观光的〈七略〉、〈别录〉辑本》，《社会科学战线》1992年第2期。

李解民：《刘氏书录研究》，《古籍整理与研究》第7期，中华书局1992年8月。

闻思：《也说“以杀青书”》，《文史》第36辑，中华书局1992年8月。

乔好勤：《〈别录〉〈七略〉的体例及分类》，《河南图书馆学刊》1992年第4期。

王立贵：《刘氏父子对中国历史文化的贡献》，《贵图学刊》1992年第4期。

叶幼明：《刘向〈新序〉的思想和艺术》，《求索》1992年第4期。

张涛：《〈七略〉中史籍未能独立成部类的根本原因》，《文史哲》1992年第6期。

张涛：《从〈列女传〉看刘向对古代史学发展的贡献》，《历史文献研究》新3辑，燕山出版社1992年版。

左松超：《论〈儒家者言〉及其与〈说苑〉的关系》，《香港浸会学院中文系集刊》，1992年；收入《说苑集证》，（台北）“国立编译馆”2001年版，第1422—1479页。

［日］山崎纯一：《刘向辑校〈古列女传〉七卷孽嬖传校异译试稿》，《樱美林大学中国文学论丛》第17号，1992年。

张涛：《刘向〈列女传〉文学成就初探》，《齐鲁学刊》1993年第1期。

曾文军：《我国目录学起源问题初探》，《图书馆论坛》1993年第2期。

沈焱：《刘向和董仲舒“天人感应”说辨异》，《上海大学学报》1993年第2期。

谢明仁：《论刘向的儒家思想》，《广西大学学报》（哲社版）1993年第2期。

宋传山、尹恺德：《汉代图书分类法的产生及其理论》，《图书馆员》1993年第2期。

闵定庆：《试论叙录体目录的文化生成》，《九江师专学报》（哲社版）

1993年第4期。

闵定定：《叙录体目录生成的文化机制：〈七略〉研究之一》，《古籍整理研究学刊》1993年第5期。

周茹燕、方志平：《评刘向的天人感应思想》，《学术探索》1993年第5期。

杜泽逊：《古籍辨伪学小史》，《古籍整理研究论丛》第2辑，山东文艺出版社1993年版。

赵逵夫：《庄辛〈谏楚襄王〉考校——兼论〈新序〉的史料价值》，《甘肃社会科学》1993年第6期；收入《屈原与他的时代》，人民文学出版社1996年版，第378—387页。

［日］山崎纯一：《刘向辑校〈古列女传〉七卷孽嬖传校异译试稿（下）——付·母仪传·第一话等再试稿》，《樱美林大学中国文学论丛》第18号，1993年。

［日］斋木哲郎：《汉代思想文献のとり扱いについて——陆贾〈新语〉·贾谊〈新书〉·刘向〈新序〉〈说苑〉の书志学的考察》，《东洋文化（无穷会）》第71号，1993年。

赵逵夫：《庄辛〈谏楚襄王〉考校——兼论〈新序〉的史料价值（续）》，《甘肃社会科学》1994年第1期；收入《屈原与他的时代》，人民文学出版社1996年版，第387—396页。

苗润田：《刘向〈管子叙〉释疑》，《中国哲学史》1994年第1期。

张涛：《刘向〈列女传〉思想与学术价值简论》，《徐州师范学院学报》（哲社版）1994年第1期。

董晓瑞、李淑梅：《从〈列女传〉到〈烈女传〉看妇女地位的变迁》，《邯郸师专学报》1994年第1期。

杜泽逊：《“以杀青书可缮写”意义考辨》，《文献》1994年第1期。

刘大军：《〈别录〉〈七略〉与今古文之争》，《图书馆理论与实践》1994年第1期。

张升：《对刘歆“六分法”的重新检视》，《江苏图书馆学报》1994年第2期。

李解民：《〈别录〉异称考》，《文史》第39辑，中华书局1994年3月。

李梦芝:《刘向及其著述论略》,《历史教学》1994 年第 3 期。

沈焱:《刘向的政治生涯和政治思想略论》,《上海大学学报》(社科版)1994 年第 5 期。

[日] 加藤实:《刘向の诗经学——幽厉时代をめぐって》,《东洋の思想と宗教》第 11 号,1994 年;《论刘向关于“幽厉”时代的经学》,李寅生译,《吉林师范学院学报》1998 年第 4 期。

[日] 山崎纯一:《刘向辑校〈古列女传〉校异译试稿(8)辩通传の下——付·〈古列女传〉所引诗·篇题别诗句一览·一卷母仪传第六话室三母再试稿》,《樱美林大学中国文学论丛》第 19 号,1994 年。

王承略:《试论姚振宗的〈别录〉〈七略〉辑本》,《古籍研究》1995 年第 1 期。

张涛:《史赞来源小考——读刘向〈列女传〉颂札记》,《文献》1995 年第 2 期。

傅荣贤:《〈七略〉图书分类理据中的时序原则》,《图书馆理论与实践》1995 年第 2 期。

许殿才:《刘向对社会政治问题的思考》,《史学史研究》1995 年第 3 期。

黎如芷:《略谈〈七略〉产生的历史根源和贡献》,《安徽大学学报》(社科版)1995 年第 4 期。

陈松柏:《前无古人 后启来者——简论刘向的编辑活动》,《编辑之友》1995 年第 6 期。

胡家聪:《从刘向〈叙录〉看〈列子〉并非伪书》,《道家文化研究》第 6 辑,上海古籍出版社 1995 年版,第 80—85 页。

[日] 下见隆雄:《刘向〈列女传〉传记资料の扱いについて:原本推定を巡って》,《广岛大学文学部纪要》第 55 卷(特集号),1995 年。

王萍:《刘向、刘歆父子的校书编目及其指导思想》,《辽宁师范大学学报》1996 年第 2 期。

何新文:《从“诗赋略”到〈文集录〉:论两汉魏晋南北朝文学目录的发展》,《湖北大学学报》(哲社版)1996 年第 2 期。

董英哲、刘长青:《〈邓析书录〉作者考辨》,《西北大学学报》(哲社版）1996 年第 2 期。

傅荣贤：《开拓〈七略〉研究新视野》，《四川图书馆学报》1996 年第 2 期。

武青山：《委折入情　微婉善讽——读刘向〈谏营昌陵疏〉》，《名作欣赏》1996 年第 4 期。

高念章：《刘向刘歆父子与中国古代目录学》，《淮海文汇》1996 年第 10 期。

李解民：《〈别录〉成书年代新探》，《尽心集——张政烺先生八十庆寿论文集》，中国社会科学出版社 1996 年版，第 298—311 页。

戴红贤：《刘向书与中国前小说的形态特征》，《四川师范大学学报》（社科版）1997 年第 1 期。

桑风、张宜迁：《刘向道家思想及其在西汉后期的时代意义》，《阜阳师范学院学报》（社科版）1997 年第 1 期。

［日］田中和夫：《〈列女传〉引〈诗〉考》，李寅生译，《河北师院学报》1997 年第 2 期。

曾蓉秀：《试析〈七略〉的分类体系》，《怀化师专学报》1997 年第 2 期。

吴双福、高文超：《〈七略〉对我国图书编目的历史贡献》，《齐齐哈尔大学学报》（哲社版）1997 年第 2 期。

葛志毅：《〈列女传〉与古代社会的妇女生活》，《中华文化论坛》1997 年第 3 期；收入《先秦两汉的制度与文化》，黑龙江教育出版社 1998 年版，第 474—483 页。

谢谦：《刘向著述与汉代政治之联系考略》，《西南民族学院学报》（哲社版）1997 年第 4 期。

左松超：《关于〈说苑〉成书的一些考察》，《淡江大学中文学报》第 4 期，1997 年 12 月。

陈劲榛：《佚名〈韩非子〉旧〈序〉试探——兼论刘向〈韩子书录〉》，《“国立台湾大学”文史哲学报》第 48 期，1998 年 6 月。

陈伟：《〈七略〉与〈汉书·艺文志〉——我国古代图书分类目录的演进（之一）》，《昭乌达蒙族师专学报》1997 年第 4 期。

曾育荣、吴中齐:《刘向教育思想补论》,《湖北大学学报》(哲社版)1997年第5期。

张关雄:《我国汉代文献编纂学家——刘向》,《山西档案》1997年第5期。

刘静贞:《历史的重读与再现——古代经典〈列女传〉的通识意涵》,《通识教育》第4卷第3期,1997年9月。

孟之:《开志人小说之先河的刘向》,《历史教学》1997年第11期。

林德春:《浅谈〈列女传〉》,《松辽学刊》1998年第1期。

周汝英:《〈七略〉的经学思想》,《社会科学战线》1998年第2期。

王智勇:《论〈七略〉不立史部》,《四川图书馆学报》1998年第2期。

曹之:《是杜参还是富参——〈七略〉、〈别录〉研究一得》,《中国图书馆学报》1998年第2期。

张涛:《略论刘向刘歆的易学思想与成就》,《文献》1998年第2期。

任芬:《刘向〈列女传〉及其现实意义》,《中华女子学院学报》1998年第3期。

田树仁、马润娣:《从刘向父子五脏配五行观谈〈黄帝内经〉》,《河南中医》1998年第3期。

蔡怀新:《〈七略〉管见》,《江苏图书馆学报》1998年第3期。

王承略、杨锦先:《刘向校书同僚学行考论》,《文献》1998年第3期。

赵雅博:《刘向辑书中所呈现的思想》,《哲学与文化》第25卷第7期,1998年7月。

文素纯:《两汉:奠定我国图书事业基础的灿烂篇章——刘向与班固对我国图书事业的杰出贡献》,《高校图书馆工作》1998年第4期。

胡安莲:《〈七略〉及其分类法的历史意义》,《信阳师范学院学报》1998年第4期。

张慧禾:《中国女性类传的发轫之作——刘向〈列女传〉的传记意义》,《浙江师范大学学报》1998年第5期。

张志德:《儒学独尊与西汉时期的目录事业》,《郑州大学学报》(哲社版)1998年第6期。

田志勇:《浅论刘向父子的校书及其对后世的影响》,《广西教育学院学报》1998 年第 B07 期。

邱明华、杨俊红：《刘向、刘歆著述考》，《社会科学动态》1998 第 11 期。

蔡雅霓：《论刘向〈列女传〉的女性自残》，《辅大中研所学刊》第 8 期，1998 年。

杜穗：《略论刘向父子对中华文化的杰出贡献》，《图书馆论坛》1999 年第 1 期。

刘银红：《承前启后 袭古创新——浅论刘向父子、郑樵、章学诚在古典目录学上的继承关系》，《图书馆论丛》1999 年第 1 期。

文素纯：《两汉：奠定我国图书事业的基础——刘向与班固对我国图书事业的杰出贡献》，《钦州师范高等专科学校学报》1999 年第 1 期。

肖旭：《〈说苑校证〉订补》，《古籍整理研究学刊》1999 年第 1 期。

易平：《刘向班固所见〈太史公书〉考》，《南昌大学学报》（社科版）1999 年第 2 期。

胡晓薇：《“以著述当谏书”——关于刘向〈新序〉故实的评论》，《四川师范大学学报》1992 年第 2 期。

杜民喜、杜宏权：《刘向校书对后世的影响》，《求是学刊》1999 年第 2 期。

刘静贞：《刘向〈列女传〉的性别意识》，《东吴历史学报》第 5 期，1999 年 3 月。

李艳：《刘向校书对后世的影响》，《青岛教育学院学报》1999 年第 4 期。

查昌国：《刘向对儒学领域拓展的贡献》，《安庆师范学院学报》（社科版）1999 年第 6 期。

陈茂仁：《〈新序〉校证》，中兴大学博士论文，1999 年。

杜家祈：《刘向编写〈新序〉、〈说苑〉研究》，香港中文大学博士论文，1999 年。

马达：《刘向〈列子叙录〉非伪作》，《河南大学学报》（社科版）2000 年第 1 期；收入《〈列子〉真伪考辨 · 第一章 〈列子〉非伪书考——马叙伦〈列子伪书考〉匡正 · 第一节 〈列子伪书考〉二十事（马叙伦认为

〈列子〉是伪书的二十条理由）匡正》，北京出版社 2000 年版，第 8—19 页。

孙培镜：《从刘向校雠学中继承什么?》，《出版发行研究》2000 年第 1 期。

吴正岚：《论刘向诗经学之家法》，《福州大学学报》2000 年第 2 期。

曹之：《刘向〈七略〉与生态文化》，《图书与情报》2000 年第 3 期。

张弘：《简论〈列女传〉的编撰与价值》，《中华女子学院山东分院学报》2000 年第 3 期。

张秋升：《刘向历史哲学分析》，《北京邮电大学学报》（社科版）2000 年第 3 期。

肖旭：《〈说苑校证〉校补》（一），《江海学刊》2000 年第 3 期。

王苏凤：《刘向〈新序〉著作性质考辨》，《河北师范大学学报》（哲社版）2000 年第 3 期。

王苏凤：《论刘向〈新序〉的社会政治思想》，《河南大学学报》（社科版）2000 年第 3 期。

肖旭：《〈说苑校证〉校补》（二），《江海学刊》2000 年第 4 期。

赵友林：《刘向〈别录〉编纂的条件及原因初探》，《聊城师范学院学报》（哲社版）2000 年第 4 期。

李东风：《刘向刘歆父子与档案文献编纂》，《平原大学学报》2000 年第 4 期。

力之：《〈楚辞章句〉前 15 卷的前序刘向作驳议》，《黄冈师院学报》2000 年第 4 期。

杨育坤：《西汉后期文化巨子——刘向、刘歆》，《西安教育学院学报》2000 年第 4 期。

李敏、程刚：《〈七略〉前一书目录之研究》，《图书情报工作》2000 年第 4 期。

肖旭：《〈说苑校证〉校补》（三），《江海学刊》2000 年第 5 期。

肖旭：《〈说苑校证〉校补》（四），《江海学刊》2000 年第 6 期。

郝继东：《刘向生卒年考》，《沈阳师范学院学报》（社科版）2000 年第 6 期。

武秀成：《刘向〈韩非子书录〉辨伪》，《岁久弥光——杨明照教授九十华诞庆典暨中国古典文献学国际学术研讨会论文集》，巴蜀书社 2000 年版，第 268—276 页。

谢明仁：《〈说苑〉引〈诗经〉考》，《第四届诗经学术研讨会论文集》，学苑出版社 2000 年版，第 321—327 页。

肖旭：《〈说苑校证〉校补（五）》，《江海学刊》2001 年第 1 期。

李升民：《〈别录〉书录文句的断句问题新探》，《德州学院学报》2001 年第 1 期。

韩高年：《刘向〈别录〉的体例及其学术渊源》，《古籍研究》2001 年第 2 期。

曹之：《两汉魏晋南北朝古籍编目史略》，《图书情报论坛》2001 年第 2 期。

李升民：《〈别录〉书录中的"缮写"考论》，《德州学院学报》2001 年第 3 期。

杨新勋：《〈七略〉"互著"、"别裁"辨正》，《史学史研究》2001 年第 4 期。

李敏、程刚：《〈七略〉前一书目录之研究》，《图书情报工作》2000 年第 4 期。

李杰：《简论两汉时期中国文献学的发展与成就》，《图书馆论坛》2001 年第 4 期。

王秀琴：《我国图书目录学的创始人——刘向父子》，《西北成人教育学报》2001 年第 4 期。

程毅中：《从〈龙蛇歌〉谈〈新序〉〈说苑〉的特点》，《文史知识》2001 年第 6 期。

赖哲信：《说说〈说苑〉——有关〈说苑〉的思想内容、编辑体例和其他》，《中山女高学报》第 1 期，2001 年 12 月。

尹自永：《刘向〈说苑〉思想研究》，中山大学硕士论文，2001 年。

踪凡：《刘向父子的汉赋研究》，《文献》2002 年第 1 期；收入《汉赋研究史论·第一章　两汉：汉赋研究的开创与奠基·第三节　刘向父子的汉赋研究》，北京大学出版社 2007 年版，第 94—110 页。

王继训:《刘向阴阳五行学说初探》,《孔子研究》2002 年第 1 期。

裴丽:《〈七略·方技略〉图书分类法评述》,《中医文献杂志》2002 年第 1 期。

薛红:《刘氏父子校书与两汉经今古文之争》,《自贡师范高等专科学校学报》2002 年第 1 期。

李寅生:《〈列女传〉引〈诗〉得失刍议》,《钦州师范高等专科学校学报》2002 年第 1 期。

盛巽昌:《刘向是西汉末年大学者》,《现代领导》2002 年第 2 期。

丁进:《刘向与两〈戴记〉关系考》,《古籍研究》2002 年第 2 期。

王丽英:《论刘向〈列女传〉的立传标准及其价值》,《广州大学学报》(社科版)2002 年第 2 期。

[日] 宫本胜:《断章取义について——〈列女传〉息君夫人の例》,《北海道教育大学语学文学》第 40 号,2002 年 3 月。

徐健:《汉代兴起的辨伪学》,《津图学刊》2002 年第 3 期。

孙梦岚:《〈别录〉〈七略〉简介》,《集宁师专学报》2002 年第 3 期。

周蔚:《刘向小说的定位思考》,《南京师范大学学报》(社科版)2002 年第 3 期。

杨义勇:《简评刘氏父子、郑樵、章学诚目录学思想》,《怀化学院学报》2002 年第 3 期。

颜丽:《〈说苑〉"其"字研究》,《信阳师范学院学报》(哲社版)2002 年第 3 期。

李解民:《刘氏校书考略》,《揖芬集——张政烺先生九十华诞纪念文集》,社会科学文献出版社 2002 年版,第 645—654 页。

张永山:《西汉目录学家刘向、刘歆年谱》,《图书馆杂志》2002 年第 4 期。

邓骏捷:《刘向〈别录〉的成书与体例新论》,《学术交流》2002 年第 5 期。

张学军:《刘向校理群书及其用人思想述评》,《聊城大学学报》(哲社版)2002 年第 5 期。

徐兴无:《清代王照圆〈列女传补注〉与梁端〈列女传校读本〉》,《明清文学性别研究》，江苏古籍出版社 2002 年版，第 916—931 页。

颜丽：《〈说苑〉代词研究》，曲阜师范大学硕士论文，2002 年。

邓骏捷：《谈刘向校书中的“底本”意识》，《漳州师范学院学报》2003 年第 1 期。

黑琨：《严谨全面的学术新著——〈刘向说苑研究〉评介》，《山东行政学院山东省经济管理干部学院学报》2003 年第 1 期。

郑万耕：《刘向刘歆父子的学术史观》，《史学史研究》2003 年第 1 期。

汪高鑫：《刘向灾异论旨趣探微：兼论刘向、刘歆灾异论旨趣的不同及其成因》，《安徽大学学报》（哲社版）2003 年第 2 期。

焦庆艳：《试论〈列女传〉的语言艺术》，《西安石油学院学报》（社科版）2003 年第 2 期。

许富宏：《〈列子〉目录研究》，《古籍研究》2003 年第 2 期。

熊明：《刘向〈列女〉、〈列士〉、〈孝子〉三传考论》，《锦州师范学院学报》（哲社版）2003 年第 3 期。

邢培顺、王琳：《试论刘向著述的思想倾向》，《山东师范大学学报》（人文社科版）2003 年第 3 期。

傅荣贤：《〈七略〉六分论》，《图书馆杂志》2003 年第 4 期。

吴全兰：《试论刘向的“修文”思想》，《广西师范大学学报》（哲社版）2003 年第 4 期。

吴全兰：《试论刘向的德育思想》，《河北师范大学学报》（教育科学版）2003 年第 4 期。

熊明：《略论杂传之渊源及其流变》，《辽宁大学学报》（哲社版）2003 年第 4 期。

陈隆予：《论刘向刘歆父子校书编目的指导思想》，《西安教育学院学报》2003 年第 4 期。

陈隆予：《谈刘向刘歆父子校书编目对后世的启发》，《三门峡职业技术学院学报》2003 年第 4 期。

华友根：《试论刘向的法律思想及其影响》，《政治与法律》2003 年第 5 期。

傅荣贤：《〈七略〉目录学整体观刍议》，《图书馆理论与实践》2003 年第 5 期。

吴全兰:《论刘向对先秦儒学的继承和发展》,《云南社会科学》2003 年第 6 期。

焦杰:《〈列女传〉与周秦汉唐妇德标准》,《陕西师范大学学报》(哲社版)2003 年第 6 期。

吴全兰:《论刘向〈新序〉中的人文思想》,《广西社会科学》2003 年第 7 期。

徐钦钿:《〈列仙传〉有关神仙和服食的讨论》,《东方人文学志》第 2 卷第 4 期,2003 年 12 月。

李丽华:《恶女传——刘向〈列女传·孽嬖传〉的书写策略与书写意识》,《汉学论坛》第 3 辑,2003 年 12 月。

邓骏捷:《刘向研究——文献学家刘向及其学术成就》,山东大学博士论文,2003 年。

杨桂玲:《〈说苑〉与刘向经学》,南开大学硕士论文,2003 年。

杨芸:《〈新序〉文献异文研究》,四川大学硕士论文,2003 年。

邢培顺:《刘向散文研究》,山东师范大学硕士论文,2003 年。

陶家骏:《〈说苑〉复音词研究》,苏州大学硕士论文,2003 年。

邓骏捷:《刘向校书与古文献学框架的建构》,《广州大学学报》(社科版)2004 年第 1 期。

郝继东:《刘向〈新序〉之价值取向》,《沈阳师范大学学报》(社科版)2004 年第 1 期。

邢培顺:《刘向〈新序〉〈说苑〉〈列女传〉材料来源及加工取舍方式探索》,《滨州师专学报》2004 年第 1 期。

吴全兰:《试论刘向的人生哲学》,《信阳师范学院学报》(哲社版)2004 年第 1 期。

谭敏:《〈列仙传〉叙事模式探析——与史传之比较》,《宗教学研究》2004 年第 1 期。

陈静、刘光裕:《刘向校书对古典出版的贡献》,《出版史料》2004 年第 1 期。

闵泽平:《刘向文章风格论》,《周口师范学院学报》2004 年第 1 期。

郑万耕：《刘向、刘歆父子的易说》，《周易研究》2004年第2期。

吴全兰：《刘向的阴阳五行学说与谶纬之学》，《东方丛刊》2004年第2期。

陈隆予：《刘向校书叙录中的几个问题》，《陕西教育学院学报》2004年第2期。

王萍、王小兰、王仲修：《道家思想与刘向学术》，《山东大学学报》（哲社版）2004年第3期。

邢培顺：《论刘向散文对西汉社会现实的批评》，《滨州师专学报》2004年第3期。

周蔚：《刘向小说艺术成就的浅论》，《苏州大学学报》（哲社版）2004年第3期。

李锐：《九流：从创建的目录名称到虚幻的历史事实》，《文史哲》2004年第4期。

吴瑞侠：《刘向〈晏子叙录〉辨析》，《文教资料》2004年第19期。

张冰：《〈说苑〉释名》，《学术》2004年第8期。

［日］牧角悦子：《中国的“爱”のかたち：刘向〈列女伝〉に见る女性観をめぐって》，《生活文化研究所年报》第17辑，2004年。

吴全兰：《刘向哲学思想研究》，南开大学博士论文，2004年。

魏霞：《刘向〈列女传〉研究》，复旦大学硕士论文，2004年。

焦庆艳：《刘向〈列女传〉研究》，兰州大学硕士论文，2004年。

李小平：《刘向及其文学成就》，北京语言大学硕士论文，2004年。

梅军：《〈说苑〉研究》，武汉大学硕士论文，2004年。

杨莊：《〈说苑〉及其相关文献异文的比较研究》，四川大学硕士论文，2004年。

李莉：《刘向及其文学成就研究》，西北师范大学硕士论文，2004年。

高月：《刘向〈说苑〉研究三题》，西南师范大学硕士论文，2004年。

宋明慧：《〈列女传〉语言研究》，四川大学硕士论文，2004年。

邱东玎：《刘向散文对西汉文风的继承和超越》，重庆师范大学硕士论文，2004年。

金甦：《“一人持本，一人读书”考辨》，《闽江学院学报》2005年第

1 期。

吴全兰：《刘向的黄老思想》，《广西师范大学学报》（哲社版）2005 年第 1 期。

王国强：《汉代文献之校勘》，《图书馆理论与实践》2005 年第 1 期。

王青：《〈列仙传〉成书年代考》，《滨州学院学报》2005 年第 1 期。

林存秀：《沉默在历史背后的聒噪——〈列女传〉的社会性别研究》，《中华女子学院学报》2005 年第 1 期。

张冰：《〈说苑〉引〈诗〉略考》，《山东教育学院学报》2005 年第 3 期。

李莉：《刘向文学思想浅探》，《甘肃联合大学学报》（社科版）2005 年第 3 期。

王晓华：《我国图书目录学的开创之作——试谈刘向的〈别录〉和刘歆的〈七略〉》，《陇东学院学报》（社科版）2005 年第 3 期。

［日］宫本胜：《私と〈列女传〉——刘向女性观の革新性》，《北海道教育大学语学文学》第 43 号，2005 年 3 月。

胡明想：《〈七略〉六经次序考》，《书目季刊》第 39 卷第 1 期，2005 年 6 月。

董运庭：《论楚辞流传与“屈原一家之书”的〈楚辞〉结集》，《云梦学刊》2005 年第 3 期。

陈一梅：《刘向更名的原因和用意》，《华夏文化》2005 年第 4 期。

张炳林：《略论汉代的文献整理与中国目录学的产生》，《山东教育学院学报》2005 年第 4 期。

陶家骏：《〈说苑〉语词对〈汉语大词典〉的补充》，《苏州教育学院学报》2005 年第 4 期。

王锳：《〈说苑校证〉献疑》，《书品》2005 年第 4 辑；收入《语文丛稿》，中华书局 2006 年版。

陈隆予：《论〈七略〉分类思想的形成及其影响》，《唐都学刊》2005 年第 5 期。

吴全兰：《论刘向的气节观》，《学术论坛》2005 年第 5 期。

王以宪：《刘向与“九体”之骚》，《创作评谭》2005 年第 6 期。

王国强：《关于〈别录〉、〈七略〉和〈汉书·艺文志〉两个问题的探讨》，《图书馆杂志》2005年第8期；收入《古代文献学的文化阐释》，国家图书馆出版社2008年版，第86—93页。

江素卿：《从〈汉书·五行志〉论西汉春秋学特色》，《文与哲》第7期，2005年12月。

蔡依静：《刘向〈列女·母仪传〉中的母亲》，《中国文学研究》第21期，2005年12月。

潘舜琼：《浅析刘向、刘歆对图书馆事业的贡献》，《中国科技信息》2005年第13期。

［日］黑田彰：《古孝子伝作者考（2）》，《文学部论集（佛教大学）》第89号，2005年。

［日］山崎纯一：《作为女训书的汉代〈诗经〉——〈毛诗〉与〈列女传〉的基础性研究》，《日本学者论中国古典文学——村山吉广教授古稀纪念集》，巴蜀书社2005年版，第69—92页。

邓骏捷：《清人江德量过录何焯校宋本〈说苑〉考述》，《中国典籍与文化》2006年第1期。

黄震云：《〈潜夫论〉〈说苑〉中神话的历史化与谶纬化》，《南都学坛：南阳师范学院人文社会科学学报》2006年第1期。

吴全兰：《刘向"敬慎"的修身原则及其现代价值》，《广西师范大学学报》（哲社版）2006年第1期。

马瑜：《从刘向著作引诗看刘向的〈诗〉学观》，《雁北师范学院学报》2006年第1期。

陈东林：《刘向〈列女传〉体例创新与编撰特色》，《明清小说研究》2006年第2期。

高月：《昧死以进谏——论刘向编撰〈说苑〉的心态及其成因》，《涪陵师范学院学报》2006年第2期。

周云中：《关于〈新序〉、〈说苑〉、〈列女传〉的性质》，《广西大学梧州分校学报》2006年第2期。

郝继东：《刘向〈新序〉版本述略》，《古籍整理研究学刊》2006年第2期。

黄震云、潘震鑫：《〈列仙传〉的神话与小说家观念》，《北京科技大学学报》（社科版）2006年第2期。

朱晓海：《刘向〈列女传〉文献学课题述补》，《台大中文学报》第24期，2006年6月。

徐建委：《从刘向校书再论马王堆帛书〈老子〉乙本卷前古佚书非〈黄帝内经〉——兼论古籍流传研究中的两个方法论误区》，《云梦学刊》2006年第3期。

蒋正扬：《〈七略〉的文化取向》，《河南图书馆学刊》2006年第3期。

吴修芹、陈霞：《刘向及其校书活动》，《兰台世界》2006年第4期。

周苇风：《〈楚辞〉编纂体例探微》，《文学遗产》2006年第5期。

饶道庆：《〈羊角哀舍命全交〉本事考辨》，《文学遗产》2006年第5期。

高小燕：《〈列女传〉研究综述（1988—2004）》，《宜宾学院学报》2006年第5期。

刘蓓然：《〈说苑〉假设句群的类型及其修辞功能》，《井冈山学院学报》（综合版）2006年第5期。

贾冬月：《论刘向的〈说苑〉及其体例》，《现代语文》（文学研究版）2006年第6期。

贾冬月：《刘向〈新序〉〈说苑〉〈列女传〉的小说特征》，《绥化学院学报》2006年第6期。

熊铁基：《刘向校书详析》，《史学月刊》2006年第7期。

张燕婴：《〈汉书·艺文志〉不录大小戴〈记〉说》，《图书馆杂志》2006年第12期。

郭伟宏：《〈别录〉、〈七略〉与汉代学术》，《成都教育学院学报》2006年第12期。

柯混瀚：《刘向与〈楚辞〉关系再探》，《东方人文学志》第5卷第4期，2006年12月。

高小燕：《〈列女传〉女性形象研究》，北京师范大学硕士论文，2006年。

林存秀：《三面夏娃——刘向〈列女传〉研究》，曲阜师范大学硕士论文，2006 年。

刘琳霞：《刘向〈说苑〉考论》，河南大学硕士论文，2006 年。

李秀慧：《〈新序〉研究》，首都师范大学硕士论文，2006 年。

叶刚：《〈新序〉接受史研究》，河南大学硕士论文，2006 年。

张冰：《论〈说苑〉的文献价值》，山东师范大学硕士论文，2006 年。

郑苏青：《刘向三书伦理思想剖析》，福建师范大学硕士论文，2006 年。

饶道庆：《刘向〈列士传〉佚文辑校补正》，《文献》2007 年第 1 期。

陈洪：《〈列仙传〉成书时代考》，《文献》2007 年第 1 期。

张春红、刘喜平：《刘向与〈列子书录〉》，《连云港师范高等专科学校学报》2007 年第 1 期。

孙亭玉：《论汉代的文学家庭》，《湖南科技大学学报》（社科版）2007 年第 1 期。

梅杰：《刘向在整理文献方面的主要贡献》，《教学探索》2007 年第 1 期。

潘舜琼：《刘歆编定〈山海经〉及其目录学建树》，《福建师范大学福清分校学报》2007 年第 1 期。

侯彦伯：《比较先秦至西汉典籍中"贞"、"节"的记载与刘向〈列女传〉中的"贞"、"节"》，《中正历史学刊》第 9 期，2007 年 1 月。

傅荣贤：《中国古代目录五题》，《大学图书馆学报》2007 年第 2 期。

颜丽：《〈说苑〉对称代词研究》，《广东海洋大学学报》2007 年第 2 期。

程水金、冯一鸣：《〈列子〉考辨述评与〈列子〉伪书新证》，《中国哲学史》2007 年第 2 期。

邓明：《敦煌卷子〈说苑卷二十反质〉的来龙去脉》，《档案》2007 年第 2 期。

潘盼：《班固删取〈七略〉的目录学意义》，《沧桑》2007 年第 2 期。

邓骏捷：《刘向校书活动的规模与分工述略》，《两岸三地图书馆事业论述（澳门图书馆暨信息管理协会学刊第 8 期）》，澳门图书馆暨信息管理协会，2007 年 3 月。

朱晓海：《论刘向〈列女传〉的婚姻观》，《新史学》第 18 卷第 1 期，

2007年3月。

王继如:《伯2872号考证——敦煌文献新发现〈说苑〉残卷》,《敦煌研究》2007年第3期。

俞士玲:《从组织结构看〈列女传〉的叙事》,《古典文献研究》第10辑,凤凰出版社2007年版。

傅荣贤:《简帛文献中的校雠学义例》,《中国图书馆学报》2007年第3期。

郭洪涛、伍寅:《论〈汉书·艺文志〉形成的历史背景》,《山东图书馆学刊》2007年第3期。

伊强:《〈说苑校证〉札记》,《书品》2007年第3期。

黄启书:《试论刘向灾异学说之转变》,《台大中文学报》第26期,2007年6月。

杨波:《论〈说苑〉、〈新序〉同题材料的运用》,《古籍整理研究学刊》2007年第4期。

管宗昌、杨秀兰:《刘向〈列子叙录〉非伪作略论》,《九江学院学报》(哲社版)2007年第4期。

高立梅:《理想与现实的调和——刘向〈说苑〉政治思想述评》,《华南农业大学学报》(社科版)2007年第4期。

杜亚辉:《论刘向、刘歆父子的易学观》,《石河子大学学报》(哲社版)2007年第4期。

董常保:《〈战国策〉的书名及编著者考辨》,《阿坝师范高等专科学校学报》2007年第4期。

张秋升:《刘向治学特点综论》,《齐鲁学刊》2007年第5期。

张新民:《〈七略〉的时代性特征》,《图书馆理论与实践》2007年第5期。

曹玉兰:《刘向、刘歆父子整理文献之功》,《河南图书馆学刊》2007年第5期。

傅荣贤:《论刘向文献整理的对象是图书而不是档案》,《档案管理》2007年第6期。

高宏:《刘向父子对档案文献编纂学的贡献》,《档案》2007年第6期。

赵伟：《刘向刘歆编辑思想评介——从〈汉书·艺文志〉透视中国编辑史的丰碑》，《辽宁师范大学学报》（社科版）2007年第6期。

程元敏：《两汉〈洪范五行传〉作者索隐》，《孔孟学报》第85期，2007年9月。

孟庆阳：《〈新序〉叙事艺术论》，《绥化学院学报》2007年第6期。

杜亚辉：《论刘向、刘歆父子的易学观》，《石河子大学学报》（哲社版）2007年第8期。

杨波：《〈新序〉、〈说苑〉与〈韩诗外传〉同题异旨故事比较》，《兰州学刊》2007年第12期。

黄启书：《试论刘向、刘歆〈洪范五行传论〉之异同》，《台大中文学报》第27期，2007年12月。

黄韵静：《刘歆〈七略〉之体制与对目录书之影响》，《空大人文学报》第16期，2007年12月。

冯利华：《刘向〈列女传〉试论》，四川大学硕士论文，2007年。

刘蓓然：《刘向〈说苑〉修辞研究》，华东师范大学硕士论文，2007年。

于姗：《〈新序〉复音词研究》，东北师范大学硕士论文，2007年。

田美：《〈说苑〉疑问句研究》，山东师范大学硕士论文，2007年。

贾冬月：《论刘向的三部书与小说的关系》，曲阜师范大学硕士论文，2007年。

邹剑萍：《从女性主义角度看刘向〈列女传〉》，福建师范大学硕士论文，2007年。

吴艺文：《〈说苑〉同义词研究》，南昌大学硕士论文，2007年。

牟晓鸣：《〈说苑〉编撰体例与文体特征研究》，鲁东大学硕士论文，2007年。

徐瑞旻：《以著述为谏：刘向〈新序〉寓言研究》，中兴大学硕士论文，2007年。

刘颖：《刘向〈列女传〉研究综述》，《宜春学院学报》2008年第1期。

颜丽：《〈说苑〉指示代词研究》，《湖南科技学院学报》2008年第1期。

颜丽：《〈说苑〉疑问代词研究》，《宿州教育学院学报》2008年第

1 期。

冯利华：《论刘向〈列女传〉的成书原因》，《天府新论》2008 年第 1 期。

叶琮铭：《男人生下的女人——刘向〈列女传〉读后感》，《明道文艺》第 382 期，2008 年 1 月。

徐建委：《刘向〈说苑〉版本源流考》，《文献》2008 年第 2 期。

黄梓勇：《刘向〈诗〉学家法研究》，《湖南大学学报》（社科版）2008 年第 2 期。

王启敏：《说理的悲剧与悲剧的说理——〈说苑〉东海孝妇故事与〈窦娥冤〉说“理”比议》，《北京广播电视大学学报》2008 年第 2 期。

姚娟：《〈新序〉〈说苑〉文献研究综述》，《阜阳师范学院学报》（社科版）2008 年第 2 期。

邹贺：《〈七略〉六分法探源》，《长江论坛》2008 年第 2 期。

李山、邓田田：《论刘向在〈列女传〉中的政治寄寓》，《中国文学研究》2008 年第 2 期。

陈丽平：《〈列女传颂〉创作的文体背景及其价值——兼及〈列女传〉作者考辨》，《中国社会科学院研究生院学报》2008 年第 2 期。

姚娟：《从〈说苑〉看〈汉志〉“小说家”命名》，《殷都学刊》2008 年第 3 期。

应俊：《从〈列女传〉看刘向的开拓之功》，《绥化学院学报》2008 年第 3 期。

谢祥娟：《浅析刘向〈说苑〉的小说性质》，《绥化学院学报》2008 年第 3 期。

王启敏：《论〈新序〉、〈说苑〉材料加工的特点———以引〈诗〉为例》，《安徽农业大学学报》（社科版）2008 年第 3 期。

李茉莉：《刘向、刘歆——中国图书校勘学和目录学的创始人》，《兰台世界》2008 年第 3 期。

姚娟、张志敏：《刘向说体文思想研究》，《贵州大学学报》（社科版）2008 年第 3 期。

朱文豪：《〈说苑〉心理动词同义连用现象考察》，《鸡西大学学报》

(综合版) 2008年第3期。

冯利华:《论刘向〈列女传〉的成书原因》,《天府新论》2008年第1期。

马振方:《〈新序〉、〈说苑〉之小说考辨》,《文艺研究》2008年第4期。

周宏琰:《刘歆与目录学》,《兰台世界》2008年第4期。

杨博涵:《美女破国与丑女兴邦的二重奏——〈列女传〉的女性观及其文学表现》,《学术交流》2008年第4期。

高立梅:《〈说苑〉"反质修文"的人性论解析》,《孔子研究》2008年第4期。

肖明、刘蓓然:《〈说苑〉引〈诗〉特点及其修辞作用》,《江西农业大学学报》(社科版) 2008年第4期。

高立梅:《〈说苑〉儒法结合的德刑观》,《湘潭师范学院学报》(社科版) 2008年第4期。

刘赛:《明代官、私刊行刘向〈列女传〉考述》,《明清小说研究》2008年第4期。

邢培顺:《踵美古人,裨益今学——评〈七略别录佚文·七略佚文〉校补本》,《澳门研究》第47期,2008年8月。

张书豪:《〈汉书·五行志〉所见刘向灾异论》,《先秦两汉学术》第10期,2008年9月。

史常力:《〈列女传〉篇题的文化特征》,《古籍整理研究学刊》2008年第5期。

许结:《说"渊懿"——以西汉董、匡、刘三家奏议文为例》,《文学遗产》2008年第5期。

俞士玲:《论〈列女传〉女性观及其与男性德行原则的一致性》,《周勋初先生八十寿辰纪念文集》,中华书局2008年版,第127—148页。

易水:《想起刘向的两句话》,《中国人才》2008年第7期。

刘蓓然、罗云桂:《〈说苑〉的语言铺陈赏析》,《井冈山学院学报》(综合版) 2008年第7期。

马振方:《〈列女传〉之小说考辨》,《中国典籍与文化论丛》第11辑,北京大学出版社2008年版。

余婷婷:《〈说苑〉札记》,《大众文艺》2008年第10期。

林叶连:《刘向〈列女传〉与〈诗经〉的对应关系研究》,《汉学研究集刊》第7期,2008年12月。

陈丽平:《刘向〈列女传〉研究》,中国社会科学院博士论文,2008年。

郑先彬:《〈列女传〉研究初探》,苏州大学硕士论文,2008年。

王兵:刘向《〈新序〉、〈说苑〉中的节士形象初探》,苏州大学硕士论文,2008年。

刘志恒:《〈说苑〉反义词研究》,湘潭大学硕士论文,2008年。

詹晓青:《刘向〈列女传〉研究》,福建师范大学硕士论文,2008年。

王子霞:《刘向〈列女传〉汉代风俗研究》,福建师范大学硕士论文,2008年。

卢夏平:《刘向〈列女传〉研究》,漳州师范学院硕士论文,2008年。

丘雅:《〈说苑〉实词转类研究》,广西师范大学硕士论文,2008年。

陈一风:《论刘向对〈孝经〉文本的整理》,《宁夏大学学报》(社科版)2009年第1期。

阎静:《一篇短文论千年历史——读刘向〈战国策书录〉》,《史学集刊》2009年第1期。

申百臣:《〈说苑全译〉商榷》,《内蒙古农业大学学报》(社科版)2009年第1期。

姚娟:《〈孔子诗论〉与〈说苑〉中"引诗"之比较》,《牡丹江师范学院学报》(哲社版)2009年第1期。

姚娟:《刘向撰〈说苑叙录〉解读》,《阜阳师范学院学报》(社科版)2009年第2期。

姚圣良:《史传体例 寓言笔法——〈列仙传〉〈神仙传〉叙事模式探析》,《阜阳师范学院学报》(社科版)2009年第2期。

吴全兰:《论刘向〈列女传〉中的女性伦理思想》,《广西师范大学学报》(哲社版)2009年第1期。

汪耀明:《论刘向的文学观点》,《太原师范学院学报》(社科版)2009年第2期。

廖雨：《论〈楚辞〉中的四篇汉人作品》，《凯里学院学报》2009年第2期。

史常力：《从对话、独白到心理描写——〈列女传〉文学价值管窥》，《山西师大学报》（社科版）2009年第3期。

李广龙：《〈汉书〉颜师古注引〈别录〉〈七略〉佚文笺释》，《咸阳师范学院学报》2009年第3期。

傅荣贤：《试论〈七略〉的文化哲学本质》，《图书馆理论与实践》2009年第3期。

安东：《刘向〈列子叙录〉真伪考辨》，《井冈山学院学报》2009年第3期。

陈莉：《从〈汉书·艺文志〉探索汉代典籍整理的特点》，《图书与情报》2009年第3期。

冯利华：《孟姜女形象及故事主干情节的社会文化成因——刘向〈列女传〉齐杞梁妻故事内涵新探》，《天府新论》2009年第3期。

许雅贵：《刘向〈列女传〉中的贞操观及正史〈列女传〉》，《辅大中研所学刊》第21期，2009年4月。

王守亮：《刘向〈世说〉考论》，《东岳论丛》2009年第4期。

焦庆艳：《试探刘向〈列女传〉对题材的拓展》，《鸡西大学学报》2009年第4期。

傅荣贤：《图书整理源自档案整理——论秦汉时期法律档案的整理对刘向、刘歆图书整理的影响》，《江西图书馆学刊》2009年第4期。

高月：《论刘向〈说苑〉的历史意识——兼论〈说苑〉在中国小说文体形成过程中的作用》，《西南大学学报》（社科版）2009年第4期。

赵莉萍：《编辑学视野下的刘向〈列女传〉》，《山东文学》2009年第5期。

刘蓓然、刘小秋：《〈说苑〉方位词对称使用的作用及其修辞文化探析》，《井冈山学院学报》2009年第5期。

汪春泓：《论刘向、刘歆和〈汉书〉之关系》，《古籍整理研究学刊》2009年第5期。

邓骏捷：《刘向校书动机发微》，《古籍整理研究学刊》2009年第5期。

程翔：《元大德七年云谦刻本〈校正刘向说苑〉考略》，《文学遗产》2009年第5期。

史常力：《论〈列女传〉中颂的性质》，《理论界》2009年第5期。

丁进：《刘向与〈礼记〉关系辨正》，《中国经学》第4辑，广西师范大学出版社2009年版，第145—158页。

张凤霞、张弘：《论刘向编撰〈列女传〉的文本体例》，《东岳论丛》2009年第6期。

邓淑杰、傅亚庶：《刘向〈列女传〉著作体例考辨》，《社会科学辑刊》2009年第6期。

徐建委：《中古文〈尚书〉与秦府图籍、〈七略〉关系蠡测》，《鲁东大学学报》（哲社版）2009年第6期。

焦庆艳：《浅谈〈列女传〉对后世的影响》，《牡丹江大学学报》2009年第6期。

王子今：《论〈列女传·母仪传〉早期教育故事》，《徐州师范大学学报》（哲社版）2009年第6期。

程翔：《刘向与〈说苑〉》，《文史知识》2009年第9期。

叶刚：《〈新序〉接受史中的思想价值呈现考论》，《湖北广播电视大学学报》2009年第9期。

邓骏捷：《刘向校书的学术背景综论》，《澳门文献信息学刊》创刊号，2009年11月。

王连龙：《刘向〈别录〉佚文辑补》，《图书馆理论与实践》2009年第11期。

张涛：《父子相继研经术，各领风骚冠儒林——刘向和刘歆》，《文史知识》2009年第12期。

杨波：《刘向著述中符瑞灾异贯穿国家兴亡叙事模式的生成与展现》，《长城》2009年第12期。

唐月英：《浅析刘向〈列女传〉中的东郭姜形象》，《作家》2009年第16期。

傅荣贤：《“尚书有青丝编目录”正诂》，《图书情报工作》2009年第21期。

姚娟：《〈新序〉〈说苑〉文献研究》，华中师范大学博士论文，2009年。

叶博：《〈新序〉、〈说苑〉研究——在事语类古书的视野下》，北京大学硕士论文，2009年。

张世磊：《〈别录〉〈七略〉研究》，吉林大学硕士论文，2009年。

申百臣：《〈说苑〉平议》，曲阜师范大学硕士论文，2009年。

牛和林：《〈新序〉校诂商补》，曲阜师范大学硕士论文，2009年。

谢祥娟：《〈说苑〉的成书及其文学价值》，曲阜师范大学硕士论文，2009年。

尹雨晴：《刘向〈列女传〉研究》，河北师范大学硕士论文，2009年。

向小清：《〈说苑〉反义词研究》，西北师范大学硕士论文，2009年。

应俊：《刘向〈列女传〉版本源流考述》，广西师范大学硕士论文，2009年。

王利锁：《刘向〈列女传〉女性类型的文化诗学价值》，《河南大学学报》（社科版）2010年第1期。

崔宏伟：《论刘向校书的叙录体例》，《邢台学院学报》2010年第1期。

张明明：《〈新序〉中"若"字用法分析》，《现代语文》（语言研究版）2010年第1期。

冷卫国：《刘向、刘歆赋学批评发微》，《文学遗产》2010年第2期。

秦桦林：《〈元大德七年云谦刻本《校正刘向说苑》考略〉补正》，《文学遗产》2010年第2期。

尹自永：《刘向经学思想研究述略》，《华南师范大学学报》（社科版）2010年第2期。

陈丽平：《〈列女图〉的流行与汉魏六朝女性教化》，《晋阳学刊》2010年第2期。

单晓梅、谷建辉：《〈说苑〉中的先证后喻》，《延边教育学院学报》2010年第2期。

王启敏：《〈新序〉与〈说苑〉的用"材"方式初探》，《巢湖学院学报》2010年第2期。

张明明：《〈新序〉表让步关系连词搭配使用的类型》，《山东商业职业技术学院学报》2010 年第 1 期。

高月：《刘向〈说苑〉的编撰体例》，《新闻爱好者》2010 年第 2 期。

陈洪：《〈列仙传〉的道教意蕴与文学史意义》，《文学评论》2010 年第 3 期。

尹自永：《刘向经学的诠释特点及其价值取向》，《学术研究》2010 年第 3 期。

张京华：《中国最早的爱情故事——〈古列女传·有虞二妃〉的文本结构》，《河南科技大学学报》（社科版）2010 年第 3 期。

詹晓青、谷文珍：《刘向〈列女传〉研究的成绩与不足》，《龙岩学院学报》2010 年第 3 期。

余霞、余燕：《色·才·德——刘向〈列女传〉女性审美内涵解读》，《中华女子学院学报》2010 年第 4 期。

杨波、郝雅惠：《刘向著述中的任贤主题及其文学史意义》，《河北大学学报》（哲社版）2010 年第 5 期。

邓骏捷：《刘向书录札记》，《绍兴文理学院学报》2010 年第 5 期。

陈丽平：《〈列女传〉著录中蕴含的学界风尚探析》，《鞍山师范学院学报》2010 年第 5 期。

高月：《一种现代理论的古典阐释——论“读者”对〈说苑〉文体形成的影响》，《名作欣赏》2010 年第 5 期。

张立克：《刘向〈条灾异封事〉用〈诗〉考论——刘向〈诗〉学观念再探》，《渤海大学学报》2010 年第 5 期。

向荣：《有感于刘向的“六正六邪”》，《秘书之友》2010 年第 5 期。

周慧丽：《刘向〈列女传〉中的女性角色规范》，《河南科技大学学报》（社科版）2010 年第 5 期。

许正文：《西汉时期刘向父子的古籍编校与整理》，《延安大学学报》（社科版）2010 年第 6 期。

焦庆艳：《试论〈列女传〉的人物形象》，《许昌学院学报》2010 年第 6 期。

庄兵：《刘向删繁〈孝经〉考辨》，《华梵人文学报》第 14 期，2010 年 6 月。

郑先彬：《刘向〈列女传〉的写人艺术》，《语文学刊》2010年第8期。

杨波：《试论〈列女传〉体兼多式的文体特点》，《长城》2010年第8期。

鲁玉玲：《刘向、刘歆的编辑学成就——兼论编辑史上的〈别录〉和〈七略〉》，《中国出版》2010年第10期。

陈志伟、高文俊：《刘向〈列女传〉——封建妇德奠基之作》，《图书馆学研究》2010年第14期。

郑先彬：《刘向〈列女传〉的文体特征管窥》，《山花》2010年第20期。

孙向召：《略论刘向父子的古文献编纂活动》，《兰台世界》2010年第21期。

郑先彬：《刘向〈列女传〉编撰的历史机缘》，《名作欣赏》2010年第23期。

位秀平：《〈列女传〉的民俗学解读》，《大众文艺》2010年第24期。

邓骏捷：《刘向的忧患意识与学术实践》，《齐鲁文化研究》总第9辑，泰山出版社2010年版，第256—265页。

孙闻博：《刘向〈列女传〉流传及版本考》，《北大史学》第15辑，北京大学出版社2010年版，第35—55页。

张立克：《西汉中后期的政治文化与士人心态——以刘向、歆父子为中心》，南开大学博士论文，2010年。

刘赛：《刘向〈列女传〉及其文本考论》，复旦大学博士论文，2010年。

郎雪松：《西汉文化转型与刘向、刘歆父子的文献学成就》，黑龙江大学硕士论文，2010年。

周群英：《刘向〈列女传〉文化诗学研究》，河南大学硕士论文，2010年。

刘瑞芳：《〈新序〉介词研究》，山东师范大学硕士论文，2010年。

韩刚：《〈说苑〉语气词研究》，山东师范大学硕士论文，2010年。

赵瑞静：《〈新序〉副词研究》，曲阜师范大学硕士论文，2010年。

刘秀美：《〈列女传〉注释辨正》，曲阜师范大学硕士论文，2010年。

蔺小英：《〈孔子家语〉与〈说苑〉关系考论》，曲阜师范大学硕士论文，2010年。

王思齐：《〈新序〉〈说苑〉小说价值研究》，辽宁师范大学硕士论文，2010年。

张侨：《论刘向刘歆的文学创作及文学观》，湖南师范大学硕士论文，2010年。

郭亚丽：《〈说苑〉双音节动词研究》，华中科技大学硕士论文，2010年。

余燕：《〈列女传〉中的女性形象及女性观解读》，湖南科技大学硕士论文，2010年。

赵乃文：《刘向〈新序〉研究三题》，上海师范大学硕士论文，2010年。

林佳臻：《君仁臣贤的治国图像：刘向〈说苑〉寓言研究》，中兴大学硕士论文，2010年

邓骏捷：《西汉楚元王家族学术文化传统探论》，《烟台大学学报》（哲社版）2011年第1期。

邓骏捷：《刘向校本整理模式探论》，《文学与文化》2011年第1期。

刘园园：《刘向〈列女传〉版本考略》，《江南大学学报》（社科版）2011年第1期。

耿振东：《司马迁、刘向对〈管子〉的诠释与编校》，《西南交通大学学报》（社科版）2011年第1期。

乌兰塔娜：《刘向——孔子之后图书整理的又一集大成者》，《内蒙古图书馆工作》2011年第1期。

程青峰：《刘向刘歆父子在中国图书馆史上的卓越地位》，《社科纵横》（新理论版）2011年第1期。

杨波：《刘向著述中的隐语》，《新闻爱好者》2011年第1期。

邓骏捷：《刘向书录的图书评论特色新探》，《山东图书馆学刊》2011年第2期。

孙显斌：《〈七略〉〈别录〉编撰考》，《图书馆杂志》2011年第2期。

王利锁：《刘向〈列女传〉女性类型的认知特征》，《中国文学研究》2011年第2期。

王慧荣：《〈列女传〉在日本的流布及其影响》，《天津社会科学》2011

年第 2 期。

武艳艳：《〈列女传〉版本述略》，《山东女子学院学报》2011 年第 2 期。

李飞、费晓健：《再论鸿门宴的座次——今本〈说苑〉勘误一则》，《绥化学院学报》2011 年第 2 期。

刘蓓然：《从〈说苑〉一书看刘向的修辞观》，《现代语文》（语言研究版）2011 年第 2 期。

李瑞超：《刘向〈别录〉：宋玉辞赋流传的依据和保障》，《河北北方学院学报》（社科版）2011 年第 2 期。

史常力：《论〈列女传〉中的矛盾女性观》，《长春师范学院学报》2011 年第 3 期。

黄河：《刘向的易学思想与政治情怀》，《船山学刊》2011 年第 3 期。

王利明：《论刘向对夏姬形象改造之功》，《吕梁学院学报》2011 年第 3 期。

王守亮：《〈新序〉、〈说苑〉、〈列女传〉为刘向编撰——兼谈刘向三书的小说史价值》，《浙江海洋学院学报》（人文版）2011 年第 3 期。

杨芸：《刘向〈荀子书录〉得失述略》，《文学教育》2011 年第 3 期。

邓骏捷：《刘向书录考述图书作者的方式与价值新论》，《澳门文献信息学刊》第 4 期，2011 年 4 月。

童杰：《刘向〈战国策书录〉中关键一字的破解》，《史学月刊》2011 年第 5 期。

任雪莲：《刘向〈荀书序录〉考释》，《长江大学学报》（社科版）2011 年第 5 期。

柳莹：《刘向〈说苑〉艺术技巧探微》，《鸡西大学学报》2011 年第 6 期。

马逸群：《浅探〈说苑〉里的治国思想》，《现代企业教育》2011 年第 6 期。

董常保、熊刚：《浅析〈列女传〉对夏姬形象的改造》，《兰台世界》2011 年第 13 期。

李景文：《刘向文献编纂实践与编纂思想研究》，河南大学博士论文，

2011 年。

罗璇：《刘向〈新序〉文体研究》，澳门大学硕士论文，2011 年。

张斌妮：《刘向〈说苑〉研究》，陕西师范大学硕士论文，2011 年。

邱岩：《论刘向〈列女传〉中的男权叙事》，西南大学硕士论文，2011 年。

马巧玉：《刘向〈列女传〉的编撰意图与编撰策略》，华中师范大学硕士论文，2011 年。

刘一春：《刘向妇女观研究》，曲阜师范大学硕士论文，2011 年。

四、专书章节

康有为：《新学伪经考·刘向经说足证伪经考第十四》，万木草堂刻本，光绪十七年（1891）；三联书店 1998 年版，第 374—398 页。

章太炎：《訄书·征七略第五十七》，光绪年间刻本；徐复：《訄书详注》，上海古籍出版社 2000 年版，第 816—824 页；梁涛：《〈訄书〉评注》，陕西人民出版社 2003 年版。

［日］高濑武次郎：《支那哲学史·刘向（歆）》，（东京）文盛堂书店 1922 年版，第 432—434 页。

郑鹤声、郑鹤春：《中国文献学概要·第三章　审订·刘氏校理》，商务印书馆 1930 年版；上海古籍出版社 2001 年版，第 37—46 页。

臧励龢等编：《中国人名大辞典·刘向》，商务印书馆 1931 年版，第 1440—1441 页。

胡朴安、胡道静：《校雠学·中卷　校雠学史·两汉之校雠学》，商务印书馆 1931 年版；（台北）台湾商务印书馆 1968 年版，第 7—15 页。

郑振铎：《插图本中国文学史·上卷　古代文学·第九章　汉代的历史家与哲学家》，朴社 1932 年版；北京出版社 1999 年版，第 120—130 页。

郑宾于：《中国文学流变史》，北新书局 1936 年版，第 107—117 页。

姚名达：《中国目录学史·溯源篇》，商务印书馆 1938 年版，第 23—60 页；上海古籍出版社 2002 年版，第 16—46 页。

［日］平原北堂：《支那思想史·刘向、刘歆》，（东京）敕语御下赐纪

念事业部1939年版，第548—549页。

余嘉锡：《古书通例·卷三　论编次第三·叙刘向之校雠编次》，上海古籍出版社1985年版；收入《余嘉锡说文献学·古书通例》，上海古籍出版社2001年版，第242—251页。

侯外庐：《中国思想通史（第二卷　两汉思想）·第六章　两汉之际思想·第二节　刘向歆父子的折衷思想》，人民出版社1957年版，第196—207页。

余嘉锡：《目录学发微·卷三　目录学源流上·周至三国》，中华书局1963年版；收入《余嘉锡说文献学·目录学发微》，上海古籍出版社2001年版，第79—89页。

郭湛波：《中国中古思想史·刘向（与刘歆合论）》，（香港）龙门书店1967年版，第145—146页。

萨孟武：《中国政治思想史·第二篇　秦汉的政治思想·第六章　各种思想的杂糅·（二）刘向》，（台北）三民书局1969年版；东方出版社2008年版，第188—193页。

［日］渡边秀芳著，刘侃元译：《中国哲学史概论·刘向父子》，（台北）台湾商务印书馆1971年版，第29—30页。

林夏：《中国思想史·西汉思想史概说·刘向学术》，（台北）中华书局1972年版，第116—117页。

余嘉锡：《四库提要辨证·新序》，又《列仙传》，（香港）中华书局1974年版，第544—554页，第1196—1205页。

谢量：《中国哲学史·刘向》，（台北）中华书局1976年版，第243—246页。

殷孟伦：《中国古典文学名著题解·刘向》，又《刘中垒集》，又《说苑》，又《新序》，又《古列女传》，中国青年出版社1980年版，第149页，第149—150页，第150—152页，第152—153页，第153—155页。

周勋初：《〈韩非子〉札记·〈韩非〉的编者——刘向》，江苏人民出版社1980年版，第13—20页。

［日］冈村繁：《中国文学的女性像·刘向〈列女传〉的女性观》，（东京都）汲古书院1982年版；收入陆晓光译《冈村繁全集（第叁卷）·魏六

朝的思想和文学》，上海古籍出版社 2002 年版，第 1—18 页。

南京大学历史系《中国历代名人辞典》编写组：《中国历代名人辞典·刘向》，江西人民出版社 1982 年版，第 64 页。

张舜徽：《中国文献学·第八编　历代校雠学家文献整理的业绩·第一章　刘向刘歆在整理文献方面的成就》，中州书画社 1982 年版，第 237—242 页。

许世瑛编撰：《中国目录学史·第二章　目录之权舆》，又《第三章　分类编目之创始》，（台北）"中国文化大学"出版部 1982 年版，第 6—35 页。

韦政通：《中国哲学辞典大全·刘向》，（台北）水牛出版社 1983 年版，第 757—758 页。

王重民：《中国善本书目提要·新序》，又《说苑》，上海古籍出版社 1983 年版，第 221 页，第 221—222 页。

曾敏之：《文史品味录·刘向传经》，花城出版社 1983 年版，第 56—57 页。

赵仲邑：《校勘学史略·校勘学事业的建立期·第一节　设官校勘之始》，岳麓书社 1983 年版，第 14—17 页。

陈蒲清：《中国古代寓言史·第三章　两汉沿袭期寓言·第二一节　独尊儒术与〈新序〉〈说苑〉寓言》，湖南教育出版社 1983 年版，第 135—150 页。

吕绍虞：《中国目录学史稿·第一章　我国目录学的初期阶段和〈别录〉、〈七略〉、〈汉书·艺文志〉的诞生》，安徽教育出版社 1984 年版，第 1—43 页。

李剑国：《唐前志怪小说史·第三章　两汉志怪小说·三、杂史杂传体志怪小说·（二）〈列仙传〉和〈神仙传〉》，南开大学出版社 1984 年版，第 187—198 页。

严北溟：《哲学大辞典·刘向》，上海辞书出版社 1985 年版，第 282 页。

王欣夫：《文献学讲义·第二章　目录·第三节　目录的分类——七略与四部》，又《第四章　校雠·第五节　汉刘向刘歆父子的校雠学》，上海古籍出版社 1986 年版；《王欣夫说文献学》，上海古籍出版社 2000 年版，第

15—22 页，第 220—231 页。

侯忠义主编:《中国历代小说辞典（第一卷）·列仙传》，云南人民出版社 1986 年版，第 12—15 页。

昌彼得、潘美月:《中国目录学·下篇　源流篇·第一章　七略时期的目录——两汉》，（台北）文史哲出版社 1986 年版，第 95—103 页。

罗孟祯:《中国古代目录学简编·第二章　中国目录学的发展（上）·第二节　中国历史上第一次大规模的古籍整理》，（台北）木铎出版社 1986 年版，第 22—41 页。

马积高:《赋史》，上海古籍出版社 1987 年版，第 85—90 页。

周绍贤:《两汉哲学·刘向、刘歆》，（台北）文景出版社 1987 年版，第 151—154 页。

韩仲民:《中国书籍编纂史稿·简册篇·刘向校理群书》，中国书籍出版社 1988 年版，第 95—100 页。

伍杰:《中国古代编辑家小传·编辑家刘向》，中国展望出版社 1988 年版，第 9—11 页。

钱玄:《校勘学·第六章　校勘学简史及重要著作·第一节　校勘学的奠基人刘向、刘歆》，江苏古籍出版社 1988 年版，第 136—140 页。

李玉安、陈传艺:《中国藏书家辞典·刘向（刘子政）》，又《刘歆》，湖北教育出版社 1989 年版，第 6 页，第 6—7 页。

刘修明:《中国哲学三百题·人物·刘向、刘歆父子在学术上有哪些贡献？他们的哲学思想有何特点?》，上海古籍出版社 1988 年版，第 218—220 页。

罗孟祯:《古典文献学·第二编　目录学·第二章　中国目录学的发展（上）·第三节　刘向、刘歆父子的校书事业》，重庆出版社 1989 年版，第 78—98 页。

赵吉惠、郭厚安:《中国儒学辞典·刘向》，又《五经要义》，又《新序》，辽宁人民出版社 1989 年版，第 20 页，第 221 页，第 405 页。

中国历史大辞典秦汉史卷编纂委员会编:《中国历史大辞典·秦汉史卷·七略》，又《列女传》，又《刘向》，又《刘歆》，又《别录》，又《说苑》，又《新序》，上海辞书出版社 1990 年版，第 3—4 页，第 154 页，第

191 页，第 199—200 页，第 227—228 页，第 330 页，第 451 页。

顾易生、蒋凡：《先秦两汉文学批评史·第二编　两汉文学批评·第三章　两汉之交的文论演变·第一节　刘向（附刘歆）》，上海古籍出版社 1990 年版，第 503—524 页。

张治江、王辉：《目录学辞典·七略》，又《刘向》，又《刘歆》，又《别录》，机械工业出版社 1990 年版，第 5 页，第 101—102 页，第 102 页，第 124 页。

易重廉：《中国楚辞学史·两汉——楚辞学的初兴期·第五章　刘向》，湖南出版社 1991 年版，第 42—50 页。

任继愈主编：《道藏提要·列仙传》，中国社会科学出版社 1991 年版，第 219 页。

王福庭、张心绰编著：《古籍知识分类辞典·别录》，又《七略》，黄山书社 1991 年版，第 2 页。

赵国璋、潘树广主编：《文献学辞典·七略》，又《列女传、续列女传》，又《刘向》，又《刘向校雠学纂微》，又《别录》，又《说苑》，又《新序》，江西教育出版社 1991 年版，第 18 页，第 334 页，第 375—376 页，第 376 页，第 432 页，第 654 页，第 862—863 页。

靳青万：《中国古代编辑学史论稿·四、中国编辑的发展时期·（三）目录编辑的发展及成就·1.〈七略〉时期的目录编辑成就》，河南大学出版社 1992 年版，第 81—86 页。

李书有：《中国儒家伦理发展史·刘向的伦理思想》，江苏古籍出版社 1992 年版，第 169—176 页。

马欣来编：《巾帼丰姿·中国最早的妇女专史〈列女传〉》，（香港）中华书局 1992 年版，第 33—37 页。

中国大百科全书编委会：《图书馆　情报学　档案学·〈别录〉〈七略〉》，又《刘向　刘歆》，中国大百科全书出版社 1992 年版，第 18 页，第 258 页。

中国大百科全书编委会：《中国文学 I·刘向》，中国大百科全书出版社 1992 年版，第 450 页。

侯忠义：《汉魏六朝小说简史·第一篇　汉代小说·二、汉代小说的创作·（二）汉代小说·列仙传》，辽宁教育出版社 1992 年版，第 14—15 页。

钱基博：《中国文学史·第三编　中古文学·第二章　两汉·第六节　刘氏向歆》，中华书局 1993 年版，第 93—97 页。

张林川等：《中国古籍书名考释辞典·说苑》，河南人民出版社 1993 年版，第 141—142 页。

黄开国：《经学辞典·刘向》，四川人民出版社 1993 年版，第 205 页。

李万健：《中国著名目录学家传略·目录学的开创者刘向刘歆父子》，书目文献出版社 1993 年版，第 1—9 页。

杜维运：《中国史学史（第一册）·第六章　经学极盛下的史学发展·第二节　西汉后期的史学与经学》，（台北）三民书局 1993 年版，第 244—253 页。

孙钦善：《中国古文献学史（上册）·第二章　两汉·第四节　刘向刘歆》，中华书局 1994 年版，第 102—115 页。

汪耀明：《西汉文学思想·第五章　刘向的文学思想》，复旦大学出版社 1994 年版，第 85—99 页。

聂石樵：《先秦两汉文学史稿·第七章　西汉之文学·第五节　后期之散文·三　刘向》，北京师范大学出版社 1994 年版，第 161—170 页。

方克立主编：《中国哲学大辞典·刘向》，中国社会科学出版社 1994 年版，第 303 页。

洪湛侯：《中国文献学新编·第二编　方法编·第一章　目录·第二节　目录的分类》，又《第四编　理论编·第三章　中国文献学的经验总结和理论建树·第一节　刘向》，杭州大学出版社 1994 年版，第 108—120 页，第 428—432 页。

李致忠：《宋版书叙录·〈新序〉》，书目文献出版社 1994 年版，第 323—329 页。

刘衍主编：《中国散文史纲·古代卷·第三编　古代散文演变和发展的第二个高潮·第八章　散文高潮的低落与新变·一　西汉后期的散文》，湖南教育出版社 1994 年版，第 114—118 页。

李水海主编：《中国小说大辞典（先秦至南北朝卷）·刘向》，陕西人民出版社 1994 年版，第 181—234 页。

汤志钧等：《西汉经学与政治·第七章　西汉末年的经学与政治——刘向、歆父子》，上海古籍出版社 1994 年版，第 289—322 页。

李大明：《汉楚辞学史·第三章　西汉后期的楚辞研究·第二节　刘向父子的“楚辞”研究》，电子科技大学出版社 1994 年版，第 160—187 页。

刘宗贤、谢祥皓：《中国儒学·刘向的历史贡献》，（台北）水牛出版社 1995 年版，第 180—186 页。

胡楚生：《中国目录学·第二章　校雠》，（台北）文史哲出版社 1995 年版，第 15—28 页。

杨义：《中国古典小说史论·第五章　汉魏六朝“世说体”小说的流变·二、〈说苑〉储事言政的叙事谋略》，中国社会科学出版社 1995 年版，第 131—136 页。

周少川：《古籍目录学·第三章　古籍目录发展史·第一节　汉代·二、刘向父子的校书》，又《三、〈别录〉与〈七略〉》，中州古籍出版社 1996 年版，第 111—107 页。

陈柱：《中国散文史·第二编　骈散渐成时代之散文（两汉三国）·第二章　由学术时代而渐变为文学时代之散文（两汉）·第五节　经学家之散文》，东方出版社 1996 年版，第 126—137 页。

王恒展：《中国小说发展史概论·第三章　中国小说的产生暨雏形时期——两汉·第四节　两汉杂史别传——历史散文与小说之间的过渡和桥梁》，山东教育出版社 1996 年版，第 139—151 页。

林耀潾：《西汉三家诗学研究·第三章　西汉三家诗学的渊源与传承·第一节　西汉鲁诗学的渊源与传承》，又《第四章　西汉三家诗学与通经致用·第一节　西汉鲁诗学与通经致用·伍　刘向诗说与通经致用》，（台北）文津出版社 1996 年版，第 49—72、115—129 页。

宁稼雨：《中国文言小说总目提要·列仙传》，齐鲁书社 1996 年版，第 4 页。

来新夏主编：《清代目录学提要·七略佚文》，又《七略别录佚文》，又《新序、说苑、论衡资料通检》，齐鲁书社 1997 年版，第 230—231 页，第 231—232 页，第 434—435 页。

郭建勋：《汉魏六朝骚体文学研究·第八章　骚体的界定及其与赋的复杂关系·第一节　骚体的形成、流传与称谓·（二）“楚辞”的流传与整理》，湖南教育出版社1997年版，第20—25页。

王枝忠：《汉魏六朝小说史·第一章　汉代小说·第四节　现存汉人小说（下）·一、列仙传》，浙江古籍出版社1997年版，第45—49页。

吴礼权：《中国笔记小说史·第二章　初出茅庐第一功：汉代笔记小说创作·第二节　徐娘未妆时，风韵已夺人：今所见汉人笔记小说一览》，商务印书馆1997年版，第17—35页。

孙启治、陈建华编：《古佚书辑本目录（附考证）·刘向刘歆易注》，又《洪范五行传》，又《春秋穀梁传说》，又《孟子刘向注》，又《五经通义》，又《列女传》，又《孝子传》，又《别录》，又《刘中垒集》，中华书局1997年版，第5页，第25页，第63页，第73页，第82—84页，第167—168页，第168页，第203—204页，第263—264页。

高路明：《古籍目录与中国古代学术研究·第一章　古籍目录分类的沿革与中国古代学术的演变·第一节　〈七略〉的分类与汉代学术》，江苏古籍出版社1997年版，第1—17页。

洪湛侯：《中国文献学要籍解题·别录、七略》，杭州大学出版社1997年版，第1—5页。

李大明：《楚辞文献学史论考·“楚辞”释义·刘向对“楚辞”名称的界定》，又《刘向校定“屈原赋二十五篇”书录佚说论考》，巴蜀书社1997年版，第9—14页，第41—64页。

[英]鲁惟一主编，李学勤等译：《中国古代典籍导读·〈新序〉》，又《说苑》，辽宁教育出版社1997年版，第162—166页，第470—473页。

金春峰：《汉代思想史（修订增补版）·宣成时期今文经学统治地位的确立·五、刘向〈洪范五行传论〉的灾异思想》，中国社会科学出版社1997年版，第331—333页。

张心澄编著：《伪书通考·列女传》，又《新序》，又《说苑》，上海书店1998年版，第562—564页，第637—638页，第638—639页。

华友根：《西汉礼学新论·第四章　西汉后期的礼乐活动与思想·第四节　刘向父子的礼乐研究》，上海社会科学院出版社1998年版，第219—

236页。

余庆蓉、王晋卿：《中国目录学思想史·第二章　汉代目录学思想的奠定》，湖南教育出版社1998年版，第20—45页。

倪士毅：《中国古代目录学史·第三章　两汉时期的目录学》，杭州大学出版社1998年版，第20—41页。

刘叶秋等主编：《中国古典小说大辞典·刘向》，又《百家》，又《新序》，又《中说苑》，又《列仙传》，又《孝子传》，又《列士传》，又《列女传》，又《世说》，河北人民出版社1998年版，第185页，第185页，第185—186页，第186页，第186—187页，第187页，第187页，第187—188页，第188页。

邓瑞全、王冠英主编：《中国伪书综考·列女传》，又《新序》，又《说苑》，又《列仙传》，黄山书社1998年版，第339—340页，第394—395页，第395—396页，第845—847页。

赵明、杨树增、曲德来主编：《两汉大文学史·第四编　小说的兴起与戏剧的发轫·第三章　子史故事类小说·第一节　刘向和他的〈列女传〉、〈新序〉、〈说苑〉》，又《第四章　神怪故事类小说·第一节　〈列仙传〉、〈神仙传〉》，又《第五编　大一统格局下的汉代散文·第四章　大一统更化时期的散文·第一节　刘向与刘歆》，又《第六编　走向成熟的文学思想·第三章　超越经学的汉代中后期文学思想·第一节　〈春秋〉三传之争与〈七略〉的理论意义》，吉林大学出版社1998年版，第722—733页，第758—761页，第908—915页，第1078—1082页。

李景明：《中国儒学史（秦汉卷）·第七章　刘向、扬雄与改善经学·第一节　刘向与改善经学》，广东教育出版社1998年版，第260—267页。

陈玉刚：《中国散文史·第二章　秦汉散文·第二节　汉代散文·二、说理文·刘向及其〈新序〉、〈说苑〉》，人民日报出版社1998年版，第67—68页。

刘世德主编：《中国古代小说大百科全书·〈百家〉》，又《列仙传》，又《说苑》，又《新序》，中国大百科全书出版社1998年版，第9页，第297—298页，第491—492页，第625—626页。

苗壮：《笔记小说史·第一章　笔记小说孕育萌生·第二节　笔记小说

的萌生·四、〈新序〉〈说苑〉及其他》，浙江古籍出版社1998年版，第52—55页。

许尔兵：《中国古代书籍编纂与出版·编纂篇·第六章　古代目录书的编纂·第一节　〈别录〉和〈七略〉的编纂》，江苏古籍出版社1998年版，第119—122页。

王青：《汉朝本土宗教与神话·第五章　方仙道活动及〈列仙传〉神话》，（台北）洪叶文化事业有限公司1998年版，第169—252页。

陈光磊、王俊衡：《中国修辞学通史（先秦两汉魏晋南北朝卷）·第二编　两汉的修辞思想·第一章　西汉的修辞思想·第五节　刘向》，吉林教育出版社1998年版，第216—221页。

冯友兰：《中国哲学史新编（中卷）·第三十二章　古文经学的兴起及其哲学家——刘歆、扬雄、桓谭·第三节　刘向、刘歆关于〈洪范〉五行的理论》，又《第三节　刘向、刘歆的〈七略〉》，人民出版社1998年版，第237—239页，第244—247页。

白寿彝：《中国史学史论集·刘向与班固》，中华书局1999年版，第108—130页。

杨绪敏：《中国辨伪学史·第一章　疑古思想的萌芽及辨伪学初起时期——先秦汉魏南北朝·第五节　两汉的造伪及辨伪》，天津人民出版社1999年版，第19—26页。

曹喜琛、韩宝华编著：《中国档案文献编纂史略·第二章　秦汉魏晋南北朝时期的档案文献编纂·第一节　刘向、刘歆对档案文献的整理》，高等教育出版社1999年版，第18—19页。

曹之：《中国古籍编撰史·第一章　先秦两汉图书编撰·六、刘向与〈七略〉》，武昌大学出版社1999年版，第52—60页。

廖吉郎：《中国历代思想家（四）·刘向》，（台北）台湾商务印书馆股份有限公司1999年版，第225—277页。

郭预衡：《中国散文史（上）·第一编　先秦·第五章　余论·第三节　〈新序〉、〈说苑〉》，上海古籍出版社2000年版，又《第二编　秦汉·第三章　论说杂文的发展·第二节　罢黜百家时期·五、刘向》，第179—181页，第264—267页。

曾贻芳、崔文印：《中国历史文献学史述要·两汉时期历史文献学的初步形成·二、刘向刘歆父子的校书与我国历史文献学的初步形成》，商务印书馆2000年版，第35—48页。

孙立：《中国文学批评文献学·第五章　两汉文学批评文献·三、子部文学批评文献·说苑》，又《新序》，广东人民出版社2000年版，第50—51页，第52页。

陈泳超：《尧舜传说研究·第七章　尧舜传说的伦理观照——舜孝故事·第二节　以刘向〈列女传〉为文本代表的中期形态》，南京师范大学出版社2000年版，第217—223页。

雷绍锋编著：《中国学术流变史·二、儒学独尊·4. 刘向、刘歆父子》，湖北人民出版社2000年版，第51—60页。

马达：《〈列子〉真伪考辨·第五章　〈列子〉与秦汉魏晋著作·第一节　〈列子〉与秦汉著作》，北京出版社2000年版，第271—277页。

孙钦善：《中国古文献学史简编·第二章　两汉·第四节　刘向刘歆》，高等教育出版社2001年版，第70—77页。

刘松来：《两汉经学与中国文学·下编　经学视野中的两汉文学·第二章　"约符命以经术，贯天人于治教"——汉代政论散文的经术化及其背离·二、武帝至元、成之世散文经术化的完成》，百花洲文艺出版社2001年版，第359—373页。

张峰屹：《西汉文学思想史·第七章　西汉后期经学文学思想的进展与道家文学观念的回归·第一节　经学对文学思想的进一步渗透》，南开大学出版社2001年版，第246—259页。

卞孝萱、王琳编著：《两汉文学·第一编　两汉辞赋·第三章　西汉后期辞赋·第二节　刘向、刘歆父子及其他赋家》，又《第三节　刘向等成、哀时期作家之文》，安徽教育出版社2001年版，第64—70页，第285—302页。

方铭：《期待与坠落——秦汉文人心态史·第四章　润色鸿业与忧患意识：西汉盛世文学家的心态·四、刘向刘歆父子与汉由盛而衰》，河北教育出版社2001年版，第169—178页。

赵志伟：《书声琅琅——中国古人读书生活·古籍整理父子兵》，上海人民出版社 2002 年版，第 43—47 页。

王萍：《道家思想与汉代史学·第三章　刘向、刘歆的道家情结》，中国文史出版社 2002 年版，第 111—152 页。

朱绍侯、龚留柱：《盛衰苍茫——汉元成二帝传·八　礼祭、文化、科技·刘向校书与史游〈急就〉》，大象出版社 2002 年版，第 372—380 页。

汪高鑫：《中国史学思想通史·秦汉卷·第六章　刘向、刘歆的史学贡献与史学思想》，黄山书社 2002 年版，第 278—328 页。

胡家聪：《管子新探·第二十三章　从刘向校书看〈管子叙录〉》，中国社会科学出版社 2003 年版，第 413—421 页。

吉常宏等：《古人名字解诂·刘向》，语文出版社 2003 年版，第 230 页。

熊明：《杂传与小说：汉魏六朝杂传研究·上编：杂传与杂传的兴起·第五节　杂传文体之形成：刘向及其杂传》，辽海出版社 2004 年版，第 84—112 页。

萧相恺主编：《中国文言小说家评传·刘向》，中州古籍出版社 2004 年版，第 1—5 页。

彭斐章主编：《目录学教程·第二章　中国目录学的产生与发展·第一节　官修书目的产生与发展·二、〈别录〉与〈七略〉》，高等教育出版社 2004 年版，第 34—36 页。

白寿彝主编：《中国史学史·第二章　秦汉时期：中国史学的成长·第三节　刘向、刘歆和典籍校雠》，北京师范大学出版社 2004 年版，第 54—60 页。

张涤华：《张涤华目录校勘学论稿·目录学简论·三〈别录〉的体例及其在目录学上的贡献》，又《〈别录〉考索》，（台北）学海出版社 2004 年版，第 4—6 页，第 19—71 页。

石昌渝主编：《中国古代小说总目（文言卷）·百家》，又《列仙传》，山西教育出版社 2004 年版，第 6 页，第 249 页。

周桂钿、李祥俊：《中国学术通史（秦汉卷）·第六章　两汉之际的今、古文经学之争与谶纬盛行·四、〈七略〉倾向古文经学的学术总结》，人民出版社 2004 年版，第 197—203 页。

朱一玄等编著：《中国古代小说总目提要·列仙传》，又《百家》，人民文学出版社2005年版，第10页。

朱东润：《八代传叙文学述论·第三　传叙文学底蒙昧时期》，复旦大学出版社2006年版，第39—51页。

王琳、刑培顺：《西汉文章论稿·刘向三书论》，齐鲁书社2006年版，第342—423页。

许殿才：《中国史学史·第二卷　秦汉时期：中国古代史学的成长·第五章　两汉之际的史家与史学·第二节　刘向、刘歆父子和他们的史学活动》，上海人民出版社2006年版，第161—176页。

刘耿生主编：《档案文献编纂学·第二编　历史篇·秦汉至魏晋南北朝时期的档案文献编纂·第二节　刘向、刘歆父子的档案文献编纂实践与理论》，中国人民大学出版社2007年版，第231—237页。

李剑国、陈洪主编：《中国小说通史（先唐卷）·第二编　小说形成期：战国秦汉小说及准小说·第二章　汉代小说及准小说·第五节　杂传体志怪小说：仙传小说〈列仙传〉》，高等教育出版社2007年版，第140—146页。

Mark Edward Lewis, *The Early Chinese Empires: Qin and Han* ("9 *Literature: The Confucian Library*"), Cambridge, Mass.: Belknap Press of Harvard University Press, 2007, pp. 222—226.

肖东发等：《中国出版通史（先秦两汉卷）·第六章　两汉时期的图书编校与出版活动·第二节　西汉的图书聚散与编校活动》，又《第七章　两汉时期编辑出版的图书·第二节　两汉时期编辑出版的文学著作·四、刘向与〈楚辞〉的编定》，又《第七章　两汉时期编辑出版的图书·第三节　两汉时期编辑出版的史学著作·4.〈列女传〉》，又《第九章　先秦两汉时期的著名图书编撰（辑）家·第二节　两汉著名图书编撰（辑）家·五、刘向、刘歆》，中国书籍出版社2008年版，第153—170页，第233—235页，第241页，第351—357页。

杨树增：《汉代文化特色及形成·第七章　中国文献源流演变史研究的开端·第一节　开创中国目录学的〈别录〉、〈七略〉》，人民出版社2008年版，第582—592页。

程丽芳：《神仙思想与汉魏六朝志怪小说研究·第二章　汉代神仙信仰

的发展与小说的繁荣・第三节　〈列仙传〉的神仙思想及其影响》，西南交通大学出版社 2008 年版，第 50—61 页。

徐有富：《目录学与学术史・第一章　〈汉书・艺文志〉》，中华书局 2009 年版，第 3—50 页。

俞艳庭：《两汉三家诗学史纲・第二章　西汉〈鲁诗〉元王派》，齐鲁书社 2009 年版，第 35—78 页。

姚圣良：《先秦两汉神仙思想与文学・第五章　神仙思想与汉代文学・第五节　〈列仙传〉：奇幻多彩的神仙画廊》，齐鲁书社 2009 年版，第 272—293 页。

刘毓庆、郭万金著，李蹊批点：《从文学到经学：先秦两汉诗经学史论・卷三　秦汉皇权政治确立时期的诗学与经术・二、走向权力中心的西汉诗学与经术・5. 刘向诗说及其价值取向（附：刘向著作引诗称诗表）》，华东师范大学出版社 2009 年版，第 242—320 页。

后　记

经过多年努力，本书终于得以完成，呈奉学界，真有如释重负之感。在此，必须感谢董治安先生十多年来的教导和关怀。自上世纪末入读山东大学以来，先生始终包容我的驽钝、疏懒和旁骛，一直鼓励劝勉有加，希望本书的出版稍可减轻一点我对师恩的愧怍。

在学习先秦两汉文献学和写作本书的过程中，山东大学刘晓东、王洲明、王培元、郑杰文、廖群、杜泽逊、刘心明、王承略，以及北京大学费振刚，北京师范大学张涛，中华书局李解民，南开大学来新夏、张峰屹，黑龙江大学傅荣贤，山东师范大学李伯齐、李梅训，武汉大学曹之，中山大学董上德，台北大学王国良，香港岭南大学汪春泓，澳门大学邓景滨等诸位师长友好，时时有教于我，谨此致以由衷的谢意。

我在澳门大学已经学习和工作快近二十年，期间学习了许多，也经历了许多，更受惠了许多，因此对母校的感情很深。衷心祝愿母校蒸蒸日上，永葆青春！

夫子宫墙万仞高，作为孔子忠实信徒的刘向、刘歆父子的门墙少说也有百丈以上；两千年后小子，何敢莽言登堂入室，若可略窥门径，已经于愿足矣。

最后，需要交代的是，因为本书集中研究刘向校书工作，所以对于刘歆与古文经学的问题未有深入讨论，唯有以俟来日了。此外，由于写作历有年所，虽经整齐划一，然而限于主客观的原因，书中前后重复、顾此失彼者，亦在不少，敬请读者谅鉴。并恳切期待时贤同好不吝指正，以匡不逮。

在本书的出版过程中，董先生遽然仙逝，以致未能将这份“作业”送呈恩师，不胜悲痛。

谨以此书献给先生。

邓骏捷谨志于澳门大学中文系

2012 年 5 月 27 日敬记

责任编辑:张　旭
装帧设计:徐　晖

图书在版编目(CIP)数据

刘向校书考论/邓骏捷 著. -北京:人民出版社,2012.8
ISBN 978-7-01-011113-1

Ⅰ.①刘…　Ⅱ.①邓…　Ⅲ.①古籍整理-研究-中国-西汉时代　Ⅳ.①G256.1

中国版本图书馆 CIP 数据核字(2012)第 176868 号

刘向校书考论

LIUXIANG JIAOSHU KAOLUN

邓骏捷　著

人民出版社 出版发行
(100706　北京朝阳门内大街 166 号)

北京龙之冉印务有限公司印刷　新华书店经销

2012 年 8 月第 1 版　2012 年 8 月北京第 1 次印刷
开本:700 毫米×1000 毫米 1/16　印张:26.5
字数:430 千字

ISBN 978-7-01-011113-1　定价:55.00 元

邮购地址 100706　北京朝阳门内大街 166 号
人民东方图书销售中心　电话 (010)65250042　65289539